KB265456

고전문학과 교육의 다각적 해석

전 북 대 학 교
교과교육연구총서 ⑤

고전문학과 교육의 다각적 해석

한 창 훈

도서출판 역락

발간사

　이 시대 교육의 중요성에 대해서는 다시 강조해도 부족함이 없을 듯합니다. 우리 전북대학교 사범대학은 지역사회와 나라를 대표하는 교육 연구와 실천의 요람으로서 나름의 역할을 충실히 해왔음을 자부합니다. 그동안 안으로는 학문적으로 교육의 이론을 세우고, 밖으로는 이를 실천하는 우수한 선생님들을 수없이 배출해 온 역사가 이를 잘 보여준다고 믿습니다. 그러나 하루가 다르게 변화하는 교육 현실은 우리에게 또 다른 도전을 요구하고 있습니다.

　특히 그동안 광범위한 영역에서 교과 교육은 있어 왔으나, 이에 관한 이론 수준의 연구가 부족했던 것이 사실입니다. 이에 우리 전북대학교 교과교육연구소는 이런 학계와 교육계의 반성을 바탕으로 교과 교육 방면의 지식 체계를 구조화할 수 있는 이론의 개발에 노력하기로 했습니다. 교과교육연구총서의 발간과 보급은 이를 뒷받침할 수 있는 사업의 하나로 기획된 것입니다.

　이론 없는 실천은 공허하기 쉽습니다. 우리의 궁극적 목표는 교육 현장에서 이루어지는 것이지만, 이를 위해서는 치열한 이론 탐구가 전제되어야 합니다. 이론 제시가 토론을 낳고, 토론의 결실이 현장에 반영되고, 다시 그 결과가 이론 연구에 영향을 주어야 합니다. 학교 현장에서의 교육은 교과 교육의 형태를 띠고 있습니다. 때문에 교과 교육에 대한 이론적 연구는 어떤 연구보다 우선시되고 중요하게 여겨져야 할 것입니다. 우리 전북대학교 교과교육연구소는 앞으로도 이 점에 역점을 두고 여러 사업을 진행해 나가고자 합니다.

　우리 연구소의 노력이 총서의 형태로 결실을 맺기까지는 집필에 참여해주신 연구자 여러분은 물론이거니와, 많은 분들의 헌신적인 노고가 깃들어 있음을 잘 알고 있습니다. 우리는 이를 항상 기억하고 또 다른 결실로 보답하기 위해 노력하고자 합니다. 특히 이런 뜻깊은 사업의 취지에 동감하고 아낌없는 지원을 해주시는 전북대학교 당국의 배려에 감사의 말씀을 드립니다.

　이제 약간은 두근거리는 심정으로 우리 노력의 결과를 하나씩 세상에 내놓고자 합니다. 아무쪼록 이 총서를 접하는 많은 이들에게 의욕과 성과가 함께 하기를 기원합니다.

전북대학교 교과교육연구소장

책머리에

두 가지 이유로 예정보다 조금 일찍 논문집을 펴낸다. 필자가 근무하는 전북대학교에 어문교육학과 박사 과정이 신설되고 교과교육연구소가 본격적으로 활동하게 되었다. 이제 말석에서나마 이에 적극적으로 동참해야 하겠다는 사명감이 하나의 이유다. 다른 하나는 지난 30여 년간 국어교육과 교수로 계시면서, 도서관장을 역임하고 현재 교과교육연구소장이신 최전승 선생님의 정년을 필자 나름대로나마 기리고 싶었기 때문이다.

필자가 전북대에 부임한 이후, 특히 최전승·강봉근 두 분 선생님의 인덕에 감화받은 바가 많았다. 이후 가장 가까운 거리에서 자주 뵐 수 있었던 최전승 선생님이 먼저 정년을 맞이하시어, 그 섭섭한 마음을 감출 길 없다. 돌이켜보니, 2001년 겨울 눈 내리던 토요일, 1차 서류 심사를 통과하고 2차 강의 면접 시험을 치르러 들린 자리에서 선생님을 처음 뵌 후, 꽤 오랜 세월이 흘렀다. 언뜻 깐깐하고 고집이 세 보이시지만, 그 이면의 따사로움과 섬세함을 같이 느낄 수가 있었다.

제도적으로는 정년이 있으나, 실제 학문 세계에서의 정년은 나이로 계산되지 않는 것으로 알고 있다. 앞으로도 더욱 원숙한 모습을 후학들에게 보여주시리라 믿어 의심치 않는다.

우아하게 거절하는 방법을 아직 배우지 못했다. 하여 다양한 원고 청탁이나 강연에 많이 매이게 되었다. 그 결과로 게으른 자신을 채찍질하여 다양한 방면으로 공부하고 글 쓰는 망외의 소득을 얻을 수는 있었으나, 그 산물인 논문들을 다시금 읽어 보니 여러 군데 불미한 점들이 보인다. 특히 부분적으로 중복되는 논의들이 몇 군데 보인다. 딴에는 중요하다고 하여 반복적으로 논의하였으나, 글들을 묶는 과정에서는 어색한 점이 없지 않다. 그러나 글의 통일성을 고려하여 크게 수정하지는 않았다.

　여기에 수록하는 논문들은 다시금 검토하여 부분적인 수정을 가했다. 그러나 앞서 말한 바와 같이, 처음부터 하나의 일관된 체계를 세워놓고 쓴 것이 아니라, 쓰는 과정에서 체계를 세우려고 노력했기 때문에, 부분적으로 중복되는 면이 없지 않다. 이에 대해서는 독자들의 양해를 바란다.

　총각 시절에는 많은 연구서 서문에 나오는 가족에 대한 헌사들이 마땅치 않았다. 그런데 나이를 먹어가면서 내가 그 입장이 되어 보니 그 분들의 마음 씀이 새삼스럽게 다시 다가온다. 최전승 선생님이 가끔 농담조로 "당신도 나이 먹어봐라." 하시는데, 요즘은 영 농담으로 들리지 않는다. 일가친척 한 명 없는 전주에서, 여러 일에 시달리면서도 꾸준히 자신의 길을 가고 있는 아내이자 동학(同學)인 현순영에게 감사한다. 지금 하고 있는 학위 논문을 잘 마무리하고 계속하여 또 다른 길을 개척해 나가길 기원한다. 이 와중에도, 씩씩하게 잘 크고 있는 외아들 한강에게도 감사한다. 언젠가 이 글을 읽고 세상에 무서운 것이 없었던 다섯 살 때의 전성기(?) 추억을 떠올릴 수 있었으면 한다.

　항상 매서운 지도와 격의 없는 비판으로 나의 공부를 채찍질해 주신 여러 선생님들과 선배, 동학들에게 감사한다. 부족한 나의 강의에 귀 기울이고, 책을 읽고 많은 문의를 해주는 후학, 학생들에게도 감사한다. 그들의 앞날에 서광이 비추기를 진심으로 기원한다. 이러한 여러 고마움에 진정으로 보답하는 길은, 함께 하는 공부길에 대한 좀 더 의연한 정진이 아닐까 생각한다.

2009년 8월 30일

전북대 사대본관 418호 연구실에서　한 창 훈

차 례

제2부 고전문학의 다각적 해석

제4부 지역학의 이론과 실제

제5부 고전문학과 현대문학의 관련 양상

제6부 단상과 서평

제1부 고전문학 교육의 양상과 해석

고전시가 교육에 있어서 '해석'의 문제

1. 서론

본 논문의 목적은 고전시가 교육에 있어서 '해석'이란 무엇이며, 이를 교육과정에 적용하여 실제 교육 현장에서 다루려면 무엇에 유의해야 하는지를 검토하는 것이다.

구체적으로 따져보지 않더라도 일반적으로 행해지고 있는 문학 연구 및 교육의 주 내용이 작품의 해석에 있음은 주지의 사실이다. 그러나 현실적으로 고전시가 교육이 이루어지는 현장은 고등학교 이상의 단계이므로, 본 논의가 전제하는 대상은 고등학교 이상의 교수·학습자가 다루는 것이 된다.

고전시가 교육의 '해석'은 여러 단계의 문제를 함축한다. 우선 작품 자체의 문면의 해석이 있다. 작자나 시대 배경 같은 작품을 둘러싼 정보를 고리로 이루어지는 해석이 있다. 최근 들어서는 수용자의 입장에서 읽어내는 내용을 해석이라고 하기도 한다. 논자에 따라 해석, 해독, 공감, 감상, 수용 등의 용어로 구분하여 쓰기도 한다. 하지만 가장 보편적으로 사용되는 용어는 역시 '해석'이라 할 수 있다.

때문에 본 논문에서는 먼저 고전시가 교육에서 일반적으로 쓰이고 있는 혹은 쓰여야 하는 '해석'이라는 용어를 해석한다. 이를 바탕으로 고전시가의 해석에는 어떤 문제가 있는지, 그리고 그것의 교육에는 또 어떤 문제가 있는지를 검토한다. 이를 위해 몇 가지 구체적인 예를 중심으로 논의를 진행한다. 이 과정을 통해 고전시가 교육에서 '해석'의 문제가 차지하는 위치와 그것의 교육적 의미를 새롭게 구안할 수 있을 것으로 기대한다.

2. '해석'의 해석[1]

현재 대부분의 교육 현장에서 실제적으로 이루어지고 있는 문학교육은 곧 '문학' 교육, 다시 말해 문학에 관한 교육이라 할 수 있다. 문학의 실체는 곧 작품이므로, 이런 입장에 서 있는 문학교육의 주요 대상 내지 내용은 작품 자체가 된다.

고전문학은 원래 지금과는 구분되는 활자(목판이나 석판 등)나 필사된 텍스트의 형태로 존재한다. 그런데 이런 고전문학 텍스트가 생성된 시대와는 많은 시간적 격차를 가지고 있는 우리들에게 수용될 때에는, 다음과 같은 과정을 거친다고 볼 수 있다.[2]

---

1) 본 장의 몇 논의는 필자의 이전 연구인, 「고전문학 '텍스트'의 정체성과 교육적 가치」, 「중등학교 문학교육에서 정의적 영역 평가의 문제」(한창훈 : 2008)에서 요약적으로 가져왔다.
2) 이는 물론 설명의 편의를 위해 나누어 본 것이므로 절대적 성격을 가지지는 않는다. 실제 작품 이해에서 이들 단계가 가지는 비중도 가변적일 수 있다.

① 텍스트에 관한 書誌的 이해·판단

② 텍스트 언어의 해독

③ 갈래적 관습·장치·특성의 이해

④ 작품과 관련된 사회적·문화적 요인, 환경 및 작자에 관한 이해

⑤ 작품에 대한 느낌, 심미적 반응의 형성

⑥ 작품 해석

⑦ 작품에 대한 소감, 평가

이러한 단계 중에서 현대문학 수용에서는 생략되거나 별로 중요하지 않게 되는, ①~④의 과정은, 그러나 고전문학 수용에서는 중요하게 부각되거나 경우에 따라서는 더 핵심적인 내용이 될 수도 있다.

①의 경우는 문학 혹은 문학교육 연구자의 몫이며, 이들에 의해 만들어진 정확한 정보가 교사를 통해 학습자들에게 전달되어야 한다는 점에서 일종의 지식이라 할 수 있다. ②의 경우도 궁극적으로는 학습자의 몫이긴 하나, 현재 사용하고 있는 언어와 시대적으로 동떨어져 있는 언어 자료를 학습자들이 바르게 해석하는 데에는, 교사를 포함해서 문학 연구자와 문학교육 연구자의 도움이 절실히 필요하다. ③에서 제시된 것은 사실 문학에 관한 지식의 문제이다.

④에서 제시하는 내용은 사실 고전문학 이해에 있어 전통적으로 중시되었던 문제라 할 수 있다. 사회 문화적 배경과 작자에 대한 이해는 작품의 올바른 이해를 위해 필요할 뿐만 아니라, 작품이 가지는 예술성이 어떤 구조적 기반을 가지고 있는가를 이해하는 데에도 유용하다. 여기서 교사는 학습자에게 주어지는 작품이 어떤 범위 내에서 이해될 수 있는지에 대한 윤곽을 학습자에게 제시해야 한다.

일반적으로 보면, 고전문학 연구에서 말하는 텍스트는 ①의 단계를 말

한다. 아마 여기에 문제를 제기할 문학 연구자는 없을 것이다. 흔히 문학 연구에서 '원전 비평'이라 하는 것이 바로 이것을 말한다(정규복, 1992). 그런데 필자의 생각으로는 고전문학 교육에서 지칭하는 텍스트는 ①~④를 포괄해야 한다고 본다. 문학교육에서 결과를 미리 예단하는 것은 힘든 일이므로, 그것을 텍스트화할 수는 없다. 그러나 그 이전에 학습자에게 제공되어야 하는 모든 정보는 당연히 텍스트이어야 한다. 문제는 여기서 소위 '원전'이라고 하는 것이 문학교육에서는 존재하지 않는다는 것이 필자의 생각이므로, 결국 교육 현장에서 사용되어야 하는 텍스트의 형태는 다양할 수 있으며, (필자의 입장에서는) 다양해야 마땅하다.

문학교육에서 주요한 텍스트는 교과서가 될 것이므로, 당연히 교과서에 실리는 문학 작품은 ①~④를 포괄해야 하는데, 현재는 그렇지 않다. 일반적으로 약간 변형된 ①이 실려 있는데, 고전문학 연구의 텍스트 개념이 그대로 반영된 때문이라고 생각한다. 그리하여 원전도 아니고 완전 현대역도 아니어서 알 듯 모를 듯 표현되어 있는 작품만 있으며, 이를 이해하고 감상하기 위한 번역, 해설, 배경 지식 등의 제공은 교과서에 존재하지 않는다. 이런 점은 특히 교과서의 고전문학이 학생들로부터 외면받는 주요한 요인으로 여겨진다.

문제는 ⑤~⑦의 과정에서도 생긴다. 최근 문학교육에서는 독서 과정에서 학습자 개인의 인지적 과정을 중시하면서, 동시에 개별 학습자간의 상호 작용을 통하여 단일한 의미를 구성해내는 '구성주의 문예학'이 많은 주목을 받고 있다(이상구, 2002). 구성주의란 기존의 인식론이 대상에 대한 존재론적 물음에 치중해 온데 대한 반동으로, 어떻게 지식이 성립되는가 하는 방법론적 물음으로 전환하는 인식론의 현대적 동향이다.

여기서 지식이란 구성되는 것이며, 사회 문화적으로 조정되는 것이라는 관점이 생긴다. 이에 학습자 외부에 존재하는 대상의 반영이란 사유

전북대학교 교과교육연구총서 ❺

방식에서 벗어나, 우리가 이 세상에서 사는 동안 삶을 통해 감지하고 인식하고 또 체험한 것을 통해서 겪었던 것만을 인식할 수 있다는 학습자 중심의 내인적 관점을 제시한다.

> 문학 작품에서는 하나의 상호 작용이 일어나며, 이 상호작용 과정 속에서 학습자가 그 텍스트의 의미를 구성하며 '받아들이는 것'이다. 어떤 내용적으로 정해진 약호가 미리 주어진 것이 아니라, 그 경과 도중에 내용의 수신과 작품의 의미가 서로 맞아 떨어지는 이 구성과정 속에서 처음으로 그 약호가 생길 것이다. 한번 사정이 그러할 것이라고 가정한다면, 우리는 이 상호작용의 기본 조건은 텍스트 구조에서 나온다고 전제해야 할 것이다. 이 구조는 독특한 성질을 갖는다. 이것이 텍스트 구조일지라도 그 기능은 텍스트에서가 아니라 학습자의 정서적 작용 속에서 비로소 수행된다. <u>거의 모든 허구 텍스트에서 끌어낼 수 있는 구조는 이 이중적 측면을 보여준다. 즉 그것은 언어 구조이면서 동시에 정서적 구조이다. 언어적 측면은 반응을 조정하며 그 임의성을 저지하고, 정서적 측면은 텍스트 언어 속에 미리 구조된 것을 이행하는 것이다.</u> 이 이중적 측면에서 결과된 상호작용을 기술하는 것은 그렇다면 텍스트의 영향 구조뿐만 아니라 학습자의 반응 구조에 대해서 무엇인가를 인식하게 하는 것을 약속한다.
>
> — 이저, 이유선 역, 1993 : 57~58

이런 이유에서 문학 텍스트와 학습자와의 상호작용의 기술은 일차적으로 독서 과정에서 텍스트가 체험되는 구축 과정에 관한 것이어야 한다. 작품의 의미는 이 체험에 근거하기 때문에 모든 작품에 부여되는 의미에 앞서 이 체험이 언제나 전제되어 있는 것이다. 물론 인용문의 강조 밑줄에서도 알 수 있는 바와 같이, 이러한 체험을 이끌어 내는 것은 작품으로 대변되는 언어적 구조이며, 정서라고 하는 것도 이를 통해 '조응'되고 환기되어 나오는 것이다. 이 체험을 통찰한다는 말은 우리의 문학에 대한 평가가 생성되며, 문학 경험 속에서 충족되는 행위들에 대한 의식을 일깨우는 것을 뜻한다.

일반적으로 경험은 체험을 상정하는 개념으로 볼 수 있다. 사고 혹은 판단은 경험의 한 형식이 아니라 그 자체로서 구체적 전체로서의 경험 그것이다. 감각, 반성, 의지, 느낌, 직관 등을 구별해서 생각하는 것이 가능하다 하더라도, 그것은 단지 분석의 결과일 뿐이지 경험 그 자체의 본질적 특성은 아니다(이돈희, 1993 : 43~45). 문학을 바라보는 많은 시각이 있지만, 교육적 관심을 담지하면서 바라볼 때, 문학을 '가치 있는 인간적 체험의 기록'(최재서)이라고 보는 시각은 특기할 만하다. 교육에서 체험이 가지는 중요성을 잘 보여주고 있기 때문이다.

문학 같은 예술에 담겨져 있는 심미적 경험은 감상과 대상의 긴밀한 상호 의존성을 지니고 있고 서로 불가분의 관계를 가지고 있으면서 서로를 결정하고 있다. 그것은 주관적 요인과 객관적 요인의 합일적 관계라고 할 수도 있다. 이러한 심미적 경험에서의 주체와 객체의 관계를 설명하는 두 가지 학설이 있다. 하나는 融解論(Theory of Fusion)이고 다른 하나는 類似論(Theory of Formal Resemblance)이다. 융해론은 심미적 대상에 내재하는 객관적 요인과 주관적 요인의 종합을 강조하고, 유사론은 주체의 느낌과 대상의 유사성을 강조한다. 융해론은 감상자의 느낌과 대상의 질성이 '合着'한다는 것이다. 대상이 지니고 있는 감각적-형식적 요소들과 감상자의 욕구나 느낌에서 형성된 그것들은 하나로 융해되어 버린다. 구별이 가능한 것은 단지 분석의 결과일 뿐이다. 반면, 유사론의 핵심은 심미적 대상과 감상자가 同形的 關係를 가진다는 것이다. 감상자의 마음 안에서 일어나는 심미적 느낌 혹은 지각은 대상의 구조적 특징이 지닌 형식과 동일하다는 것이다(이돈희, 1993 : 238~239).

물론 어느 이론이 맞는 것이라고 확정하여 말할 수는 없지만, 필자는 후자에 주목한다. 작가가 느낀 원래의 정서는 학습자에게 전달되는 것이 아니라, 그 정서를 닮은 형식적 특징이 학습자의 마음 안에서 재창조되는 것이다. 만약에 슬픔과 같은 순간적인 마음의 상태라면 그것에서 구조를 찾을 수 없다. 하지만 그것이 '恨'의 정서처럼 특정한 시간대를 두고 우리의 마음을 아프게 하는 것과 같이 경험의 시간적 역동적 형태라고 인식한다면, 그것은 분명히 우리가 내면적으로 알 수 있는 어떤 구조를 지닌다고 할 수 있다(최지현, 1997). 이런 구조를 우리는 '공감'이라 부를 수 있을 것이다. 서술이 길어졌지만, 여기까지가 ⑤의 단계이다.

본 논문에서 문제 삼는 '해석'은 바로 이 '공감'의 다음 단계에서 이루어지는 것이다. 결국 ⑥의 단계라고 할 수 있다. 그리하여 본 논문에서 상정하는 '해석'이란, ①~⑥ 사이에서 이루어지는 모든 활동을 지칭하게 된다. 앞에서 여러 번 강조 했듯이, '해석'이라는 말도 사람에 따라 그 개념이 달리 사용되므로, 그 문맥을 잘 살펴야 한다.

성경을 중심으로 한 문헌 해석을 중심으로 하는 고전 해석학은 슐라이어마허와 딜타이에 이르러 인식론적 방법론으로서 기능할 수 있는 학문 분야로서 그 영역이 더욱 확대되었다. 반면에 하이데거에 이르러 해석학은 더 이상 인식론의 토대 여부에 대한 논의가 아닌, 존재론의 근거를 정당화할 수 있는지의 문제로 확대된다. 그리고 가다머에 이르러 해석학은 철학적 해석학으로 정립되고, 리쾨르는 텍스트 해석학과 행위 해석학으로 자리매김한다(정기철, 2004). 여기서는 단순히 언어 해독의 의미가 아니라 리쾨르로 대표되는 넓은 의미에서의 '해석'을 염두에 두기로 한다. 하이데거, 가다머, 리쾨르로 이어지는 해석학은 흔히 '존재론적 해석학'으로 불리는 데서 알 수 있듯이, 해석의 '방법'을 구안하기보다는 해석 행위가 존재론적으로 어떤 의의를 갖는지를 밝히는 데 주력하였다. 특히 체계로서의 언어보다는 사건으로서의 언어를 강조하는 언어관, 텍스트의 객관적 의미보다는 주체의 주관적 의미나 역사와 전통과의 대화적 의미에 주목하는 반객관주의적 태도, 해석을 통한 주체의 반성과 성장 등에 초점을 맞추는 존재론적 해석관 등이 문학 텍스트 해석에 직접적으로 관련이 된다(김정우, 2006 : 32~35). 이런 관점은 텍스트 의미의 문제, 해석의 타당성, 해석 공동체 등의 모든 문제를 포괄해서 보여 줄 수 있다는 장단점을 갖는다.

3. 고전시가 '해석' 교육의 층위

앞 장에서 진술된 필자의 관점을 일단 인정한다면, '⑦ 작품에 대한 소감, 평가'만 고전시가 해석 교육에서는 제외되는 영역이 된다. 이처럼 '해석'을 넓은 의미로 받아들이게 되면, 고전시가 '해석' 교육 단계에서 몇 가지 층위가 생기게 된다. 여기서는 구체적인 예를 통해 그 층위의 몇 양상을 살펴본다.

(1) 작품 문면 해석의 문제

고전시가의 대표적 갈래의 하나인 향가는 교육과정이 거듭 될수록 교육 현장에서 멀어지거나 사라지는 상황에 놓여 있다. 이는 특히 '해석' 활동이 문학교육의 주된 활동으로 되어 갈수록 그 심각성이 더해 가고 있는 실정이다. 여기에는 여러 가지 이유가 있겠지만, 우선 향찰 해독의 문제가 제시될 수 있다. 권위 있는 해독은 존재하는데,3) 이를 그대로 가르칠 것인지, 같은 구절에 대한 상이한 해독은 어떻게 처리할 것인지 등

---

3) 향가 해독의 연구사를 여기서 다 제시할 수는 없다. 그동안 교육 현장에서는 그 많은 향가의 해독 중에서 특히 양주동(1965), 김완진(1980) 두 분의 연구 결과가 교육적 권위를 가졌던 것으로 평가된다.

의 문제에 대해 교육계는 합의된 결론을 내리지 못했다.

작품 해석에 있어서도 마찬가지 문제가 발생한다. 특히 배경 설화를 같이 가지고 있는 향가는 해석자가 논의의 근거를 어디서 찾는가에 따라 수많은 이설이 존재한다. 사실 향찰 해독을 포함한 향가 해석의 문제는 그간의 고전시가 연구를 이끌었던 주요 축의 하나라 할 수 있으며, 그에 걸맞게 내외에 자랑스럽게 내놓을 만한 연구 업적을 가지고 있기도 하다. 그런데 작품 해독이 통일되지 아니하고, 작품 해석에 있어서도 여러 입장 차이가 자연스럽게 병립하면서 수많은 이설이 존재하게 되는 결과가 나온 것이다.

이것이 작품 해석 교육이 강화되고 있는 교육 현장에 이르면 큰 문제점을 드러내게 되고, 결국은 가장 손쉬운 처방으로 작품이나 갈래 자체가 교육 내용에서 빠지는 결과를 초래하게 된다. 현재 모습이 바로 그러하지만, 이런 현상이 누적되면, 어느덧 향가라는 갈래는 소수의 고전시가 연구자들만의 텍스트가 되어 버린다.

향가에 비해 비교적 해석이 평이하다고 알려진 고려시가도 그 속사정은 별반 다르지 않다. 국정 국어 교과서에 오래 실렸고, 비교적 학습자들에게 평이한 작품으로 알려진 <청산별곡>만 하더라도 문제가 간단치 않다. 한 국어학자는 교과서 자체의 문학적 해석이 현재의 국어학적 상식으로는 도저히 이해하기 어렵다는 견해를 표명하기도 했다(장윤희, 2002 : 376~389). 현실을 고려해 그의 비판을 일단 논외로 하더라도, 국정 교과서에 수록된 '살어리랏다'의 두 해석 즉, '살고 싶다'와 '살았어야 할 것을' 받아들인다면, 어떤 해석을 취하는가에 따라 작품 전체의 해석 내용은 판이해지게 되는 문제가 생긴다.

해독의 과정이라고 할 수 있는 이러한 문제는 특정 갈래만의 문제는 아니다. 현대시에서도 구체적인 시어의 해석에 따라 작품의 이해가 달라지는 현상을 왕왕 대하게 된다. 이런 상황에서는 전문적인 연구를 담당하지 않는 교육 현장에서는 해석의 다양성을 인정하는 태도를 갖는 것이 좋다. 이론적으로 정확한 해석이 있다고 전제되더라도, 그것이 결정적인 증거 능력을 가지고 있지 않은 상황이라면, 열린 해석의 가능성을 인정하는 것이 교육적으로 안전하고 의미가 있다고 보는 것이다.

(2) 컨텍스트를 활용한 텍스트 해석의 문제

흔히 문학의 외재적 접근 방법이라 분류되는 컨텍스트를 활용한 텍스트 해석의 문제는 그 범위가 상당히 넓다. 작가의 문제, 시대배경의 문제 등이 다 여기에 속한다. 가령, 고전시가를 대표하는 또 다른 갈래인 가사의 경우, 그 효시작에 관한 문제는 아직도 해결되지 않은 상태이다. 여기에는 두 가지 문제가 개재되어 있다. 하나는 나옹의 <서왕가>를 가사로 인정할 수 있는가 하는 갈래론적 의문이 하나이고, <상춘곡>의 작가를 정극인으로 볼 수 있는가하는 문제가 다른 하나이다.[4]

사실 작품 해석에만 주목한다면, 이러한 갈래 인식이나 작가 확정의 문제가 교육 현장에서는 문제되지 않을 수도 있다. 그러나 우리가 교육 현장에서 문학을 중요하게 다루는 것은 단지 언어 자료로서의 문학만을 주목하는 이유 때문이 아니다. 문학을 둘러싸고 있는 많은 내용들은 사실 그 자체가 좋은 교육 내용이 될 수 있다. 물론 그 자체만을 지나치게 강조한다면, 과거 학문 중심 교육과정의 문제가 다시 등장하겠지만, 어느 한쪽의 지나친 배제가 교육적으로 별로 좋은 결과를 가져오지 않는다는 점은 경험론적으로도 쉽게 알 수 있다.

더군다나 과거의 문학 작품, 특히 시가 작품이 갖는 의미는 고정되어

---

4) <상춘곡>에 얽힌 연구사적 문제는 『한국고전시가작품론』 2(집문당, 1992)에 실린, 조태영, 박병완 등의 논문을 참고할 수 있다.

있지 않다. 그것은 언제나 현재화 된다. 이는 문학 연구는 물론이고, 문학교육이나 문학교육 연구에서는 더욱 두드러지게 나타나는 현상이다. 문학교육에는 시간과 그것이 불러일으키는 변모가 개입하기 때문이다. 이러한 개입을 우리는 '시대 인식' 혹은 '역사적 상상력' 이라 부를 수 있을 것이다.

문제는 이런 역사에 대한 관심이 선지식으로 작용해야 하는가 아닌가 하는 점이다. 현재 학교 현장에서는 이 문제가 직접적으로 작용하지 않는 것으로 보인다. 작용하는 경우에는 무비판적으로 적용된다. 정서의 <정과정곡>이나 정철의 가사가 나오면 무조건 '충신연주지사'로 이해하거나, 현대시에서 윤동주, 이육사라는 작가명이 나오면 저항시라는 관점을 먼저 개입시키거나 한다.

여기서의 어려움은 주로 작품과 역사적 이해의 관련 양상에 있다. 학생들에게 실질적으로 필요한 것은 모두 특정한 개인적인 것에 뿌리를 두고 있어야 한다. 그런데 현재 교육 체계는 시대 전체의 일반적 특징을 예시하고 있는 것이다. 문학을 이해하는데 필요한 역사를 거시적으로 다룬다면, 즐겁고 유익하게 작품을 이해하는데 필요한 미시적 역사는 사라지고 암기 대상으로서의 연표만 남게 된다.

(3) 텍스트 수용의 해석 문제

문학교육에서 제일 문제가 되는 것은 바로 텍스트 수용에서 일어나는 해석의 문제라 할 수 있다. 어떤 텍스트의 수용을 통해, 학습자의 어디에선가 생성되는 해석의 내용이 그것인데, 논의의 핵심은 그 해석의 객관성을 어떻게 확보할 것인가 하는 것이다.

여기서도 텍스트에 대한 모든 해석이 용인되는 것은 아니다. 수용 이론의 대표자인 이저에 의하면, 텍스트 속에 작자가 의도하지 못한 부분이 섞여 형상화되어 있다고 보고, 문학 텍스트에는 '작자의 의도'가 아니라 '텍스트 내적 의도'가 존재한다고 말한다. 그의 견해를 원용하면, 연주에는 악보가 최소한의 규제가 되듯이 문학 텍스트 그 자체가 '의미론적 방향선'을 제시하고 있어 이를 이탈하는 해석까지도 허용되는 것은 아니다(이대규, 1985 : 83).

연구자에 따라서, 텍스트가 어느 정도 한정된 의미론적 단서를 제공하며, 그 의미 단서는 해석 주체의 해석에 의해 개별적인 의의를 획득하는 것이라고 보기도 하고(김창원, 1995), 해석은 학습자가 텍스트를 읽고 그것을 자신의 언어로 풀어가는 과정이며 작품에 대한 자신의 이해에 설명을 덧붙이려고 하는 노력, 즉 작자의 텍스트에 대해 자신의 텍스트를 생산하는 행위(김미혜, 2009)로 보기도 한다.

<관동별곡>, <사미인곡>, <속미인곡>은 대표적인 '충신연주지사'의 하나이지만, 텍스트 어디에도 그것을 읽을 수 있는 표지는 존재하지 않는다. 그리고 조선 후기에 이르게 되면, 대부분의 수용자가 그 작품을 하나의 연애시로 수용하지 '충신연주지사'로 수용하지는 않는다. 이는 현대에도 마찬가지여서, 학습의 결과와 선지식을 허용하지 않는 감상은 그 결과가 같지 않다. 이 문제는 텍스트 수용의 해석 문제와 관련된 것들로, 한용운의 <님의 침묵>을 비롯하여 관계되는 예는 허다하게 발견할 수 있다.

1998년도 국어과 교원 임용 시험에 유명한 시 작품의 하나인 김수영의 <풀>이 출제된 적이 있다.5) 그런데 문제의 조건에 '미적 구조물'이라는 언급이 있었다. 모범 답안을 공개하지 않아 정확한 답은 알 수 없었지만, 필자의 경우 조건을 그렇게 달면 내용상으로 '바람에 흔들리는 풀

---

5) 사실 김수영의 <풀>은 수많은 해석 텍스트를 가지고 있는 텍스트이다. 강웅식(2004)은 이를 정리하여 단행본을 내기도 했다.

의 동적인 움직임', 형태상으로 '연과 행의 구조적 분석' 정도를 떠올릴 수 있다고 본다. 그렇게 되면, 참고서 등을 통해 열심히 배우거나 외우는 '민중'과 '폭압적인 세력'간의 관계 문제는 교육 범위에서 벗어나기 쉽다.

그런데 문제는 다시 여기서 시작된다. <풀>에서 김수영이라는 작가의 문제나, 1960년대 한국 사회라는 배경적 상황은 정말 문학교육에서 그다지 중요하지 않은 문제인가? 오히려 우리는 보편적인 문학교육을 수행하면서 그보다 더 요긴하고 중요한 것은 놓치는 것이 아닌가 하는 우려를 감출 수 없다.

4. 고전시가 교육과정에서의 '해석'의 위상

누차 강조한 바와 같이, 현재 고전시를 포함한 시 교육의 중심은 작품 해석 교육에 있다. 특히 5차 교육과정 이후, 교실과 수업이라는 형태를 띠고 있는 학교 현장에서는 대표적인 교육 내용으로 자리 잡은바 오래되었다. 일반적으로 볼 때, 시는 작가의 상상과 정서를 통해 운율이 있는 언어로 압축하여 표현한 문학이다. 하여 일반적인 독서 이론으로 볼 때, 시는 그냥 느끼는 것이 바람직하지만, 읽기나 해석이라는 측면에서는 시의 구성 요소를 고려하여 정확히 이해하는 것이 중요하다.

여기에 핵심적으로 작용하는 것이 바로 '해석'이라 할 수 있는데, 최근 교육 현장에서는 다른 배경 지식을 가능한 유보하고 작품을 중심으로 하여 이루어지는 해석을 선호하는 경향이 있다. 그러한 이해 방법 중 하나가 바로 시적 화자를 중심으로 시를 이해하는 것이다. 이에 따르면, 시를 이해하기 위해서는 산문적 진술로 내용을 풀어서 시적 화자가 누구이고, 어떤 정황에서 어떤 반응을 보이는지를 논리적으로 파악한 후, 시를 구성하는 다른 요소들을 살펴보고 주제 및 구성을 정리해야 한다.

첫째, 상황을 머릿속에 그리면서 읽는다. 일반적으로 독서를 할 때, 각 문장 혹은 글 전체가 나타내는 상황을 상상하여 그려보는 독자와 그렇지 않은 독자의 기억력에는 큰 차이가 있다. 더구나 시는 함축적 의미의 언어를 그 특성으로 하는데, 함축적 언어의 의미가 일단 지시적 의미를 떠올렸을 때 그것으로부터 자연스럽게 연상적으로 떠오르는 의미라는 것을 감안한다면, 시를 감상할 때 '상황을 그리며' 읽는다는 것이 얼마나 중요한가를 알 수 있을 것이다.

둘째, 시적 화자가 어떤 사람인지, 어떤 상황(정황)에 놓여 있는지를 살펴본다. 시적 화자는 작품 속에서 말하는 사람이다. 작품을 몇 개의 문장으로 정리한 다음에는 시적 화자가 누구인지, 그가 어떤 정황에 놓여 있는지를 살펴보아야 한다. 즉, 시적 화자가 남자인지, 여자인지를 생각해 본 후, 그 시적 화자가 임과 이별하였는지, 아니면 임을 만났는지 등 시적 화자가 처한 상황을 파악해야 한다.

셋째, 시적 화자가 어떤 반응(태도, 정서)을 보이는지 살펴본다. 그 다음에는 시적 화자가 자신이 놓여 있는 상황에서 어떤 반응을 보이는지를 생각해 본다. 가령, 시적 화자가 암담한 상황에 처해 있다면 시적 화자는 그러한 상황에서 좌절하고 있는지, 아니면 그것을 극복하기 위해 의지를 불사르고 있는지, 그것도 아니면 현실과는 다른 이상적인 세계를 지향하고 있는지 등을 살펴보아야 한다.

넷째, 시의 다른 구성 요소들을 살펴본 후, 주제를 정리한다. 이렇게 작품을 산문적 진술로 서술하면서 시적 화자를 중심으로 시의 내용을 이해했다면 시의 절반은 해결된 것이다. 그 다음에 시상의 전개 방식이나 시적 표현, 심상, 어조, 운율 등을 하나하나 살펴본 후 작품의 주제를 정리하면, 시의 이해는 완성된다.6)

그리하여 (본의 아니게) 국어 시간이나 문학 시간이나 공히 작가나 시대적 배경 등의 문학사적 요소의 시가 수업이 사라졌거나 사라지는 추세에 있는 것으로 보인다. 문학사적 시각이 개재되지 않은 문학 작품의 감상 교육은 해당 작품의 감상 교육에만 국한되게 된다. 이는 특히 문학교육의 경우, 작품의 현대성에 학습자들이 눈뜨지 못하게 하여 문학교육의 필요성과 의의 역시 감소시키는 결과를 가지고 올 수 있다.

문학사에 있어서 역사적 관점은 해당 작품의 역사적 맥락을 충실히 밝히는 것으로 끝나지 않는다. 해당 시기의 다른 작품과 당대의 문제와의 관계 속에서 어떤 관계를 가지고 있는가를 밝히는 것 또한 중요한 문제가 된다. 그러나 이런 과정을 통해 마련된 문학사가 곧바로 문학사 교육의 필요와 가치를 모두 설명해 줄 수 있는 것은 물론 아니다. 때문에 우리의 과제는 존재로서의 문학사와 그러한 문학사의 교육적 가치에 관한 이중적 질문에의 해답이 된다. 역사적 층위를 고려한다는 것은, 곧 문학에 관한 교육에서 문학사적 관점을 도입하는 것과 동궤를 이룬다.[7]

이를 위해서는 특정한 시대의 역사적 특수성이 배경 지식으로 동원되고, 당대의 다른 작품과 상호 텍스트적 연관성에 대한 이해를 필요로 한다. 이는 문학 작품의 문학사적 의미를 파악하고 이해하는 작업의 중요성과 의의를 인정하는 관점으로 나아갈 수 있다. 예컨대 학습자들이 하나의 문학 작품을 당대의 다른 작품과 비교하거나 한 작자의 작품들을 다른 작품들과 대비하는 활동은 문학의 사회성이나 시대성에 대한 이해로 나아갈 것이며, 서로 다른 시대를 배경으로 만들어진 두 작품 간의 공

---

6) 이상의 내용은 주로 전북대학교 교육대학원 수업 시에 일선 고등학교 교사들의 반응을 정리한 자료들 중의 하나이다.
7) 문학사 교육의 강조는 필자가 틈나는 대로 거듭 언급하고 있는 사항의 하나다. 이에 대한 필자의 자세한 입장은 「시가문학 장르의 교육과정 개정 방안」(한창훈, 2008 : 43~69) 참조.

통점이나 차이점을 이해하는 일은 삶의 질서와 문학의 질서에 대한 통시적 연관성에 대한 통찰로 이어질 수 있을 것이다. 이처럼 문학사는 학습 내용의 위계성이라는 측면에서 매우 고차원적인 단계에서 이루어질 수 있을 것이다. 학교 교육을 통해서도, 적어도 이론적으로는 충분히 가능한 일이라 할 수 있다.

때문에 문학사 교육을 기존의 권위 있는 문학사가들의 '문학사'를 학습시키는 것으로 채우는 것은, 재고해 보아야 할 사항이다. 필자가 생각하는 문학사 교육은, 기존의 지식 체계로서의 문학사 교육이 아니라, 학습자에 의해 재구성될 수 있고 재구성되어야 하는 문학사 교육이다. 이것은 문학을 통하여 시대를 이해할 수 있는 '문학을 통한 교육'의 범위에 해당하지만, 사실 '문학에 관한 교육'의 방법으로도 유효하다고 생각한다. 결국 문학사가 변화와 누적이라는 역사적 논리에 의해 문학의 질서를 구성한 것이라면, 하나의 개별 작품을 독립적으로 감상하는 소위 신비평류의 문학교육 방법보다, 다른 작품들과의 비교나 대조를 통하여 작품 감상의 폭을 넓히는 방법을 통해, 훨씬 폭넓고 깊이 있는 이해와 가치 평가가 이루어질 수 있을 것으로 기대되기 때문이다.

때문에, 문학사 교육의 핵심은, 문학사의 내용을 채우는 작자와 작품의 열거가 아니라, 바로 의미 해석의 기준을 학습하게 하는 데 있다. 따라서 제도 교육으로 이루어지는 문학교육을 받는 학습자들은, 그 전제로 문학이 역사 사회적으로 복합적인 맥락을 갖고 있음을 제대로 이해할 필요가 있다. 문학은 특정 작자에 의한 창조물이지만, 그 속에는 현실의 반영을 비롯하여 풍속, 종교, 정치 등이 복합적으로 관여하고 있음을 이해해야 한다. 이는 문학을 이해하는 것이 단순히 작품 자체만을 이해하는 것이 아닌 복합적 과정이 있음을 이해하는 것과 같다. 즉 문학의 감상은 단순히 작품 문면의 이해나 감수성의 문제가 아니라, 당시의 독자와 현대의 학습자들이 처해 있는 삶의 총체성과 관계가 있다는 것이다.

문학 작품 자체가 삶의 총체성과 관련되어 있으니, 역으로 당대의 삶을 이루는 요소들인 정치·경제·문화 등의 이해는 문학 작품의 정확한 감상과 수용에 필수적일 수 있다. 반대로 우리가 학습의 대상으로 삼는 문학 작품은 당대 현실을 예술적으로 잘 반영하고 있으므로, 문학교육을 통해 그 역사적 현실의 본질에 대한 정확한 이해로 나아갈 수도 있다. 그러므로 문학교육은 단순 교과가 아니라, 결국 역사·정치·경제·윤리 등의 교과 학습과 상호 긴밀히 관련되어 있는 복합 교과 교육이 된다.

문학교육의 목적이 단순히 문학의 이해에만 그치는 것이 아니고, 인간의 삶과 세계에 대한 총체적 인식을 기르는 데에도 적용된다면, 우리는 문학교육이 가지고 있는 의미를 제대로 파악하고 그것을 활용할 필요가 있다. 이러한 교육이 가능한 좋은 영역이 바로 문학사 교육이 될 수 있다. 이런 점에서, 학습자들에게는 문학에 관한 교육 못지않게, 문학사 교육을 통한 총체적이고 통합적인 사고 능력의 신장은 바람직하고 또한 중요한 가치를 가지고 있다. 이처럼 학습자들도 문학 활동이 다양한 역사·사회적 관계를 형성하고 있음을 이해하고, 스스로의 문학 활동이 역사·사회적 구도 속에 의미를 갖도록 노력해야 할 것이다. 그러자면, 이들에게 필요한 문학사 교육은 기존 문학사에 대한 지식이 아니라, 작품 감상을 중심으로 하여, 스스로 문학사를 구성할 수 있는 능력을 배양하는 방식으로 구조화되어야 한다.

현재까지의 해석 이론이 당면한 과제의 하나는 하나의 '옳은 해석'이라는 독단적 단언을 피하며, 동시에 모든 해석이 동일한 가치를 가지고 있다는 완전한 상대주의를 피하는 일이다. 특히 문학교육적 관점에서 해석의 독단론과 텍스트 해석의 자의성, 무한한 주관주의는 배제되어야 한다. 이를 위해 우리는 '보편적 평균 체험'이라는 기준에 주목할 필요가 있는데, 여기서 중요한 것이 문학 이해 교육에서는 작품을 '옳게 읽는다'는 자세보다 '잘 읽는다'는 자세라고 본다.8)

"무엇보다도 교육을 처량하게 만드는 것은 문헌학적 주석과 실질적으로 기억에 의존할 수밖에 없는 이야기 줄거리나 등장인물에 관한 간단한 분석을 붙인 문학을 가르치는 일이다. 단순히 문학에 관한 지식은 별로 중요하지 않다. 중요한 것은 문학이 어떻게 이해되느냐이다. 학생이 무엇을 알고 있느냐가 문제되는 것이 아니며, 문학의 즐거움을 맛본다는 것이 지극히 중요하다."(오영환 역, 2004)

특히 고전문학은 '오늘날의 우리와 역사적으로 연결되어 있는 他者'의 문제를 다룬 것이다. 때문에 현대문학처럼 당대의 독자에게 직접적 이해를 주지 않는다. 결국 지금의 우리와는 다른 층위를 가지고 있는 고전문학 원래 텍스트를 어떤 식으로 조정해야만, 고전문학 특히 교육에서의 텍스트를 생산할 수 있는가가 문제가 되는 것이다. 필자가 보는 고전시가 교육의 '해석'이 바로 이러한 것이다.

김흥규는 "오늘날의 시인·작가들이 살과 피를 가지고 우리와 더불어 생각하며 살아가는 존재인 것처럼, 몇 세기 전의 문인들도 시대적 환경은 다르지만 마찬가지 삶의 짐을 그 시대의 화법으로 썼다는 것을 이해하는 일은 비상하게 흥미로우며 감명 깊은 교육적 체험이다."(김흥규, 2002 : 306~321)라고 했다. 여기서 '그 시대의 화법으로 썼다는 것을 이해하는 일'이 바로 본 논문에서 거듭 강조하는 고전시가 교육에 있어서의 '해석'에 다름 아니다.

---

8) 김정우는 해석의 '그럴듯함'이라는 용어를 사용했는데, 필자가 생각하기에 비슷한 관점이라 보인다. 자세한 내용은 김정우(2006) 참조.

5. 결론

본 논문에서는 고전시가 교육에 있어서 '해석'이란 무엇이며, 이를 교육과정을 통해 실제 교육 현장에 적용하려면 어떻게 해야 하는지 하는 문제를 중심으로 다루었다. 지금까지의 논의를 간략하게 요약하여 결론으로 삼으면 다음과 같다.

'해석'이라는 용어는 사람이나 상황에 따라 다양하게 쓰이고 있다. 때문에 이의 개념을 먼저 규정할 필요가 있는데, 본 논문에서는 최대한 범위를 넓게 잡아, 텍스트 의미의 문제, 해석의 타당성, 해석 공동체 문제 등을 포괄하여 다루었다. 이처럼 '해석'을 넓은 의미로 다루게 되면, 고전시가 '해석' 교육의 단계에서 몇 가지 층위가 생기게 되는데, 이를 ① 작품 문면 해석의 문제, ② 컨텍스트를 활용한 텍스트 해석의 문제, ③ 텍스트 수용의 해석의 문제로 나누어 고찰하였다. 이를 바탕으로 '해석' 교육의 현장성을 검토한 결과, 문학사 교육의 강화가 중요한 논점으로 부각되었다. 물론 이때의 문학사 교육이란, 문학사에 관한 지식 교육이 아니라, 역사적 성찰을 바탕으로 문학을 '해석'할 수 있는 교육을 말한다.

몇 가지 구체적인 사례를 들기는 했으나, 본 논문의 핵심적인 문제의식을 잘 드러내 줄 수 있는 고전시가 '해석' 교육의 모형을 제시하지는 못했다. 이는 본 논문의 부족한 부분으로, 이후의 과제로 돌리기로 한다.

참고문헌

강웅식, 『해석의 갈등 : 김수영의 풀 다시 읽기』, 청동거울, 2004.
김미혜, 『비평을 통한 시 읽기 교육』, 태학사, 2009.
김미혜, 『지식 구성적 놀이로서의 시 읽기 교육 연구』, 서울대 박사학위논문, 2007.
김완진, 『향가 해독법 연구』, 서울대학교 출판부, 1980.
김정우, 『시 해석 교육론』, 태학사, 2006.
김창원, 『시 교육과 텍스트 해석』, 서울대학교 출판부, 1995.
김흥규, 『한국 고전문학과 비평의 성찰』, 고려대학교 출판부, 2002, 306~321면.
양정실, 『해석 텍스트 쓰기의 서사교육 방법 연구』, 서울대 박사학위논문, 2006.
양주동, 『증정 고가연구』, 일조각, 1965.
이대규『문학교육과 수용론』, 이회, 1998.
이돈희, 『교육적 경험의 이해』, 교육과학사, 1993.
이상구, 『구성주의 문학교육론』, 박이정, 2002.
장윤희, 「국어사 지식과 고전문학 교육의 상관성」, 『국어교육』108집, 한국국어교육연
　　　구학회, 2002, 376~389면.
정규복, 『한국 고전문학의 원전 비평적 연구』, 고려대 민족문화연구소, 1992.
정기철, 『해석학과 학문과의 대화』, 문예출판사, 2004.
최지현, 『한국 근대시 정서 체험의 텍스트 조건 연구』, 서울대 박사학위논문, 1997.
한창훈, 『시가와 시가교육의 탐구(Ⅱ)』, 월인, 2008.
한창훈, 『시가교육의 가치론』, 월인, 2001.
편집위원회, 『한국고전시가작품론』 2, 집문당, 1992.
이저, 이유선 역, 『독서행위』, 신원문화사, 1993, 57~58면.

▼『비평문학』 32집, 2009

고전문학 교육의 가치와 위상
—〈연행가〉, 〈일동장유가〉를 예로 하여

1. 서론

이 글에서는 우리 국어교육에서 고전문학이 이미 차지하고 있고, 또 앞으로 차지하여야 한다고 판단되는 가치와 위상에 대해 논해 보고자 한다. 이를 위해 논의의 대상을 고등학교 국어교육 현장으로 한정한다. 우리의 관심을 고등학교 국어교육으로 한정한다면, 당연히 교과목으로서의 고전문학과 그 반영인 교과서에 주목해야 한다. 하지만, 여기서는 이 외에도 실제 교육 현장에 강력한 영향을 미치는 대학입학수학능력시험(이하 수능)의 언어영역 부분을 아울러 염두에 두기로 한다. 특히 7차 교육과정을 이수한 첫 세대가 치른 2005학년도 수능의 언어영역은 이후 5년간 교육 현장에 큰 영향을 줄 것이다.

이미 2004년 12월 한국교육과정평가원은 이들을 위해 기존과는 약간 다른 형태의 수능 모의고사를 치른 바 있다. 이를 보면 문학 부분에서 특히, 고전시가와 현대시의 통합 지문 출제가 눈에 띈다.[1] 고전시가와 현대시의 통합 지문 출제는 그 자체의 효용성과는 별개로 특히 고전시가 교육에 대해 교육 현장에 미치는 영향이 클 것으로 보인다. 때문에 여기서는 가능한 고전소설보다 고전시가 쪽에 논의의 초점을 맞추고자 한다.

2. 고전문학 교육의 가치론적 접근

교육은 의도적으로 어떤 가치를 성취하려는 일종의 인간 활동이므로, 무슨 가치를 생활에서 추구하느냐에 따라서 교육의 개념이 해석되는 방식은 다르다. 이처럼 교육이라는 것은 '사람들을 價値 있는 활동에 입문시키는 것이며, 각급 학교의 교육 과정은 학습자들이 각자의 능력, 적성, 흥미에 알맞은 활동을 선택할 수 있도록 마련되어 있다'고 할 수 있다(이홍우, 1980 : 137).

교육적 가치는 어떤 내용이 대상 학습자의 유의미한 성장에 적극적으로 관련될 때 성립되는 것이다. 다른 종류의 활동을 추구할 수 있는데도 불구하고, 교육 과정에 나타나 있는 그런 종류의 활동을 추구해야 하는 데에는 그럴만한 이유가 있어야 하는 것이다. 즉 교육적 가치는 존재론적으로 '주어져 있는 것'이 아니라 대상과의 관계에 의해서 '성립되는 것'이다.

현실적으로 교과의 구체적인 모습은 교과서로 나타나기 마련이며, 고전문학을 포함한 문학을 교과로 상정할 때 우선적으로 주목되는 것은, 역시 독립된 교과목으로 등장하게 되는 고등학교 이상 수준의 교육 현장이다.[2] 문학이 국어 교과안에서 독자성을 띤 과목으로 설정된 것은 4차

---

1) 이외에도 눈에 띄는 전체적인 특징은, 문학의 비중을 다소 줄이고 대신 기술 지문이 추가되어 급격히 변화하는 현대 사회에 나름대로 적응하기 위한 모습을 보이고 있다. 문학에서 가능한 한 지식을 제거하고 읽기로서의 문학 능력을 측정하는 경향은 계속 유지되고 있다.

교육과정 이후이다. 그러나 문학이 독립되었다고 해서 독립 교과가 된 것은 아니었다. 고등학교의 경우, 교과서가 따로 만들어짐으로써, 외형상 교과적 독립성이 부각되었을 뿐이다. 문학 교과가 독립되더라도 국어 교과의 문학이 같이 가르쳐짐으로써, 결국 문학 교과는 국어 교과에 이중적으로 관련되어 있는 것이다. 이는 현재에도 수정되지 않고 이어져 오고 있다. 결국, 중등 교육 과정, 특히 고등학교 교과목 체계의 변천을 중심으로 살피면, 고전문학의 경우 항시 국어 교과 내에 존재하면서도, 별도의 독립된 교과의 모습(3 · 4차 교육 과정기)을 보이기도 하고, 문학 교과 내에 부분적으로 자리를 잡기도 하면서(5 · 6 · 7차 교육 과정기) 존재해 왔다고 할 수 있다.

일반적으로 고전문학 교육의 목적은 '문화 전달과 창조'라는 요소가 지속적으로 추구되었으며, 이를 좀 더 자세히 표현하면, '<u>문학 작품을 통하여 문학에 관한 체계적인 지식을 갖추고 창조적인 체험을 함으로써 미적 감수성을 기르며, 인간의 삶을 총체적으로 이해하고 문학적 문화를 고양하게 하는 데 이바지하도록 한다</u>'[3]라고 정리할 수 있겠다.

고등학교 국어과는 보통 교과인 국어 교과중의 한 과목으로 계열에 상관없이 모든 고등학생들이 이수해야 하는 공통 필수 과목이다. 이는 초 · 중학교의 국어과 교육의 연장선 위에서, 보통 교육으로서의 국어과 교육의 최종 단계를 담당하고 있음을 의미한다. 때문에 고등학교 국어 교과는 중학교 국어과 교육의 성과를 바탕으로 하여, 언어기능 영역 · 언어지식 영역 · 문학 영역의 능력을 보다 체계적으로 신장시키고자 노력해야 한다.

---

2) 교과와 교과서로 구체화되는 고전문학 교육의 양상에 대해서는 김종철(1998)을 참고할 수 있다.
3) 현재 일선 학교에서는 제7차 국어교육 과정이 적용되고 있다. 그런데 그 동안의 교육 과정에서 고전문학 교육의 목적은 큰 변화를 보이지 않고 내려온 것으로 이해된다. 이전의 자세한 변천 내용은 정준섭(1995)을 참고할 수 있다.

전북대학교 교과교육연구총서 ❺

고등학교 국어과 문학 영역의 교육 목표는, "가. 문학 일반과 한국문학에 관한 체계적인 지식을 습득하게 한다. 나. 문학 작품을 즐겨 읽고 감상하게 함으로써 미적 감수성과 문학적 상상력을 기르게 한다. <u>다. 한국문학에 나타난 민족의 삶과 정서를 이해하며, 이를 토대로 세계문학 속에서의 한국문학의 바른 위상과 방향을 추구하는 데 이바지하는 태도를 가지게 한다.</u>"(6차 교육과정)

"문학의 수용과 창작 활동을 통하여 문학 능력을 길러, 자아를 실천하고 문학 문화 발전에 능동적으로 참여하여 문학 문화 발전에 기여하려는 태도를 지닌다. <u>라. 문학의 가치와 전통을 이해하고 문학 활동에 능동적으로 참여하여 문학 문화 발전에 기여하려는 태도를 지닌다.</u>"(7차 교육과정)로 되어 있다. 초등학교에서 고등학교까지 문학 영역에서 일관되게 강조된 것이 문학 작품의 이해와 감상이라면, 고등학교에서 특히 강조된 것은 한국문학에 대한 일종의 메타적 이해라고 할 수 있다.

이러한 내용 체계와 위계성으로 보자면, 고전문학은 고등학교 문학교육의 중심적인 위치에 있다고 할 수 있다. 문학의 본질이나 작품 감상과 관련해서만이 아니라, 한국문학 전반에 관한 이해라는 점에서 특히 그렇다. 예컨대, '한국문학의 개념과 성격을 이해한다.', '한국문학의 사적 전개 과정을 이해한다.', '한국문학에 나타난 전통성을 이해한다.' 등의 내용은 궁극적으로 민족문학의 실체에 대한 이해로 귀결되는 것으로서, 고전문학이 중심이 되지 않고는 이루어지기 어려운 것들이다(김종철, 1998 : 46~47). 여기서 국어과에서 이루어지는 문학교육은, 국문학을 통해 문학의 일반적 이해를 가르치는 것이기도 하지만 국문학의 내용이 무엇인가를 가르치는 것이기도 하다는 생각이 다시 강조된다.

이는 교육 과정에도 명시되어 있는 바, 초·중학교와는 다르게 문학에 대한 체계적인 지식을 바탕으로 문학 작품을 이해할 수 있는 고등 수준의 지적 능력을 발달시키고, 아울러 예술로서의 문학이 지닌 심미적 가치를 올바르게 인식할 수 있도록 하는 데 주안점을 두는 것이다. 즉 문학 작품 감상에 기초가 되는 문학에 관한 지식을 학습시켜 문학 작품을 바르게 이해하고 감상할 수 있는 능력을 길러 주고자 하는 것이다. 때문에 비록 검인정 문학 교과서가 있긴 하지만, 국어 교과에서 다루어지는 문학 영역에는 문학사적 가치와 심미적 가치를 동시에 고려하면서 문학 작품을 선별해 반영해야 한다.

그러나 현재 교육 현장에서 이러한 고전문학의 가치와 위상이 제대로 반영되고 있는지에 대해서는 의문이다. 우선 교과서에 수록되는 작품들은 아무래도 문학사적 가치를 우선 고려하는 것으로 보인다. 때문에 그 의도가 교육 현장에 잘 반영 되려면, 필연적으로 문학이론 및 역사에 대한 학습이 전제된다. 그러나 이 전단계가 자의반 타의반으로 생략되기 때문에 평가자와 학습자간의 관계가 악화되기 시작한다. 고전시가의 경우가 더 심하다고 보인다.

결국 학습자들은 시험을 보기 위해, 교과서 수록 고전 작품을 이해하는 것이 아니라 암기하기 시작한다. 기존 연구자들이 이구동성으로 그 고전성을 의심하지 않는 정철의 <관동별곡>을 고등학교 학생들이 가장 싫어하는 역설이 이렇게 생겨난다. <숙향전>을 한 번도 읽지 않고 작품의 성격을 이해하지 못하는 학습자가 시험 문제는 만점을 받고 고전문학을 잘한다는 환상을 갖는다. 그 유명한 <구운몽>도 앞부분 입몽과 뒷부분 각몽만 공부(?)하므로, 만일 시험에서 양소유가 등장하는 중간 부분을 지문으로 한다면, 아마 출제자는 수험생과 학부모로부터 엄청난 곤욕을 치를 확률이 높다. 모르긴 몰라도 채만식의 <태평천하> 마지막 부분을 거의 암기하고 그 풍자의 양상에 대해 해박한 지식을 자랑하는 학습자 중에서 작품 전체를 읽어본 학생은 거의 없을 것이다.

3. 고전시가를 통해 본 교육목적론

고전시가 특히 기행가사를 대상으로 그 교육적 가치와 위상을 논한 글들에서, 고전문학 교육의 목적과 관련해 주요한 언급을 하고 있는 것들을 뽑으면 대략 다음과 같다.

① 염은열, 『고전문학과 표현교육론』(역락, 1999) : "보편적인 표현의 원리"
② 문학교육학회, 『문학교육의 민족성과 세계성』(태학사, 2000) : 김상욱의 "민족적 주체의 형성"
③ 정기철, 『한국 기행가사의 새로운 조명』(역락, 2001)
④ 한창훈, 『시가교육의 가치론』(월인, 2002)
⑤ 김풍기, 『한국 고전시가 교육의 역사적 지평』(월인, 2002)

③의 254면에서 정기철은 고전시가의 교육적 가치는 "대상을 인식하는 다양한 상상력과 다양한 표현력을 기반으로 민족 문화의 전통을 현실 생활 속에서 계승하고 새로운 문화를 창달하기 위하는 데 고전시가는 국어 교육의 주도적인 역할을 한다."고 했다. 그리고 기행가사는 (1) 구체적이고 다양한 대상을 소재로 한다. (2) 구성과 내용 구조가 복잡하지 않다. (3) 비교적 일상어에 가까운 언어를 사용한다. (4) 전 후기 작품이 다른 표현 양식을 갖는다. (5) 가치 있는 체험을 기록한 것이기에 교육적 가치가 있다고 했다.

⑤의 177~180면에서 김풍기는 <연행가>를 대상으로, 작품에서 나타나는 '대타적 자기인식'에 주목하고, '문화 상대주의'의 시각을 강조한다. "<연행가>의 교육적 독법에서 가장 중요한 것은, 정당한 타자의 설정을 통해서만이 정당한 자기 규정 혹은 민족적 주체의 형성에 이를 수 있다는 점"이다.

　　결국 ①과 ③은 기행가사를 이해와 표현 특히, 표현이라는 문학 교육 일반론에 적당한 자료로서 취급하고, 이에서 교육의 목적을 끌어내려는 경향을 보인다. 이렇게 되면, 목적 기술이 평면적이고 보편적 진술로 이루어져서 읽는 사람의 상식을 자극하게 된다. 그러면 문제는 역시, 그럼에도 불구하고 우리는 왜 기행가사를 교육해야 하는가로 나아가게 된다.

　　②와 ④, ⑤는 ‘민족’, ‘주체’, ‘자기 인식’, ‘대타적’, ‘문화 상대주의’라는 용어로, 앞의 입장보다는 작품의 교육적 성격을 보다 분명히 드러내고 있다. 필자도 이들의 입장에 보다 더 동조한다. 그러나 항상 교육에서 ‘상대주의’는 위험하다. ‘민족’도 위험하다. 국어교육을 (좁은 의미의) 언어교육으로 모는 사람들도, (다는 아니지만) 민족의 중요성을 모르는 바는 아니다.4) 좀 모호하긴 하지만, 절대주의와 상대주의의 사이를 고민하고 있는 퍼트남의 의견을 참고하자. 그는 합리적 상대주의란 용어를 쓰는데, 합리적임을 판단하는 제일 중요한 요소는 ‘역사’이다(김효명, 2001).

　　현재까지의 해석 이론이 당면한 과제의 하나는 하나의 ‘옳은 해석’이라는 독단적 단언을 피하며, 동시에 모든 해석이 동일한 가치를 가지고 있다는 완전한 상대주의를 피하는 일이다. 특히 문학교육적 관점에서 해석의 독단론과 텍스트 해석의 자의성, 무한한 주관주의는 배제되어야 한다. 이를 위해 우리는 ‘보편적 평균 체험’(김중신, 1995)이라는 기준에 주목할 필요가 있는데, 여기서 중요한 것이 문학 이해 교육에서는 작품을 ‘옳게 읽는다’는 자세보다 ‘잘 읽는다’는 자세라고 본다. 더군다나 과거의 고전문학 작품이 갖는 의미는 고정되어 있지 않다. 그것은 언제나 현재화 된다. 이는 문학 연구는 물론이고, 문학교육이나 문학교육 연구에서는

---

4) 그 위험에 대해 현재의 한국사 교육 현황을 과거와 비교하여 고찰해 보라.

더욱 두드러지게 나타나는 현상이다. 고전문학 교육에는 시간과 그것이 불러일으키는 변모가 개입하기 때문이다. 이러한 개입을 우리는 '시대 인식' 혹은 '역사적 상상력'(한창훈, 2002)이라 부를 수 있을 것이다.

문제는 이런 역사에 대한 관심이 선지식으로 작용해야 하는가 아닌가 하는 점이다. 현재 수능에서는 이 문제가 직접적으로 작용하지 않는 것으로 보인다. 작용하는 경우에는 무비판적으로 적용된다. 정서의 <정과정곡>이나 정철의 가사가 나오면 무조건 '충신연주지사'로 이해하거나, 현대시에서 윤동주, 이육사라는 작가명이 나오면 저항시라는 관점을 먼저 개입시키거나 한다.

여기서의 어려움은 주로 고전 작품과 역사적 이해의 관련 양상에 있다. 학생들에게 실질적으로 필요한 것은 모두 특정한 개인적인 것에 뿌리를 두고 있어야 한다. 그런데 현재 교육 체계는 시대 전체의 일반적 특징을 예시하고 있는 것이다. 고전문학을 이해하는데 필요한 역사를 거시적으로 다룬다면, 즐겁고 유익하게 작품을 이해하는 데 필요한 미시적 역사는 사라지고 암기 대상으로서의 연표만 남게 된다. 때문에 문학교육에서 과거의 역사를 다루는 데에는 일반화된 서술이 아니라 시대에서 시대로 서서히 계승된 모양이라든지 생활 양식이나 민족의 변천을 보여줄 구체적 예를 통해서 시작해야 한다.

4. 조선 후기 기행가사에 나타난 淸·日 인식 양상과 그 의미

여기서는 우선 홍순학의 <연행가>와 김인겸의 <일동장유가>를 주 대상으로 하여, 거기에 나타난 淸·日 인식 양상을 살핀다. 그리고 그 결과를 바탕으로 하여, 특히 중등교육, 그 가운데서도 고등학교 고전문학

교육 현장에서 이들 자료들이 교육 목적 설정과 관련하여 어떻게 유의미
하게 해석될 수 있는지 따져 보고자 한다.

기본 작품 문헌 자료는 아래의 것을 사용한다(작품 인용은 특별한 언급이
없는 한, * 소재 내용으로 한다).

> 임기중, 『연행가사 연구』(아세아문화사, 2001)
> 이석래 교주, 『연행가사집 : 연행가』(신구문화사, 1976)*
> 제6차 교육과정, 『고등학교 국어(하)』(교육부, 1996~2001)
> 심재완 교주, 『일동장유가 · 연행가』(교문사, 1984)
> 이민수 교주, 『일동장유가』(탐구당, 1976)*

기존 연구사 검토를 포함하여 기행가사 연구에 의미 있다고 생각되는
것을 우선 정리하면, 다음과 같다.

> 최강현, 『한국 기행가사 연구』(일지사, 1982)
> 김용철, 「기행가사 연구사」, 『한국가사문학연구』(태학사, 1995)
> 정기철, 『한국 기행가사의 새로운 조명』(역락, 2001), 59~66면

이외에, 기행가사 특히, <연행가>, <일동장유가> 산출 배경과 漢詩
와 기록물을 포함한 방대한 인접 자료를 다루고 있어, 본 논의에 간접적
참고가 되는 연구 성과를 몇 가지 꼽으면 다음과 같다.

> 임기중, 『연행록 연구』(일지사, 2002)
> 이혜순, 『조선통신사의 문학』(이화여대 출판부, 1996)
> 하우봉, 『조선 후기 실학자의 일본관 연구』(일지사, 1989)

<연행가>는 홍순학(1842~1892)이 1866년 使行의 경험을 바탕으로 쓴
것으로, 일정별로 노정을 제시하면서 견문과 감회와 묘사에 치중한 보고

문학적 성격을 가지고 있다. 그러나 작자의 관찰력이 돋보이는 부분이 많고, 강한 비판 정신을 느낄 수 있는 언급도 많이 찾을 수 있다(이주영, 1992). <일동장유가>는 김인겸(1707~1772)이 1763년 일본 통신사의 경험을 바탕으로 한 것으로, 이에 대한 기존 연구는 이 작품에 나타난 일본에 대한 인식에 긍정과 부정이 복합되어 있다는 점을 지적하고 있다(정한기, 2000 ; 박희병, 1992 ; 이성후, 1988).

우선 이들 작품에 나타나는 인식의 문제에 초점을 맞추고, 이를 타자 인식(=淸・日에 대한 인식 양상), 관계 인식(=자아와 타자의 관계 설정), 자아 인식으로 나누어 살펴보자. 여기서는 우선 표본 몇 개를 뽑아 제시한다. 여기서 인용되는 자료에서 ①은 <연행가>, ②는 <일동장유가> 소재의 것이다.

우선 고려해야 할 사항은 이들 작품에는, 기존에도 수차례 강조가 되었듯이, 새로운 문물(특히, 기계 등의 도구적 기술과 법과 제도 등에 대한 관심)에 대한 충격이 강렬하게 표출되고 있다는 것이다. 또 이국 풍물에 대한 호기심 등도 많이 나타나는데, 사실 이런 부분은 기본적인 사항이기 때문에 본 논의 대상에서 제외하기로 한다. 하지만 여기서 부분적으로 언급을 해 둔다면, 이들 작품은 이에 대해 이후의 『열하일기』나 북학파의 저작들처럼 적극 수용의 자세를 보여주지는 못하는 한계를 가지고 있다. 물론 시대의 한계가 제일 중요하겠으나, 인식 주체의 문제도 간과할 수 없을 것이다.

(1) 타자 인식

①-1 : (아이들은) 잔나븨 삭기들과 이상이 갓도갓다 정녕이 짐싱이요
　　　　스람의 종즈 아니로다(타자에 대한 비하).
①-2 : 묵을 곳이라고 찾아가니 집 제도가 우습도다 보 다섯 줄로 된

집 두 칸 반에 벽돌을 곱게 깔고 반 칸씩 캉이라는 것을 지어 좌
우로 마주 보게 하니 캉의 모양이 어떻더냐 캉의 제도를 못 보
았거든 우리 나라 부뚜막이 그와 거의 흡사하여 그 밑에 구들
놓아 불을 땔 수 있게 마련하고 그 위에 자리 펴고 밤이면 누워
자며 낮이면 손님 접대 걸터앉기에 매우 좋고 기름칠을 한 완자
창과 회를 바른 벽돌담은 미천한 오랑캐들도 겉치레가 지나치구
나(타자 풍속에 대한 비판).

①-3 : 손톱을 길게 길너 흔치만큼 길너시며 발법시을 볼작시면 수당혀
를 신어시며 청여는 발이 커셔 남즌의 발ㄱ트나 당여는 발이 작
아 두치짐 되는거술 비단으로 쏙동히고 신뒤축의 굽을 달아 위
둑비둑 가는 모양 너머질가 위틱ᄒ다(타자에 대한 비하).

①-4 : 비라기라 ᄒ는거슨 보즈기의 쓴을 달아 모가지의 걸어시니 비곱
가린 계로구나 … 쏫가지을 쏘즈시니 풍속이 그러ᄒ다 소소빅발
늙은 년도 머리마다 치화로다(타자와 그 풍속에 대한 비하).

청나라 사람들의 모습과 풍속을 부정적으로 보는 시각이 강하게 드러
난다. 이는 풍속 자체도 자체이지마는 淸과의 역사적 관계에서 기인되는
인식이라 할 만하다. "그러타고 웃지마라 명나라 씨친 제도 저 계집의 발
흔가지 지금까지 볼것잇다"라는 언급에서는, 여인의 발에서 명나라의 악
습이라 할 수 있는 전족 제도를 찾아내어 자신을 위로하려는 태도를 보
이기도 한다. 전족에 대한 비인간적인 차원의 시선을 가지기보다는 그것
이 명나라의 유풍이라는 점에만 초점을 맞추어 청나라의 상황을 비판하
는 자료로 이용하고 있다(김풍기, 2002 : 175).

②-1 : 우리 가마 곁에 와서 손으로 눈물 씻고 목매어 우는 擧動 慘酷하
고 奇特하니 마음이 좋지 아니해 뉘라서 穢놈들이 奸邪하고 독하
다던고 이 擧動 보아하니 마음이 연하도다(인정이 강한 日人에
대한 평가).

②-2 : 일본문인, 대마도주, 관백, 평수길에 대한 기록(日本 지도자에 대

한 부정적 묘사).

②-3 : 天下에 이러한 景 또 어디 있단 말고 北京을 본 譯官이 行中에
　　　와 있으되 中原에 壯麗하기 이에서 낫잖다네 … 모를 이는 하늘
　　　이라 可歎하고 可恨 일다(日本 발전상에 대한 부러움과 이에 대
　　　한 원망).

②-4 : 날마다 언덕의셔 왜녀들 모다와서 젓내야 즈르치며 고개조아 오
　　　라ᄒ며 볼기니여 두다리며 손져어 청도ᄒ고 옷들고 아비뵈며 부
　　　르기로 ᄒᄂ고나 넘치가 바히업고 풍속도 음난ᄒ다(타자와 그
　　　풍속에 대한 비하).

②-5 : 제형이 죽은 후의 형수를 겨집삼아 드리고 살게 되면 착다ᄒ고
　　　기리되ᄂ 제아운 길넛다고 데슈ᄂ 못ᄒ다니 네법이 바히업서 금
　　　슈와 일반이다(타자와 그 풍속에 대한 비하).

　②-4, 5에서 볼 수 있는 작자의 서술 태도는 일본이 문화적으로 하류
에 있으며, 冠婚喪祭의 기본적 禮마저도 갖추지 못했음을 강조한다. 특히,
여성들의 모습을 중심으로 풍속을 음란하다고 본다. 그러나 일본을 떠날
때의 모습인 1을 보면, 가마 곁에 와서 손으로 눈물 씻고 목놓아 우는 일
인을 보며 그간 日人에 대해 보였던 자세를 바꾸기도 한다. 이는 역으로
그간에 있었던 작자의 타자 인식이 구체적인 상황과는 유리된 조건에서
관념적으로 이루어졌음을 말해 준다.

(2) 관계 인식

①-1 : 병ᄌ년 호란시의 효종뎌왕 입심ᄒᆞᄉ 이고기 너무실졔 ᄭᅵ친 곡조
　　　유젼ᄒ다 호풍도 참도찰ᄉ 구진비는 무슴일고 옛일이 시로오니
　　　창감키도 그지업다(역사에 따른 반청 의식).

①-2 : 슬푸다 져문밧게 삼학ᄉ의 충효혼빅 만리밧게 외롭다가 우리보
　　　고 반게헐 듯 병ᄌ년 이원슈를 어느쩌 갑파볼가 후셰인신 예지
　　　날졔 분한마음 뉘업스랴(역사에 따른 반청 의식).

①-3 : 슬푸다 뎌명격의 유장군의 슈십만명 일시의 함몰ᄒ여 이믈의 ᄲᅡ

져다니 맛참이곳 지날젹의 엇지안니 창감ᄒ랴(친명반청 의식).

①-4 : 서리지회 그음업셔 다시곰 바라 보니, 명젹의 명문거족 후예, 마
지못히 살녀ᄒ고 호인의게 벼슬ᄒ나 의관의 슈통지심 분한 마음
품어구나(친명반청 의식).

②-1 : 슬프다 巡邊使가 智略은 있건마는 여기를 못지키어 島夷를 넘게
한고 이 莫非 하늘이라 千古의 恨 이로다(역사에 따른 반일 의
식).

②-2 : 슬프다 壬辰年에 이 같이 좋은 地理 忠武公 李將軍이 지키어 防備
하면 倭兵이 强타한들 제 어이 登陸하리 … 한 하늘 못일 怨讐
아주 잊고 가게 되니 丈夫의 努한 터럭 冠을 질러 일어선다(역사
에 따른 반일 의식).

두 작품 다 외교 관계에 있어, 명나라를 존중하고 청나라와 일본을 멸
시하는 사상이 강하다. 이런 태도의 근저에 임병 양난의 역사적 경험이
있다는 것은 자명한 사실이다. 이러한 멸시 사상 이면에는 강한 적개심
도 동반된다. 이는 오히려 숭명 사상으로 역투사되어 나타나기도 한다.
이러한 선험적 인식은 타자와의 건전한 관계를 맺는데 좋지 않은 결과를
가져 온다. 때문에 청나라의 좋은 제도를 자세히 묘사하기는 하나 적극
적으로 수용할 자세를 보여주지 못하며, 일본의 발전상을 부러워하면서
도 애써 폄하하려고 정신적 고통을 감내하는 모습을 보이게 된다.

(3) 자아 인식

①-1 : 망월터를 올나 보니 소슬ᄒ고 쳐량홀ᄉ 송악산이 외구ᄒ여 반공
의 소삿는듸 고려왕의 더궐터는 월터만 층층ᄒ고 고목과 거츤
풀은 황낙ᄒ여 못 보겠다 션쥭교가 어디메냐 고젹을 구경ᄒ세
고려 츙신 뎡포은의 슌졀ᄒ던 곳시라네 다리우희 무든혈은 몇빅
년을 지니는지 풍마우셰 지들안코 지금거지 완연토다 후셰의 보
는 스룸 뉘아니 창감ᄒ랴 슉모조 어멸비로 충졀을 기록하ᄉ(선

인의 충절에 대한 숭모 의식).

①-2 : 빅이슉제 형데소상 곤면을 곳초아서 의의훈 정전우희 엄연이 안
져잇고 읍손당 넙은 집과 청풍더 놉흔곳의 경치도 조커니와 현
인고딕 사랑홉다 우리 본더 긔즈유민 끼친왕하 입어더니 은나라
넷일월을 예와볼쥴 쑷히시라(중국 모화 사상).

②-1 : 내혼자 싱각ᄒ니 내몸이 션빈디라 브졀업시 드러가셔 관빅의게
스비ᄒ기 욕되기 굿이업서 아니 가고 누어시니 … 글만 짓ᄂ 이
션비ᄂ 굿보랴고 드러가셔 개돗굿튼 예놈의게 비례ᄒ기 토심ᄒ
되 아무려도 못갈로다(선비 정신과 日本에 대한 적개심).

②-2 : 산형이 웅장ᄒ고 슈세도 환포ᄒ여 옥야천니 삼겨시니 앗갑고 애
둘을손 이리됴혼 턴부금탕 예놈의 긔물되여 칭데 칭황ᄒ고 젼즈
젼손ᄒ니 개돗굿튼 비린뉴롤 다몰속 소탕ᄒ고 스쳔니 뉵십쥐롤
됴션짜 민드라서 왕화의 목욕곰겨 녜의국 민돌고쟈(일본에 대한
우월의식과 적개심).

<연행가>와 <일동장유가>에 나타나는 타자 인식은 한마디로 부정적
이다. 특히, <일동장유가>의 경우가 더 심하다고 보인다. 때문에 이들
나라의 발달한 문명에 대해서는 감탄하면서도 시종 부정적인 시각이 작
품 전면에 드러난다. 그리고 그 이면에는 작자의 강한 민족적 우월감이
숨어 있다.

명나라에 대한 존숭 이면에는 명나라가 없는 현실에서 유일하게 존재
하는 소중화에 대한 강한 자부심이 숨겨 있다는 사실은 이제 새삼스럽지
않다. 일본에 대해 더욱 적개심을 나타내는 것은 문화가 낮은 일본에게
침략을 당해 고통을 겪었던 자신에 대한 보상 심리일 수 있다. 때문에 일
본에 대한 적개심과 문화적 우월감에는 자국 역사에 대한 회한이 나타나
게 된다. 문화적 우월감과 앞선 문명에 대한 찬탄 사이의 갈등은 곳곳에
서 감지되지만, 이들이 실제 행동으로 앞선 문명을 선택하려 하는 모습은
보이지 않는다. 바로 이 점이 이들 두 가사 작품의 한계라고 생각된다.

5. 결론을 대신하여

조선 후기 기행가사라는 갈래로 한정하긴 했으나, 이 짧은 글에서 고전문학 교육의 가치와 위상을 충분하게 살필 수는 없다. 이후 충분한 논의가 뒤따라야 할 것이다. 여기서는 우선 본 주제와 관련하여, 앞으로의 논의를 더욱 진전시키는데 유의미하다고 판단되는 몇 가지 사안을 다소 자유로운 형태로 제시하고자 한다.

(1) 가치 있는 인간 체험

문학을 바라보는 많은 시각이 있지만, 교육적 관심을 담지하면서 바라볼 때, 문학을 '가치 있는 인간적 체험의 기록'(최재서, 1964)이라고 보는 시각은 특기할 만하다. 교육에서 가치와 위상이 가지는 중요성을 잘 보여주고 있기 때문이다. 교육은 흔히 그 자체가 가치 있는 것으로서 목적을 내재적으로 가진 것으로 이해되고, 때로는 단순히 무엇을 위한 수단에 불과한 것으로 이해되기도 한다(이돈희, 1983 : 124~139). 여기서 가치를 문학의 즐거움으로 대체시키면 어떠할까?

"무엇보다도 교육을 처량하게 만드는 것은 문헌학적 주석과 실질적으로 기억에 의존할 수밖에 없는 이야기 줄거리나 등장인물에 관한 간단한 분석을 붙인 문학을 가르치는 일이다. 단순히 문학에 관한 지식은 별로 중요하지 않다. 중요한 것은 문학이 어떻게 이해되느냐이다. 학생이 무엇을 알고 있느냐가 문제되는 것이 아니며, 문학의 즐거움을 맛본다는 것이 지극히 중요하다."(오영환, 2004)

(2) 他者, 이해와 감명, 그리고 교육적 체험

고전문학은 "오늘날의 우리와 역사적으로 연결되어 있는 他者", "오늘날의 시인·작가들이 살과 피를 가지고 우리와 더불어 생각하며 살아가는 존재인 것처럼, 몇 세기 전의 문인들도 시대적 환경은 다르지만 마찬가지 삶의 짐을 그 시대의 화법으로 썼다는 것을 이해하는 일은 비상하게 흥미로우며 감명 깊은 교육적 체험이다."(김흥규, 2002) 이 언급은 고전문학 교육이 가져야 하는 위상을 잘 보여준다. 고전문학의 위상은 고전에서 오는 것이 아니고 현재에서 오는 것이다.

(3) 경험, 계속성, 성장

"우리의 교육 체제는 우리의 삶에서 중요한 위치를 차지하는 친밀한 애착의 중요성을 반영하지 못하고 있다. 만일, 친밀한 관계를 배울 가장 좋은 수단인 문학이, 중등 교육에서 더 많은 시간을 차지한다면 양상은 달라질 수 있을 것이다."(이지헌, 2002 : 120)

"우리가 살고 있는 인간 세계를 이해하고 그 속에서 우리의 방향을 설정하는 일에 보다 직접적으로 도움을 주는 교육과정의 활동을 제쳐놓고 수학과 과학을 '중핵' 교과로 격상시켜야 할 이유는 없다. 사실, 우리가 반드시 더 중시해야 하는 것은 위와 같은 의미에서 보다 직접적인 관계를 갖는 학습의 형식들이다. 우리는 이들을 인문학이라 부른다. 여기에 포함될 것은 예술, 특히 문학이다. 윤리적 가치의 탐구, 자신과 타인에 대한 이해, 건강교육, 민주시민이 되기 위한 준비 등 '인성교육'이라는 명칭에 자주 포함되는 공부, 자기가 속한 국가 공동체의 사회구조, 경제, 제도 등에 대한 공부, 다른 정치 공동체의 사회구조, 경제제도 그리고 국제 관계에 대한 덜 구체적인 공부, 그리고 이에 필요한 역사적 지리적 배경 등이 그것이다."(이지헌, 2002)

(4) 고전문학사의 강조

필자가 보기에 현 교육과정에 문학이론 및 역사에 관한 내용을 과감하게 많이 도입하고 교육을 현실화시키는 것은 힘들다고 보인다. 때문에 고전문학 교육의 가치와 위상을 현실화하기 위해 가능한 대안을 생각해 보자면 일단 두 가지를 들 수 있을 것 같다.

첫째는 고전 작품의 범위를 지금보다 넓히는 것이다. 수능이 문제라면 아예 교육인적자원부나 한국교육과정평가원이 고전목록을 폭넓게 선정해 발표하는 것이 더 바람직하다고 생각한다. 이때 작용하는 기준은 지금과 비교하여 문학사적 가치보다는 심미적 가치 쪽으로 더 이동해야 한다.

둘째는 이렇게 선정된 작품들을 특별한 선지식이나 주석 없이도 학습자들이 읽고 이해할 수 있게 평이한 현대역 혹은 한글판 도서를 많이 읽히는 것이다. 그 과정에 고전문학 전공 연구자들의 책임 있는 감수가 필요하다. 말할 것도 없이 교육 현장에서는 작품의 일부분이 아닌 작품 전체를 읽고 논의하는 쪽으로 수업 및 과외 활동이 이루어져야 한다. 개인적 욕심을 더 말하자면, 수능 출제에서도 이런 점이 반영되어 작품의 일부분이 아닌 전체를 많이 읽은 학습자가 고득점을 올릴 수 있는 체계가 도입되었으면 한다.

"원전이 지닌 매력과 위대함을 유지하면서 최선의 번역을 하도록 하고, 번역을 올바른 속도로 낭송하고 이해를 돕게 하는 주석을 붙인다. 고전에 대한 이러한 대처 방식은 살아 있는 예술 작품을 소중히 간직한다는 의미에서 앞으로도 강화될 것이다. 내가 간절히 바라는 것은 번역을 통해서 올바른 속도로 전체로서의 통일성에 대한 감을 먼저 잡고 나서, 올바른 속도로 원전을 읽음으로써 작품 전체가 주는 온전한 가치를 최종적으로 음미하게 한다는 것이다."(오영환, 2004)

참고문헌

김종철, 「고전문학 교육의 방향과 교과서」, 『민족문학사연구』 12집, 민족문학사연구소, 1998, 46~47면.

김중신, 『소설 감상 방법론 연구』, 서울대학교 출판부, 1995.

김풍기, 『한국 고전시가 교육의 역사적 지평』, 월인, 2002, 177~180면.

김효명 역, 퍼트남, 『이성, 진리 그리고 역사』, 민음사, 2001.

김흥규, 『한국 고전문학과 비평의 성찰』, 고려대학교 출판부, 2002.

문학교육학회, 『문학교육의 민족성과 세계성』, 태학사, 2000.

박희병, 「조선 후기 가사의 일본 체험」, 『한국고전시가작품론』, 집문당, 1992.

오영환 역, 화이트헤드, 『교육의 목적』, 궁리, 2004.

염은열, 『고전문학과 표현교육론』, 역락, 1999.

이돈희, 『교육철학 개론』, 교육과학사, 1983, 124~139면.

이성후, 「<일동장유가> 연구」, 효성가톨릭대 박사학위논문, 1988.

이주영, 「<연행가>고」, 『한국고전시가작품론』, 집문당, 1992.

이홍우 역, 피터스, 『윤리학과 교육』, 교육과학사, 1980, 1~140면.

정기철, 『한국 기행가사의 새로운 조명』, 역락, 2001.

정준섭, 『국어과 교육과정의 변천』, 대한교과서주식회사, 1995.

정한기, 「<일동장유가>에 나타난 일본에 대한 인식 연구」, 『관악어문연구』 25집, 서울대 국어국문학과, 2000.

최재서, 『문학원론』, 춘조사, 1964.

한창훈, 『시가교육의 가치론』, 월인, 2002.

한창훈, 「고전문학 감상 교육에 있어서 역사적 상상력의 역할에 관한 시론」(2002), 『문학교육학』 9집, 한국문학교육학회 : 『시가와 시가교육의 탐구(II)』(월인, 2008)에 수록.

▼『국어교과교육연구』 8집, 2004

1. 서론

현 단계에서 국어교육의 영역을 대체로 언어기능 영역·언어지식 영역·문학 영역의 세 가지로 나누어 살피는 것에 대하여 별다른 이견이 없는 듯하다.[1) 국어교육의 영역을 이렇게 나눌 수가 있다면, 이상적인 국어교육이 이 세 가지 영역을 적절히 포괄하면서 이루어져야 한다는 것은 자명한 일이다. 그러나 우리의 현실은 그렇지 못한 것으로 보인다. 최근 들어서 초등 교육은 물론 중등 교육에서도 언어기능 영역에 대한 관심과 비중이 커지게 되면서, 상대적으로 언어지식 영역과 문학 영역에 대한 관심이 소홀해지는 경향이 있다. 특히 언어지식 영역에의 무관심은 심각

---

1) 이성영(1995)에서는 이런 현실을 인정하면서도, 하나의 진전된 대안으로 국어교육의 영역을 '이해와 표현' 두 가지 큰 영역으로 나누어 살펴야 한다는 입장을 보여 주목된다. 한편, 김대행(1997)도 최근 국어교육의 영역을 말하기·듣기, 읽기, 쓰기의 세 영역으로 나누자는 제안을 한 바 있다. 이성영의 경우와 비교해 김대행의 분류는, 문어의 경우는 물론이고 구어의 경우를 좀 더 고려한 흔적이 있다. 최근에는 '보기'를 하나의 교육 대상으로 삼아야 한다는 주장도 강하게 대두되고 있어, 앞으로 국어교육의 영역 분류에 대한 새로운 고민이 필요함을 보여준다.

한 수준에 이른 것으로 여겨진다.[2] 상대적으로 나은 상태이기는 하지만, 문학교육 가운데서도 고전문학 교육의 경우는 사정이 이와 크게 다르지 않은 것으로 보인다.

그 동안 국어교육의 실천에서 언어기능 영역에 대한 관심이 다소 소홀했고, 이 영역이 언어로서의 국어를 교육하는 데 중요한 부분이라는 점을 고려한다면, 이런 현상의 원인을 나름대로 이해할 수 있다. 그러나 지금까지 소홀히 되었던 부분에 대하여 가지는 관심이 곧바로 인접 영역에 대한 소홀함을 초래한다면, 이것 또한 바람직한 일은 아니다. 어떤 문제이든지 균형 잡힌 시각은 바람직한 결과를 낳는 데 중요하다.

지금까지 국어교육에서 중요하게 다루어졌던 문학 교과의 경우, 그 위상에 대해서도 사실 적지 않은 논란의 역사가 있다. 1970년대 중반 이후 학교에서의 국어교육에 대한 관심이 고조되면서, 문학 작품이 국어 교과서의 상당 부분을 차지하고 있는 것이 옳은 것인가 하는 논의가 진행되었는데, 이를 특히 문제 삼았던 이들의 주된 논거가 '문학은 결국 예술 교과'라는 것이었다. 이는 이후 통합 교과 내지 범교과적 성격을 띠고 있던 국어교육에 대한 자기반성을 토대로 하여, 국어교육의 목표를 '언어사용 기능의 신장'으로 규정하는 결과를 초래한다.

이러한 논의의 결과는 결국 문학교육을 언어사용 기능의 신장에 이바지하는 도구로 보게 하는 경향을 초래하게 되어, 문학교육 전공자들의 강한 반발에 부딪치게 되었던 것이다.[3] 그리고 여기서 하나의 대응 논리로서 부각된 개념이 바로 '문화 원리'라는 것이다. 즉 '문화 원리'를 중요하게 여기는 관점은, 문학은 작가와 같은 특별한 사람의 관심사일 뿐 일

---

2) 이에 대해서는 김광해(1996)에서 현 상황을 자세히 분석해 놓아서 참고할 수 있다.
3) 이런 논쟁의 자세한 논의 과정과 그 결과에 대해서는 김중신(1995 : 161~184)을 참고할 것.

상인과는 무관한 것이라는 생각이나, 국어는 언어라는 도구를 사용하는 기능만 기르면 된다는 생각, 그리고 문학은 언어를 이용하는 예술일 따름이지 국어와는 무관하다는 생각들에 대항하여, 문학교육의 위치를 정립하려는 노력으로서 문학을 문화로서 바라보아야 한다는 생각이라 할 수 있다.

결국 이러한 논쟁의 당사자들은 국어교육학(=국어 교과학)을 국어 활동을 교육하는 이론을 연구하는 학문으로 정의하고, 그 연구 내용을 크게 국어 활동의 원리에 관한 지식에 초점을 맞추는 연구와 교육의 방법적 원리에 관한 지식에 초점을 맞추는 연구로 나누었다. 그리고 전자를 '내용론적 연구 영역', 후자를 '방법론적 연구 영역'이라 불렀다. 여기서 내용론적 연구 영역은 다시 두 가지로 더 세분된다. 하나는 '도구 영역'이고 다른 하나는 '문화 영역'이다. 이 같은 구분은 기능을 기준으로 국어 활동을 나눈 것이다. 즉 국어 활동은 도구적 측면과 문화적 측면의 양 측면을 갖고 있다고 보는 것이다. 이런 과정을 거쳐 결국 다음과 같은 모습의 국어교육 영역이 만들어지게 되었다. 이에 따르면 국어교육의 관점에서 '문화 원리'는 '사용 원리'와 함께 국어 활동을 지배하는 요소로서 제시되며, 이 두 요소에 근거하여 다음과 같이 국어교육학(=국어 교과학)의 범주와 내용들이 정해지게 된다.4)

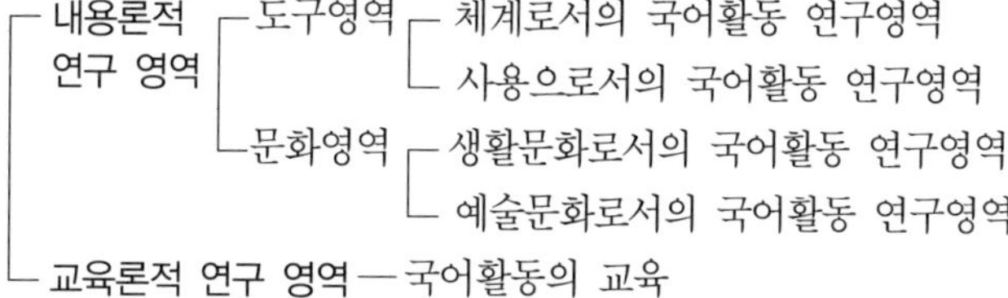

---

4) 이용주 외(1993) 이후 김대행(1995)은 국어교육학 대신 '국어 교과학'이라는 명칭을 사용하여 그 연구 영역을 제시하기도 했다.

이 영역들 가운데 체계로서의 국어 활동 연구 영역은, 국어가 가진 체계성과 규칙성의 연구를 뜻한다. 따라서 이 영역의 연구는 종래의 국어학 연구와 거의 일치한다고 할 수 있다. 사용으로서의 국어 활동 연구 영역이 언어기능 영역이 담당하는 부분이라면, 자연스럽게 문학교육에서 포괄하는 부분이 문화 영역이라 할 수 있다. 그런데 여기서는 이를 생활 문화와 예술 문화의 영역으로 나누고 있다. 그간의 문학 연구가 주로 예술로서의 문학을 다루고 연구해 온 까닭에 문학이 특정 계층이나 지식층만의 전유물인 것처럼 인식되는 잘못된 경향을 낳았다고 보고, 문학이 갖는 일상성에 주목하여 생활 문화의 영역을 설정한 것이 독특하다 하겠다. 물론 이 때문에 현재라는 시간·일상이라는 공간과 일정한 거리를 가지고 있는 고전문학의 경우, 그 정당한 위치를 찾기에는 약간의 난점을 내포하고 있기도 하다.

2. 고전산문 교육의 범위와 수준

이런 과정을 거치면서 문학교육은 그 자체로 하나의 개념으로 인식되었기 때문에, 고전문학 교육의 상대적 개별성은 사실 깊게 고려되지 못한 점이 있었다. 주지하다시피 고전문학 교육은 국어교육, 그 가운데에서도 문학교육이라는 범주의 한 부분이다. 그리고 고전산문 교육은 고전시가 교육과 더불어 고전문학 교육의 중요한 부분이 된다.

여기서 논의의 전제로 이러한 점을 새삼스럽게 언급하는 이유는, 우리가 고전산문 교육에 대해 체계적으로 논하고자 한다면, 당연히 넓게는 국어교육에서부터 좁게는 문학교육에서 생기는 여러 문제들을 더불어 고려해야 하기 때문이다. 즉 고전산문 교육은 국어교육·문학교육과 '상당한 공통성'을 가지면서도 그 나름의 '상대적 개별성'을 가진다는 것이다. 고전산문 교육과 고전시가 교육이 공유하는 이 '상대적 개별성'의 주요 요소로, 우리는 우선 고전문학 교육의 '역사적 이해의 원근법' 문제에 주목할 수 있다.

고전문학은 동시대와는 시간과 공간적으로 거리를 갖기 때문에, 지금까지 현실적으로 적용되어 온 교육 방법의 문제점을 크게 두 가지로 나누어 살필 수 있다. 하나는 작품을 이해하기 위한 '전제적 요구'가 교육을 압도하는 경우이다. 작품의 서지적인 사항이나 작가의 전기적인 사실을 밝히는 것이 작품의 해석과 연관되지 못하는 경우라 할 수 있겠다. 다른 하나는 '작품 그 자체'를 가르쳐야 하는 경우이다. 작품 그 자체를 가르친다는 것은 탈역사주의적 관점이 될 터인데, 작품이 본래 역사와 사회성을 띠는 언어로 이루어져 있다는 점에서 논리의 모순을 드러내는 경우라 할 수 있다.

'역사적 이해의 원근법'이란, 이러한 "고전문학 교육을 메마른 考證學과 지식주의의 압도로부터 벗어나게 하는 것, 그러면서도 고전문학의 역사성이 학습자의 문학 이해와 성장에 의미 있는 요소로서 체험하도록 하는 것(김흥규, 2002)"이다. 고전문학 교육은 단순히 작가와 작품에 대한 역사적 배경이나 작품 어휘의 주석적 설명으로 끝나는 과정이 될 수 없다. 더구나 문학교육의 목적이 단순한 문학의 감상력과 상상력 증진을 뛰어넘어서, '삶의 총체적 체험'과 '문학적 문화의 고양'을 추구한다는 점을 고려한다면(구인환 외, 2007), 고전문학 역시 문학이므로 교육에서 이의 조건을 충족시켜 주어야 한다는 것이다. 이를 위해서는 고전문학을 '그 시대적 문화적 지평과 더불어 이해하고 가르친다'는 전제가 필요하며, 이를 '만남의 지평'이라는 말로 나타낼 수 있다. 이런 관점을 가지고 있어야 고전문학을 가르치는 데에 필요한 지식을 적절하게 한정할 수 있게 된다.

이처럼 고전문학 연구 방법에서 실증주의적인 자료의 탐구나 어석적인 방법을 넘어서, 역사성과 사회성을 동시에 고려하는 방법론을 모색하고자 하는 시도는 의미 있는 방법의 하나라 할 수 있다. 학습자들에게는 교과서에 실리는 현대문학도 시공간적 거리를 가지기는 마찬가지이기 때문에, 이러한 관점은 더욱 중요하다.

다음으로 고전산문 교육을 학문적으로 논할 때 우선적으로 부딪치는 현실적 문제이며, 따라서 먼저 고려되어야 하는 것은 '연구'와 '교육'의 거리를 적절히 이해하는 일이다. '연구'와 '교육'은 우선 그 목적이 다르다. 전자가 진리를 찾는 탐구적 차원의 활동이라면, 후자는 사고와 행동의 긍정적 변화를 추구하는 실천적 차원의 활동이라 할 수 있다. 따라서 학습자의 사고와 행동 변화 과정을 무시하고, "연구의 결과를 학습자에게 전달하는 데 그치는 행동은 엄밀하게 말해서 전혀 교육이라고 할 수 없다."(김인환, 1999 · 1997) 고전문학 연구가 아니라 고전문학 교육을 문제 삼는 입장에서 이런 시각을 전제로 한다는 것은 대단히 중요하다. 그러나 동시에 고전문학 교육론은 '교육 연구'라는 점을 또한 주목해야 한다. 이는 고전문학 교육론이 '교육 현상'을 문제 삼아야 한다는 것을 뜻한다.[5]

사실 여기에 대한 인식의 부재가 곧 국어교육에 대한 인식의 부족이라는 문제를 야기했다. 따라서 '교육 연구'에 대한 인식 부재가 대학과 관련 학계에서 이루어진 국어교육학(=국어 교과학)[6]에 대한 상대적 소홀의 많은 책임과 관련되어 있다. 즉 국어교육학(=국어 교과학)은 국어 교과의

---

5) 이 문제는 곧 문학 연구와 문학교육 연구의 변별적인 방법론을 문제 삼는 논의까지 이르게 할 수 있는 중요한 것이다. 상대적으로 미진한 상태에 있는 문학교육 연구 방법론에 대한 실태 분석은 김창원(1997)을 참고할 수 있다.

6) 여기에 대해서는 김대행(1995)에 실린 글들을 전체적으로 참고할 수 있다. 김대행은 이 책에서 교육 현실에 대한 비판과 그에 대한 대안을 더불어 제시한다. 필자는 특히 이 책에서 사용되는 '교과학'이란 용어의 의미가 무엇이며, 왜 국어교육학 대신에 이 용어가 사용되는가 하는 문제를 주시할 필요가 있다고 생각한다.

교육에 관련된 여러 분야를 다루는 종합 응용 과학이라는 점이 인식되어야 한다는 것이다. 국어교육학(=국어 교과학)은 다양한 기초 학문으로부터 학습의 원리를 추출하고 방법론을 개발해서, 이것이 실제 수업 상황에까지 이르도록 하는 국어교육의 전체상을 대상으로 하는 것이다.

문학 작품을 교육하는 일은 작품의 인지적 영역의 이해와 정의적 영역의 감상을 포함한다. 다만, 문학교육이 문학 연구와 다른 점은 감상을 동반하고 나아가 이해보다는 감상에 비중을 더 두는 데 있다. 또한 문학교육은 교육의 주체를 학습자에 둠으로써 감상을 통한 삶의 체험 영역을 확대하고 창조할 수 있는 기회를 확보하고자 한다. 따라서 문학교육은 인지적 영역의 이해를 바탕으로 하여 심미성 즉 정의적 영역으로 나아갈 때, 그리고 그것이 다시 학습자의 인지적 능력을 향상시킬 수 있을 때, 비로소 교육의 목적을 달성할 수 있을 것으로 생각한다.

여기서 문학 연구 방법론과 문학교육의 연구 방법론이 어떻게 관련되는가 하는 점도 생각해 볼만 하다. 작품을 대상적 관점에서 분석하고 해석하는 것이 문학 연구 방법론의 실천 양상이라면, 학습자의 주체적인 참여를 통해 문학 작품의 해석을 역동화하는 것이 문학교육이라 할 수 있다. 교육에서는 대상과 주체의 동일성이 전제된다. 이러한 구도에 대한 깊이 있는 연구는 아직 이루어지지 않아 우리의 과제로 남아 있지만, 작가-작품-독자로 이어지는 문학 현상에 교사의 역할이 개재되어 문학 현상의 역동성을 실제 실현시키는 것이 문학교육이라고 할 수 있다. 따라서 문학교육의 연구 방법론은 문학교육으로부터 문학 현상을 역동화시키는 제반 논리를 수용함으로써, 문학 연구가 자칫 부를 수도 있는 소외 현상을 극복할 수 있을 것이다. 때문에 문학교육 연구로 개발 정리된 이론은, 활용을 통해 실제로 이루어지는 교육의 개선에 도움이 될 때 의미가 있게 된다.

이상의 문제를 고려한다면, 결국 고전산문, 더 자세히는 설화와 소설이 가르칠 만한 대상이 된다는 점을 전제하는 것이다. 그리고 이는 곧 고전산문 그 자체의 존재론적 가치 이외에도 교육될 만한 교육적 가치나 속성을 가지고 있음을 뜻한다. 일반적으로 볼 때, 고전문학은 두 가지의 교육적 속성을 갖는 것으로 이해된다. 하나는 오랜 시간을 걸쳐 전승해 오는 동안 끊임없이 향유되고 재해석되어 현재에도 일정한 정서적 영향력을 갖는 속성이다. 이는 고전문학이 심미적인 가치를 계속 유지하면서 향유자의 삶의 체험을 확대시키는 현재적 실체임을 말한다. 이는 '문학'에 중심을 둔 것으로 문학교육의 목표로서의 의미를 갖는데, 학습자가 작품을 통하여 인간의 보편적인 삶에 대한 체험을 확대하고 '자기 실현'에 보탬이 된다고 보기 때문이다. 다른 하나는 '고전'에 중심을 둔 것으로, 당대의 삶의 모습을 담지하는 자료로서 문화의 원형을 보여준다는 사실이다. 이는 고전문학 교육이 역사적 사실에 기반하여 이루어져야 하며, 따라서 작품이 하나의 교육 자료로서 기능한다는 것을 말해준다(김중신, 1997 : 247~250).

바람직한 고전문학 교육이 이들을 효과적으로 통합하고 조화시켜야 한다는 사실은 당연한 일이다. 교육이 '정의적 영역'과 '인지적 영역'을 포괄하면서 이루어져야 한다는 주장(이홍우, 1992)도 이에 부합하는 내용이다. 그러나 구체적인 연구가 뒤따르지 않는 막연한 종합론은 우리의 논의에 별로 도움이 되지 않는다. 고전문학은 현재와 시대적·문화적 거리를 가지고 있지만, 오늘날과 어떤 식이든지 관계를 맺고 있는 실체라는 점에서 마땅히 되새겨보고 교육될 가치가 충분히 있다. 고전산문 역시 고전문학의 한 갈래이므로 이러한 점은 동일하다. 문제는 그 가치를 구체적으로 개념화하고, 실제적인 연구와 교육 방법론에 활용될 수 있도록 하는 것이다.

3. 고전산문 교육의 방향

우리는 고전산문 교육론에 접근할 수 있는 두 가지 방향을 상정해 볼수 있다. 그 하나는 고전산문이 가지고 있는 문학성을 학습자들이 느끼고 공감하게 할 수 있는 교육의 방향이다. '문학에 관한 체계적인 지식'이라거나 '창조적인 체험' 그리고 '미적 감수성'이라는 말들이 이런 교육 방향을 지시해 준다고 할 수 있다. 이는 이론과 감상 교육으로 사실 전통적으로 문학교육이 목적으로 취해온 입장이라 할 수 있으며, 특히 고전문학 교육의 경우 작품과 작품을 감상하는 학습자 사이에 존재하는 짧지 않은 역사적 거리를 어떻게 좁힐 수 있을 것인가 하는 문제를 안고 있다. 이런 시각은 교육이란 인간의 문화적 가치 또는 인간의 학문적 연구 성과를 후대에 전해주는 것이라는 시각을 좁혀 바라보는 경향을 띨 수도 있다.

우리가 어떤 교과를 배운다는 것은, 곧 그 교과와 관련된 학문의 연구 결과의 상당 부분을 알아야 한다는 필요성을 인정한다는 말이다. 문학교육도 교과로 존재한다면, 문학 연구의 결과를 알아야 하기 때문에 곧 학문적 성과로서 문학 지식을 교육의 대상으로 삼아야 한다는 생각을 할수 있다. 문학교육은 문학과 관련된 학문의 성과 즉 문학에 관한 지식을 가르친다는 논리도 이에 속한다. 문학 이론과 비평의 여러 갈래들, 작품을 분석하는 여러 방식들 그리고 문학사에 관한 단편적인 지식을 알게 하는 것이 문학교육이라는 결론을 이끌 수도 있다.

그러나 현재의 시점에서 볼 때, 여기에 대한 교육 연구의 방향은 일차적으로 작품이 가지고 있는 문예적 가치를 밝히는 방향으로 진행되어야할 것이다. 더불어, 고전산문 교육 연구자가 우선적으로 관심을 가져야하는 부분은, 각 작품이 가지고 있는 '교육적 가치'를 밝히는 일이라 생각한다. 그리고 사실 이 부분이야말로 '교육 연구'가 감당해야 하는 가장 중요한 부분일 것이다. 이 부분의 연구가 선행되지 않은 채로, 교육을 구체화하는 방법론 및 그 실천의 문제로 바로 넘어간다면, 비유컨대 내용은 비고 껍질만 남게 되는 부작용을 초래하게 될 것이다. 더군다나 이 작업이 선행되지 않으면, 대학 교수에 의한 문학 '연구'의 결과가 교사를 거쳐 무비판적으로 학습자에게 바로 '교육'되는 현상이 일어날 수 있다. 여기에 대한 폐해는 이미 '지식 중심의 3·4차 교육 과정' 기간에 충분히 드러났다고 생각한다. 특히 지금 우리의 학습 현장 즉 교실에서 중요한 것은 '지식의 구조'보다 '학습자의 동기 유발'이라 하겠다.

우리는 문학 작품의 감상을 통해서 즉, 어떤 대상을 뜻있는 정서의 통일적 표현으로 지각할 때, 거기서 심미적 가치를 느끼게 된다. 문학에서의 심미적 경험은 경험의 주체와 대상 사이의 상호 작용으로 일어나는 하나의 특수한 지각 방식이며 경험이다. 이 같은 심미적 경험은 그 자체 본질적 가치, 좀 더 자세히 말하여 내재적 가치를 지니고 있어서, 그 자체의 기쁨이 된다. 그러나 심미적 가치는 동시에 다른 종류의 가치에 대하여 도구적 가치의 의미를 지닌다. 심미적 경험에 의하여 내면화된 정서와 이미지는 도덕적 가치·사회적 가치의 수단이 되기도 한다(한명희, 1983 : 201~203). 이 점은 고전산문 교육론에 접근할 때도 마찬가지로 적용되리라 여겨진다.

이처럼 생각하면, 고전산문 교육을 통해 학습자들의 현실 문제 해결에 도움이 되도록 하는 또 다른 방향을 생각할 수 있다. 이를 실용적 문학교육이라 할 수도 있겠는데, 현대인들이 왜 고전문학을 읽어야 하는지에 대한 의문에 하나의 구체적 답안을 낼 수 있다. '인간의 삶을 총체적으로 이해'한다거나 '문학적 문화를 고양'한다는 말들이 이를 가리킨다. 이 입장은 아무래도 작품 자체의 의미보다는 문학의 수용을 통해 이루어지는 학습자의 정서적 태도 변화에 주목하게 된다. 이를 고전산문 교육의 효과에 관심을 가지는 방향으로 이해할 수도 있겠다.

이러한 시각은 역사적으로 살피더라도 매우 뿌리 깊은 것으로, 문학이 지니고 있는 흥미와 교훈성에 기대어 문학 작품을 읽힘으로써 목표하고 있는 효과를 얻을 수 있다는 생각이다. 소설 자체에 대해서는 회의적이나 이를 읽힘으로써 역사책을 통해서 배워야 할 많은 것을 교육할 수 있다는 점을 들어 소설의 효용성을 생각한 조선조 사대부들의 시각7)도 이에 속한다. 문학교육이 국어교육에서 중시되어야 하는 이유의 하나도 여기에 있다. 문학이 삶의 반영이기 때문에 그리고 그것은 언어로 형상화되는 인간의 모습이기 때문에 문학의 교육은 필요한 것이며 중요한 것이다. 더구나 고전산문은 오랜 세월을 걸쳐 내려온 우리 민족의 혼과 같은 것이다. 우리 선인들의 사상과 삶의 지혜를 고전문학에서 구하지 못한다면 어디서 구할 것인가?

그러나 그렇다 하더라도 문제점이 없는 것은 아니다. 문학이 삶의 반영이라고 인정한다 해도 그 수준은 어떻게 정할 것이며 그 범위는 어떻게 잡을 것인가 또는 어떤 이론 체계의 적용이 바람직할까 하는 문제들이 실질적인 어려움으로 나서게 된다. 또 이러한 문학교육은 문학에 관한 교육이 아니라, 문학을 통한 어떠한 목적적인 도야의 도구가 됨으로해서 문학의 속성에서 멀어지는 위험이 다분히 따르게 된다. 즉 문학이 도구적 이념을 실현하는 구성체의 특징이 드러나게 되는 것이다. 그러나 그런 것을 이유로 정당하고 중요한 가치의 추구가 포기되거나 희생될 수는 없다. 문학교육이 문학의 지식을 개념적으로 전달하는 교육만으로 끝

---

7) 조선조 사대부들의 소설 인식에 대한 자세한 사항은 오춘택(1992)을 참고할 수 있다. 김종철(1999)에서는 "17세기에 소설, 특히 국문소설이 규방여성들에게 두루 읽히면서 소설을 통한 규방여성에 대한 교육이 시도되었음은 소설이 사회적 조절 장치로 인식되면서 소설교육이 시작되었음을 말해준다. 그리고 그것은 소설을 통한 교육이었으며, 소설 자체에 대한 교육은 아니었다."고 했다.

날 수 없다는 점은 오히려 자명하다(우한용, 1997 ; 김대행, 1995).

이처럼 고전산문을 포함한 고전문학 교육은 그 자체의 내재적 가치의 발현은 물론이고, 시대의 흐름에 따라 새로운 가치를 계속 생성해 낸다고 보아야 한다. 그런데 여기서 고전문학의 가치를 새롭게 해석해 내는 작업이 문학 혹은 문학교육 연구자들의 몫이라면, 그러한 해석을 교육 현장에서 학습자들에게 전달해 주는 것은 교사들의 몫이다. 연구자이면서 동시에 교사인 경우에도 이러한 역할 분담은 있게 마련인데, 이런 입장에서 보면 교육 현장에서 고전문학에 대한 연구 성과를 효과적으로 수용하는 일을 우선적으로 고려할 필요가 있으며(신재홍, 1994 : 513), 항상 역사적 거리를 고려해야 하는 고전문학과 그 교육에 관한 지식의 주 수혜자는 학습자 이전에 그들을 가르치는 교사가 되어야 할 것으로 보인다.

문학을 가르치는 교사가 갖추어야 할 지식과 태도가, 문학을 수용하는 학습자의 그것과 동일한 것이라고 하기는 어렵다. 교사는 학습자가 고전 작품을 이해하고 감상하는 데에 도움이 되는 방법적 지식과 태도를 충분히 가지고 있을수록 바람직하다고 볼 수 있다. 이는 작품을 이해하는 데에 필요한 지식과 태도, 그 이상이라야 한다. 그러나 학습자의 경우, 작품과 세계가 맺고 있는 문화적 배경을 모두 알아야 할 의무는 사실 없는 것이다. 결국 고전 작품의 올바른 해석과 다양성이 항상 논의되면서도 실제로는 그것이 실천되지 못하는 것은, 사회 제도적인 측면에 근본적인 문제가 있다는 지적을 그 동안 많이 해 왔지만, 우선 교사 자신의 작품 해석 능력을 신장시키는 일도 시급한 문제이다(김풍기, 2002 ; 우한용, 1997 : 47~51). 작품을 꼼꼼히 읽는 일이 우선 전제될 때 비로소 다음 단계인 문학사의 서술과 문학교육이 정상적으로 논의될 수 있을 것이고, 이런 문제가 전제되어야 다음 교육의 단계로 무리 없이 나아갈 수 있기 때문이다.

설화와 소설이 언제 어떤 경로를 거쳐 발생했는가보다는 구체적 작가와 작품을 대할 때 그 양식들과 오늘날의 독자 사이에 놓인 관습과 기대의 격차를 적절히 해소해주는 장르 이해가 훨씬 중요하다. 가령 고전소설의 '우연성' 문제에 대해 생각해보자. 이 비현실적인 우연의 장치는 어떤 심리와 세계관적 배경이 있는가? '악의 힘이 창궐하는 현실'과 '선의 힘이 이 세계를 바로 세워야 한다는 당위' 사이의 극심한 분열이 그 핵심이다. 어떤 초자연적 우연적 요소의 개입이 없다면 주인공은 죽고, 그 가문은 완전히 파괴되며, 세상은 음험한 세력들의 것으로 전락한다. 현실의 경험적 논리로 보면 주인공인 갓난아기가 소년으로 죽는 것이 필연적이지만, 도덕적 당위의 측면에서는 도저히 그것을 용납할 수 없다. 이처럼 '현실의 필연'과 '도덕적 당위'가 찢겨진 세계관 위에서 후자를 구하기 위해 마련된 소설적 장치가 곧 '우연성'인 것이다(김흥규, 2002).

존재의 복잡함을 간단명료하게 보여 주는 것이 설화와 고전소설의 또 다른 특징이다. 이처럼 설화와 고전소설은 특히 어린이에게 가장 핵심적인 형태로 문제를 파악할 수 있게 해준다. 구성이 복잡하면 어린이는 혼란스러워진다. 그러나 이것은 모든 상황을 단순화시킨다. 바람직한 인물과의 동일시를 통하여 비교적 확고한 인격이 자리 잡을 때까지 모호한 요소는 뒤로 미루어져야 한다. 이런 기초적인 선택은 훗날 내면적 성숙을 이루는 바탕이 된다. 설화나 고전소설 속 인물의 양극화는 바로 이 선택을 수월하게 하는 것이다(브루노 베텔하임, 1998).

제6차 교육 과정기부터는 국어 교과서에서 국문학사 제재가 사라졌다. 이는 지난 시기, 중등학교에서의 우리의 문학사 교육이, 파편적이고 단편적인 지식을 가진 제재를 무비판적으로 전달하고 암기하던 풍토에 대한 비판의 결과라고 이해할 수도 있다. 그러나 문학사는 단순한 지식의 뭉치가 아니다. 문학사적 시각이 개재되지 않은 문학 작품의 감상 교육은 해당 작품의 감상 교육에만 국한되게 된다. 이는 특히 고전문학 교육의 경우, 고전 작품의 현대성에 학습자들이 눈뜨지 못하게 하여 고전문학 교육의 필요성과 의의 역시 감소시키는 결과를 가지고 올 수 있다(노진한, 1998).

사실 문학교육에 있어서 이러한 문제에 대한 비판이 오래전부터 있어 왔던 것은 사실이다.

> 이해력에 의존하는 교육이 기억력에 의존하는 교육보다 우월하다는 전제를 승인한다면, 현재의 문학사 교육은 여러 가지로 반성할 만하다. 기억력이 알아내는 것이 내용인 데 반하여, 이해력이 찾아내는 것은 구조이다. 무목적의 기억력에 의존하는 행동은 교육이라고 부를 수 없다. 때문에 현 단계에서, 문학사 교육은 학습자들이 분명한 목적과 방향을 가지고, 왜라고 질문하도록 전개되는 교육 방법을 개발하지 않을 수 없다.
>
> — 김인환, 1985

이러한 지적이 있고 나서, 어느덧 15년이 지났으나, 우리의 문학사 교육은 별로 달라진 모습을 보여주지 못하고 있다. 오히려 공식 교육 과정에서 문학사 관련 제재는 물론이고, 작품을 통한 문학사 이해라든지 문학을 역사로 보는 문제의식마저도 점점 실종되어 가고 있는 형편이라는 점이 누차 지적되고 있으나, 그러한 비판의 목소리는 잘 들리지 않는 것이 또한 오늘의 현실이다.

> 문학사란 사람들이 문학을 통하여 표현한 내용을 역사적으로 기술하고 해석한 것이다. 인간에 관련된 모든 것이 역사에도 관계되어 있으므로, 문학사는 작품 자체의 기록을 넘어서 인간의 체험의 기록이 될 수밖에 없다. 인간의 체험은 시대에 따라 달라질 수 있으며, 시대마다 서로 다른 사상과 문화와 제도를 지니고 있다. 자료들을 확인하여 수집하고 사료들을 시간 순서로 편찬하는 일이 문학사의 기본 작업이라고 할 수 있으나, 문학사는 순서 개념을 넘어서 시대 개념과 문학이란 무엇인가라는 질문에 대답하는 본질 개념에 도달해야 한다.
>
> — 김인환, 1985

　문학사에 있어서 역사적 관점은 해당 작품의 역사적 맥락을 충실히 밝히는 것으로 끝나지 않는다. 해당 시기의 다른 작품과 당대의 문제와의 관계 속에서 어떤 관계를 가지고 있는가를 밝히는 것 또한 중요한 문제가 된다. 그러나 이런 과정을 통해 마련된 문학사가 곧바로 문학사 교육의 필요와 가치를 모두 설명해 줄 수 있는 것은 물론 아니다. 때문에 우리의 과제는 존재로서의 문학사와 그러한 문학사의 교육적 가치에 관한 이중적 질문에의 해답이 된다.

　이를 위해서는 특정한 시대의 역사적 특수성이 배경 지식으로 동원되고, 당대의 다른 작품과 상호 텍스트적 연관성에 대한 이해를 필요로 한다. 이는 문학 작품의 문학사적 의미를 파악하고 이해하는 작업의 중요성과 의의를 인정하는 관점으로 나아갈 수 있다. 예컨대 학습자들이 하나의 문학 작품을 당대의 다른 작품과 비교하거나 한 작자의 작품들을 다른 작품들과 대비하는 활동은 문학의 사회성이나 시대성에 대한 이해로 나아갈 것이며, 서로 다른 시대를 배경으로 만들어진 두 작품간의 공통점이나 차이점을 이해하는 일은 삶의 질서와 문학의 질서에 대한 통시적 연관성에 대한 통찰로 이어질 수 있을 것이다. 이처럼 문학사는 학습 내용의 위계성이라는 측면에서 매우 고차원적인 단계에서 이루어질 수 있을 것이다(류수열, 1999 : 52~53). 학교 교육을 통해서도, 적어도 이론적으로는 충분히 가능한 일이라 할 수 있다.

　때문에 문학사 교육을 기존의 권위 있는 문학사가들의 '문학사'를 학습시키는 것으로 채우는 것은, 재고해 보아야 할 사항이다. 필자가 생각하는 문학사 교육은, 기존의 지식 체계로서의 문학사 교육이 아니라, 학습자에 의해 재구성될 수 있고 재구성되어야 하는 문학사 교육이다. 이것은 문학을 통하여 시대를 이해할 수 있는 '문학을 통한 교육'의 범위에 해당하지만, 사실 '문학에 관한 교육'의 방법으로도 유효하다고 생각한

전북대학교 교과교육연구총서 ⑤

다. 결국 문학사가 변화와 누적이라는 역사적 논리에 의해 문학의 질서를 구성한 것이라면, 하나의 개별 작품을 독립적으로 감상하는 소위 신비평류의 문학교육 방법보다, 다른 작품들과의 비교나 대조를 통하여 작품 감상의 폭을 넓히는 방법을 통해, 훨씬 폭넓고 깊이 있는 이해와 가치 평가가 이루어질 수 있을 것으로 기대되기 때문이다.

> 종교 사상과 정치 사상은 문학사를 구성하는 요소이며, 관습과 규범과 양식을 포함하는 문화는 작품의 토대이다. 그가 어떤 사상 또는 관습에 찬성하건 반대하건간에, 작자는 시대 사조와 시대 규범의 영향을 외면할 수 없다. 문학 작품은 특수한 환경 속에서 형성된 특수한 정신의 산물이다. 문학의 변화에는 주관적인 취미나 기호에 의존하는 측면이 있으나, 문학의 역사가 주관적인 것은 아니다. 문학의 역사는 작품을 해석하는 방법의 객관성과 사료를 편찬하고 구성하는 체계의 객관성을 필요로 한다. 사실을 정확하게 수집한 문학사가 아니라, 의미 해석의 기준을 적절하게 적용한 문학사가 객관적인 문학사이다.
>
> — 김인환, 1985

때문에, 문학사 교육의 핵심은, 문학사의 내용을 채우는 작자와 작품의 열거가 아니라, 바로 의미 해석의 기준을 학습하게 하는 데 있다. 따라서 제도 교육으로 이루어지는 문학교육을 받는 학습자들은, 그 전제로 문학이 역사 사회적으로 복합적인 맥락을 갖고 있음을 제대로 이해할 필요가 있다. 문학은 특정 작자에 의한 창조물이지만, 그 속에는 현실의 반영을 비롯하여 풍속, 종교, 정치 등이 복합적으로 관여하고 있음을 이해해야 한다. 이는 문학을 이해하는 것이 단순히 작품 자체만을 이해하는 것이 아닌 복합적 과정이 있음을 이해하는 것과 같다. 즉 문학의 감상은 단순히 작품 문면의 이해나 감수성의 문제가 아니라, 당시의 독자와 현대의 학습자들이 처해 있는 삶의 총체성과 관계가 있다는 것이다.

4. 결론

　문학 작품 자체가 삶의 총체성과 관련되어 있으니, 역으로 당대의 삶을 이루는 요소들인 정치·경제·문화 등의 이해는 문학 작품의 정확한 감상과 수용에 필수적일 수 있다. 반대로 우리가 학습의 대상으로 삼는 문학 작품은 당대 현실을 예술적으로 잘 반영하고 있으므로, 문학교육을 통해 그 역사적 현실의 본질에 대한 정확한 이해로 나아갈 수도 있다. 그러므로 문학교육은 단순 교과가 아니라, 결국 역사·정치·경제·윤리 등의 교과 학습과 상호 긴밀히 관련되어 있는 복합 교과 교육이 된다(김대행 외, 2000 : 252~253).

　문학교육의 목적이 단순히 문학의 이해에만 그치는 것이 아니고, 인간의 삶과 세계에 대한 총체적 인식을 기르는 데에도 적용된다면, 우리는 문학교육이 가지고 있는 의미를 제대로 파악하고 그것을 활용할 필요가 있다. 이러한 교육이 가능한 좋은 영역이 바로 문학사 교육이 될 수 있다. 이런 점에서, 학습자들에게는 문학에 관한 교육 못지않게, 문학사 교육을 통한 총체적이고 통합적인 사고 능력의 신장은 바람직하고 또한 중요한 가치를 가지고 있다. 이처럼 학습자들도 문학 활동이 다양한 역사·사회적 관계를 형성하고 있음을 이해하고, 스스로의 문학 활동이 역사·사회적 구도 속에 의미를 갖도록 노력해야 할 것이다. 그러자면, 이들에게 필요한 문학사 교육은 기존 문학사에 대한 지식이 아니라, 작품 감상을 중심으로 하여, 스스로 문학사를 구성할 수 있는 능력을 배양하는 방식으로 구조화되어야 한다.

구인환 외, 『제5판 문학 교육론』, 삼지원, 2007.
김광해, 「국어지식 교육의 위상」, 『국어교육연구』 3집, 서울대학교 국어교육연구소, 1996.
김대행 외, 『문학교육 원론』, 서울대학교 출판부, 2000, 252~253면.
김대행, 「국어과 교육의 목표와 영역」, 『선청어문』 25집, 서울대학교 국어교육학과, 1997.
김대행, 「국어교육과 국어 교과학」, 『국어 교과학의 지평』, 서울대학교 출판부, 1995.
김인환, 『제2판 비평의 원리』, 나남, 1999, 359면.
김인환, 「문학교육 비판」, 『해방 40년 : 민족 지성의 회고와 전망』, 문학과 지성사, 1985.
김인환, 『문학교육론』, 평민서당, 1979.
김종철, 「17세기 소설사의 전환과 소설교육론」, 『한국학보』 96집, 일지사, 1999, 115면.
김중신, 「고전시가의 문학교육적 자질」, 『문학교육의 이해』, 태학사, 1997, 247~250면.
김중신, 「국어교육 논쟁의 비판적 검토」, 『소설 감상 방법론 연구』, 서울대학교 출판부, 1995, 161~184면.
김창원, 「문학교육 연구 방법론의 내적 체계」, 『국어교육연구』 4집, 서울대학교 국어교육연구소, 1997.
김창원, 「문학교육 연구 방법론의 비판적 검토」, 『문학교육학』 1집, 한국문학교육학회, 1997.
김풍기, 『한국 고전시가 교육의 역사적 지평』, 월인, 2002.
김흥규, 『한국 고전문학과 비평의 성찰』, 고려대학교 출판부, 2002, 306~321면.
노진한, 「문학사의 문학교육적 의의 연구」, 『국어교육』 97집, 한국국어교육연구회, 1998.
류수열, 「문학사 교육의 위상과 성격」, 『고전문학과 교육』 1집, 청관고전문학회, 1999, 52~53면.
신재홍, 「<원생몽유록>의 교육적 의의」, 『고전문학, 어떻게 가르칠 것인가』, 집문당, 1994, 513면.
오춘택, 『한국 고소설 비평사 연구』, 고려대 박사학위논문, 1992.
우한용, 『문학교육과 문화론』, 서울대학교 출판부, 1997, 35면.
우한용, 「문학교육과정론의 지형도」, 『문학교육과정론』, 삼지원, 1997, 47~51면.

이성영, 『국어교육의 내용 연구』, 서울대학교 출판부, 1995.

이용주 외, 「국어교육학의 연구와 교육의 구조」, 『사대논총』 46집, 서울대학교 사범대학, 1993.

이홍우, 『증보 교육과정 탐구』, 박영사, 1992.

한명희, 『교육철학』, 배영사, 1983, 201~203면.

브루노 베텔하임, 『옛 이야기의 매력』, 시공주니어, 1998.

『초등국어교육』 3집, 2006

제2부 고전문학의 다각적 해석

<h1 style="text-align:center">판소리 문학사에 있어서 〈게우사〉의 위상</h1>

1. 서론

실전(창을 잃은) 판소리 작품으로 그 내용 조차도 제대로 알 수 없었던 〈무숙이 타령(왈자타령)〉이 바로 박순호(원광대) 교수 소장 필사본인 〈게우사〉[1]임이 김종철(서울대) 교수에 의해 밝혀진 이후,[2] 벌써 많은 시간이 흘렀다. 그는 〈관우회〉의 관련 기록과 〈게우사〉의 내용 및 문체를 검토한 결과 〈게우사〉가 〈무숙이 타령〉의 사설 정착본임을 증명하고, 그것의 필사연대는 1890년이며 성립연대는 1860년대일 것이라고 추정하였다.

긴 시간이 흐른 지금의 관점에서 보아도, 김종철의 추정대로 〈게우사〉가 〈무숙이 타령〉의 사설을 정착시킨 것은 분명하며, 이는 곧 판소

---

1) 이 자료는 『한글필사본 고소설 자료총서』 제1권, 1985에 영인되어 있다.
2) 「〈무숙이타령(왈자타령)〉의 사설 정착본 검토」, 한국고전문학연구회 하계 연구발표회 (1991. 8. 5) 발표 요지를 참고할 것. 이 발표 요지는 이후에 수정되고 보안되어, 자료의 주석과 함께 「〈게우사〉의 자료적 가치」, 『한국학보』 제65집(일지사, 1991년 가을)과 「〈무숙이타령(왈자타령)〉 연구」, 『한국학보』 제68집(일지사, 1992년 가을) ; 이후 김종철 (1996)에 수록되었다.

전북대학교 교과교육연구총서 ⑤

리 문학사에 있어서 새로운 자료의 발견이라는 점에서 큰 의의를 갖는다고 하겠다. 그러나 그는 <게우사>가 바로 <무숙이 타령>이라는 사실을 밝히는 데에만 주목하였다. 그래서 현전하는 <게우사>가 창본과 소설본을 포함하는 광범위한 판소리 문학사에 있어서 어떤 성격과 위상을 가지고 있는 자료인지에 대해서는 별도의 논의가 필요하다. 이에 대한 기존의 논의는 나름의 성과를 거두고 있기는 하지만, 좀 더 보강된 연구가 필요하다고 보인다.3)

일반적으로 '판소리'는 연행공간에서 연행되는 판소리와 판소리 사설을 정착시킨 창본, 판소리계 소설을 아울러 지칭하는 개념이다. 따라서 <게우사>가 어느 위치에 속하는지를 분명히 밝혀야 <게우사> 자체의 논의와 실전 판소리 작품, 더불어 판소리 문학사에 대한 논의가 좀 더 객관적으로 이루어 질 수 있을 것이다. 자료의 문제만 보더라도, <게우사>에 이어 발견된 <매화가라>는 판소리 <강릉매화 타령>의 사설 정착본으로 보이는데,4) 이것과 <게우사>를 평면적으로라도 비교해 보면 그 성격이 분명히 다름을 쉽게 알 수 있다. 때문에 우리는 단순히 판소리와 관련이 있는 자료이다라고 하는 단계를 넘어 판소리 문학사에서 구체적으로 어느 정도의 역사적 위상을 가지고 있는 자료인가를 가늠해야 되는 상황에 놓여 있다고 볼 수 있다.

물론 현재 가창되지도 않으며, 비교할 만한 다른 이본이 전무한 상태에서, <게우사>의 정확한 위상를 밝힌다는 것은 어려운 일이다. 그러나 방법이 전혀 없는 것은 아니다. 삽입시가와 사설에 대한 세밀한 검토와 서술방식에 대한 고찰, 그리고 歌辭 <계우사>5)와 고소설 <이춘풍전>

---

3) <게우사>를 중심에 놓고 논한 논의는 한창훈(2000), 김준형(2000), 김현양(2002), 김윤희(2006) 등이 있다.
4) 김헌선(1993) 참조. 자료 전문은 『판소리 연구』 10집(판소리학회, 1999) 참조.
5) 지금까지 알려진 3편의 歌辭 <계우사>는 현재 <장편가집>, <高大本 樂府>, <상사별

과의 비교는 <게우사>가 어떤 성격의 자료인지 밝혀주는 단서가 될 수 있으리라 본다. 이에 본고에서는 이런 전제를 가지고 판소리 문학사에서 가지는 <게우사> 위상의 일면을 드러내 보이고자 한다.

특히 가사 <계우사>와 관련해서 기존 연구에서는 歌辭 <계우사>가 가사체로 되어있으면서 판소리적 진술방식을 취하는 것으로 보았다. 김헌선(1993)은 '歌辭 − 판소리'로 영향관계를 설정하여, <무숙이타령>은 판소리적 골격과 서울 지방의 가사적 표현을 공시적으로 수용해 형성된 작품으로 이해하였다. 최원오(1994)도 역시 <무숙이타령>의 형성이 유흥의 흥겨움을 노래한 판소리 <왈짜타령>에 歌辭 <계우사>의 교훈적 요소가 결합하여 이루어진 것으로 이해하였다. 그런데 필자는 이에 대해 오히려 반대되는 가설을 가지고 있으며, 이를 본고의 논의를 통해 펼쳐 보이고자 한다.

2. <게우사>의 삽입시가 수용 양상6)

플롯이 중시되는 여타의 서사문학과는 달리 판소리는 부분의 독자성이 중시되는 서사양식이다. 즉 플롯이 중시되는 문학양식에서는 '부분이 전체의 구조를 위해' 봉사하지만, 판소리에서는 '사건의 흐름이 부분을 위해' 봉사한다고 할 수 있을 정도로, 판소리 작품의 각 부분은 이야기 줄거리에 포함된 여러 상황을 '그 상황 자체의 흥미와 감동을 위해' 확장되고 세련화된다. 어떤 상황이나 부분이 제공하는 의미와 정서를 절실하

곡> 등의 문헌에 실려 있으며, 그 서사적 줄거리가 <게우사>와 거의 일치하는 것으로 보인다.
6) 이 장의 서술은 한창훈(2000)의 내용을 정리한 것임을 밝힌다. 특히 삽입시가의 구체적 내용의 고찰에는 장정수(고려대) 선생의 논의에 크게 힘입었다.

고 흥겹게 연출하고자 하는 판소리의 이러한 지향을 잘 드러내는 것이 삽입시가[7]라고 할 수 있다.

그러면 우선 이러한 삽입시가가 <게우사>에는 어떤 모습으로 수용되어 있는지 살펴보면, 다른 소리 작품과의 교섭양상을 보여주는 삽입시가가 6개가 있으며, 이는 판소리 작품 중에서 그 수가 가장 적다.[8] 사건의 전개에 따라 나타나는 삽입시가를 제시하면 다음과 같다.

(1) 무숙이 복색 사설

서울의 대방 왈자 김무숙이가 왈자생활 청산을 선언하기 위해 동류들을 찾아가는 부분에 무숙이 복색사설이 나온다. 복색사설은 판소리에서 주요 등장인물의 복색을 머리에서 발끝까지 묘사하는 시가로 복색사설의 원류는 무가에 있는 것으로 보인다.[9]

> 셕양산노 제비갓치 어식비식 드르울 제 호스치례 보랑니면 엽즈 동곳 디양쥼의 손호 동곳 언게 쏫고 외올망근 디모관즈 쥐꼬리 당쥴 진품 금포죠흔 품줌 이마 위희 싁긔 씌고 갑쥬보라 존쥴 져고리 빅갑쥬 누비 ᄇ지 빅제우스 통훈솜의 즁원쥬 누비 동옷 통화단 존쥴 비즈 양식단 누

---

7) 삽입시가는 원래 삽입가요라는 말로 널리 통용되었다. 삽입가요라는 개념은 김동욱(1958)이 처음 사용하였는데, 그는 판소리 삽입가요는 본 사설에 삽입되는 일반가요로서 固定性이 그 본질이라고 보았다. 이에 대해 전경욱(1990)은 <춘향전>의 사설형성 원리를 밝히는 작업을 하면서, 삽입가요와 광대들의 창작가요의 분류문제, 유형화된 사설덩어리가 가요화한 것에 대한 처리문제를 제시하고, 삽입가요라는 명칭 대신에 '문맥적으로 독립적인 성격을 지니고 있으며 歌唱되는 辭郡을 가요라고 규정하고, 기존가요는 물론 唱으로 전달되는 유형화된 사설덩어리도 가요에 포함시켰다.
8) 판소리에 수용된 시가의 수는 춘향가 16~27, 흥부가 29, 수궁가 15, 적벽가 14, 변강쇠가 42, 배비장전 25, 옹고집전 10개이다. 이에 대해서는 전경욱, 앞의 책을 참고할 것. 이 외에 필자는 가면극에 수용된 삽입시가의 종류와 성격을 분석해 본 적도 있다. 자세한 내용은 한창훈(2000) 참조.
9) 판소리 사설 형성에 미친 무가의 영향은 정충권(2001)에 자세히 분석되어 있으므로 참조할 만하다.

비토슈 슌밀화 중도 학슬 안경 당세포 즁치막의 지품 ㄷㅏㅆ듸 통디즈 허릿
듸며 우단 낭즈 오식모쵸 고은 쏨지 당팔슷근을 달고 용두향의 티당즌
을 안옷고름의 다라 곳고 버들잎븐 고흔 발 육날 미토리 슈지 버혀 곱
거러 들머니고 불긔지회 못거지의 흔가온디 츔예흐냐 좌즁의 현안흐오
쎡 드러신니

─ 〈게우사〉 필사본, 430~440면

(2) 팔도 누대 풀이

무숙이가 마지막으로 놀겠다고 하니, 친구들이 그러면 어떻게 놀기를
원하느냐고 묻자, 국내 명승지를 다 구경하였고, 명기 명창을 다 겪어 보
았으며, 온갖 호사를 다 하였으니 한이 없다고 대답하는 부분에 팔도 누
대 풀이가 삽입되어 있다. 이 팔도 누대 풀이는 춘향가 중에서 이도령이
광한루에 구경가기 전에 방자와 이야기하는 부분에 나오는데, 무가의 팔
도명산풀이에 그 원류가 있다.

군펭니 나 안지며 그러치 그러치 무슉이 네 마리 긔특흐다 네 말더로
망죵 놀양니면 웃덕키 놀냐넌냐 누슉니 니른 마리 바람동니 왈즈더른
못거지 노름폰의 허담쥬담 흰소리로 악양누 가즈 고쇼더 가즈 게명손
가즈봉황더 가즈 흐되 그게 다 밋친 즈식 헛소리요 그런 강손 제일경긔
즁원의 잇넝게라 물고 믄 말니타국 가즌 마리 쥬담니지 아동방 제닐경
니 금강손 너외경과 그리로 니다라 관동팔경 의쥬 통군정 안쥬의 복셩
누 영변의 낙션디 셩천의 강셜누 평양의 영광정 부벽누 모란봉 칠셩디
보덕골과 능나도 영평스며 긔셩부로 드리다라 숑학손 박연폭포 포쥬 임
지 죠흔 강손흠홍 낙밀누 길학정 복손누 공듀 금강손셩니며 전쥬 완손
함벽누며 남구손셩 긔니흐고 순쳥의 호흑정 진쥬의 촉셕누 통영 세방정
쳥쥬의 흔스도며 밀양의 영남누 울손 티화루 동닉 인화정 학쇼더을 귀
경흐고 경쥬 빅율슌숑 봉황더가 죠흘시고 영쳐의 죠양각 디구 달셩 귀
경흐고 안동 티빅 니외경과 동긔골셔 구월남 지리북 항손을 다 쥬어 본
연후의 보은 쇽니 운장더며 무쥬 무풍 젹숭손셩 부암 변손 영암월 광양

빅 운봉 문경 흘쥬손 낫낫치 귀경ᄒ고 안니 본곳 읍셔시니 세승의 싱각
니 바이 읍고

—〈게우사〉 필사본, 443∼444면

(3) 주효·기명 사설

무숙이 무리가 의양의 집을 찾아가 주연을 벌이는 장면에 주효·기명
사설이 나온다.

무슉니 슈죽 쏫틔 군평을 불너드려 쥬효을 드리라 존셜 등디ᄒ여씨
되화류 강진 교주판의 금스 화긔 유리 졉시 브려 노코 굴병 편강 민강
니며 디밀쥬 쇼밀쥬 호도당 포도당의 옥츈당 인숨당 왜편 호편 겼드리
고 인숨졍과 모과 졍과 시양졍과 졋드리고 유주 밀감 포도 셕유 싱율
슉율 은힝디쵸 봉순춤비 유감주 등물젼 죠츠 졋드리고 축면 화·비무
름의 슈증과을 졋드리고 며물완주 신셜누의 번화ᄒ듯 벙거지골 아겟집
가릿짐의 승강니을 졋드리고 어육 제육 어만두 쩍복기가 쇼담ᄒ다 평양
세면 비빔의 황쥬 넝면 졋드리고 오순 젼복 봉오림의 미화오림 문어오
림 실빅자를 졋드리고 침지 양침 가진 어치 각식으로 노냐넌듸 식잇넌
가진 편의 두레쩍을 졋드리고 양고음 우미탕의 누루미을 고야넌듸 셜넝
탕 훈동이는 ᄒ인쳥의 드려 노코 평양의 감흥노 게당쥬 노손푼의 강쥬
죽엽쥬며 각식 병의 드려노코 노주작 잉무비로 오순의 기우난 듯 육건
디쳥 너른 마루 유리 양각등을 달고 화순관 그린 병풍 몽긔젼 보쵸등물
묘탄주의 용강 틀구 셕거노코 디쵸디 쇼쵸디의 공쥬 육쵸 드리꼿고 일
등 육각 영순 오즁 훈거니 느려 부쳐 지냐주 노푼 쇼리 화긔동니 낭주
ᄒ다.

—〈게우사〉 필사본, 448∼449면

〈게우사〉에 나타나는 주효·기명 사설은 기명이나 술명, 술병 등이 축
소된 반면 안주명이 길게 부연되어 있음을 볼 수 있으며, 앞의 다른 사설
과 마찬가지로 상당히 규칙적인 율격으로 표현되고 있음을 알 수가 있다.

또한 특이한 것은 술과 음식의 이름을 주어 섬기는 이러한 사설 속에

는 서술자의 개입이 없는 것이 상례인데, 여기에서는 '설넝탕 흔 동의는 흥인쳥의 드려 노코'라고 하여, 전후 문맥을 상상할 수 있는 서술자의 개입이 나타나고 있다. <u>이 점은 <무숙이 타령>이 <게우사>라는 소설로 개작되면서 삽입시가도 독립적인 위치를 부여받지 못하고, 전체적인 문맥 속에서 용해되었음을 보여주는 하나의 증거라 할 수 있을 것이다.</u>(밑줄 필자)

(4) 사랑가

의양과 무숙이가 첫날밤을 보내는 장면에 '~같이 ~한 사랑'이라는 형태의 사랑가가 삽입되어 있다. 사랑가가 삽입되는 상황은 모두 남녀가 모두 만나서 정에 겨워 어루는 장면인데, 여기서도 역시 그런 상황 속에서 나타나고 있다.

> 스랑가로 지닐 젹의 동졍 칠빅 월흥츄의 무슨갓치 노푼 스랑 목낙무 변슈 연쳔의 충흥쳐름 너른 스랑 동졍호 츄월갓치 교교이 비친 스랑 망즁폭폭 물결갓치 굽이굽이 도는 스랑 왜목 안고 입맞추며 서로 안고 보는 모양 쵸싱 평월 졍신이라 이 연분 니 스랑을 숀붕 슈졀 이질소냐 디방 왈ㄷ무슉니요, 쳔셩알심 의양이라 흥상견지 느껴다가 ― 벽화관을 너을 시워 스각봉의 안쳐시면 쳔셩 션여로 안이 보는 놈은 그 재미를 붓틀 놈이로다 스랑 스랑 스랑니야.
>
> ― <게우사> 필사본, 457면

전경욱(1990)은 <춘향가>에는 20여 종의 사랑가가 나타나고 있는데, 사랑가는 모두 <춘향가>에서 창작되어, 다른 작품들에 수용된 것으로 보았다. <게우사>에서도 무숙이가 이 사랑가를 부르고 있으나, 앞부분만 사랑가를 차용했을 뿐이고, 의양의 아름다운 모습에 대한 묘사를 덧붙여 '스랑 스랑 스랑니야'로 끝맺는 형태로 변개되어 있다. 또한 이 사랑가에는 밑줄 친 부분과 같은 무숙이와 의양이가 사랑을 나누는 장면의 묘사와 서술자의 논평적인 발언이 삽입되어 사랑가가 시가로서의 역할을 하지 못하게 하고 있다.

(5) 집사설

집사설은 무숙이가 의양이와 연분을 맺고 의양을 위해 집과 세간을 마련해 주는 부분에 나타난다. 이러한 집사설은 춘향의 집, 놀부의 집, 옹고집의 집 등의 묘사에 흔히 나타나는 것이다.

> 즈뛰속신 완의ᄒ고 니외시여 안친 후의 살림스리 비반ᄒ다 화긔동 경쥬인집 오천양의 결가ᄒ야 니ᄉ지위 토역즁이 쳥우졍 스랑 압희 와풍으로 담을 치고 셕슈장이 불너드려 슉셕으로 면을 치고 젼후좌우 죠흔 화게 모란 쟉약 영산홍과 들층 측빅 즌ᄂ무며 금스화쥭 연포도화 촉쥭 황연 브려잇다 — 홍도벽도 일지민화 일단션풍 긔이ᄒ고 치즈동빅 셕유분의 유즈화분 더욱 죳타 스신힝즈 부탁ᄒ야 오슉부어 유리향의 빅연죠 잉무죠며 학두루미 ᄂ리 벌여 쑤루루 길녹 길드리고 완즈담 일광문은 가진 츄병 드러잇고 쳥쑵싸리 문 지키고 빅구 흑면 죠흔 기은 쳔셕누리 노젹 밋틔 줌을 지여 길드리고 억디황우 쇼 두 마리양지 바로 지여 그득ᄒ게 세워두고 방안치레 차릴 젹의 각중 중판 당지도벽 화류방중 긔쳔도을 ᄒᆼᄉᆼ 보게 거러 두고 디모병풍 슘 그림 구운몽도 유향도며 관동팔경 죠흔 그림 각 병의다 그리고 화류평ᄉᆼ 금포서안 슘층들미 각게슈리 오시목 가진 문갑 즈긔흠농 반다지며.
>
> —〈게우사〉 필사본, 459~460면

집사설은 〈게우사〉의 삽입시가 중에서 시가로서의 성격을 그런대로 잘 유지하고 있는 사설이다. 앞뒤 문맥과 밀접한 관계를 가지지 않고 충분히 독자적으로 불릴 수 있으며, 앞부분의 서술방식은 창본의 특성을 유지하고 있는 것으로 보인다. 이처럼 집 사설 속에 집에 있는 모든 물건이 나열되는 형태는 서울·경기 지역 무가인 <황제푸리>와 유사하다(김헌선, 1995).

<춘향전>의 경우에 모든 완판본과 창본에서는 이도령이 춘향의 집에 도착하여 춘향의 집을 살펴보는 장면에 정원사설만 나와 사설이 축소되어 있는데 반해, 경판 계열본은 집사설이 완판계나 창본에 비해 확대되어 있어 <게우사>의 집사설과 비슷한 점을 보여준다.

(6) 기생점고사설

무숙이가 유산놀이를 위해 준비하는 부분 중에 기생의 이름이 열거되고 있다. 기생 이름을 열거하는 방식이 <천자뒤풀이>처럼 처음부터 끝까지 계속 동일한 길이의 수식어로 이름을 수식하는 방식을 취하고 있는데, 이것은 <춘향전>의 이본 계열인 <남원고사>, <경판 35장본>의 기생점고 방식과 상통한다.

> 차문주가차저제요 목동요지으 행화! 행화가 들어온다. 행화라 허난 기생은 홍상자락을 거듬거듬 흉당으 걸어 안고 대명당 대들보 밑에 명매기으 걸음으로 아장아장 들어오더니, 예 등대나오. 점고 받고 일어서더니 우부진퇴로 물러난다. ─조운모대 양대선 우선유지 춘홍이! 나오 사군불견 반월이 독좌유향의 금행이 왔느냐! 예 등대허였소.
>
> ─〈춘향가〉 조상현 창본

> 기싱더른 누굴넌고 팔월부용 구자료 만당츄슈 홍연이 요렴섬섬 옥지갑금분야도 봉선니 손다미기 반벽도 츈긔만당 화봉니 심니무손 운무중의 화복 벗던 치션이 슈원화순 양명유니 심여명 일등명기 호수단중 혼읍시 일절등더 모도 츠려 가화 칠보 단중시겨.
>
> ─〈게우사〉 필사본, 464~465면

위에서 보는 바와 같이, 창본과 <게우사>의 기생점고 사설은 그 서술

방식에서 차이를 지닌다. 창본은 한 명의 기생에 관련된 사설이나 긴 수식어와 넉자화두로 풀이하는 방식이 섞여 있고, 그에 따라 장단도 바뀌는 변화를 가지는데, <게우사>는 규칙적인 운율로 되어 있어 만약 판소리로 불린다면 동일한 장단으로 진행될 것 같다.

그 외에 다른 판소리 작품과의 교섭 양상을 보여주지는 않지만, 독립된 사설로서 삽입시가의 역할을 할 수 있다고 보이는 것은 유산놀음과 선유놀음 장면이 있다. 유산놀음은 악기와 공인을 준비하는 장면, 기생명 나열, 한양 근교의 유산처의 열거로 짜여 있다. 선유놀음 장면은 造船에서부터 예능인 모집, 유람선의 묘사, 선유놀이의 내용, 참석한 명창의 열거, 예능인에 대한 보상까지 선유놀이를 상세하게 묘사하고 있다. 또한 무숙이의 품팔이 사설도 독립된 사설로 형성될 듯한데, 너무 간단히 처리되어 있어서 논의의 여지가 없는 것 같다.

3. <게우사> 삽입시가의 성격과 작품 서술 방식

앞에서 살핀 것처럼, <게우사>에는 다른 판소리 작품과 교섭 양상을 보이는 것이 6개이며, 독립된 삽입시가의 성격을 지니는 사설이 2개 정도 존재한다. 그러나 이들 삽입시가는 고른 분포를 보이지 않고, 모두 무숙이가 의양을 만나는 부분에서부터 온갖 호사와 방탕으로 인해 망하는 데까지의 작품 전반부에 치중되어 나타나며, 작품의 서술 분량도 여기까지가 반 이상을 차지한다.10)

이러한 구조적 불균형은 이 <게우사>가 과연 판소리 사설을 그대로

---

10) <게우사> 전체 76면 중에서 무숙이가 패가망신하는 데까지의 내용이 51면을 차지한다.

정착시킨 창본이겠는가 하는 의문을 제기하게 된다. 작품의 뒷부분에도 삽입시가가 있을 법한 위치가 간혹 보임에도 불구하고, 후반부는 사건의 전개를 서술과 대화로만 나타내고 있다. 이것은 판소리를 소설로 개작하는 과정에서 발생한 현상으로 볼 수 있을 것 같다. 즉 사건 전개가 단순한 앞부분에서는 무숙이의 호사스럽고 방탕한 생활을 실감나게 보여줌으로써 그 결말을 예시하는 한편, 후반부는 사건 자체만으로 충분히 흥미롭기 때문에, 사건전개를 속도감 있게 서술하는 데에 지장을 줄 수도 있는 삽입시가를 생략한 것이 아닌가하고 추측할 수 있는 것이다.[11]

또 하나 이러한 불균형은 <무숙이 타령>에 전혀 다른 작품이 합쳐져서 <게우사>가 이루어졌기 때문에 발생한 것으로 볼 수도 있다. 송만재의 <관우희>의 <왈자타령>에 대한 기록에는 의랑의 기지로 무숙의 방탕한 마음을 고쳐 놓는다는 내용이 들어 있지 않고, 왈자들이 의랑이라는 기생을 두고 다툰다는 내용만 언급하고 있다. 따라서 원래 <무숙이타령>은 무숙이가 패가망신하는 데까지만 창으로 불렸는데, 그 후 누군가에 의해 소설로 개작되면서 지금의 <게우사>가 되었을 가능성을 충분히 추론할 수 있다.

<게우사> 삽입시가의 또 하나의 특징은 민요나 시조, 가사 등 장면의 정조를 돋우는 시가는 거의 존재하지 않으며, 주로 구체적인 사물들의 세세한 반복적 나열을 통한 확장되고 부연된 사설이 삽입시가의 형태로 들어가 있다는 점이다.

  셔빙고 흔강니며 악구경 도라드러 동격강 노들니며 용손 숨기 셔강
  니며 양화로 르리져어 니수용용분영니요 숨숨묘묘 가외도라. 가련약게

---

11) 최정락(1998)도 삽입시가에 대한 인식, 합리성, 필연성, 유기성 지향, 시점과 서술, 대화 표지어와 종결어 사용을 들어 판소리 사설과 판소리계 소설을 구분하려고 하였다.

빅구중니면 공양춍포 근빅구라. 적병강니 안니면 칙셕강니 비길손냐.
만경츙파 흐리져어 일스쳥풍 드러온니 츈풍 슘월 호시졀의 쳥흥니 호탕
흐니 양유은 천만죠요, 운무은 제슘식을. 스쥭소리 곳곳시오 미 날이는
아희더른 혹션혹후 닷토난 듯. 고기줍는 어부더른 이소어을 낙거니여
회도 치고 탕도 흐여 슬토록 머근 후의.

이 부분은 선유놀이 장면을 묘사한 것인데, 여기에는 <어부가>나
<선유가> 한 곡조쯤 불릴 만한데 노래는 보이지 않는다. 다만 선유놀이
의 도도한 흥취를 가사에서 흔히 보이는 구절들을 차용해 표현하고 있음
을 알 수 있다.

삽입시가는 따로 떼어내어서 불러도 큰 무리가 없을 정도로 앞뒤의 문
맥에서 자유스럽게 표현되는 것이 일반적이다. 그러나 <게우사>의 삽입
시가 중에서 그것만을 따로 떼어내어서 부를 수 있는 것은 집사설 정도
이며, 나머지는 삽입시가 속에 서술적인 문장으로 삽입되는 등 앞 뒤 문
맥과 밀접한 연관을 가지고 있어서, 그것만을 따로 떼어내어서 가창하기
가 어렵다. 이 점은 <게우사>가 소리판에서의 분위기를 중시하는 연행
예술로서의 판소리가 아니라, 플롯을 더 중시하는 소설문학으로 변모한
형태임을 보여주는 한 증거라고 할 수 있겠다.

김현주(2003)는 판소리 사설은 그 서술방식에 있어서, 口述性을 지향하
고, 경판계 판소리 소설은 記述性을 지향하는 특성을 가진다고 하며, 대
화를 끌어내는 바탕글의 존재, 서술자의 시점, 운율, 부분의 독자성, 어투
등을 기준으로 하여 판소리 사설과 경판계 판소리 소설, 완판계 판소리
소설의 차이를 밝히는 작업을 하였다.

판소리 창에서 부분의 독자성이 강조되며, 삽입시가가 그러한 기능을
충분히 수행할 수 있다. 그러나 앞서 살펴보았듯이 <게우사>는 작품의
전체적인 유기성이 중시되고 있으며, 삽입시가의 기능이 약화되어 있다.

즉 삽입시가와 사설이 지문에 충분히 융합되어 작품의 전체적 맥락을 위해 봉사하고 있으며, 창본에서 보이는 전후 모순의 노정은 나타나지 않는다. 삽입시가는 관중을 예정한 극적 효과를 노린 무대 위의 기교로써, 사설을 기존 시가의 서술방식과 운율에 실어 전달함으로써 청중에게 친근감을 주고, 작품의 다양성을 꾀하며, 청중의 이해를 돕고 청중의 미적 쾌감을 촉발하는 역할을 한다. 이러한 삽입시가의 약화는 광대의 창보다는 낭송을 위해 만들어진 자료임을 보여주는 근거가 된다고 하겠다.

한편, 판소리 창본에는 '물으시되', '대답하되' 등과 같은 대사를 끌어내는 바탕글(지문)이 거의 나타나지 않는 것이 특성이다. <게우사>의 경우에도 바탕글 없이 곧바로 행동 묘사 다음에 대화가 연결되는 형태가 많이 있다. 그러나 창본과는 달리 <게우사>에는 대화를 끌어내는 바탕글이 나타나서 지문과 대화 그리고 등장인물의 독백을 확실하게 구분해서 표현하고 있다. 이것은 독서물로 읽혔을 때, 바탕글이 없다면 인물의 대화인지 서술자의 지문인지 분간하기 어려우므로, 그러한 문제점을 해결하고자 한 소설본 개작자의 의도를 드러내는 사항이라고 할 수 있다.

판소리 창본의 또 하나 두드러진 특성은 반복적인 율문의 사용이다. 그러나 <게우사>에는 이러한 반복적인 율문의 형태는 거의 나타나지 않는다. 경판에서는 창본에서의 반복적 율문이 거의 대부분 파괴되고, 자신에게 익숙한 낭송체적인 운율을 사용하면서, 서술을 우회시키지 않고, 빠른 템포로 간결하게 진행해가는 경향이 있다는 언급은(김현주, 2003), <게우사>에 큰 무리 없이 적용될 수 있을 것으로 보인다. 음악적 리듬감을 생성하며, 구연을 유창하게 만드는 기능을 하는 반복적 율문의 소멸은 <게우사>가 이미 구비 가창물로서의 성격을 상실했다는 증거가 된다고 하겠다.

반면 <게우사>에는 율독하기에 좋은 낭송체의 문장 형태가 많이 나타난다. 요즘 들어 많이 언급되는 '가사체'가 바로 그것이다.12) 앞에서 사물을 나열하는 삽입시가의 형태에서 규칙적인 율격이 나타남을 보았지만,

> 열양 쓸듸 천양 쓰고 천양 쓸 듸 혼양 쓴니 젹실 인심 무슈니요 불의 심스 무슈니라. 니 줍놈니 니러ᄒ되 의양의 오른 마음 평싱ᄒ로 ᄒᄌᄒ 야 세간스리 거두줍어 놀납읍시 부지런니 인묘시의 줌을 찌여 힝주치미 둘너입고 마당비 들고 나셔ー호미 들고 무을 미여 노쇽덜을 교치ᄒ며 엄슉실입ᄒ여 누츄흔 기싱 명식 니졔은 다 읍시ᄒ고ー일심으로 고든 마음 변할 느리 읍셔던니 무슉의 글는 그동 슐만 먹고 돈만 쓰고 스숭 의 불여의흔 일 쩍심니 탁 풀니고 평싱걱정 니의 팔즈 뉘게다 의탁홀가.
> ー〈게우사〉 필사본, 462~463면

같이 사건을 서술하는 지문에서도 율독에 유리한 낭송체의 문장 형태가 발견된다.

창본의 또 하나의 특성은 '~거동 보소', '~하여것다' 하는 말을 통해서 객관적 묘사가 많이 나타나는 점이다. 물론 〈게우사〉에도 '무슉니 거동보소', '막덕니 거동 보소', '의양니 심부름을 시기넌듸 부리 펼젹 나게 시기것다'와 같은 객관적 묘사를 끌어내는 어투가 많이 나타난다. 그러나 'ᄒ스치례 보량니면 ~', '쳥누고당 노푼 집의 어식비식 올ᄂ간니 화반의 안진 왈즈~'와 같은 설명적인 문장 형태도 나타나고 있다. 또한 〈게우사〉에는 한 문장의 길이가 상당히 긴 경우가 많은데, 설명적 문장 형태와 문장의 장형화 역시 창본이 소설화될 때에 나타나는 한 가지 특성이다(서종문, 1984).

이런 여러 문제들은 〈게우사〉가 판소리 창본보다는 소설본에 굉장히 가까운 자료라는 점을 보여준다. 사실 창본과 소설본의 확연한 구분은

---

12) 서인석(1995) 참조. 판소리 연구자 중에서 특히 박일용(홍익대) 교수가 주목하고 있다.

어려운 것이다. 그러나 일단 <게우사>의 경우, 소설본으로서의 성격이 강하다고 하는 점이 전제되어야 하겠다. 그러면 왜 삽입시가 6편이 하필이면 작품의 전편에만 집중되어 나와 있는가, 그리고 歌辭 <계우사>와의 관련 양상은 어떠한가 등이 다음의 문제로 등장하게 된다.

이는 <게우사>가 후반부로 갈수록 판소리로서의 특징이 약화되는 이유가 무엇인가를 밝히는 문제와도 연관된다. 최진형은 판소리 서사체를 설명하면서, '채록된 판소리 사설(창본)'과 '전사된 판소리 사설'을 변별하여 후자의 과정에는 전사자의 개성은 물론 소설적 사유, 소설적 관습 등이 개입될 수 있으며 이것이 구조적으로 양식화가 되면 기술물로서의 전환이 가능하다고 했다(최진형, 2002 ; 김윤희, 2007 : 281~282). 이에 비추어 보면, <게우사>는 그 과도기에 해당하는 모습을 모두 보여준다고 생각할 수도 있는데, 이에 필연적으로 다른 갈래 작품들과의 특성 비교가 과제로 떠오르게 된다.

4. 가사 〈계우사〉와의 관련 사항의 재검토

歌辭 <계우사>는 전체적인 내용이나 등장인물, 주제 등에서 <무숙이타령>의 사설 정착본인 <게우사>와 거의 일치되고 있고, 다른 歌辭들에 비해 서술 방식이나 표현 등에 있어서도 판소리적인 성향이 강하다고 할 수 있다. 이에 대해 기존의 논자들은 가사에서 판소리 혹은 가사에서 소설로의 이행, 혹은 영향 授受라는 시각에서 연구 성과들을 내놓은 바가 있다.13)

---

13) 이의 자세한 내용은 김헌선, 최원오의 앞의 논문을 참고할 것.

전북대학교 교과교육연구총서 ❺

문학사의 일반적인 흐름을 감안하면 이들 연구들의 논점은 나름 타당성을 가지고 있다. 그러나 사실 그 반대의 추론 가능성도 항상 상존하는 것으로 보인다.14) 즉 판소리 사설 정착본(소설본)의 영향을 받아서 歌辭 <계우사>가 성립되었으리라는 추론이 그것이다. 이때에, 물론 歌辭가 판소리 사설 정착본(소설본)을 그대로 축약한 것이라고 할 수는 없다.

가사와 소설의 교섭이 갖는 예술사적 배경으로 가장 중요한 것이 바로 판소리다. 이는 판소리 문학이 스스로 가사와 소설과 독자적인 교섭을 하고 있었기에 가능한 것이었다. 판소리가 창을 잃으면 보통 창본 혹은 소설본으로 전하게 마련인데, <자치가>와 같은 작품은 규방에서 가사로 인식되어 수용되거나 가사체 소설로 전하는 특이한 양상을 보여주기도 한다. 특히 주목할 점은 판소리 작품이 가사로 인식되면서 수용될 수 있었다는 점이다(서인석, 1995 : 159~162).

가사 <계우사>는 '어와 벗님네야 남아스를 들어보소'라는 구절로 시작되어, '이닉 말을 허수타고 헛도이 바리지 마라 니두을 헤아리며 숨가고 숨갈지녀다'라는 구절로 끝나고 있다. 이런 방식은 조선 후기 교훈가사류에서 자주 나타나는 바(박연호, 2003)이며, 인물의 성장 과정을 서술하는 부분은 <만언사>와 동일한 구절들이 발견된다. 때문에 가사 <계우사>는 歌辭라는 양식 안에서 사설 정착본을 흡수하여 성립된 것이라 할 수 있다. 소설의 인기에 편승하여 가사가 만들어지는 경우는 <장끼전>에서 볼 수 있다. 반면 소설이 가사의 영향을 입는 경우는 소설에 가사를 삽입하는 경우에 한정하여 살펴볼 수 있다(서인석, 1995). 그리고 흥미롭게도 <장끼전>도 판소리와 매우 관련이 높은 작품군이라 할 수 있다.

이런 판소리 사설 정착본(소설본)이 가사로 이행되는 과정에서 달라지

---

14) 기존 논의 중에서는 이에 가까운 입장으로 필자 이외에 김준형, 앞의 논문을 들 수 있다.

는 부분이 있을 수 있는데, 그것은 우선 기생이라는 인물의 형상이 다르게 나타나는 데에서 찾을 수 있을 것이다. 18세기 말 19세기에 이르면, 양반은 물론 중서층이나 부자 평민층 등 신흥 부자들도 기생 풍속에 있어서 기생의 실리추구 행위에 농락당할 정도로 기생의 힘이 커지게 되었다. 이런 시대적 흐름에서 출현한 작품이 바로 <게우사>나 <이춘풍전>이다(조광국, 2000 : 340).

<게우사>에서 기생인 의양이는 무숙이의 아내마저 '의가 잇는 스람이요 즘존하기 긔지 읍'다라고 칭찬할 정도이고, 계략을 써서라도 무숙이를 정상적이 삶의 범주로 회복시키려고 하는 현숙하고 지혜로운 인물로 그려지고 있다. 그러나 가사 <계우사>에는 기생인 의양이 무숙이의 가산 탕진의 직접적인 원인을 제공하며 파산한 무숙이를 거리로 내모는 계산적이고 몰인정한 인물로 형상화되면서, 또 다른 비난의 대상으로 그려져 있다. 때문에 무숙이가 잘못을 깨닫고 경제적 몰락과 가정의 파탄이라는 문제를 해결하는 방식도 달라진다. 즉 <게우사>에서는 의양이가 꾸며놓은 가상적인 경제 파탄과 의도적인 냉대로 하여 무숙이가 잘못을 뉘우치고 정상적이 삶의 균형을 되찾게 된다. 그러나 가사 <계우사>에서는 아내의 의연한 모습에 감동한 무숙이가 반성하고 노력하는 것으로 문제적 상황이 해결되고 있는 것이다.

결국 <게우사>와 가사 <계우사>는 주색잡기에 가산을 탕진한 인물이 잘못을 뉘우치고, 새로운 삶을 살아간다는 내용으로 전개되고 있다. 이 과정에서 주인공인 남자는 일군의 여성들에 의해 고난(?)을 겪게 되는데, 우리 소설사에서는 소위 '남성 훼절형 소설'군이 지칭될 정도로 많은 작품이 19세기에 생성되었다. 그 중에서도 우리의 관심과 가장 가까이 있는 작품은 <이춘풍전>이다.

<게우사>와 <이춘풍전>은 서사 구성과 인물 설정의 측면에서 많은

공통점을 가지고 있다. 그러나 세부적으로는 많은 차이점을 보이기도 한다. <이춘풍전>의 경우 부정적 인물은 춘풍과 추월이라는 기생으로 설정되어 있으며, 긍정적 인물은 춘풍의 방탕과 고난을 해결하는 춘풍처와 평양감사로 설정되어 있다. <게우사>의 경우 부정적 인물은 무숙이며, 긍정적 인물은 기생 의양과 무숙의 처 김씨로 설정되어 있다. 여기서도 문제는 기생의 형상화 방식의 문제라 하겠다.[15]

기생이 형상이 이처럼 달라지고 있음은 그에 대한 비난의 시각과 아내의 역할이 확대되어 나타나는 양상과 관련되어 있다. <게우사>에는 비난의 초점이 '열양 쓸듸 천양 쓰고 천양 쓸듸 혼 양' 쓰는 '천하 줍놈'인 무숙이에게 맞추어져 있다. 하지만 가사 <계우사>에는 그 비난의 시각이 기생에까지 확대되는 양상을 보인다. 그리고 기생 의양이에게 가려져 있던 조강지처의 모습과 그가 겪은 고난의 측면이 가사에서는 작품 전면에 드러나고 있다. 이에 문제의 해결에도 아내가 중요한 역할을 맡게 된다.

이처럼 가사 <계우사>에 나타나는 비난의 시각 확대나 조강지처의 역할이나 고난의 증대는 교훈이라는 측면을 증폭시키고 있는 효과를 발휘한다. 이는 작가의 의식이 <게우사>보다 가사 <계우사>에서 더 엄격한 교훈을 지향하고 있기 때문일 것이다. 이런 의식은 조선후기에 이르러 도시적 유흥문화가 양산한 기생적 인물에 대한 경계를 초점으로 하여 창작된 <우부가>나 <용부가> 등 <초당문답가>에 실려 있는 작품들이나 교훈가사들과 관련이 있어 보인다. 이런 기반 위에서 판소리 사설 정착본(소설본)이 가사로 전환되었고, 때문에 도덕적 규범을 강조하는 방향으로 교훈이라는 주제가 강화되었던 것이다.

<게우사>와 가사 <계우사>는 주색잡기에 가산을 탕진한 인물이 잘

---

15) 자세한 분석은 김현양(2002), 김윤희(2006)의 앞의 논문을 참조할 것. 특히, 김윤희의 논문이 많은 도움을 준다.

못을 뉘우치고, 새로운 삶을 살아간다는 내용으로 전개되고 있다. 하지만 이런 동일한 내용은 가사로 전환되면서 조선 후기의 교훈가사류와 같은 양상을 띠게 되었고, 이런 연유로 가사 <계우사>의 내용이 <게우사>보다 더 준엄한 교훈성을 띠게 된 것으로 보인다. 때문에 이처럼 가사 <계우사>는 <게우사>에서 흥미라는 요소를 상당히 제거하고, 교훈이라는 요소를 강화시킨 것으로 이해된다.

5. 결론

지금까지 <게우사>라는 작품이 판소리 문학사에 있어서 어떤 위상을 가지고 있는지에 대해 살펴보았다. 다소 試論的 성격이 짙은 이번 고찰을 통해 우리가 알 수 있었던 사항을 정리해 보면, 대략 다음과 같다.

우선 <게우사>는 창본보다는 소설본에 가까운 자료임을 알 수 있다. 여러 연관 사항의 검토를 통해 알 수 있는데, 사실 제목에서도 이런 점은 분명하게 나타난다. 광대의 공연을 목적으로 기록 정착된 창본은 '~가' 또는 '~타령'으로 지칭되는 것이 일반적이며, 판소리계 소설은 읽혀지기 위하여 전사되거나 인쇄된 독서물로서 '~전'이라고 불리는 이본 계열이 포함된다. <게우사>라는 제목 역시 <무숙이 타령>이 소설화되었다는 한 근거가 될 것이다. <게우사>의 마지막 부분에 "에라, 너 그만 쥬거라. 너 스러 쓸 곳 인나. 널로 두고 글짓기를 게우스라 노릇 지여 소리 명충의게 견호리라."라는 서술이 있는데, 여기에서 <게우사>라는 제목이 유래한 것 같다.

또한 무엇보다도 판소리로서의 중요한 특성이 되는 삽입시가의 기능 약화는 이 작품이 소설로 변개된 것임을 보여주는 중요한 단서가 된다.

삽입시가는 연행 현장에서 청중과의 직접적인 교감을 이끌어내는 것이므로, 삽입시가가 그렇게 중요한 역할을 하지 않는 소설본에서는 생략되거나 지문으로 대치되는 자연스러운 현상이라고 하겠다.

서술기법에 있어서도 <게우사>는 대화 부분은 여전히 창본으로서의 특성을 많이 가지지만, 다른 부분에서는 창본의 특성보다는 소설로서의 특성을 더 많이 가지고 있음을 보았다. 김석배는 18세기 후반까지는 아직 판소리 사설의 소설로의 전환이 이루어지지 않았으며, 판소리 사설의 전환은 19세기 전반기부터 시작되었으며 19세기 중반기에는 일반적인 경향이었다고 하였는데, <게우사>의 필사연대가 1890년이라고 볼 때, 이는 역시 판소리 사설의 소설로의 전환의 흐름 속에서 개작되어 필사본으로 유통되었던 것이라 추론할 수 있다(김석배, 1985).

歌辭 <계우사>와의 관계에 있어서는 기존의 통설처럼, 歌辭에서 판소리 혹은 판소리계 소설로의 변모가 아니라, 그 반대의 경우를 상정하여 추론하였다. 그러나 사실 이 부분은 아직 많은 고찰을 요하는 부분이라 할 수 있다. 여기서는 그 문제를 제기하는 선에서 논의를 성글게 했지만, 앞으로 반드시 보완되어야 하는 부분이다. 특히, 구조적 유사성을 보이는 <이춘풍전> 혹은 그 작품군과의 비교 연구도 보완되어야 한다.

판소리 문학사라는 장구한 역사 속에서 <게우사>의 위상을 밝히는 작업은 그것에 그치지 않고, 학계의 쟁점이 되고 있는 실전(창을 잃은) 판소리의 실전 원인의 규명, 이어 19세기 판소리 담당층의 문제를 해결하는데 중요한 인식 기반을 제공해 줄 수 있다. 이런 점이 특히 우리 앞에 놓인 긴요한 과제들이라 할 수 있다.

참고문헌

박순호(원광대) 교수 소장, 『한글 필사본 고소설 자료 총서』 1권, 1985.
김종철, 「<게우사> 자료 소개, 해설」, 『한국학보』 65집, 일지사, 1991.
김진영 외, 『실창 판소리 사설집』, 박이정, 2004.
김기형 역주, 『적벽가, 강릉매화타령, 배비장전, 무숙이타령, 옹고집전』, 고려대 민족
　　　문화연구원, 2005.

강명관, 「조선 후기 서울의 중간 계층과 유흥의 발달」, 『조선시대 문학 예술의 생성
　　　공간』, 소명, 2001.
김동욱, 『한국 가요의 연구』, 을유문화사, 1961.
김석배, 「판소리 사설의 소설로의 전환문제에 대한 고찰」, 『국어교육연구』 17집, 경북
　　　대 국어교육과, 1985.
김윤희, 「<게우사>의 작품 세계와 창작 기반」, 『우리어문연구』 27집, 우리어문학회,
　　　2006.
김종철, 『판소리사 연구』, 역사비평사, 1996.
김종철, 『판소리의 정서와 미학』, 역사비평사, 1996.
김준형, 「<게우사> 연구의 몇 가지 문제에 대하여」, 『한국문학논총』 27집, 한국문학
　　　회, 2000.
김헌선, 「<강릉매화전> 발견의 의의」, 『국어국문학』 109집, 국어국문학회, 1993.
김헌선, 「<무숙이타령>과 <강릉매화타령> 형성 소고」, 『경기교육논총』 3집, 경기대
　　　교육대학원, 1993.
김현주, 「판소리 문학에서 구술성과 기술성의 관련 양상 및 장르적 의미」(1991), 『판
　　　소리 연구』 2집, 판소리학회 ; 『구술성과 한국 서사 전통』, 월인, 2003.
김현양, 「<게우사>의 서술 시각과 그 성취」(2002), 『동방고전문학연구』 4집, 동방고전
　　　문학회 ; 『한국 고전소설사의 거점』, 보고사, 2007.
김흥규, 「19세기 전기 판소리의 연행 환경과 사회적 기반」, 『어문논집』 30집, 고려대
　　　국어국문학연구회, 1991.
박연호, 『조선 후기 교훈가사 연구』(1997), 고려대 박사학위논문 ; 『교훈가사 연구』, 다
　　　운샘, 2003.
박일용, 「구성과 더늠형 사설 생성의 측면에서 본 판소리의 전승 문제」, 『판소리 연구』
　　　14집, 판소리학회, 2002.
서인석, 『가사와 소설의 갈래 교섭에 대한 연구』, 서울대 박사학위논문, 1995.

서종문, 『판소리 사설 연구』, 형설출판사, 1984.

인권환, 『판소리 창자와 실전 사설 연구』, 집문당, 2002.

장정수, 「삽입가요와 서술방식을 통해 본 <게우사>의 성격」(1992), 『고한연 월례 발표회 요지』;『고한연회보』 5호, 고려대 고전문학한문학연구회, 1992.

전경욱, 『춘향전의 사설형성원리』, 고려대 민족문화연구소, 1990.

정병욱, 『한국의 판소리』, 집문당, 1981.

정충권, 『판소리 사설의 연원과 변모』, 다운샘, 2001.

정충권, 『판소리 삽입가요의 삽입양상 연구』, 서울대 석사학위논문, 1989.

정흥모, 『강릉매화타령형 이야기 연구』, 고려대 석사학위논문, 1985.

조광국, 『기녀담 기녀등장소설 연구』, 월인, 2000.

최원오, 「무숙이타령의 형성에 대한 고찰」(1994), 『판소리 연구』 5집, 판소리학회;『한국 고전 산문의 탐구』, 월인, 2002.

최정락, 「판소리계 소설과 판소리 사설 사이의 변별적 거리」,『고소설연구』 4집, 고소설학회, 1998.

최진형, 『판소리의 미학과 장르 실현』, 보고사, 2002.

한창훈, 「가면극 삽입가요의 기능과 성격」,『시가와 시가교육의 탐구』, 월인, 2000.

한창훈, 「판소리 사설 정착본 <게우사>의 성격」,『우리문학연구』 13집, 우리문학회, 2000.

『국어문학』 46집, 2009

박인로 가사의 4음보 율격 변이 양상과 그 성격

1. 문제의 초점

본 논문은 한국 시가의 율격 체계와 이의 교육론을 탐구하는 도정의 두 번째 길목이다. 이론적 배경 검토와 더불어 현재까지의 실제 연구 성과를 아울러 고려해 볼 때, 한국 시가 율격의 판정 기준으로 '음보율'이 타당함을 논한 것이 첫째 길목이었다. 이를 바탕으로, 여기서는 朴仁老(1561~1642)의 경우를 중심으로 하여, 歌辭 율격 문제의 한 국면을 탐색해 보고자 한다.

歌辭를 율독하면, 그 대부분이 각 2음보씩으로 된 앞 句와 뒷 句가 聯句로 작용하며, 이에 4음보가 한 行을 이룬다. 歌辭의 형식을 흔히 '4음보 연속체'라 하는 것은 이런 특징을 지적함일 것이다. 또 이런 行이 둘씩 짝지어서 한 개의 작은 의미 단락을 이루고 있는데, 이 짜임새의 정연함에 따라 그 율독도 자연히 정연한 규칙성을 지니게 된다. 따라서 우리는 歌辭는 규칙적인 율격 체계를 가지고 있으며, 그 기저 율격 패턴은 4음보라고 규정할 수 있고,[1] 이에 동의할 수 있다.

　　조선 중기 대표적인 歌辭 작가인 朴仁老(1561~1642)의 작품에서도 이런 율격적 특징은 예외없이 잘 드러난다.

<blockquote>

一長劍 / 비기 츠고 // 兵船에 / 구테 올나 ///
勵氣 / 瞋目ᄒ야 // 對馬島을 / 구어보니 ///
ᄇ람 조친 / 黃雲은 // 遠近에 / 사혀 잇고 ///
아득훈 / 滄波ᄂ // 긴 하놀과 / 훈 빗칠쇠 ///
船上에 / 徘徊ᄒ며 // 古今을 / 思憶ᄒ고 ///
어리 미친 / 懷抱애 // 軒轅氏를 / 애ᄃ노라 ///
大洋이 / 茫茫ᄒ야 // 天地예 / 둘려시니 ///
<u>진실로 / 비 아니면 // 風波 / 萬里 밧긔 // 어늬 四夷 / 엿볼넌고 ///</u>
무슴 일 / ᄒ려 ᄒ야 // 비 못기를 / 비롯훈고 ///
萬世 / 千天秋에 // ᄀ업슨 / 큰 弊되야 ///
<u>普天之下애 // 萬民怨 / 길우ᄂ다 ///</u>
어즈버 / 찌다라니 // 秦始皇의 / 타시로다 ///
비 비록 / 잇다 ᄒ나 // 倭를 아니 / 삼기던들 ///
日本 / 對馬島로 // 뷘 비 졀로 / 나올넌가 ///[2]

</blockquote>

— 〈선상탄〉에서

　　그런데 위에서 본 것 중에서 밑줄친 '진실로 / 비 아니면 // 風波 / 萬里 밧긔 // 어늬 四夷 / 엿볼넌고 ///' 나 '普天之下애 // 萬民怨 / 길우ᄂ다 ///' 처럼, 4음보의 규칙적 짜임새에서 벗어나 정연한 율독을 방해하는 부분이 왕왕 발견된다. 이 중에서 3음보로 처리될 수 있는 변이 양상은 그리 두드러지지 않으며, 歌辭의 기저율격 체계인 4음보와 이에 2음보가 결합된 형태로 보거나, 한꺼번에 6음보로 처리될 수 있을만한 사례가 더욱 뚜렷하게 부각된다. 朴仁老의 歌辭에서도 곳곳에서 이런 현상이 발견

---

1) 기저 율격의 개념에 대해서는 김흥규(1978), 김석산(1974)를 참고할 것.
2) 이후 특별한 언급이 없는 한 작품의 인용은 최강현 역주(1993)에서 취한다. 古寫本 蘆溪 歌辭나 다른 문헌에서의 인용은 그때 그때 밝히기로 한다.

되는데, <선상탄>에 보이는 예들을 우선 뽑아보면 다음과 같다.

> 뉘 말을 / 미더 듯고 // 童男 / 童女를 // 그디도록 / 드려다가 ///
> 扁舟곳 / 아니 타면 // 天淸 / 海闊ᄒ다 // 어니 興이 / 졀로 나며 ///
> 三公도 / 아니 밧골 // 第一 / 江山애 // 浮萍ᄀᆺᄒ / 漁父生涯을 ///
> 일언 닐 / 보건딘 // 빈삼긴 / 制度야 // 至妙ᄒ / 덧ᄒ다마ᄂ ///
> 엇디ᄒ / 우리 물은 // ᄂᄂ 듯ᄒ / 板屋船을 // 晝夜의 / 빗기 튼고 ///
> 國運이 / 不幸ᄒ야 // 海醜 / 兇謨애 // 萬古羞을 / 안고 이셔 ///
> ᄒ물며 / 이 몸은 // 手足이 / ᄀ자 잇고 // 命脈이 / 이어시니 ///
>
> ― 〈선상탄〉에서

이런 경우들을 어떻게 해석할 것인지는 사실 그리 쉬운 것이 아니다. 우선 생각할 수 있는 것은 이를 한 行으로 처리하여, '6음보 1행'으로 보는 것이다(김대행, 1989 ; 1980). 그러나 이를 2행으로 나누어 생각할 수도 있다. 가령,

> 일언 닐 / 보건딘 ///
> 빈삼긴 / 制度야 // 至妙ᄒ / 덧ᄒ다마ᄂ ///
>
> 엇디ᄒ / 우리 물은 ///
> ᄂᄂ 듯ᄒ / 板屋船을 // 晝夜의 / 빗기 튼고 ///

으로 율독 한다면, 뒷 行은 4음보 聯句로 처리할 수 있고, 앞 行은 한 句가 떨어진 외짝 즉 '片句'만으로 이루어진 것이 된다(성호경, 1995). 이는 결국 2음보와 4음보의 결합 형태로 이해된다. 이처럼 이 두 가지 방식 중에서 어느 쪽이 더 자연스럽고 적합한지는 쉽게 판단하기는 어렵다.

이 논문은 우선 이러한 점들을 문제 삼아 논의를 전개해 나가고자 한다. 논의의 초점은 물론 朴仁老의 歌辭 작품을 중심으로 하지만, 필요한

전북대학교 교과교육연구총서 ❺

경우 전기와 후기 歌辭의 특징도 더불어 논의할 것이다. 4음보 율격의 변이 양상을 논하면서, 왜 朴仁老의 경우를 특히 문제로 삼는지는 논의 과정을 통해 드러날 것이다.

논의의 순서는 歌辭 특히 朴仁老의 歌辭에 나타나는 4음보 율격의 변이 양상을 살피고, 그 의미를 검토해보는 것으로 한다. 이를 통해 4음보 율격의 변이 형태가 작품 전체에서 가지는 기능과 역할의 문제, 그리고 왜 이런 현상이 특히 朴仁老의 작품에서 두드러지게 나타나게 되는지를 사적인 맥락을 고려하여 검토해 보고자 한다.

2. 가사에 나타난 4음보 율격의 변이 양상

사실 앞에서 문제삼은 4음보 율격의 변이태는, 朴仁老 歌辭에만 나타나는 독특한 특징은 아니다. 유사한 예들이 朴仁老 이전의 전기 歌辭에서부터 이후의 후기 歌辭에 이르기까지 다양하게 나타난다. 전기 歌辭에서는 백광홍의 <관서별곡>(1555), 양사언의 <미인별곡>(1584 이전), 송순의 <면앙정가>(1569 이전) 등에서 4음보 율격의 변이가 나타난다.

碧蹄에 / 말 가라 // 臨津에 / 비 건너 // 天水院 / 도라 드니 ///
山日이 / 半斜컨을 // 歸鞭을 /다시 빠화 // 九峴을 / 너머 드니 ///
綾羅島 / 芳草와 // 錦繡山 / 烟花는 // 봄비슬 / 쟈란혼다 ///
— 〈관서별곡〉에서

仙宮 / 三色桃花 // 호ᄅ밤 / 빗기운에 // 절로 / 픠여가는듯 ///
춤츽는 / 양은 // 未央宮 / 늘의딘 버드리 // 자다가 / 굽니는둣 ///
香山居士이 // 玉蘭의 / 지혀이셔 // 弱質을 / 나오혀는 양온 ///
— 〈미인별곡〉에서

너른바희 / 우희 // 松竹을 / 헤혀고 // 亭子롤 / 안쳐시니 ///
구름탄 / 靑鶴이 // 千里롤 / 가리라 // 두나린 / 버렷놋둣 ///
두르고 / 꼬존거슨 // 모힌가 / 屛風인가 // 그림가 / 아닌가 ///
하놀도 / 젓치 아녀 // 웃독이 / 셧눈 거시 // 秋月山 / 머리 짓고 ///

—〈면앙정가〉에서

성호경(1995)은 전기 가사에 나타나는 4음보 변이 양상을 정리하고, 대체로 이를 4음보와 2음보의 결합으로 이해하였다. 이는 2음보의 독립성을 인정하는 견해라 할 수 있는데, 그는 이 독립된 2음보를 '片句'라 했다. 그러나 사실 셋 구 중에서 어떤 것이 片句인지는 쉽게 파악할 수 없다. 그는 이런 판별은 '곧 짝짓기의 문제인데, 표기된 자료를 눈으로 읽는 방식이 아니고 구두로 실현하는 방식이라면 먼저 나오는 것끼리 일단 짝짓는 것이 율독의 일반적인 습성'일 것이며, '시의 형식이 의미와 긴밀히 호응한다는 점을 고려할 때, 이 문제는 심리학에서 말하는 지각의 체계화 과정에 맞추어 논의함이 마땅'하다고 하였다.

그러나 이런 전제에 의해 실제 분절된 양상을 보면, 성호경(1995)의 작업 역시 자의적이라는 인상을 지우기 어렵다. 필자는 위의 자료와 성호경이 그의 논문에서 제시한 자료들을 다시 읽고 검토한 결과, 片句라는 용어 자체는 인정할 수 있으나, 이를 독립적으로 인정하려는 그의 시각에는 동의하기 어려움을 느꼈다.

오히려 김대행(1989 ; 1980)의 지적처럼 이를 6음보로 처리함이 정당하다 여긴다. 그런데 이 6음보는 단순히 일률적으로 처리할 수 없는 것이다. 상황에 따라 그 구조를 보면, 그 무게중심이 어떤 때는 4음보+2음보로 어떤 때는 2음보+4음보로 변화하면서, 구조적으로 다른 형태를 띠기 때문에 거기에서 오는 변화의 진폭을 고려해야 한다는 것이다.3)

---

3) 사설시조의 6음보를 논의하면서 고미숙(1993)이 이런 논법을 사용한 적이 있다.

더욱이 성호경은 歌辭의 개념에 대한 새로운 규정을 주장하면서, 사실적으로 후기 歌辭를 歌辭로 인정하지 않는 태도를 보임으로써, 이러한 현상을 조선 전기에 국한된 현상으로 취급하는 논리적 오류를 범하기도 했다. 후기 歌辭의 4음보 변이 양상에 대해서는 이미 선학들의 지적이 있었고, 그 실례도 일일이 인용하기 힘들만큼 광범위하다.

스르왓다 / 니즈식아 // 스망업시 / 도라온들 // 모둔 신녁 / 걱뎡ᄒ랴 ///

— 〈갑민가〉에서

샹스로다 / 샹스로다 // 샹스ᄒ든 / 우리랑군 // 어이 그리 / 못오던가 ///

— 〈청츈과부곡〉에서

이왕에 / 되는 이별 // 판수도 / 쓸대없고 // 무당도 / 쓸대없다 ///

— 〈단장이별곡〉에서

김문기(1983)는 그의 저서에서 위에 제시된 것과 같은 예들을 통해, 후기 가사에 6음보 출현이 빈번함을 지적하였다. 그런데 그는 이를 해석하기를, '歌辭의 기본적인 율격인 2음보의 성격이 표면화되어 4음보 외에 6음보가 상당히 많이 나타나고 2음보 독립행도 많이 나타났다. 이는 담당층인 서민들이 민요의 가락에 젖어 있었기 때문에 歌辭의 내면적인 2음보격이 기저율격 2음보격의 민요의 영향으로 표면화된 결과'라고 했는데, 이는 동의하기 힘들다. 위에 제시된 에들만 하더라도, '2음보+4음보'의 결합으로 이해되므로, 歌辭의 기저 율격을 2음보로 처리하는 것에 문제가 있다는 것이다.

지금까지의 대략적 고찰을 통해서, 우리는 歌辭의 경우 그 기저 율격은 4음보격이나, 이에 2음보가 결합하여 나타나는 6음보의 변이형이 전기 가사와 후기 가사 전반에 걸쳐 지속적으로 나타남을 알 수 있었다. 이

때 결합형인 2음보는 독립된 행으로 존재할 여지도 없지는 않으나, 상당한 부분의 경우는 4음보와 결합하여 존재함으로써, 이를 6음보로 보고 기저 율격인 4음보의 변이로 처리해야 된다는 것이 이 절의 잠정적 결론이 될 수 있다.

3. 박인로 가사에 나타난 4음보 율격의 변이 양상

朴仁老의 歌辭는 4음보 율격의 변이 양상 특히 확장된 형태로서의 6음보의 실상과 그 구조를 살피는데 긴요한 자료다. 사실 歌辭에 보이는 6음보의 율격은 상당히 광범위하게 출현하기는 하지만 어느 한 작가나 작품에 지속적으로 그리고 다량으로 출현하는 경우는 드문데, 朴仁老 歌辭의 경우 그 드문 예의 대표적인 하나라 할 수 있다.[4]

朴仁老의 歌辭는 내용적 특성으로 구분되는 조선 전기 歌辭와 조선 후기 歌辭의 접점에 위치하며, 이들의 변모양상의 단초를 보여준다는 측면에서 그간 수많은 이들의 관심을 받아왔다. 특히, <陋巷詞>의 경우는 정병욱(1974)이 조선후기 시가의 변이 과정을 살피는 과정에서 그 '구차한 생활상'의 절실한 묘사를 주목한 이래, 최원식이 전기 가사의 朱子主義로부터 일상적 경험의 세계로 개방되는 후기 가사로의 변모가 이 작품을 고비로 일어난다고 하여 그 사적 의의가 새롭게 되었다(최원식, 1977).

한편, 우응순(1985)과 한창훈(2001)은 이런 인식을 바탕으로 하여, 박인로의 문학은 몰락한 鄕班으로서의 체험을 바탕으로 이루어졌으므로 <陋

---

4) 성호경(1995), 김문기(1983) 등 기존 연구자들도 앞에 제시된 논저에서 朴仁老 歌辭에 빈번하게 나타난 6음보 율격을 주목했다. 특히 성호경은 그 출현 빈도를 대략 헤아려, <태평사> 3개, <선상탄> 7개, <사제곡> 6개, <누항사> 6개, 독락당 8개, <영남가> 2개 등으로 수치화하기도 했다.

巷詞>를 포함해 그의 시가에 나타나는 '安貧樂道'는 넉넉한 경제기반과 공고한 정치배경 속에서 이루어지는 전기 兩班들의 그것과는 다른 것이라고 하였다. 따라서 그가 선택하는 自然은 현실의 갈등, 고뇌로부터 벗어나 유자적 自修를 실현 가능케 하는 탈빈곤의 공간으로 인식된 것이라고 했다.

그의 작품에 나타나는 이런 과도기적 성격은 4음보 율격을 벗어나는 변이형을 통해, 율격적으로도 잘 드러난다 할 수 있겠다. 본 논문에서 4음보 율격의 변이 양상을 고찰하면서, 특히 朴仁老의 경우를 문제 삼는 것의 이유가 여기에 있다. 해석자의 주관에 따라 다소 이견의 여지는 있겠지만, 필자는 朴仁老 歌辭에 보이는 4음보 율격의 변이 양상을, 내용에 초점을 맞추어 분류해 보면 그 원인이 대략 다음과 같이 될 수 있을 것으로 본다.

① 작가의 정서를 핍진하게 보여주는 것
② 장면이나 사물의 자세한 묘사
③ 인물의 서사적 행위의 묘사가 드러나는 부분
④ 문장의 한 요소를 강조하는 話題化의 제시5)
⑤ 작가의 율격 배분의 실패의 결과

아래에서는 위의 경우에 해당된다고 판단되는 부분들을 뽑아서 대비한다. 물론, 이 부분은 사실 해석자의 주관에 많이 좌우된다는 문제점을 가지고 있으며, 아직 완성된 단계의 논의는 아니라는 점을 부기해 둔다. 특히, ④, ⑤의 경우는 명기하지 않았는데, ④의 경우는 우선 성호경의 논문을 참고할 수 있고, ⑤의 경우는 그 판단이 아직은 조심스러워 여기

---

5) 이는 주제의 도출을 위해 글의 전면에 나서는 문체상의 장치로 '화제화' 혹은 '주제화'의 기능이라고 할 수 있다.

전북대학교 교과교육연구총서 ⑤

서는 우선 제외했다.

① 작가의 정서를 핍진하게 보여주는 것
이시면 / 粥이오 // 그 밧끠 / 남안 일을 // 져그나 / 불알소냐 ///
— 〈소유정가〉에서

紫玉山 / 名勝地예 // 獨樂堂이 / 蕭灑홈을 // 들런디 / 오래로디 ///
— 〈독락당〉에서

閒中 / 靜裏예 // 潛思 / 自得ᄒ야 // 혼자즐겨 / ᄒ시덧다 ///
— 〈독락당〉에서

이러ᄒ / 形勝을 // 范希文의 / 文筆인들 // 다서너기 / 쉬울넌가 ///
— 〈독락당〉에서

듯ᄂ니 / 보ᄂ니 // 深山 / 窮谷앤들 // 뉘아니 / 悲感ᄒ리 ///
— 〈독락당〉에서

閉門 / 深省ᄒ샤 // 道德만 / 닷그시니 // 邪不 / 勝正이라 ///
— 〈독락당〉에서

公論이 / 졀로이러 // 尊崇 / 道德을 // 사람마다 / 홀줄아라 ///
— 〈독락당〉에서

稷契皐陶 / 몸이 되야 // 致君 / 堯舜을 // 뵈옵고야 / 말랴 너겨 ///
— 〈영남가〉에서

古往 / 今來에 // 幽人 / 處士들이 // 만히도 / 잇것마는 ///
— 〈노계가〉에서

無盡ᄒ / 江山과 // 許多ᄒ / 閑田은 // 分給子孫 / ᄒ려이와 ///
— 〈노계가〉에서

쏘어린 / 이 몸은// 仁者도 / 아니오 // 智者도 / 아니로디 ///
— 〈노계가〉에서

흣믈며 / 明時예 // 뉘린 / 몸이 // 흐올 닐이 / 아조 업서 ///

— 〈노계가〉에서

하믄득 / 驚怪ᄒ야 // 俯察 / 仰觀ᄒ니 // 上下天 / 宛然ᄒ다 ///

— 〈노계가〉에서

江湖애 / 믈너신들 // 憂君 / 一念이야 // 어닉 刻애 / 이줄는고 ///

— 〈노계가〉에서

② 장면이나 사물의 자세한 묘사

브람의 / 즈친 蘆花 // 갠 / 하ᄂ래 // 눈이 / 되야 ///

— 〈소유정가〉에서

淸菰 / 葉上의 // 江風이 / 짐즛 니러 // 歸帆을 / 뵈야ᄂᆫ 닷 ///

— 〈소유정가〉에서

얼희여 / 줌겨시니 // 光風 / 霽月이 // 부는닷 / 븨싀ᄂᆫ닷 ///

— 〈독락당〉에서

澄心臺 / 구어보니 // 鄙吝턴 / 胸襟이 // 새로온닷 / ᄒ다마ᄂᆫ ///

— 〈독락당〉에서

落花조차 / 흘러오니 // 天台ㄴ가 / 武陵인가 // 이 짜히 / 어딘게오 ///

— 〈독락당〉에서

無限無限 / 그려닉야 // 嶺南 / 千萬家애 // 壁上의 / 부쳐두고 ///

— 〈영남가〉에서

玄武 / 朱雀과 // 左右 / 龍虎도 // 그린닷시 / ᄀᆞ잣고야 ///

— 〈노계가〉에서

山脈 / 밋친 아리 // 藏風 / 向陽ᄒ디 // 靑蘿롤 / 허혀 드러 ///

— 〈노계가〉에서

數椽 / 蝸室을 // 背山 / 臨流ᄒ야 // 五柳邊에 / 디어두고 ///

— 〈노계가〉에서

전북대학교 교과교육연구총서 ❺

斷崖 / 千尺이 // 가던 龍이 / 머무는듯 // 江頭에 / 둘럿거늘 ///

─〈노계가〉에서

草草亭 / 훈두 間을 // 구름 찐 / 긴 솔 아리 // 바휘 디켜 / 여러 니니 ///

─〈노계가〉에서

어즈러온 / 鷗鷺와 // 수 업슨 / 미鹿도 // 갑 업시 / 절로절로 ///

─〈노계가〉에서

沮溺 가던 / 묵은 밧과 // 嚴子陵의 / 釣臺도 // 갑 업시 / 절로절로 ///

─〈노계가〉에서

波心을 / 구어보니 // 雲影 / 天光은 // 얼희여 / 좀겨는디 ///

─〈노계가〉에서

一陣 / 東風에 // 긔엇진 / 漁笛이 // 놉히 부러 / 보니던고 ///

─〈노계가〉에서

물가애 / 白鷗논 // 오는듯 / 가는듯 // 긋칠 줄을 / 모른느다 ///

─〈노계가〉에서

③ 인물의 서사적 행위의 묘사가 드러나는 부분
결잔 / 긴 江의 // 紫鱗 / 銀脣을 // 數업시 / 자바닉여 ///

─〈소유정가〉에서

物各 / 有主ㅣ어든 // 靑蘿를 / 혜혀드러 // 獨樂堂을 / 여러니니 ///

─〈독락당〉에서

觀魚臺 / 느려오니 // 질온덧훈 / 盤石의 // 杖구痕이 / 보이는닷 ///

─〈독락당〉에서

竹杖 / 芒鞋로 // 蘆溪 / 깁흔 골의 // 힝여 마참 / 차즈오니 ///

─〈노계가〉에서

살진 / 고사리 // 春氣훈 / 當歸草를 // 猪脯鹿脯 / 相間호야 ///

─〈노계가〉에서

부魚회 / 初味예 // 訥魚 生雉 / 서거 구어 // 빗빗치 / 드리거든 ///
　　　　　　　　　　　　　　　　　　　　　　— 〈노계가〉에서

　다음 절에서 구체적으로 논의할 〈누항사〉와 〈사제곡〉을 제외한 작품들에서, 4음보 율격의 변이 특히 6음보로 처리될 수 있는 부분들을 눈에 띄는대로 뽑아 그 내용적 성격을 살펴보았다. 이상의 예들을 통해서도 우리는 특히 朴仁老 歌辭에 6음보격이 많이 나타남을 알 수 있다. 특히 〈독락당〉이나 〈노계가〉처럼 일종의 파격으로 처리되는 6음보격이 많이 등장하는 예를 필자는 아직까지 다른 데에서 찾아보지 못했다.

　그러나 여기서 유의해야 할 점은, 6음보의 율격을 보이는 부분의 내용을 분석하고 분류하면 위와 같이 나눌 수 있지만, 그 역이 반드시 성립하는 것은 아니라는 것이다. 이는 거꾸로 해석하면, 그만큼 歌辭의 기저율격은 안정된 4음보를 지향하는 것으로 해석할 수도 있다.

　그러면 이처럼 歌辭 작품 전반을 지배하는 4음보 기저 율격으로부터의 일탈은 왜 생겨나는가? 우리는 원론적 수준에서, 이런 일반적인 규칙성으로부터의 일탈은 작품 그 자체의 의미 및 통사 구조상의 필요에서 생겨나는 것이라고 할 수 있다. 율격은 율격단위들의 규칙적 반복을 근간으로 한다. 그러나 획일적인 반복은 율독을 단조롭고 지루하게 할 수 있다. 이에 변화가 필요하며, 이 변화는 기저율격의 일탈에서 일어난다. 규칙적 반복성을 잃지 않으면서, 그것으로부터의 일탈을 꾀하는 변화성을 아울러 지님으로써 율격의 효과는 배가될 수 있다. 朴仁老의 歌辭를 포함하여, 歌辭文學史에 자주 보이는 4음보 율격의 변이가 가지는 일차적 의미는 여기에 있을 수 있다.

4. 박인로의 문집소재 가사와 고사본 가사의 율격 비교

그런데 朴仁老의 경우, 앞서 살핀 문집 소재 작품과 그 내용에서 구분되는 『古寫本 蘆溪歌辭』가 존재한다. 이는 문집 소재 작품과 비교하여 훨씬 다양한 모습의 변모양상을 드러내고 있으며, 이의 성격 규명은 蘆溪歌辭의 原典을 바르게 이해하는데 필수적이다. 물론, 歌辭의 율격 문제를 다루는 데에도 구체적이고 현실적인 실례로 활용하기에 용이하다.

朴仁老의 歌集은 『蘆溪集』이 간행되기 전에 2차례 간행되었고, 『蘆溪集』 간행시에는 『蘆溪集 권2』가 歌集의 형태로 독립되게 되었다. 蘆溪 歌集의 제 1차 간행은 1690년(숙종 16)에 李允文에 의해 이루어진 것 같다. 이는 현전 『蘆溪集』의 <莎堤曲> 발문을 통해 짐작할 수 있다. 蘆溪 歌集의 제 2차 간행은 『靑丘永言』에 실린 발문을 통해 볼 때, 歌辭가 증보되어 역시 李允文이 『靑丘永言』이 편찬된 1728년(영조 4) 이전에 있었던 것으로 보인다. 현전하는 『蘆溪集』은 권3으로 되어 있으며, 1831년(순조 31)에 판각 간행되고, 이후 3차에 걸친 추각 및 보각이 있었던 것으로 보인다.6)

본 절에서 문제삼는 『古寫本 蘆溪歌辭』는 2권 1책으로 되어 있는데, 歌辭는 <陋巷詞(말미는 떨어져 나가고 없음)>와 <莎堤曲>만이 남아 전한다. 이 古寫本에 관심을 보인 이들은 김사엽, 심재완, 김문기라 할 수 있는데, 특히 김문기는 이를 자세히 고찰하고 필사 년대를 추론하여, 그 상한선을 1707년(숙종 33) 그 하한선을 1831년(순조 31)으로 잡았다(김문기, 1980).

---

6) 이상의 언급은 김문기(1989)의 내용을 중심으로 재정리 했다. 그는 이 논문에서 기존의 여러 이론을 나름대로 치밀하게 재검토하여 이상의 결론을 이끌고 있는데, 필자가 보기에 이러한 추론은 그리 큰 하자가 없으며, 또한 필자의 관점과 김문기 교수의 관점이 변별되는 지점은 이후에 다룰 '古寫本 蘆溪歌辭'의 성격에 있기 때문에, '蘆溪集' 간행에 따른 내용은 일단 김문기 교수의 설에 따르기로 한다.

전북대학교 교과교육연구총서 ⑤

그런데 문제는 이 古寫本과 文集本에 실려 있는 歌辭 <陋巷詞>와 <莎堤曲>의 첨삭 및 변이 양상이 異本의 한 양상으로 처리하기에는 너무나 특징적 모습을 보여주고 있는데 있다. 이상의 논점을 좀 더 분명히 하기 위해 우선 아래에서 4음보 율격의 변이를 보여주는 부분을 중심으로 하여 텍스트를 비교해 보기로 한다.[7]

<table>
<tr><td>古寫本 陋巷詞(누항사)</td><td>文集本 陋巷詞(누항사)</td></tr>
<tr><td>어리고 오활홀손 이 내 우히 더니 업다</td><td>어리고 迂闊홀산 이 닉 우히 더니 업다</td></tr>
<tr><td>吉凶 禍福을 하늘끠 부텨 두고</td><td>吉凶 禍福을 하날긔 부쳐 두고</td></tr>
<tr><td>陋巷 깁픈 골의 草幕을 주피혀고</td><td>陋巷 깁푼곳의 草幕을 지어두고</td></tr>
<tr><td>風朝 雨夕에 서근 딥피 셥피 되야</td><td>風朝 雨夕에 석은딥히 셥히되야</td></tr>
<tr><td>닷홉밥 서홉粥에 煙氣도 하도할샤</td><td>셔홉밥 닷홉粥에 煙氣도 하도할샤</td></tr>
<tr><td>언매만히 / 바든밥의 // 懸鶉 / 稚子들은 ///</td><td></td></tr>
<tr><td>장긔 / 버려 // 줄 미덧 / 나아오니 ///</td><td></td></tr>
<tr><td>人情 / 天理예 // 춤아 혼자 / 먹을넌가 ///</td><td></td></tr>
<tr><td>설데인 熟冷애 빈비쇡일 쑨이로다</td><td>설데인 熟冷애 빈비쇡일 쑨이로다</td></tr>
</table>

· ·

<table>
<tr><td>주머니 뷔엿거든 甁의라 담겨시랴</td><td>주머니 뷔엿거든 甁의라 담겨시랴</td></tr>
<tr><td>다만흔나 / 뷘독우히 // 어론털도돈 / 늘근쥐눈 ///</td><td></td></tr>
<tr><td>貪多 / 務得ᄒ야 // 恣意 / 揚揚ᄒ니 // 白日아래 / 强盜로다 ///</td><td></td></tr>
<tr><td>아야러 / 어든거슬 // 다 狡穴에 / 앗겨주고 ///</td><td></td></tr>
<tr><td>碩鼠 / 三章을 // 時時로 / 吟詠ᄒ며 ///</td><td></td></tr>
<tr><td>歎息 / 無言ᄒ야 // 搔白首 / 쑨니로다 ///</td><td></td></tr>
<tr><td>이中에 / 탐살은 // 다 내집의 / 뫼홧ᄂ다 ///</td><td></td></tr>
<tr><td>苦楚흔 人生이 天地間의 나쑨이라</td><td>貧困흔 人生이 天地間의 나쑨이라</td></tr>
<tr><td>飢寒이 切身ᄒ다 一丹心을 이즐넌가</td><td>飢寒이 切身ᄒ다 一丹心을 이질는가</td></tr>
</table>

· ·

<table>
<tr><td>躬耕 稼穡이 내分인줄 알니로다</td><td>躬耕 稼穡이 닉分인줄 알리로다</td></tr>
<tr><td>莘野 耕叟와 농上 耕翁을 賤타ᄒ리 업것마는</td><td>莘野 耕叟와 농上 耕翁을 賤타ᄒ리 업것마는</td></tr>
<tr><td>아므려 갈고전둘 어늬쇼로 갈노손고</td><td>아므려 갈고젼둘 어늬쇼로 갈로손고</td></tr>
<tr><td>旱旣 太甚ᄒ야 時節이 다는즌제</td><td>旱旣 太甚ᄒ야 時節이 다느즌제</td></tr>
</table>

---

7) 아래에 제시하는 자료는 古寫本의 경우는 임기중 편(1990)에서 文集本의 경우는 성균관대(1973)를 이용했다.

西疇 놉흔논에 잠깐긴 녈비예	西疇 놉흔논에 잠깐긴 녈비예
道上 無源水을 반만싼 대혀주고	道上 無源水을 반만싼 디혀두고
쇼혼격 주마ᄒ고 엄섬이 말ᄒᆞᆯ시 친절ᄒ오라 너긴집의	쇼혼격 듀마ᄒ고 엄섬이 ᄒᄂᆫ말삼 親切ᄒ오라 너긴집의
돌업슨 黃昏의 허위허위 드라가셔	달업슨 黃昏의 허위허위 다라가셔
구디다든 門밧긔 어득히 혼자셔셔	구디다든 門밧긔 어득히 혼자셔셔
큰기츔 아함이룰 良久토록 ᄒ온後에	큰기츔 아함이를 良久토록 ᄒ온後에
어화 긔뉘신고 廉恥업손 내옵더니	어화 긔뉘신고 廉恥업산 니옵노라
初更도 거읜더 긔엇디 와겨신고	初更도 거읜더 긔엇지 와겨신고
年年에 이렁ᄒ기 죽고져도 ᄒᆞᆯ것마ᄂᆞᆫ	年年에 이러ᄒ기 苟且ᄒ줄 알건만ᄂᆞᆫ
쇼업손 이 몸이 혜염만하 왓나이다	쇼업손 窮家애 혜염만하 왓삽노라
공ᄒ나 갑시나 주엄즉도 ᄒ다마ᄂᆞᆫ	공ᄒ나 갑시나 주엄즉도 ᄒ다마ᄂᆞᆫ
다만 어제밤의 건넨집 져사람이	다만 어제밤의 건넨집 져사람이
목불근 수기雉을 玉脂泣게 구어내고	목불근 수기雉을 玉脂泣게 ᄲᅮ어너고
읏니근 三亥酒을 醉토록 勸ᄒ거든	간이근 三亥酒을 醉토록 勸ᄒ거든
이러ᄒ 恩惠을 엇디아니 갑흘손고	이러ᄒ 恩惠을 어이아니 갑흘넌고
來日로 주마ᄒ고 큰言約 ᄒ얏거든	來日로 주마ᄒ고 큰言約 ᄒ야거든
失約이 未便ᄒ니 ᄉ셜이 어려웨라	失約이 未便ᄒ니 사셜이 어려왜라
實爲 그러ᄒ면 현마 어이ᄒᆞᆯ고	實爲 그러ᄒ면 혈마 어이ᄒᆞᆯ고
헌멍덕 수기스고 측업슨 딥신에 설픠설픠 물너오니	헌먼덕 수기스고 측업슨 집신에 설픠설픠 물너오니
風采저근 形容애 개즛칠 뿐이로다	風采저근 形容애 기즈칠 뿐이로다

· ·

世情모르ᄂᆞᆫ 한숨은 그칠줄을 모르ᄂᆞ다	世情모론 한숨은 그칠줄을 모르ᄂᆞ다
술 고기 / 이시면 // 眷黨벗도 / 하렷마ᄂᆞᆫ ///	
두 주먹 / 뷔게 쥐고 // 世態업손 / 말솜애 // 양ᄌ ᄒ나 / 못 고오니 ///	
ᄒᆞᄅ아젹 / 블일 쇼도 // 못 비러 / 마랏거든 ///	
ᄒᆞᆯ믈며 / 東郭墦間의 // 醉ᄒᆞᆯ 뜻을 / 가딜소냐 ///	
아ᄭᅩᆫ 져 소뷔ᄂᆞᆫ 벗보임도 됴ᄒᆞᆯ셰고	아ᄭᅩᆫ 져 소뷔ᄂᆞᆫ 벗보임도 됴ᄒᆞᆯ셰고
가시 엉긘 묵은 밧도 쏠히업시 갈련마ᄂᆞᆫ	가시 엉긘 묵은 밧도 容易케 갈련마ᄂᆞᆫ
虛堂 半壁에 슬더 업시 걸녀ᄂᆞ다	虛堂 半壁에 슬듸 업시 걸려고야
출하리 / 첫 봄의 // 프라나 / 볼일거슬 ///	
이제야 / 풀녀ᄒᆞᆫ둘 // 알니잇사 / 사러오랴 ///	
春耕도 거의거다 후러쳐 더뎌두쟈	春耕도 거의거다 후러쳐 더뎌두쟈
江湖 ᄒᆞᆫ 꿈을 ᄭᅮ언지도 오라더니	江湖 ᄒᆞᆫ 꿈을 ᄭᅮ언지도 오러려니

· ·

님지 업손 風月江山애 절로절로 늘그리라	님지 업손 風月江山애 절로절로 늘그리라
無心ᄒᆞᆫ 白鷗야 오라ᄒ며 말나ᄒ랴	無心ᄒᆞᆫ 白鷗야 오라ᄒ며 말라ᄒ랴
드토리 업슬손 다만인가 너기노라	다토리 업슬손 다문인가 너기로라
이제야 / 쇼비 리 // 盟세코 / 다시마쟈 ///	

전북대학교 교과교육연구총서 ⑤

無狀한 이 몸애 무슨 志趣 이스리마논   無狀한 이 몸애 무슨 志趣 이스리마논

내 貧賤 슬히 너겨 손을 헤다 물너가며	니 貧賤 슬히 너겨 손을 헤다 물너가며
눔의 富貴 불니너겨 손을 치다 나아오랴	남의 富貴 불리너겨 손을 치다 나아오랴
人間 어니일이 命밧긔 삼겨시리	人間 어니일이 命밧긔 삼겨시리
간난타 / 이제 죽으며 // 가으며다 / 百年살냐 ///	
原憲이는 / 멋날살고 // 石崇이는 / 멋 히 산고 ///	
(이하 낙장)	貧而 無怨을 어렵다 ㅎ건마논
	니生涯 이러ㅎ더 설온뜻은 업노왜라
	簞食 瓢飮을 이도 足히 너기로라
	平生 한 뜻이 溫飽애는 업노왜라
	太平 天下애 忠孝를 일을 삼아
	和兄弟 信朋友 외다 ㅎ리 뉘이시리
	긔밧긔 남은 일이야 삼긴디로 살렷노라.

· ·

古寫本　莎堤曲(사제곡)   文集本　莎堤曲(사제곡)

어리고 拙한 몸애 榮寵이 已極ㅎ니	어리고 拙한 몸애 榮寵이 已極ㅎ니
鞠躬 盡瘁ㅎ야 죽어야 말려 너겨	鞠躬 盡瘁ㅎ야 죽어야 말녀 너겨
夙夜 匪懈ㅎ야 밤을 닛고 思度한들	夙夜 匪懈ㅎ야 밤을 닛고 思度한들
군솔의 현 불로 日月明을 도올넌가	관솔의 현 불로 日月明을 도올는가

· ·

世遠 / 人亡ㅎ야 // 千載 / 孤종이 // 아득히 / 긋쳐시니 ///	
徘徊 思憶호더 아모딘 줄 내 몰내라	徘徊 思憶호더 아모딘 줄 내 몰내라
崖芝 汀蘭은 淸香이 郁郁ㅎ야 遠近에 이어 있고	崖芝 汀蘭은 淸香이 郁郁ㅎ야 遠近에
南澗 東溪예 落花ㅣ ㄱ득 줌겨거늘	南澗 東溪예 落花ㅣ ㄱ득 줌겨거늘

· ·

<u>三公不換 此江山은 엇디 일온 말솜인고</u>	三公不換 此江山을 오늘스 아라고야
<u>나는 / 말업시 // 수이도 / 밧고완쟈 ///</u>	
<u>恒産도 / 보려 ㅎ니 // 히움 업시 / 잇노왜라 ///</u>	
어즈러온 鷗鷺와 數업슨 미鹿을	어즈러온 鷗鷺와 數업슨 미鹿을
내 혼자 거느려 六畜을 삼아거든	내 혼자 거느려 六畜을 삼아거든
갑업슨 淸風明月은 절노 己物 되야시니	갑업슨 淸風明月은 절노 己物 되야시
눔과 다룬 富貴는 이 한 몸애 ㄱ자쏘야	눔과 다룬 富貴는 이 한 몸애 ㄱ자쏘야
이 富貴 가지고 뎌 富貴 부룰소냐	이 富貴 가지고 져 富貴 부룰소냐

· ·

밤비예 ㄱ픤 가지 暗香을 보내여 봄철을 알외ᄂ다   밤비예 ㄱ픤 가지 暗香을 보내여 봄철을 알외ᄂ다

흰구룸 말근 니룰 片片이 쩌여 나야   흰구룸 말근 너는 片片이 쩌여 나라
노푸락 느지락 峰峰 골골시 面面에 버럿거든   노푸락 나지락 峰峰 谷谷이 面面에 버럿쩌든

눔 모른는 눈물이 두 스매예 다 졋느다   눔 모른는 눈물이 두 사미예 다 졋느다
이 눈물 보건댄 참아 물너날까마는   이 눈물 보건댄 참아 물너날까마는
궂독훈 不才예 病 흐나 디터 가고   궂독훈 不才예 病 흐나 디터 가고
萱堂 老親은 八旬이 거의거든   萱堂 老親은 八旬이 거의거든
湯藥을 그치며 定省을 뷔울넌가   湯藥을 그치며 定省을 뷔울넌가
이지야 어니 스예 이 山 밧긔 날오소냐   이지야 어니 스예 이 山 밧긔 날오소냐
許由의 시슨 귀예 老萊子의 오술 입고   許由의 시슨 귀예 老萊子의 오술 입고
압뫼해 져 솔이 푸른 쇠 되도록   압뫼예 져 솔이 풀은 쇠 되도록
鶴髮을 / 뫼시고 // 白髮애 / 아푼 줄 / 몰오도록 ///
함끠 뫼셔 늘그리라.   함긔 뫼셔 늘그리라.

『古寫本 蘆溪歌辭』에 대하여 심재완은 '이 草稿本 歌詞 2편 곡명하에는 <相公命作此曲>, <漢陰相公命作>이라 기록되어 文集本의 <代相公作此此曲>, <述己懷作此曲>이라된, 전의 모습을 볼 수 있을 뿐 아니라 작품내용도 많은 차이를 보여주어, 原作의 모습을 보여주나 草稿가 불완정하여 時調 작품의 草稿를 볼 수 없다'고 하였다(심재완, 1972).

김문기(1980)는 이런 선행 업적을 바탕으로 자료를 보다 치밀하게 재검토하고, 다음과 같이 요약될 수 있는 결론을 내리고 있다. ① 이 古寫本은 두 사람이 나누어 필사한 것으로 蘆溪集 草稿本은 아니다. 편차는 文集本과 비슷하나 詩文의 세부적 배열은 다소 차이가 있다. ② 이 古寫本은 朴聖規가 朴仁老의 遺文을 모아서 이를 鄭葵陽에게 校正을 거친 후에, 후일 다시 발견하여 모은 遺文들을 합하여 보완한 결과물이라 본다. 필사 년대는 1707년(숙종 33)에서 1728년(영조 4) 사이로 본다. 朴聖規에 의해 이루어진 이 필사본은 草稿本을 보고 필사한 것이거나, 아니면 그 후손이 필사한 것 같다. ③ 朴仁老의 歌集은 2차 刊行되었다고 볼 수 있고, '蘆溪集'은 1707년(숙종 33) 쯤에 草稿本이 이루어지고, 1831년(순조 31)에 판각되었다고

보인다. ④ 古寫本과 文集本을 대비해본 결과 첨삭이 많아 文集本의 작품은 朴仁老의 원작과 다소 거리가 있음을 알게 되었다. ⑤ 이 古寫本의 가치는, 첫째로 蘆溪 작품의 진면목을 볼 수 있다는 점, 둘째로 文集에 없는 漢詩가 9수가 더 실려 있다는 점, 셋째로 文集에 나타난 몇 가지 의문점이 이 古寫本을 통해서 해결되고, 文集本의 마멸된 부분을 보완할 수 있다는 점, 넷째로 '蘆溪集'의 편찬과정을 살피는 데 도움이 된다는 점에 있다.

이어서 그는 다른 논문에서, 위의 결과를 그대로 수용하면서 다음과 같은 결론을 첨부하고 있다(김문기, 1989). ① 歌辭 作品 대비를 통해서 文集本 歌辭는 많은 부분이 삭제되어 原作과는 거리가 있음을 알았다. 古寫本에도 誤寫가 간혹 있으나 이를 판본과 대조하여 바로 잡는다면 <u>古寫本의 歌辭가 原作에 가깝다</u>고 할 수 있다. 文集本에 삭제되거나 윤색된 부분은 가사 문구 중에서 窮苦之狀이나 세태를 원망하는 부분, 즉 현실인식이 드러난 부분이었다. 따라서 <u>古寫本에 필사되어 있는 歌辭를 原本으로 삼아야</u> 하겠다. ② '蘆溪集' 책판 총 61판 중에서 1980년에 28판을 도난당하여 현재는 33판만 남아 있다. 특히 歌辭板은 13판 중에서 4판만 남아 있고, 時調板은 7판 중에서 2판은 없어졌다.

『古寫本 蘆溪歌辭』의 성격 규정은 그 텍스트가 歌辭 문학의 흐름과 변천의 운동 양상을 극명하게 보여주고 있다는 점에서 매우 중요한 작업이 될 수 있다. 이에 관련하여 제시된 김문기의 선진적 작업은 그 부지런함과 치밀함으로 후학들에게 많은 귀감을 주기도 하지만, 그 결과로 나온, <u>'古寫本 蘆溪歌辭'를 文集本의 것보다 더 原作에 가까운 것으로 보는 견해에는 동의하기 힘들다.</u> 이에 반대되는 논리를 몇 가지 제시한다면, 다음과 같다(한창훈, 2000).

① 우선 그 표현 양상을 고려할 때 文集本보다는 더 사실적이고 서민적인 古寫本의 것이 후대의 수용층에 의해 덧붙여진 것으로 생각된다. 김

문기도 지적하다시피, 古寫本에 첨가된 내용들은 모두 窮乏의 어려움을 사실적으로 묘사하거나 세태를 원망하는 내용들인데, 朴仁老의 사상적 지향점이나 다른 歌辭 작품들의 성격, 그리고 그 해학적 표현을 고려해 볼 때 이것을 朴仁老의 原作으로 판단하기는 힘들다. 미의식의 면에서도 첨가된 부분은 해학과 골계의 모습을 보여주는 것으로 이는 조선후기 서민의 미의식을 대표하는 것이다.

② 다음으로 첨가된 내용의 율격을 눈여겨보자. 古寫本에만 존재하는 내용을 율격적으로 살피면 전대의 혹은 같은 작품의 다른 부분이 보여주는 歌辭의 기저율격인 4음보격을 벗어난 6음보로 처리되는 파격 형태가 눈에 띠게 많이 드러난다. 이는 歌辭文學史에서 보이는 율격의 변모양상을 고려할 때 후기 가사에 많이 등장하는 것으로(서원섭, 1983 : 59~75), 古寫本에만 보이는 표현이 가사의 서사성이 강조되는 후기에 이루어졌음을 추정할 수 있는 자료8)라 하겠다.

③ 앞에 제시된 텍스트에서 <莎堤曲>의 강조 부분과 다음의 사설시조 자료를 비교해 보자.

> 三公不換此江山은 어이 니른 말이런고
> 나는 말 업시 슈이도 밧고 안쟈 恒産도 보쟈 ᄒ니 희옴 업시 이노매
> 라 어즐어온 鷗鷺와 數만흔 麋鹿을 내 혼쟈 거늘여 六畜을 삼아는디 갑
> 업슨 淸風 明月른 節노 己物이 되여시니 남과 다른 富貴눈 이 ᄒ 몸에
> 가쟛세라
> 엇더타 이 富貴를 가지고 져 富貴를 불을손냐.
>
> —〈청구영언〉 가람본, 632

---

8) 성호경(1995)은 歌辭에 나타나는 이런 율격 현상을 '片句'라는 용어로 개념화한다. 그에 의하면 이 '片句' 현상은 율격 구조의 규칙성으로부터의 한 일탈로서 '율격적 변화'의 성격을 지니고 있다. 그리고 이런 변화는 의미(시상)와 초점이 맞추어지는 말들에 사용되어, 시의 내용 혹은 총체적 효과를 강화한다.

<청구영언 가람본>에 무기명으로 수록되어 있는 이 사설시조는 朴仁老의 歌辭 <莎堤曲>의 문단과 일치하는 내용이어서 주목된다. 특히 古寫本에는 온전하게 기록되어 있는 이 내용이 文集本에는 초장이 일부 변개와 중장의 대폭적인 삭제로 이루어져 있어서 주목된다. <청구영언 가람본>은 이병기가 소장했던 필사본이다. 발문의 기록에 '己丑'이라는 언급이 있는데, 이를 자세히 상고하기는 어려우나 유명씨 작품에 이정보가 있는 것으로 보아서 1709년, 1769년, 1829년 중에서 1769년(영조 45) 추정이 가능하다(심재완, 1972 : 24~25).

④ 이외 <손씨수경록>이라는 필사본이 존재하는 것으로 학계에 보고되고 있는데, 전후 사정으로 보아서 이의 문헌학적 검토는 '蘆溪集'에 얽힌 문제를 해결하는데 큰 도움이 될 수 있을 것으로 보인다.[9] 이 필사본은 특히 文集에는 보이지 않던 時調 立岩 29曲이 수록되어 있다고 한다. 경상북도 迎日郡 竹林面 立岩里 옆에 있는 梅峴里의 孫晋栢 씨가 소장하던 이 필사본의 필사자는 이 지역에 살던 孫履九라고 보고 있다. 그는 1744년(영조 20)에서 1822년(순조 20)까지 생존하였는데, 이 필사본의 필사는 1782년(정조 6)에 이루어졌음이 확실시된다. 문제는 이 필사본에는 歌辭 作品이 수록되어 있지 않은 것으로 알려져, 직접적인 대비 혹은 비교 작업이 원활하지 않다는 것인데, 時調나 기타 산문 자료를 재검토 하면, 무엇인가 실마리가 생길 수 있다는 가능성을 전혀 무시할 수는 없다.

여기서 본 논문에서는 우선 ②의 사항에 주목하고자 한다. 필자가 古寫本 蘆溪歌辭 자료를 다루면서 특히, 율격의 측면에 주목하여 보면서 가지게 된 잠정적 결론은 4음보 율격의 변이 특히 6음보로의 확장과 작품 내용의 '서사성'과는 긴밀한 관계를 갖는다는 사실이다. 이를 기존의 논

---

9) 심재완(1972)에 자세하다. 그런데 이 자료는 심재완 교수의 해설 말고는 연구가 없고, 현재 공간되어 있지 않아, 그 자료의 실체를 밝히려는 작업이 곤란한 실정이다.

의와 더불어 다음 절에서 좀 더 자세히 살피기로 한다.

5. 박인로 가사에서 4음보 율격 변이의 성격

지금까지 우리는 朴仁老의 경우를 중심으로 하여, 歌辭에 나타나는 4음보 율격의 변이 양상에 대해 일반론적 차원에서의 논의와 朴仁老라는 구체적인 작가의 경우를 넘나들면서 살폈다. 여기서는 그러면 왜 그러한 변이가 일어나는지 그 성격과 의미를 정리해 보기로 한다.

앞서 살핀 바, 기저 율격으로부터의 일탈은 작품 그 자체의 의미 및 통사 구조상의 필요에서 생겨나는 것이라고 할 수 있다. 그러면 朴仁老는 작품 창작에 있어서 어떤 의식을 가지고 있었는지를 먼저 살피는 것이 순서일 듯하다.

朴仁老 歌辭에 나타나는 4음보 율격의 변이 형태 즉 6음보는 독자의 정서와 주의를 집중시키는 효과를 갖는다. 그런데 작품에서 그 부분을 유심히 살피면, 대체로 ① 작가의 정서를 핍진하게 보여주는 것, ② 장면이나 사물의 자세한 묘사, ③ 작가를 중심으로 한 인물의 서사적 행위의 묘사가 드러나는 부분 등으로 대별하여 볼 수 있었다. 필자가 보기에, 歌辭文學史에서 朴仁老 작품이 갖는 독특한 율격적 특징은 특히 ③에서 찾을 수 있다고 본다.

朴仁老는 그의 歌辭를 통해서, 하층 양반이나 서민들의 궁핍한 생활상과 사회나 정치의 부조리를 사실적으로 묘사하고 있어, 서민가사에 근접한다는 평가가 있다(김문기, 1983 : 58~59). 그러나 朴仁老의 歌辭들은 양반에 의해 직접 지어지고 忠臣戀主 사상을 주제로 하기 때문에 양반가사에 속한다. 따라서 그의 歌辭는 양반가사이나 서민가사적 성격을 많이 가지고 있으며, 그 특성의 하나는 사실적 묘사에 있고, 이런 사항이 율격으로 드러날 때, 6음보라는 파격으로 나타났다고 볼 수도 있다.

조동일(1983 : 102~103)은 서사민요를 논하면서, 4음보 정형에서 벗어나는 6음보의 내용적 특징을 '모두 장황하게 늘어놓아야 직성이 풀릴 내용의 말을 효과 있게 전하는 구실을 한다'라고 했는데, 그 표현은 다소 거친 점이 있으나, 그 내용은 본 논문에서 의도하는 바와 상통하는 점이 많다. 특히 이런 언급들이 소위 '서사'가사와 '서사'민요를 논하면서 나왔음을 상기하자.

앞 절에서 우리는 특히 『古寫本 蘆溪歌辭』의 성격을 문헌학적 관심을 가지고 검토해 보았다. 그 결과로 우리는 이를 朴仁老의 原作에 가까운 것으로 보려는 기존의 연구에 의문을 제기하고, 이 텍스트들이 조선 후기 가사에 특징적으로 나타나는 서사성을 집약적으로 보여주며, 따라서 조선 후기 歌辭 갈래의 문학적 운동 양상을 추론해 볼 수 있는 가치를 가진 자료라는 인식을 얻을 수 있었다. 이는 율격의 문제와도 긴밀히 연관되어 있다고 여겨지는데, 필자는 특히 6음보 율격이 실현되는 부분들이 보여주는 '서사성'에 일차적으로 주목하고자 한다.

조선 전기의 가사 문학은 주로 양반들의 생활 체험, 특히 自然과의 조화를 통한 감흥의 절제 있는 표출, 그리고 지배 이념 즉 性理學的 儒家 理念을 드러내는 성격이 강했다. 그러나 이런 경향은 조선후기로 넘어오면서 변화를 맞게 되는데, 그것의 핵심은 현실적인 문제에 대한 관심의 확대 및 이에 필연적으로 수반되는 '표현의 서사성 문제'10)라 할 수 있다. 이런 점에 朴仁老의 歌辭 作品은 일찍이 주목되어 왔는데, 그 문제의식이 더욱 증폭되어 있는 古寫本의 존재는 이를 더욱 쟁점화시킬 수 있

---

10) 이 점에서 이혜전(1991), 윤미선(1996)의 결론과 본 논문의 잠정적 결론은 서로 상통될 수 있다.

다고 본다.

　본 논문에서 다룬 내용들은 아직 세밀하게 다듬어지지 않고, 세부적 검증을 요구하는 부분도 많이 있다. 이는 앞으로의 과제로 남기며, 따라서 여기서 결론을 내리는 것도, 더불어 뒤로 미루기로 한다.

참고문헌

고미숙, 「사설시조 율격의 미적 특질(1)」(1993), 『민족문화연구』 26집, 고려대 민족문화연구소 : 『18세기에서 20세기 초 한국 시가사의 구도』, 소명, 1998.

김대행, 『우리 시의 틀』, 문학과 비평사, 1989.

김대행, 『한국시의 전통 연구』, 개문사, 1980.

김문기, 「송강·노계·고산의 가집 판본 및 책판 연구」, 『국어교육연구』 21집, 경북대 국어교육과, 1989.

김문기, 『서민가사 연구』, 형설출판사, 1983.

김문기, 「노계집 고사본의 고찰」, 『동양문화연구』 7집, 경북대 동양문화연구소, 1980.

김석산, 「운율론 연구의 최근 동향」, 『언어와 언어학』 2집, 외국어대 언어연구소, 1974.

김흥규, 「한국시가율격의 이론(1)」(1978), 『민족문화연구』 13집, 고려대 민족문화연구소 : 『욕망과 형식의 시학』, 태학사, 1999.

서원섭, 「가사의 형식」, 『가사문학론』, 형설출판사, 1983, 59~75면.

성균관대, 『이조명현집』 3집, 성균관대 대동문화연구원, 1973.

성호경, 「歌辭의 '片句' 현상에 대한 시론」, 『한국 시가의 유형과 양식 연구』, 영남대학교 출판부, 1995.

심재완, 『시조의 문헌적 연구』, 세종문화사, 1972.

우응순, 「박인로의 安貧樂道 의식과 자연」, 『한국학보』 41집, 일지사, 1985.

윤미선, 『조선 후기 서민화 지향 가사의 운율적 변주와 그 의미』, 이화여대 석사학위논문, 1996.

이혜전, 『조선후기 가사의 서사성 확대와 그 의미』, 이화여대 석사학위논문, 1991.

임기중 편, 『역대가사문학전집』, 여강, 1990.

정병욱, 「조선후기 시가의 변이과정고」, 『창작과 비평』, 창작과 비평사, 1974.

조동일, 『서사민요 연구』, 계명대학교 출판부, 1983, 102~103면.

최강현 역주, 『가사 1』, 고려대 민족문화연구소, 1993.

최원식, 「가사의 소설화 과정과 봉건주의의 해체」, 『민족문학의 논리』, 창작과 비평사, 1977.

한창훈, 「17세기 향반층 시가의 형성」, 『시가교육의 가치론』, 월인, 2001.

한창훈, 「가사의 갈래적 성격 연구 (2)」, 『시가와 시가교육의 탐구』, 월인, 2000.

▼ 『국어문학』 37집, 2002

1. 「용재총화」는 어떤 성격의 책인가?

「용재총화(慵齋叢話)」는 조선 전기 대표적 훈구파 사대부의 한 사람인 성현(成俔, 1439~1504)이 지은 것으로, 전 10권으로 된 잡록류(雜錄類)의 흥미로운 기록이다. 이 책은 1525년(중종 20)에 경주에서 간행되어 3권 3책의 필사본으로 전해오던 것이, 1909년 조선고서간행회(朝鮮古書刊行會)에서 나온 「대동야승(大東野乘)」에 채록되어 널리 알려지게 되었다. 여기에는 고려부터 조선 성종대에 이르기까지 형성되고 변화해온 민간풍속이나 문물제도, 그리고 인물·역사·지리·학문·종교·문학·음악·서화 등 문화 전반의 것이 '총화(叢話)'되어 있어, 우리들이 당시의 시대상 전반을 구체적으로 이해하는 데 큰 도움을 준다. 그런데 우리는 여기서 「용재총화(慵齋叢話)」에 실린 내용이 성현(成俔)이라는 작가에 의해 포착된 것임에 주목할 필요가 있다.

문학은 어느 시대 어떤 문화 속에서든 '사람살이를 다루는 언어 예술'로서의 역할을 수행해 왔다. 특히 실제로 일어난 사건이나 풍속, 그리고 인물들의 행적에 관한 서사문학(敍事文學)의 경우는 그런 점을 더욱 뚜렷하게 보여준다. 그러나 그 관심사가 되는 사람살이라는 것이 도대체 무엇이며, 어떠해야 하고, 또 어떻게 다루어져야 하는지에 대해서는 시대와 논자들에 따라 생각들이 다양했다.

「용재총화(慵齋叢話)」는 조선 전기라는 시대적 상황에서 성현(成俔)과 같은 훈구파 사대부 즉 상층 지식인들이 지니고 있었던, 세상(世上)과 인정(人情)에 대한 관심과 태도를 잘 보여주는 책이라고 할 수 있다. 따라서 우리는 「용재총화(慵齋叢話)」를 통해 조선 전기 사대부 사회의 진면목을 살펴볼 수 있을 뿐만 아니라, 자기 시대의 사람살이 양상을 기록하는 기록물의 전형적 모습을 추출할 수도 있을 것이다.

여기서 세상(世上)과 인정(人情)에 대한 관심과 태도를, 우리는 (아직은 미흡하다는 생각이 들지만) '인정물태론(人情物態論)'이라는 용어로 개념화하여 부를 수 있을 것이다. '인정물태(人情物態)'란 '人·物의 情·態' 즉 '사람과 사물들이 구체적 상황 속에서 이러저러하게 놓여서 얽히고 움직이며, 살아가는 모습'이라는 뜻으로 이해된다. 우리는 「용재총화(慵齋叢話)」를 통해 성현(成俔)의 '인정물태론(人情物態論)'을 읽을 수 있으며, 이는 곧 조선 전기 훈구파 사대부들의 그것을 이해하는 길잡이가 될 수 있다. 이제 이러한 몇 가지 전제를 염두에 두면서, 「용재총화(慵齋叢話)」를 통해 조선 전기 인물과 사회의 다양한 단면들을 살펴보기로 하자.

2. 「용재총화」의 구성은 어떠한가?

「용재총화(慵齋叢話)」에는 여러 부류의 짧은 이야기들이 잡다하게 섞여 있다. 그리고 책의 체제도 권수만이 구별되어 있을 뿐이며, 그것이 어떤 일정한 기준을 가지고 있는지도 확실하지 않다. 하지만 「용재총화(傭齋叢話)」는 그 전체적 내용으로 보아서 개인의 견문을 통한 기록을 위주로 하여 구성된 책으로 보인다. 이에 작자인 성현(成俔) 자신의 신변사나 내, 외척 또는 가문에 대한 기록이 빈번하게 나타난다는 사실이 우선 주목된다. 「용재총화(傭齋叢話)」 총 326화를 그 내용별 특성에 따라 분류하면 대략 다음과 같다.

    패설류(稗說類) : 198화(일화(逸話) : 165, 설화 : 33)
    야사류(野史類) : 84화(전고(典故) : 81, 사화(史話) : 3)
    시화류(詩話類) : 36화(작시일화(作詩逸話) : 31, 시평(詩評) : 5)
    변증류(辨證類) : 8화(사물(事物) : 8)

「용재총화(傭齋叢話)」에서 가장 큰 비중을 차지하는 인물일화(人物逸話)는 양적 비중뿐만 아니라, 그 대상 인물의 유형도 다른 저술에 비해 훨씬 다양하다. 물론 성현과 친분 관계에 있거나 아니면 구체적 인명이 밝혀진 사대부(士大夫)들이 대부분이나, 중·음악가·명사수·독경사·맹인·성대묘사꾼 등 재예에 뛰어난 인물들의 일화(逸話)가 상대적으로 많이 수록되었다. 일화(逸話)의 내용은 대체로 읽거나 듣는 이의 웃음을 유발시키는 소화류(笑話類)의 것이 많다. 하지만 단순한 일화(逸話)의 성격을 벗어나 구체적 서사구조(敍事構造)를 가지고 있는 것들도 눈에 띄며, 이들은 우선적으로 주목의 대상이 된다.

그리고 「용재총화(傭齋叢話)」에는 성현(成俔)이 살았던 당시의 상황 정보, 구체적으로 말하면 관청의 규모 및 업무·제도·관례·풍습·지리·경제·문화 등 사회 전반에 걸쳐 다루지 않은 바가 없을 정도이다. 특히 음악에 대한 자세한 언급은 「악학궤범(樂學軌範)」 편찬과 관련하여 주목된다. 그러나 시화(詩話)의 경우, 대개 인물일화(人物逸話)에 삽입된 시화(詩話)가 많아 그 중요성이 다른 시화류(詩話集)에 비해 현저하게 떨어진다. 변증류(辨證類)의 경우는 후대의 변증류(辨證類)들이 대개 경사(經史)의 변증(辨證)이 주류를 이루는데 비해, 「용재총화(慵齋叢話)」에는 사물(事物)의 변증(辨證)이 대부분이다.

3. 「용재총화」에 실린 호색 이야기

「용재총화(慵齋叢話)」에 실린 인물일화(人物逸話)들에는 대체로 내적이든 외적이든 심각한 갈등 구조가 발견되지 않는다. 이 인물일화(人物逸話)들은 현실을 가볍게 다루거나 웃음을 지향하는 것들이 대부분을 차지한다. 이 점은 그 대상 인물이 사대부(士大夫)이든 평민(平民)이든 상관없이 공통된 사항이다. 그런데 특히 사대부(士大夫) 일화(逸話)는 '기발한 행동이나 말로 웃음을 유발하거나, 잠시 야기된 곤경 상태에서 재치를 보이고 탈출하는 모습' 들을 평민(平民) 일화(逸話)에 비해 많이 보여준다. 이는 사대부(士大夫) 생활의 여유로움과 풍류(風流)를 반영하는 것으로, 당시 상층 고위직에 있었던 훈구파 사대부들 생활의 일면이라 할 수 있다.

인물일화(人物逸話)에서 가장 주목되는 것은 성(性)적 환락(歡樂)을 추구하는 향락적(享樂的)이고 호색적(好色的)인 인물(人物)들의 형상화이다. 성종조 내정에까지 물의를 일으킨 그 유명한 어우동의 호색적 행각담, 소경의 아내가 남편을 속이고 외통한 이야기, 심지어는 양기가 뛰어난 이를 신랑감으로 택한 처녀의 음담까지 수록하였다. 정모라는 이에게 재취로 들어가기로 한 과부가 정모의 늙음을 알고 '나는 나이 젊고 건장한 남편을 얻어서 여생을 즐기고자 하였는데, 그러한 노물을 무엇에 쓴단 말인가' 하며, 청을 물리쳤다는 이야기도 있다. 지방에 관리로 나간 사대부(士

大夫)와 그곳 기생에 얽힌 인연담은 너무 많아 일일이 열거하기 힘들 지경이다. 특히 이런 일화(逸話)들은 성리학적 도(道)의 실천을 위해 준엄한 생활 방식을 고집하던 사림파 사대부들의 형상에 익숙해 있던 우리를 당황시키기에 충분하다.

이런 일화(逸話)는 중들의 경우에도 예외가 아니다. 고려 때 신돈이 양가의 부녀자들을 겁탈하고 자신의 양기를 돕기 위해 별 별 것을 먹었다는 이야기, 극단적인 연정을 못이겨 죽은 뒤 뱀의 형상으로 나타나 욕정을 이루려던 중의 이야기, 특히 기생들이 절에서 재를 지내는 것을 본 중이 욕정을 참지 못하는 것을 본 절의 암주가 '기생이 재를 올리는데 누군들 정욕이 발동하지 않겠는가'라고 하는데 이르러서는, 이런 이야기를 수록한 성현(成俔)의 의식을 살펴보아야 할 필요를 느끼게 된다.

성현(成俔) 자신이 '음식과 남녀관계는 인간의 큰 욕망으로 누구에게나 존재해 있는 것이다'고 하였듯이, 그는 인간 본연의 진솔한 감정과 그 표출을 중요하게 여기고 위선에 대해서는 비판적 시각을 가지고 있었던 것으로 보인다. 체면 때문에 자신의 본성을 숨기는 이들에게는 비판적 시선을, 자신의 본성에 따라 행동하고자 하는 이들에게는 비록 그들이 다소의 일탈된 행동을 하더라도 따뜻한 동정의 시선을 보인다. 다음의 두 이야기는 이를 잘 보여주는 예라 하겠다.

김씨 성을 가진 선비가 밀양의 대중래라는 기생에게 혹하게 되었다. 그는 이후 모든 일을 팽개치고 대중래와의 사랑에만 온갖 정성을 쏟았다. 그 정도가 심해 대중래의 부모에게도 쫓김을 당한 그는, 마침내 아내가 죽자 대중래를 서울로 데리고 왔다. '뒤에 김은 승지가 되어 벼슬이 높아지고 녹봉이 후해졌으며 기생은 두 아들을 낳고 마침내 정실부인이 되었다'는 결말은, 계급의 격차와 벽이 그렇게 뚜렷하지 않았던 조선 전기의 사회상과 함께, 집요한 사랑에 대한 서술자의 긍정적 시각을 보여주는 것으로 판단된다. 더구나 이 작품은 김선비의 소원이 이루어지면서 낙관적으로 끝나 어떤 문제를 제기하는 단계에까지 이르지 못하였다. 이러한 이야기의 수준은 호색(好色)의 문제를 다루는 사대부 일화(逸話)들의 일반적인 모습이라고 할 수 있다.

박생의 호색(好色) 이야기도 이와 비슷하지만, 다소 다른 모습을 우리에게 보여주기도 해서 주목된다. '사람됨이 순박하고 정직하였으나 용모가 추하고 촌스러운' 박생은 끊임없이 기생들에게 수작을 건다. 이에 일행이 생의 음란함을 미워하여 명효라는 이를 여장시켜 박생을 골탕먹이려 하였다. 여장한 명효에게 봉변을 당하는 과정 자체도 흥미롭거니와, 박생은 이후에도 말비라는 계집종에 혹하여 그의 호색하는 본성을 바꾸지 못한다. 말비는 그를 사랑하는 뜻이 없었지만, 뒷날 무슨 이익이라도 얻을까하여 애교를 부리니 그가 반해 버린 것이다.

이 후에 그녀에 대한 박생의 사랑은 더 간절해지고, 박생은 더 많은 물건을 말비에게 준다. 다시 두 사람이 이별할 때는 완력으로 떼어 놓아야 할 정도로 정이 들었다. 박생은 말비가 쫓아올까 걱정하여 급히 달려 나가는 바람에 말을 거꾸로 타서, 보는 사람으로 하여금 포복절도케 했다. 그리고 나서는 하염없이 눈물을 흘린다.

> 한 시냇가에 이르러 아침밥을 먹을 때 음식을 권하여도 생은 돌아보지 않고 오직 머리를 숙이고 시내만 보고 있으므로 함께 가는 사람이 말하기를 "자네, 울고 있지 않느냐" 하니, 생이 대답하기를 "우는 것이 아니라 물 속에 있는 고기를 구경하고 있는 것일세" 하였으나, 모자를 벗기고 보니 눈이 퉁퉁 부어 있었다.

말비와 헤어져 시내를 바라보며 눈이 퉁퉁 부어오를 정도로 울고 있는 박생을 보는 서술자의 시선은, 한편으로 따뜻한 연민에 젖어 한편으로는 조소의 눈길을 보내는 등 복합적 성격을 가진다. 사실 한 계집종과의 이별 때문에 울며 아쉬워하는 사대부는 흔하지 않을 것이다. 그런데 이 작품에서는 주인공 박생의 우직한 사랑과 물질적 이득을 노리고 말비가 제공한 거짓 사랑이 묘한 대조를 이룬다. 실질적으로 작품의 문면은 주인공 박생이 이야기의 후반으로 올수록 점차 호색(好色)의 단계를 벗어나 진실한 사랑을 추구하는 쪽으로 바뀌고 있다. 그러나 작품의 서술자는 그것을 인정하지 않는 것처럼 보인다. '말비는 비록 생을 사랑하는 뜻이 없지만 뒷날 이익을 얻을까 하고', '생이 여기에 홀딱 녹아 스스로 아름다운 짝을 얻었다고 하였다', '말비가 중국 물건을 얻으려고 더욱 애교를 부리니' 등의 구절에서 볼 수 있듯이, 서술자는 사대부들의 가벼운 엽색 행각을 보여주는데 익숙해진 시각으로 이들의 사랑을 그리고 있는 것이다. 그리고 바로 이런 점이 「용재총화(慵齋叢話)」의 호색(好色) 이야기를 이끌고 있는 서술자 성현(成俔)의 한계적 시각이라 지적할 수 있다.

4. 슬프지만 아름다운 애정 이야기

강감찬이 노승으로 변한 호랑이를 물리쳤다는 이야기는 기이한 성격의 것으로 전기문학(傳奇文學)으로의 성격을 강하게 가지고 있다. 「용재총화(慵齋叢話)」에는 이처럼 전기문학(傳奇文學)으로서의 성격을 가지고 있는 작품이 몇 개 되는데, 특히 안생 이야기는 그 중에서도 대표적인 작품이라 할 수 있다. 선비 안생과 당대 정승의 외거 노비와의 사랑을 중심으로 하는 이 작품은, 신분을 초월한 사랑을 서술함으로써, 대등한 인격적 존재로서 인물들의 개성적인 면모가 비교적 자세히 묘사될 수 있었다. 앞서 지적한 바, 전체적으로 보아 「용재총화(慵齋叢話)」의 인물일화(人物逸話)

에는 갈등 구조가 잘 보이지 않거나 미약한데, 안생 이야기에는 특이하게도 재산과 신분의 문제, 권력의 횡포 등이 갈등 구조에 중층적으로 작용하고 있다. 이는 우리가 이 작품에 주목하게 되는 이유가 된다.

> 안생이란 서울의 명문집 사람이 있었는데, 이름은 학궁에 걸어 두었으나, 살찐 말에 가벼운 복장으로 장안을 돌아다녔다. 일찍 상처하고 혼자 살았는데, 당대 정승의 계집종으로 돈이 많은 미인이 동성에 살고 있다는 소문을 듣고, 많은 재물로 빙폐를 들였으나 뜻대로 되지 않았다. 마침 안생이 병이 났으므로 중매하는 사람이 상사병이라 하여 그 여자의 마음을 움직여 마침내 혼인하였다.

이처럼 사대부 남성의 이기적 애정관을 가진 안생은, 당초 여인의 미모와 재물에 이끌려 '상사병'을 빙자하여 접근 결혼하는데 성공하였다. 이후 현실적 장애는 집안 사람들의 재물욕, 정승의 계급적 권위를 이용한 폭력 등의 형태로 전개된다. 집안의 재산이 안생에게 돌아가는 것을 시샘한 다른 사위들의 모함에 따라, 정승은 자신의 허락 없이 양가의 사위를 맞이한 일에 분노하며 여인을 궁에 가둔다. 안생은 갇힌 여인을 몰래 만나면서 그녀의 애정을 확인하게 되지만, 여인은 정승이 자기를 다른 종에게 시집보내려 하자 굴복치 않고 끝내 죽음을 택하게 된다. 여인의 죽음을 초래한 직접적 원인은 노비제도에 기반한 권력의 횡포였으나, 서술자는 이 대신에 '사람마다 개가한다고 생각하고, 혹은 그녀의 반복무신(反復無信)함을 미워하였다'고 하면서, 애정 당사자간의 신의를 주요한 문제로 제기하기도 한다.

이후 여인은 비록 원혼 형태로 다시 나타나기는 하지만 안생과의 재결합을 이루지 못하고 이내 사라지는 것으로 되어 있다. 여기서 안생은, 여인과 재회하기를 간절히 바랐으면서도 그 혼령이 실제로 나타나자 회피해 버리고 마는, 이중적인 태도를 보여 주었다. 한편 자신의 이기심으로 여인에게 접근했던 안생은 아내의 죽음으로 인해 진실한 애정의 소중함을 느낀다. 더구나 여인의 혼령을 보았다가 그것을 물리치고 난 다음에는 심각한 존재의 번민에 휩싸여, 정상적인 생활을 하지 못하고 죽음을 맞이하게 된다.

> 안생은 심신이 흐리멍텅하여 바보같기도 하고 미치광이 같기도 하더니, 달포가 지난 뒤에 정중한 예로 아내의 장사를 지낸 다음 얼마 안 가서 그도 역시 죽었다.

안생의 이야기는 현실의 온갖 난관에도 불구하고 순수한 애정을 지켜 나가려는 여인의 숭고한 의지에 서술의 초점이 놓여 있다. 따라서 정작 여인의 비극적 운명을 규정짓는 사회적 질곡은 심각한 문제로 형상화하지 못했다. 순수 애정 자체에는 관용적인 태도를 보이면서도 그것을 가로막는 사회 구조의 모순은 당연한 현실로 받아들였다는 말이다. 이는 상층 사대부였던 서술자 성현(成俔)이 가지는 세계 인식의 한계일 수 있다.

그러나 다른 인물일화(人物逸話)들과는 다르게, 이 작품에서는 표면적 사실 이면에 배어 있는 당대 인물들의 계급적 성격과 진실한 인간 감정이 더불어 묻어나 있기에, 일화(逸話)의 갈래적 성격을 뛰어 넘어 우리에게 소설적 감동을 주기도 한다. 결국 안생의 슬픔과 비극적 죽음은 여인을 죽게 한 사회에 대한 항변으로 읽힐 수 있다는 것이다. 다시 말하면, 이 작품은 서술자의 의도에 관계없이, 남녀의 진실한 애정을 방해하는 요소들을 보다 현실감 있게 보여주고 짐작할 수 있게 해준다는 점에서 가치를 지닌다고 할 수 있는 것이다.

5. 「용재총화」의 저술 의도와 의의는
어디에서 찾을 수 있는가?

「용재총화(慵齋叢話)」에는 앞에서 살핀 인물(人物)들의 일화(逸話) 외에도, 당대의 사회상을 직접적으로 기록한 것도 상당 부분 존재한다. 이 책은 제일 먼저 우리나라의 유학을 논하여, 정몽주·권근·윤상 등 경학(經學)의 대가들이나 최치원·정지상 등 신라와 고려의 명현, 서거정·성임 등 선초(鮮初) 문인들의 학문적 특성과 문장가로서의 성격을 풀이하고 있다. 또 고려의 공민왕에서부터 조선 안견의 산수화에 이르기까지 그리고 최경의 인물화에 대해서도 평가를 내린다. 음악에 대해서는 신라의 현금이나 금관국의 가야금 및 송태평·도선길 같은 악공에 대하여도 지면을 할애하고 있다.

지리적으로는 각 도읍의 형세와 백운동·청학동 등 한양 명승지와 그밖에 성 밖의 명승지를 언급하고 있다. 풍속에 있어서는 잔치 음식의 가짓수와 맛의 특징을, 그밖에 혼례 풍습·나례·처용무·관화(觀火) 등의 절차를 설명하고, 세시풍속에 대한 자세한 설명도 곁들인다. 이밖에도 중국 사신의 접대에 따르는 의식 절차, 과거제도나 성균관·예문관의 풍속, 제사 풍습 등이 이야기된다. 훈민정음을 설명한 부분이나 조수(潮水)에 대해 이야기하는 부분에서는 나름의 과학적 사고를 표출하기도 한다.

이 중에서도 특히 고려 말부터 조선 성종대까지의 불교 추이에 관해 기록한 부분은 눈길을 끈다. 주지하다시피 훈구파 사대부들은 이후에 정계에 전면적으로 등장한 사림파 사대부들에 비해 사상적으로 그 경직성을 덜 가지고 있었다. 성현(成俔)도 그러하여 불교와 중에 대한 이야기를 많이 하고 있는데, 하지만 전체적으로 보아 이들에 대해 비판적 시각을 많이 보여준다고 평할 수 있다. 이는 아마 성종대라는 사회적 분

위기가 많이 작용한 결과가 아닌가 짐작된다. '임금이 숭상하는 바에
따라 습속도 함께 변한 것'이라는 그의 언급도 이를 잘 말해주는 것이
라 할 수 있다.

「용재총화(慵齋叢話)」에는 성종대의 문란한 지배층의 생활을 보이고 이
를 정면으로 비판하는 내용도 있다. 특히 사치스러운 연회에 대한 비판
은 여러 곳에서 산견된다. 절도 없는 음악과 춤, 사치스러운 음식의 낭비,
직무를 폐하면서까지 기생을 찾아 향락을 추구하는 사대부(士大夫)들의 무
분별한 사치와 횡포를 그대로 기록하였다. 관료들의 관습을 기록하면서
부조리에 대한 비판을 곁들이기도 한다. 당시의 사치스러운 혼가(婚家)의
납채(納采) 풍습을 비난하는데 이르러서는, 당시의 사치스러운 풍습이 지
배층인 사대부(士大夫)의 범위를 벗어나 일반 평민(平民)들에게까지 영향을
미쳤음을 짐작할 수 있어, 개운치 않은 뒷맛을 남기기도 한다.

이상에서 대략적으로 살핀 바, 성현(成俔)의 「용재총화(慵齋叢話)」는 잡록
류(雜錄類)에서 다룰 수 있는 모든 이야기들을 종합한 것이다. 수록된 이
야기의 대부분이 성현 자신의 체험과 견문에 의한 것인데, 이는 곧 조선
초기 훈구파 사대부들의 취향과 관심을 대변하는 것이기도 하다. 인물일
화(人物逸話)에 재예(才藝)가 뛰어난 이들이 많이 등장하고, 역대 사실의 기
록에서도 문장·서화·음악·연희 등 문예 전반에 걸쳐 다양한 기록을
남겼다. 특히 애정에 얽힌 이야기들에서, 우리는 조선 초기의 '인정물태
(人情物態)'와 함께 그것을 따뜻한 시선으로 바라보는 성현(成俔)의 눈길을
느낄 수 있다. 이는 진솔한 인간성을 긍정하는 그의 모습으로 이해된다.

성현(成俔)은 '「파한집」·「보한집」·「역옹패설」 등이 단지 시화(詩話)만
을 기록했을 뿐 시사(時事)를 널리 기록하지 않아' 한계를 가진다고 하였
다. 그리고 결국 그 자신이 「용재총화(慵齋叢話)」를 저술함으로써, 사관이
기록하지 못한 것과 정사(正史)에는 실리지 않지만 역사 기록을 보충할 만

한 기록을 남겨, 후인의 권계와 파적의 자료로 이용하고자 하였다. 그러나 앞서 살핀 인물일화(人物逸話)에서 보듯이, 역사 기록을 보충한다는 의도 못지않게, 혹은 그 이상으로 이야기 자체의 흥미를 즐기고자 하는 의도도 많이 작용했던 것으로 생각된다.

성현(成俔)을 포함하여, 조선 전기에 잡록(雜錄)을 남긴 이들은 대부분 훈구파 사대부들이었다. 이들의 기록에는 대체로 역사 의식이나 현실비판 의식 등이 부족하거나 잘 나타나지 않는다. 당대 권력의 실권을 쥐고 물질적 풍요까지 누리던 이들이라, 오히려 이들의 기록은 사대부들의 유한(有閑) 의식(意識)을 바탕으로 그들과 다른 인물들이나 사건·풍속에 대한 호기심어린 파적거리에 그쳤던 것으로 보인다. 이와 같은 이유로 「용재총화(慵齋叢話)」에 실린 이야기들에도 심각한 갈등 양상이나, 이념적 대립, 혹은 가치관의 갈등 등이 주되게 나타나지 않는다. 물론 안생의 이야기처럼 예외적 경우가 있기는 하다.

당대 군주였던 성종은, 잡록(雜錄)에 대한 관심이 많았던 임금이었다. 이에 당대 훈구파 사대부들은 잡록류(雜錄類)의 기록을 상대적으로 많이 남긴 것으로 보인다. 특히 성현의 형인 성임이 「태평통재」를 발간한 것은 훈구파 사대부들의 잡록(雜錄)에의 관심을 본격화하는 과감한 시도였다. 이후 서거정·성현·김안로·이륙·강희맹·채수 등에 의해 편찬되고 향유된 「태평한화골계전」·「필원잡기」·「용재총화」·「용천담적기」·「청파극담」 등의 잡록(雜錄)들은 이의 계통을 이어온 예들이라 할 수 있다.

이처럼 성종과 훈구파 사대부들의 잡록(雜錄)에 대한 관심은 이후 우리나라 서사문학(敍事文學)의 발전에 많은 영향을 끼친 것으로 보인다. 한편, 조선 전기 훈구파 사대부들을 주축으로 이루어졌던 이러한 잡록(雜錄)에 대한 관심은, 훈구파 사대부들에 대한 사림파 사대부들의 견제가 심해지면서 주춤하게 된다. 이극돈이 「유양잡저(酉陽雜著)」·「태평통재」
등을 성종에게 바친데 대해서 홍문관 부제학 김심(金諶) 등이 탄핵한 사
건이나, 채수가 「설공찬전」을 지은 데에 대해 사헌부에서 계(啓)를 올려
처형할 것을 주장한 사건 등은, 이런 당대의 정치적 판세를 잘 보여주는
예들이다.

참고문헌

고려대 민족문화연구소 편역, 『국역 파한집·용재총화』, 고려대 민족문화연구소, 1964.
민족문화추진회 편역·성현 저, 『용재총화』, 솔, 1997.
이래종 역주·서거정 저, 『태평한화골계전』, 태학사, 1998.

김성룡, 『麗末 鮮初 時運論의 文學觀 硏究』(1993), 서울대 박사학위논문 : 이후 한길사에서 출판됨.
김풍기, 『조선 전기 문학론 연구』, 태학사, 1993.
소인호, 「<설공찬전> 재고」, 『어문논집』 37집, 안암어문학회, 1998.
소인호, 『羅末—鮮初의 傳奇文學 연구』, 고려대 박사학위논문, 1996.
이강옥, 『조선초·중기 일화의 형성과 변모과정 연구』(1993), 서울대 박사학위논문 : 이후 많은 수정을 거쳐 태학사에서 출판됨.
이강옥, 「<용재총화>의 장르 구성과 서술 구조에 관한 연구」, 『구비문학연구』 6집, 한국 구비문학회, 1998.
이래종, 『鮮初 筆記의 전개 양상에 관한 연구』, 고려대 박사학위논문, 1997.
이복규, 「채수론」, 『고전 작가 작품의 이해』, 박이정, 1998.
임형택, 「이조 전기의 사대부 문학」, 『한국문학사의 시각』, 창작과 비평사, 1984.
홍순석, 「용재총화 연구」, 『국어국문학』 98집, 국어국문학회, 1987.

『문학과 교육』 18집, 2001

제3부 국어교육과 교재 개발

새로운 국어 교과서의 개발 전략 탐색

국어 교과서 통합영역 단원 개발의 원리와 실제

고시조 문화정보 시스템 개발의 가능성과 전망

새로운 국어 교과서의 개발 전략 탐색*

1. 서론

학교를 포함하여 교육은 사회의 변화와 무관하지 않다. 사회가 변화하면 인간관에도 변모가 생기게 되고, 이에 따라 교육의 형식과 내용도 달라진다는 것은 오히려 너무나 당연한 현상이라 할 수 있겠다. 장차 그 사회의 주 구성원들이 될 학생들에게 요구하는 사회의 요구와 이에 따른 학생들의 필요가 달라진다는 점은 명확하다. 또한 교과 교육과 관련한 연구 동향의 변화 또한 교육 내용의 선정에 영향을 미친다. 따라서 새로운 교육과정 설계에서는 과거 국어과 교육에 대한 반성과 더불어 교육 내용을 실질적으로 규정할 수 있는 교육 패러다임이 어떤 식으로 변화할 것인지를 예측할 필요가 있다.

그리고 거기에 맞게 교육과정을 개발하고 교과서를 편찬하는 일은 절실히 필요하면서도 중요한 사항이 된다. 원래 교재란 교육과정 목표를

---

* 이 논문은 원래 임칠성(전남대) 교수와 같이 쓴 것이다. 필자가 쓴 부분만 추려낼까 했으나, 글의 통일성과 완성도를 위해 그냥 두기로 한다. 독자의 양해를 바란다.

달성하기 위하여 동원되는 일체의 물리적 표상적 실체를 가리킨다. 그런데 아직까지는 교재 중에서도 교과서가 모든 교재의 중심 역할을 하고 있다. 교과서는 교육과정 목표 및 내용을 상세화하여 교수·학습의 절차와 방법을 염두에 두고 체계화한 교재이기 때문이다(최현섭 외, 2005). 때문에 좋은 교과서를 편찬하는 일은 교육과정의 목표를 달성하는데 가장 확실한 방법이 될 수 있다.

이에 여기서는 예견되는 교육 패러다임의 모습을 세분화하여 예측하고, 거기에 대비할 수 있는 국어 교재관을 기술하고자 한다. 교육과정은 지식의 변화, 사회 여건의 변화, 교육 이론의 발전 등에 따라 끊임없이 바뀌어 간다. 그리고 그 변화의 방향은 사회의 요구를 충족시키는 방향으로 이루어져야 하는데, 그것의 기본은 인간에 대한 존중 의식이 바탕이 되어야 한다. 사실 국어교육에서 중핵적으로 다루고 있는 언어활동은 인간 존중의 가장 기본적이고 중요한 표지라 할 수 있다. 언어활동은 인간을 대상으로 하여 이루어지는 것이며, 상대와 공유하는 지식과 정보의 교환 그 자체가 하나의 삶을 형성해 나가는 것이기 때문이다. 그래서 국어교육의 설계에서 이런 문제는 대단히 중요하게 고려해야 하는 사항이 된다.

2. 예견되는 교육 패러다임과 교재관의 변화

여기서 우리가 우선적으로 주목해야 하는 사항은 21세기 우리 사회의 시대적 특성이다. 특히 21세기는 지금까지 우리가 경험했던 과거의 사회와 비교하여 커다란 질적 차이를 보일 것으로 예견되고 있다. 그리고 그 질적 변화의 한 가운데 지식 정보화가 자리 잡고 있는 것으로 보인다. 과거의 농경 사회나 산업 사회와 달리, 새로운 사회에서는 지식과 정보의 수집, 분류, 보존, 활용 등의 활동이 중요하게 부각되며, 심지어 경제적 부가 가치 활동의 대부분도 여기서 나올 것으로 예측되고 있다.

이렇게 구축된 지식 정보는 개인간 집단간 의사소통의 문제를 넘어서 우리의 삶 전체에 큰 영향을 미칠 것으로 예측되고, 이미 그러한 현상은 시작되었다고 진단할 수 있다. 이는 자연히 교육 패러다임에도 큰 영향을 미친다. 결국 이런 사회에서의 핵심은 그러한 지식 정보를 형성하고 운영할 인간에게 있기 때문이다. 이제 인간은 자연을 객관적인 존재로 인식하는 주체가 아니라 자연과 상호 작용하는 존재로 인식되며, 특정한 환경과 맥락 속에서 의미와 가치를 창조하는 존재가 되었다. 때문에 교육적 패러다임도 이에 맞추어 변화되고, 이를 구체적으로 실현하는 도구인 교재의 성격도 자연스럽게 달라져야 한다.

(1) 소통론적 인식론과 사회·문화적 맥락을 중시하는 교재관

언어를 객관적 대상으로 보지 않고 의사소통의 도구로 보는 관점은 이미 국어교육의 설계에 있어 중요한 위상을 점하고 있다. 이런 관점은 새로운 교육과정에서도 계속하여 유지되거나 강화될 것으로 보인다. 여기서는 주지하다시피 언어의 구조보다는 의사소통적 기능이나 활동을 중요시 여기기 때문에, 문장 단위보다는 두 문장 이상으로 이루어지는 텍스트나 담화(론)를 기본 단위로 인식하게 되고, 그것의 의미는 필연적으로 상황이나 문맥에 의해 결정된다고 보아 사회·문화적 맥락을 중요하게 다루게 된다.

의사소통의 과정은 의사소통의 주체인 발신자, 메시지, 매체, 수용자, 효과, 상황, 송환 등으로 구성된다. 과정의 모든 요소는 중요성을 띠고 있지만, 이것의 교육적 적용에 있어서는 특히 수용자에 대한 관심이 강하게 드러나게 된다. 교육의 주체는 교사, 교재, 학생 등이 있지만, 새로운 교육과정에서는 학습자 즉 학생 중심의 관점을 계속 유지할 것으로 예측되기 때문이다. 여기서 수용자란 발신자가 보내는 메시지를 받게 되는 개인이나 집단을 말한다. 이때 수용자는 발신자의 메시지만이 아니라 발신자의 속성이라든지 매체의 속성에 의한 영향 등도 함께 받아들이게 된다. 또한 여기서 수용자는 자극을 받고 반사적으로 반응을 보이는 것이 아니라, 수용자 내부에 존재하는 여러 선유 요인(태도, 피설득 성향 등)들과 외적 환경(문화, 사회적 지위, 상황 등)의 영향을 받아 그 결과로서 반응을 나타내게 된다(이종철, 1999).

이런 과정 때문에 수용자의 국어 활동은 필연적으로 그를 둘러싼 사회·문화적 맥락의 영향을 받는다. 국어 활동의 기반이 되는 사회적 맥락과 문화적 맥락은 언어의 구조와 의미와 사용 방식에 영향을 미친다. 모든 국어 활동은 특정의 사회적 맥락과 문화적 맥락 안에서 이루어지기 때문에 사회·문화적 맥락 요인은 국어 활동 능력의 학습을 총체적인 관점에서 규정할 수 있도록 해준다(박영목, 2005). 이제 학습자는 교사가 제공하는 지식을 수동적으로 수용하는 것이 아니라, 외부에서 오는 지식을 그가 갖고 있는 사전 지식과 경험을 통하여 이해하고 해석하는 능동적인 존재가 된 것이다. 더구나 국어교육은 모국어를 다루므로 지식보다는 언어를 활용하는 기능이나 그것의 과정 자체가 중요한 역할을 담당하게 된다.

그리하여 교재는 주어진 것이라기보다는 교사와 학습자가 상호 의사소통 과정을 통해 생성하는 것으로 이해되고, 수업 과정도 과제 수행보다 목표 달성 자체에 초점을 두고 이루어진다. 지금까지 국어 교과서하면 학습자들에게 모범이 될 만한 글들을 모아 체계적으로 조직한 것으로 여기는 경향이 있었는데, 지금은 그렇지 않다. 학습자들과 더불어 다양한 형태로 의사소통 과정을 지도하려면 여러 형식의 자료가 필요하며, 필연적으로 인간의 사고 활동 및 언어 현상 모두를 교재로 활용할 수 있는 인식이 필요하게 되었다.

국어교육의 학습자이자 수용자의 국어 활동 능력의 신장에 있어서 사회·문화적 맥락이 중요함은 이미 강조되었는데, 그러면 다음으로 중요한 것은 그것의 구체적인 내용이 무엇인가 하는 것이다. 여기서는 우선 구체적인 내용으로 대중문화와 생활 문화의 도입을 거론하고자 한다.

기존 엘리트 중심의 문화 소비가 붕괴되고 대중화 되면서 자연스럽게 대중문화의 중요성이 부각되기 시작했다. 더불어 정보화 사회가 급격히 형성되면서 매체가 강조되고, 그러한 매체를 통해 생산 소비되는 대중문화의 관심은 이제 교육에서도 피해가지 못할 대세가 되었다. 대중문화가 우리 시대의 지배적인 삶의 양식이며 학습자들의 사고와 행동 양식을 형성하는 데 큰 영향을 미친다는 사실과 열린 교육관으로 대중문화 자체가 교육의 소재와 장이 될 수 있다는 인식, 이 모든 것은 국어교육이 대중문화에 관심을 기울일 만한 충분한 근거가 된다. 이에 새로운 교육과정에서는 대중문화를 국어교육에 도입했을 때 기존 국어교육관과 그 궤를 같이 하면서도 동시에 새로운 발전 방향을 보충하여 제시할 수 있어야 한다(노은희, 2002).

대중문화는 지금 여기의 당대성을 지닌 일상의 문화이다. 따라서 대중문화가 갖는 당대성이나 일상성은 당대의 살아있는 언어문화를 국어교육의 장으로 끌어 들여서 기존 교육이 갖는 언어와 현실과의 괴리를 좁혀 줄 수 있다. 또한 대중문화는 접근 용이성, 일상성 때문에 그것을 매개로 자신과 사회에 대한 성찰적 의미 습득과 주체 형성이라는 배움을 획득하는 좋은 재료가 될 수 있다. 그리고 기존의 교육과정이 인지적인 측면의 발달에 관심을 둔 접근 체계라고 할 때, 대중문화가 현대인의 욕구를 대변하는 생활 문화라는 점은 감성적이고 욕구 중심적인 변화를 교육에서 포착할 수 있는 또 다른 접근법일 수 있다. 이는 정의적인 측면을 점차 강조하고자 하는 국어교육관에 부합하면서 대중문화가 간여할 수 있는 지점이기도 하다.

현 시점에서 대중문화 그 속에서도 일상 문화를 국어 교육의 내용에 적극적으로 반영해야 한다는 것은 더 이상 새삼스러운 일이 아니다. 대중문화 및 일상 문화가 학습자들의 행동방식을 결정하는데 큰 영향을 미친다는 사실, 그리고 그것 자체가 교육의 소재와 장이 될 수 있다는 인식, 이 모든 것이 국어 교육 및 그것의 발현체인 교재에서 대중문화 및 일상 문화에 관심을 기울일 만한 충분한 근거가 된다.

(2) 지식 정보 중심의 문화 환경과 수용자 감수성을 중시하는 교재관

정보화 사회는 학습자들에게 읽고 쓰고 말하기 이상의 언어활동 능력을 요구한다. 특히 과학기술의 급격한 발달로 인하여, 그것의 토대 위에 구성되는 언어활동 능력이 필수적으로 요청되고 있다. 때문에 앞으로의 학습자는 광범위한 영역의 기술적 지식과 이를 체계적으로 활용할 수 있는 비판적이고 창의적인 사고력 등을 통합적으로 구비해야 할 것이다. 이를 위해 구축되어 있는 지식을 단순 형태로 인지하는 능력보다는 수용자 스스로의 필요에 의해 창의적으로 지식을 활용할 수 있는 감수성의 영역, 즉 정의적 능력의 배양이 중요하게 부각된다.

우선 비주얼 문화의 중요성을 들 수 있다. 활자가 언어에 미치는 영향을 과소평가할 수 없지만, 이제는 그 영역을 좀 더 확장해야 한다. '쿠텐베르크 은하계'에서 '미디어 은하계'로의 전환이 신속히 이루어지고 있다. 6차 교육과정에서 큰 규격의 컬러판 교과서가 등장했을 때, 많은 이들의 호평을 받은 것도 이 때문이라 하겠다. 이제는 이런 컬러 인쇄 자체가 기본적인 요소가 되었으니, 디자인 등 다른 요소에 대한 고려가 더욱 중요해질 것으로 보인다. 이와 더불어 텔레비전, 영화 등의 영상문화 더 나아가 시청각을 기본으로 하는 뉴 미디어의 활용 등이 급속도로 보급되고, 그것의 교육적 활용 방안이 국어교육은 물론 기타 교과교육에서도 광범위하게 논의되고 있다.

미디어와 관련된 교육적 양상은 미디어를 이용한 교육, 미디어에 대한 교육, 미디어를 통한 교육으로 나타난다. 미디어 교육의 핵심은 역시 미디어에 대한 교육 즉 미디어 그 자체를 가르치는 것인데, 이것이 국어교육이라는 장으로 편입되면 문제가 좀 복잡해진다. 그래서 현재는 대강 미디어 교육을 수용자로 하여금 다양한 미디어를 해독, 평가, 분석할 수 있는 힘을 키워줌과 동시에, 더 나아가 미디어를 제작 생산하고 미디어 문화를 즐길 수 있는 것을 포함하는 쪽으로 포괄적으로 이야기되고 있다.

현재 국어과 교육과정에서 미디어 교육과 직접적인 관련을 가지고 있는 부분은 일반 선택 과목인 '국어 생활'에서다. 매체의 영향, 매체 자체의 소통 현상 이해, 매체의 텍스트 이해, 매체의 활용 등을 그 교육 내용으로 도입하고 있다. 그러나 국민 기본 공통 과목인 '국어'에서는 미디어 교육에 관한 내용이 없다. 때문에 국어교육의 영역을 재조정한다거나 국어교육을 보는 관점을 확장하지 않고서는, 미디어 교육을 국어과에서 적절하게 실행하는 것에 많은 제한이 있음을 고려해야 한다.

결국 국어교육은 몇 몇 뛰어난 엘리트 양성 코스가 아니며, 한국 국민이면 누구나 공유하고 활용할 수 있는 내용을 다루어야 하는 교과교육이 되어야 함을 전제하는 것이 중요하다. 국민 기본 공통 과목이라는 국어과에 대한 현 교육과정의 과목 분류도 이런 점을 강조하는 것으로 보인다. 때문에 새로운 교육과정의 국어과 교과서도 (분량상이나 내용상으로) 보편적이고 일상적인 내용을 중심으로 편제되어야 함은 오히려 당연한

전북대학교 교과교육연구총서 ❺

일이라 하겠다.

 그리하여, 결론은 기존 독본 중심의 국어 교과서를 탈피하는 것이 새로운 교육과정에서는 피할 수 없는 대세라고 인정된다는 점이다. 국어교사모임의 '우리말 우리글'이 호평을 받는 근본 이유의 하나도 그 내용이 학생들의 생활에 맞추어져 친숙하다는 점과 더불어 세련된 편집이나 인쇄에 있음을 부인할 수 없다. 그러나 컬러로 인쇄되고 표나 그림이 많이 배치되더라도, 기본적인 내용 자체가 기존 독본류의 글에 초점이 맞추어져 있다면, 교재가 학습자들의 흥미를 끄는 매력도를 상당부분 상실할 것으로 예측된다.

 정규 교과서에 비해 '우리말 우리글' 등의 대체 교과서가 주목받는 근본 원인의 하나가 교과서에 실리는 글이나 자료가 하나의 지식으로서 절대적 권력을 가지지 않고, 언제 어디서나 누구에 의해서건 대체될 수 있는 하나의 자료로서 기능한다는 점에 주목할 필요가 있다고 본다. 현실적으로는 많은 어려움이 있을 것으로 예견되나, 이런 견지에서 보면 우선 국어 교과서에 실리는 글을 교육 활동 측면과 자료의 측면으로 나누고, 교육 활동의 언급이 들어 있는 본 국어 교과서의 분량은 줄이고, 특히 자료의 측면에 포함되는 글(예를 들면, 문학 작품들)들은 워크 북 형태의 (지금보다 더 두꺼워지는) 별권의 자료집으로 처리하는 것이 바람직하다고 보인다.

 일선 교사들의 의견을 들어 보면, 현재 국어과 교육과정에서 제일 어정쩡한 형태를 갖추고 있는 것이 '국어 생활'이라는 지적을 많이 한다. 얼핏 보면, 앞에서 말하는 워크 북 같은데, 학습자들이 자유롭게 활용할 수 있는 자료보다는 기능이나 활동을 지시하는 내용으로 되어 있고, 그나마 일반 선택 과목으로 지정되어 있어, 그 정체성도 현실적으로는 불분명한 실정이다. 새로운 교육과정의 교과서 체제에서는 이런 문제점을 해결할 수 있는 교과서 체제 및 편재의 정비에 대한 고려도 매우 중요할 것으로 판단된다.

(3) 자기주도성 교육의 강화와 사회구성주의 교재관

구성주의는 인지 이론의 하나라고 볼 수 있다. 지식이 무엇인지 밝히기 위한 이론이기 때문에 지각과 의식의 내용이나 대상보다는 인식의 방식을 핵심적 탐구 과제로 보며, 그 과정과 영향 및 결과에 주목한다. 구성주의는 경험적 대상으로부터 구성된 지식을 포함하여 그 지식의 획득 과정을 고려하는 이론이기 때문에 한마디로 우리가 가지고 있는 지식은 우리 자신이 구성한 결과로 보는 이론이라고 요약할 수 있다(최영환, 2004).

구성주의 이론에 의하면, 학습자의 언어활동은 의미를 구성하는 과정에 제약을 가하는 언어공동체의 일원으로서 언어활동을 하는 것이다. 따라서 여기서는 언어공동체를 분석의 대상으로 삼으며, 텍스트의 개념을 언어공동체의 담화 관습 및 규칙의 집합으로 규정한다. 이 이론에서는 교사와 학습자를 모두 사회화된 공동체의 일원으로 본다. 그리고 텍스트를 통한 의미구성 능력은 건전한 상식의 계발을 통해 신장되는 것으로 설명하는데, 건전한 상식의 계발은 언어사용 집단으로서의 담화 공동체에 참여함으로써 가능한 것으로 본다(최현섭 외, 2005).

현재 쓰기를 중심으로 교육 현장에 많이 도입되어 있는 사회구성주의도 이런 구성주의와 기본 원리를 공유한다. 때문에 구체적인 교수·학습 방법론에 있어 자기 주도성이 많이 강조되고 있다. 상위인지 이론이 도입되고, 이를 구현하는 방법론들이 개발되고 있는 것도 그 궤를 같이 한다. 때문에 새로운 교육과정하의 교과서도 지금보다도 더욱 학습자 중심의 개별 탐구 학습이나 소집단 활동을 통한 교육 활동에 많은 무게중심을 두어야 함을 알 수 있다.

교사가 중심이 되어 진행하는 국어교육에서는 지식이 교사로부터 학습자에게 전달되는 것으로 보지만, 학습자 중심의 국어교육에서는 학습자가 교사나 동료와 도움을 주고받으면서 스스로 지식을 구성하는 것으로 본다. 때문에 학습 활동도 소집단 활동이나 개별 활동이 강화되는 형태로 나타난다. 새로운 교과서도 이 점에서는 마찬가지일 것이다. 목표를 학습자가 스스로 정하고, 목표를 문제로 전환하여 문제 해결의 과정을 설정하고, 그 해결을 위한 전략을 학습자 스스로 탐색하여 해결하도록 하는 것이 가장 바람직한 교육 방법이며, 이념적으로도 구성주의 교육관을 잘 실현한 것이라는 믿음이 있다. 이런 주장은 극단적인 상황에서는 설득력을 가질 수도 있다. 그러나 학습자 혼자서 과연 이런 방식으로 목표에 도달할 수 있는지 생각해 보아야 한다(최영환, 2004).

활동 중심, 문제해결 중심, 탐구 중심의 학습이 새로운 교육과정에서 중요한 위치를 차지해야 한다는 데에 반대하는 사람은 극히 적을 것으로 여긴다. 그러나 그것이 전적으로 학습자에 의해 이루어진다면 교육이라는 틀 자체가 무의미해 진다. 사실 학습자를 가르치는 일, 학습자가 스스로 학습하는 일은 서로 양상이 전혀 다르다. 때문에 새로운 교육과정에서의 교과서는 이런 모순되는 과정을 적절히 보완하는 모습으로 나타나야 할 것이다. 교사는 학습자가 스스로 학습할 수 있도록 적절한 환경을 제공하는 소극적 입장에 머무는 정도가 아니라, 전문가의 언어 사용 과정을 면밀하게 분석하고 이와 대비하여 학습자의 언어사용 과정을 분석하며, 학습자 스스로 자신의 언어사용 과정을 분석하고 스스로 송환할 수 있도록 도와야 한다. 때문에 새로이 출현할 교과서는 교사 중심, 학습자 중심 등으로 표현되기보다 상호 보완적인 교과서로 불려야 할 것으로 보인다.

교육과정이 교육에 관한 심층적 원리를 제공한다면 교재는 그것을 표층적 대상으로 구체화하는 역할을 한다. 지금까지의 국어교육에서 교재는 곧 교과서를 뜻했고, 교과서는 학습자들에게 모범이 될 만한 글을 모아 놓은 자료집으로 이해되어 왔다. 그러나 최근에 들어 상황이 많이 달라졌다. 교과서가 학습자들의 다양한 사고 및 활동을 자극하고 안내하는 교과서로 바뀌고 있는 것이다. 따라서 기존의 좋은 글 중심의 국어 교과서 체제도 많은 비판을 받게 되었다. 심지어 잘못된 글이나 미완성의 텍스트, 구체적으로 잡히지 않는 학습자들의 개별적 경험까지도 교재로 인식하는 경향이 강화되고 있다. 이에 교과서의 개성화, 개별화 현상이 나타나며, 교과별로 1권씩이라는 틀 자체가 이미 실효성을 잃게 되었다. 하루아침에 제조로서 나타나는 양상을 없앨 수는 없지만, 새로운 교육과정에 등장하는 국어 교과서가 형식이나 내용면에서 기존의 획일성을 탈피해야 한다는 사실은 명확하다 하겠다.

(4) 문식성 환경의 변화와 하이퍼텍스트 교재관

여기서 문식성으로 부르는 리터러시는 원래 문자를 사용하여 메시지를 생산하는 것에 관련된 용어였지만, 다양한 미디어의 등장으로 인해 메시지의 생산 과정에서 무엇인가를 쓰는 행위라는 보다 광범위한 의미로 그 개념이 확장되었다. 문식성의 원형적 의미 가운데 유효한 자질로 남아 있는 것은, 그것이 '기본의 능력'에 관계되는 점이라는 것이다. 즉 문식성이 어떤 분야로 파생되어 나가든지 문식성이라는 말 속에는 '그 분야의 기본 능력'이라는 의미를 지닌다고 할 수 있다. 그리하여 문식성이 '그 분야의 기본적인 지식이나 앎'이라는 의미를 가지게 되면서 더불어 각 분야마다 문식성의 개념이 등장하게 되었다(박인기, 2002). 한편 리터러시가 메시지의 생산이라는 언어적 의미가 아니라 특정한 관점의 지향에 관련된 인식, 감성, 소양 등의 비유적 의미로 쓰이는 경우에는 엄밀한 의미의 리터러시라고 할 수 없다(정현선, 2004).

현대는 이런 문식성 환경이 비교적 잘 갖추어져 있고, 이것은 대단위 데이터베이스 개념으로 구축된다. 때문에 편찬되는 국어 교재는 기본적으로 선조적 구성으로 되어 있고, 그럴 수밖에 없지만, 이를 리터러시 교육이라는 관점에서 활용할 때는 하이퍼텍스트 개념이 도입되고, 교재의 활용도 탈선조적이 될 수밖에 없다. 현대 사회에서 유능한 학습자란 교재의 내용을 페이지 별로 따라 가면서 잘 이해하는 학습자를 가리키는 것이 아니라, 자신이 해결해야 할 문제를 효율적으로 해결하기 위해 교재를 포함한 다양한 환경을 잘 이용할 수 있는 학습자를 말한다.

국어과 교재는 일차 텍스트(국어나 문학 교과서류)를 규범적으로 절대시하는 태도에서 학생들의 실제 경험 영역과 연관된 이차 텍스트를 강조하는 방향으로 유연하게 변화될 필요가 있다(박인기 외, 2000). 이렇게 하면 일차와 이차 텍스트 간의 관계가 문제가 되고, 또 이차 텍스트들간의 상호 관계도 문제로 부각된다. 이의 거멀못이 바로 하이퍼텍스트라는 개념이다. 이를 통해 교재의 다양성과 일관성이라는 두 마리 토끼를 잡을 수 있는 기반을 마련할 수 있다. 우선 우리는 리터러시의 개념과 내용을 다음과 같이 정리할 수 있다.

① 도구 리터러시

도구 리터러시는 미디어의 기술적 측면에 대한 활용, 즉 ICT 활용 능력을 말하는 것인데, 이는 메시지의 생산이라는 차원에서 어느 정도 필요한 것이지만 미디어 교육의 주된 초점이 되는 것은 아니다(정현선, 2004). 이는 다음과 같이 세분할 수 있다.

ㄱ. 컴퓨터 리터러시 : 컴퓨터 작동 방식에 관한 일반적인 이해
ㄴ. 네트워크 리터러시 : 다양한 정보 검색 도구를 이용하여 네트워크
　　로부터 특정 정보를 추출해 내는 능력
ㄷ. 테크놀리지 리터러시 : 사람, 과정, 아이디어, 도구, 조직 등이 포함
　　된 복합적, 통일적인 과정으로 모든 학습 과정에 내재된 문제의
　　분석과 이에 대한 해결책의 제시, 실행, 평가, 조정 능력

② 표상 리터러시

　표상 리터러시는 미디어의 의미 작용에 대한 이해와 생산을 다루는 본
격적인 의미의 미디어 교육을 말하며, 국어교육과 직간접적으로 연결된
다(정현선, 2004). 이는 정보에 대한 비판적 이해 / 생산 능력을 뜻하는 정
보 리터러시 및 시각적 기호에 대한 비판적 이해 / 생산 능력을 뜻하는
비주얼 리터러시를 아우르는 것이다. 이는 다음과 같이 세분할 수 있다.

ㄱ. 정보 리터러시 : 다양한 정보원으로부터 정보를 검색, 분석, 평가,
　　통합, 활용하는 능력
ㄴ. 미디어 리터러시 : 학습자들이 매스 미디어의 속성과 제작기술, 기
　　술의 영향력을 비판적으로 이해하도록 교육하는 것
ㄷ. 비주얼 리터러시 : 이미지의 이해 다양한 미디어 속의 이미지를 이
　　해하고 창조함으로써 효율적으로 커뮤니케이션하는 능력

　국어 활동은 변화하는 언어 사용 환경에 적극적으로 대처할 수 있어야
한다. 이를 위해서는 기존의 문식성 교육에 요구되던 기능이나 전략, 태
도 등에 변화가 수반되어야 하며, 이에 대한 연구나 교육과정상에의 적
극적 반영 노력 등이 필요하다.

　이에 리터러시 교육은 단지 읽고 쓰기라는 인지적 과정만을 강조하는
데서 벗어나, 사회적, 담론적, 정서적 관계망에 주목하면서 이를 토대로
하는 의미협상 과정 및 자아 정체감의 형성에 대해 주목해야 할 것으로

보인다. 이를 위한 보다 실천적인 방안으로 신문, 잡지, 책 등과 같은 인쇄 매체, 텔레비전, 영화 등과 같은 영상 매체, 인터넷을 포함한 멀티미디어의 이해가 국어과 교육과정 및 교재 편찬에 반영되어야 하며(정현선, 2004), 이들의 연결고리로서 하이퍼텍스트라는 개념의 교육적 적용이 중요하게 부각된다.

(5) 언어교육에 대한 다면적 인식과 다원적·확장론적 교재관

교육 내용의 측면에서 볼 때, 언어는 ① 문장 이하의 언어 수준이 아닌 텍스트 혹은 담화(론) 수준의 언어, ② 그 내용 자체가 아닌, 이를 처리하는 학습자의 과정으로서의 성격이 강조되어야 한다. 따라서 자연히 교육 방법의 측면에서는 ① 학습자의 언어적 경험 뒤에 놓여 있는 인지적이고 정의적인 배경, ② 국어 교육의 교수·학습 과정 자체를 중요시 여기게 된다(노명완, 1995).

이렇게 언어교육에 대한 인식이 바뀌게 되면, 듣기나 말하기는 말소리 듣기나 말소리 내기가 아니라 강연이나 연설을 듣고 말하는 것이 된다. 읽기는 문자 읽기가 아니라 글을 읽고 그 내용을 이해하거나 요약하는 것이 되며, 쓰기는 문자 쓰기가 아니라 자기의 생각을 논리적으로 묶는 능력을 가리키게 된다. 그리하여 언어 기능은 단순한 것이 아니라 고등 수준의 기능을 필요로 하는 지적 작용으로 인식되게 되었고, 그 결과 중요한 교육의 대상이 되었다. 현재 교과서를 포함하여 새로운 교육과정에서의 교과서는 이런 인식을 충분히 교육 현장에서 구현할 수 있도록 그 내용이 다원화되고 확장되어야 한다.

전통적으로 교육적인 언어를 진지하게 해명하고자 했던 교육자들은 몇 가지 철학적 방법을 이용할 수 있었다(성기산 역, 1994).

첫째로, 형식주의자는 다른 과학적인 언어와 마찬가지로 교육적인 언어는 완전하게 구별되는 독특한 언어라고 주장하였다. 그러므로 상식적인 단어와 문장을 전문적인 어휘와 구문으로 번역하는 것이 목표이다. 둘째로, 실용주의자들은 교육적인 언어를 인간 행동의 구체적인 결과로 평가해야 한다고 주장하였다. 단어와 문장은 삶의 현실에서 실제로 효능이 있을 때만 의미가 있다. 이런 견해의 결과로 편의적인 행동을 지나치게 강조하게 되었다. 행동을 하게 하는 것이 그 목적이다. 셋째로, 비형식주의자들은 일상 언어에서 단어와 진술이 갖는 의미에 주목했다. 이런 일상 언어 분석가들은 교육적인 언어를 교정하는 방법을 전형적인 언어에서 얻는 상식적 의미의 특성에서 찾을 수 있다고 주장하고 있다. 여기서는 전문적인 언어를 만드는 것이 아니라 혼란을 없애고, 어려운 문제를 풀고, 분석을 통해서 언어적인 문제를 해결하려고 노력한다.

이 중에서 어떤 특정한 입장이 맞다고 결론 낼 수는 없다. 당연히 그 다면성을 인정하고 교재 편찬시에도 그 점이 고려되어야 한다. 하지만 교육 패러다임 변화의 추세를 감안하면, 둘째와 셋째 입장에 좀 더 주목하는 것이 바람직하다. 다음에서 언어교육에서 중요하게 부각될 수 있는 내용을 몇 가지 세분화해서 살펴보자.

① 진술

진술은 인간적인 교제에서 의사소통을 하게 하는 기호나 단어를 배열해 놓은 것이다. 이러한 진술은 사람에 따라 다소 차이는 있으나, 대략 다음과 같이 다섯 가지 정도로 분류할 수 있다. ① 명령과 태도의 진술, ② 경험적 진술, ③ 분석적 진술, ④ 가치의 진술, ⑤ 형이상학적 진술 등이다. 학습자들이 국어교육을 통해 이러한 진술을 상황에 맞게 사용할 수 있도록 만드는 것이 언어교육에서 우선되어야 한다.

② 질문

질문은 학습자가 모르는 사항에 관해 답을 얻고자 교사에게 할 수도 있고, 교사가 학생들이 교육 내용을 어느 정도 알고 있는가를 결정하기 위해서 할 수도 있다. 언어교육이라는 관점에서는 후자가 더 중요하다. 교사의 질문은 그 유형에 따라 세 가지 정도로 나눌 수 있다. ① 이론적 질문. 이 질문은 교사가 학습자들이 이론적 인식을 하게 하거나 평가하는 기능을 한다. ② 특성적 질문. 이는 학습자들이 어떤 것에 관해 어떻게 느끼는 가를 찾으려고 한다. ③ 수행적 질문. 이 범주의 질문에서 교사는 학습자가 어떤 것을 하는 방법을 알고 있는지 아닌지를 알려고 한다. 개개의 상황은 다를지 모르나, 교사가 하는 질문은 항상 수행적으로 작용한다.

③ 대화

질문의 한 형식인 대화는 역사적으로 교육활동에서 중요한 역할을 했다. 대화를 주고받는 것은 궁극적으로 문제를 해결하는데 어떤 형태로든 도움을 준다. 사실 교사와 학습자는 대화자의 관계라 할 수 있다. 대화하는 능력은 일정 시기에 저절로 완성되는 것이 아니라, 장기간의 의식적인 노력을 통해 습득해야 할 고등 수준의 언어 능력이다. 따라서 현대 사회에서 원활한 언어생활을 영위하기 위해서는 대화를 학습할 필요가 있다. 최근 들어서는 실제적인 의사소통 능력이 강조되면서 대화의 필요성이 더욱 증대되고 있다. 때문에 언어교육에서 대화는 지금보다는 훨씬 더 강조될 필요가 있다.

(6) 인문교육의 내적 윤리 고양과 가치론적 교재관

교육은 인간의 문화적 가치를 효과적으로 전수하기 위해 존재하는 것이라 할 수 있다. 이를 크게 인문교육의 이념이라 할 수도 있겠는데, 국어교육은 인간의 가장 기본적인 도구인 언어 그것도 모국어를 다루므로 자연스럽게 인문교육의 중핵 교과로 자리한다. 우리가 무엇을 가리켜 교육적 가치라고 할 때, 그것은 교육의 목적과 목표를 실현 혹은 완성하는 데 필요한 모든 수단을 가리킨다. 그리고 어떤 활동에서의 목표는 다음 활동이 시작될 수 있는 조건이므로, 다시 그것이 수단으로 생각될 수 있다. 이와 같이 교육적 가치라는 개념은 교육 활동을 통하여 성취하고자 하는 모든 것, 최종적인 것뿐만 아니라 수단적으로 생각되는 것까지를 포함한다.

국어교육은 국어에 관한 지식만을 가르치는 교육이 아니라, 표현과 이해를 통하여 '사람됨을 가르치는 교육'이라고 할 수 있다. 언어는 그것이 사용되는 온갖 맥락과 더불어 인간의 다양한 경험적 차원과 상황에 관련되어 있고, 그것이 사용되는 구체적 상황과 더불어 우리의 생각과 욕구와 행동을 표현하고 조직하는 도구로서, 그리고 우리의 행동과 삶을 이끌어 가는 방법으로서의 기능을 한다. 때문에 교과서에 수록된 언어를 교육을 통해 학습자들이 경험한다는 것은, 객관적으로 존재하는 의미의 구조에 적응하는 것만이 아니라, 그것을 수용하여 성장의 내용으로 삼으며, 또한 그것으로 인하여 스스로 성장할 수 있게 하는 힘을 생산하는 것이다.

① 사고력 중심의 국어교육

마음에 관한 교육철학적 접근은 여러 입장을 낳게 하였는데, 이 중에서 교육에 큰 영향을 미친 첫 번째 태도가 루소의 의견이었다. 루소는 학습자들이 자신의 충동과 욕구를 자유롭게 표현할 수 있어야 한다고 믿었는데, 후에 '형식 도야설'을 주장하는 학자들의 비판을 받았다. '형식 도야설'을 주장한 학자들은 특히 교과 교육의 체계를 상당히 강조하였다. 수학은 추론 능력을 계발시키고, 문학은 상상력을 계발시킨다고 믿어 교과의 형식이 학습자의 특수한 능력 향상에 기여한다고 본 것이다. 이는 실제 학교 교육과정을 구성하는데 알게 모르게 큰 작용을 하였다. 현재까지 대부분의 공식 교과서의 내용은 '형식 도야설'을 중요하게 여긴 이들의 교육철학을 구현하고 있는 것이 많다.

최근에는 '사고력'을 강조하는 교육철학이 교육 현장에 많이 도입되고 있다. 듀이, 라일, 폴라니 등의 이름이 언급되지만, 여기서 이를 상세히 다룰 이유는 없다. 국어교육에서도 이런 관점은 이미 주목받고 있다. 기능 중심과 지식 중심의 국어교육관을 비판하고, 그 대안으로 '사고 중심의 국어교육'을 내세우는 것이 그것이다. 사실 교육의 본질적이며 궁극적인 목표중의 하나는 생각하는 힘을 길러주는 것이다(이삼형 외, 2000).

국어 활동은 언어적 표현과 이해로 의미를 텍스트로 그리고 텍스트를 의미로 재구조화하는 것을 말한다. 따라서 국어교육과 사고의 관계는 텍스트의 생산과 이해의 과정에서 나타난다. 이와 같은 과정에 중요하게 작용하는 또 하나의 요소는 상황과 문화적 배경이다. 국어교육이 기본적으로 국어활동 능력을 신장하는 것이 목표이고, 국어 활동의 중심에 있는 텍스트의 생산에 발신자와 수용자의 심리적 작용이 중요함을 고려할 때, 국어교육은 당연히 사고력 중심으로 접근해야 함을 알 수 있다.

사고력 중심의 국어교육에서는 교과서의 모습도 과거와는 달라져야 한다. 사고력 중심의 교과서는 논리적, 비판적, 창의적 사고를 자극할 수 있는 자료와 활동 중심으로 짜여야 한다. 그리하여 텍스트 자체보다 텍

스트로부터 촉발되는 사고 활동을 강조하고, 당연히 구성이나 단원의 조
직에서 학습자 능력 중심 모형을 취하게 된다.

② 국어교육과 문화의 관계망

새로운 교육과정하에서의 국어 교재를 구성하려고 할 때, 반드시 확인
하고 넘어가야 할 애매모호한 용어로 '문화'를 들 수 있다. 이에 관련한
언급을 하는 거의 모든 이들이 개념 사용의 적합성을 강조하면서 출발하
지만, 사용되는 개념틀은 그야말로 그때의 상황에 따라 달라짐을 확인할
수 있다. 무리를 무릅쓰고 논의를 단순화 시키면, 문화를 하나의 실체로
보고 이를 교육 현장에 적용해야 한다는 입장이 있고, 교육 현상 그 자체
를 하나의 문화로 보는 시각이 있다. 근본주의, 본질주의, 전통주의 등으
로 불리는 입장이 전자의 입장이다. 이는 고전 교육 등에 알게 모르게 많
은 영향을 미치고 있지만, 현재 주류적 입장으로 보기는 힘들다. 결국 후
자의 입장이 중요한데, 이는 그 개념폭이 명확하지 않다는 약점이 있다.

우리가 국어를 가르치고 배우는 것은 그 언어에 담긴 그리고 그 언어
를 둘러싸고 있는 사회와 문화까지 이해하고 비판하며 창조할 수 있는
사고와 능력을 기르는 것이어야 한다. 그동안 국어교육은 언어와 언어문
화의 전수에만 주된 관심을 가져 왔는데, 그보다 더 중요한 것은 우리의
언어와 언어문화에 대한 이해와 전수를 넘어서서 그것을 비판하고 새로
운 언어문화를 창조할 수 있는 힘을 함양하고 이를 통해 창조적인 언어
문화 생활을 영위하게 하는 데에 있다(이삼형 외, 2000).

③ 국어교육이 인문교육에서 가지는 위상

새로운 교육과정이 정보 기술 등 현대 사회의 변화를 적극적으로 고려
하면서 개발되는 것과 동시에 국어가 가지고 있는 인문 교육으로서의 관

점도 더불어 고려되어야 한다. 모든 교육은 결국 인간성 교육이라는 문제와 긴밀히 관련되어 있을 수밖에 없다. 인간성의 문제는 그야말로 다양하고 복잡하지만, 결국 인간의 가장 큰 문제는 인간 자신에게 있다. 그리고 동시에 인간성은 (언어)문화에 의해 수정되고 변화될 수 있다는 점을 유념해야 한다. 인간성과 문화 그리고 교육의 개념은 서로 관계가 있고, 바꿀 수 있는 것으로 생각해야만 인간성은 무엇인가 하는 물음에 답할 수 있다(성기산 역, 1994).

인간주의 교육이란 현대적 휴머니즘에 입각한, 인격을 일깨워 주는 교육, 특히 현대 사회의 비인간화 현상을 극복하자는 인간성 지향의 교육의 목표, 내용, 방법, 체제를 총칭하는 하나의 새로운 교육 이데올로기를 말한다(김정환, 1998). 모국어를 중심으로 다루는 국어교육에서 우리는 이러한 문제를 상당부분 다룰 수 있다고 여긴다.

3. 차기 국어교과서 개발을 위한 몇 가지 전략적 접근[1]

여기서 이야기 하고자 하는 실제 교과서 제작에 대한 의견의 핵심은 현실을 반영하여야 한다는 것이다. 교육과정과 교과서를 개정하는 이유는 현실의 반영 때문이다. 그러나 우리 교육과정과 교과서는 현실을 실질적으로 반영하기보다 이전 교육과정과 교과서가 국어 교육의 본질에서 어떤 점이 문제인지를 반성하여 좀 더 본질에 접근하도록 개정하여 왔다고 할 수 있다. 따라서 교육과정은 현실에서 도외시되었고, 교과서는 사

---

1) 이 장은 주로 임칠성(전남대) 교수의 의견을 담은 것이다. 필자는 이후 임칠성 교수와 같이 (주)두산동아에서 국어 교과서를 같이 집필하고 있는데, 참으로 많은 것을 배우고 있다. 이 자리를 통해 특히 사의를 표한다.

서삼경처럼 1차부터 지금까지 경전이 되어 왔다. 이제는 국어 교육의 본질에 대한 근본적 접근보다는 그 인식의 변화와 학생, 교사, 학교의 현실을 반영하여야 한다.

다시 설명하자면, 교과서 제작은 가장 올바른 방법을 택하는 것이 아니라 더 나은 방식을 택해야 한다. 본질적으로 옳고 오류가 없는 교과서가 아니라 현실적으로 더 나은 대안으로서의 교과서이어야 한다고 본다.

(1) 인터넷 등 매체와의 연계

인터넷과 텔레비전을 적극 수용해야 하는 데에는 두 가지 이유가 있다. 하나는 학생들의 언어 매체 환경에서 이 두 가지가 아주 중요한 역할을 한다는 것이어서 학생들의 실제 언어생활 능력을 향상시키기 위해서는 이 매체 언어들을 국어 교육에 적극 수용하여야 한다. 둘째, 전략적인 이유이다. 특히 인터넷은 그 특성상 교육적으로 몇 가지 장점을 가지고 있다. 우선 교사와 학생들이 대부분 접속하여 활용하는 교육의 장치이다.

둘째, 동영상 등 입체 자료를 다룰 수 있고, 많은 자료를 제공하여 교사와 학생이 선택적으로 접근할 수 있다. 교과서는 한정된 지면을 통해 교육의 재료와 방법을 제공한다. 따라서 여러 가지 제약 때문에 제공할 수 없었던 재료와 방법을 인터넷을 통해 제공할 수 있다. '인터넷 연계 교과서'를 만드는 것이다.

인터넷 연계에는 몇 가지 방법이 가능하다. 첫째, 학습 자료의 제공이다. 인터넷 자료를 참고서화하여 교과서와 단원을 동일하게 구성한 다음 각 단원의 학습 자료를 제공한다. 교과서에서 발췌 소개한 글을 온전한 텍스트로 제공하는 것이다. 둘째 글과 관련된 동영상 자료, 신문이나 잡지 자료, 그림 자료 등을 단원마다 제공하는 것이다.

둘째, 학습 방법의 제공이다. 수준에 따라 학습 재료와 방법을 각기 제공하여 교사와 학생이 선택적으로 접근하도록 할 수 있다. 지금 우리 교과서는 수준별 학습 내용을 교과서 자체에 실어 놓았고, 학교 현장에서는 모든 학생이 보충과 심화 학습을 모두 더 공부하고 있다. 교과서에 대한 잘못된 인식 때문이지만 실린 글을 그대로 넘어갈 수 없는 나름의 이유가 있다. 여기에서 수준이란 언어 능력의 수준과 함께 학교별 학생별 특성에 따른 수준을 포함할 수 있다. 예를 들어, 실업계 고등학교를 생각해 보자. 학교 평가에 경험에 의하면, 실업계 고등학교는 현행 고등학교 교재를 거의 이용하지 않는다. 시수도 부족하고 관심 글도 다르고 능력도 부족하기 때문이다. 그래서 국어 시간은 불행히도 기타 시간이 되었다. 실업계 고등학교 학생들 중 취업 학생을 대비한 학습 자료와 방법을 인터넷을 통해 제공할 수 있다.

학습 방법의 제공 중에 교사를 위한 보충 자료 제공이 포함할 수 있다. 현재 에듀넷이나 각 교사의 홈페이지 등에 산재되어 있는 자료들을 단원별로 한 곳에 모아 두는 방법이다. 여기에 동기 유발을 위한 동영상 자료를 제작하여 제공하거나, 학습의 진행에 필요한 자료를 친절하게 제공하여야 한다.

(2) 교과서의 내용적 구분 고려

읽어야 할 단일한 글을 제공하고 그 글에 대한 활동을 제시하고 있는 지금의 교과서 형태는 교사들로 하여금 주어진 단일한 글의 이해라는 전통적인 수업 방식에서 벗어나지 못하고 있다고 판단한다. 따라서 읽어야 할 글을 모아두고 그 글들을 가지고 하여야 할 활동을 학생들이 직접 학습할 수 있는 학습장(워크북) 형태로 제공하는 것이 실질적인 활동 중심, 학습자 중심 교육을 이끌 수 있다고 본다.

읽어야 할 글은 소단원마다 단일하게 제공하는 것이 아니라 대단원을 단위로 한꺼번에 제공한다. 예를 들어, 1920년대 소설과 30년대 소설 5개 정도를 한꺼번에 제공하거나, 동일한 주제의 안내문, 기행문, 연설문, 소설 등을 한꺼번에 제공한다. 학습 활동은 소단원 단위로 제공하는 것이 아니라 7, 8시간의 대단원 동안에 소화해야 할 활동을 대단원 단위로 제공한다. 실제 이러한 학습 활동이 학생들이 사고력을 증진시킬 수 있고, 그에 따라 수능의 언어 영역에도 효과적으로 대비가 된다는 것을 관찰한 경험이 있다. 이러한 방식은 상호텍스트성을 확보할 수 있게 한다.

교사에게 재구성하도록 하라고 하지만 실제 교사는 '교재의 재구성'이라는 말의 의미조차 모르는 것이 일반적인 교사의 모습이거나 재구성하고자 하는 특별한 의지가 없는 것이 현실이다. '재구성한 교재'를 제공할 필요가 있다.

읽어야 할 글을 모든 교재에 원문을 온전히 싣는 것은 불가능하다. 대신 특정한 부분을 발췌하여 제시하고 이를 학생들이 맛보도록 하는 것이 더 현실적이다. 학생들에게 따로 과제를 주어 글을 읽도록 하는 것이 학생들에게 얼마나 많은 부담이 되며 그래서 얼마나 효과적이겠는가 생각해 보아야 한다. 또 학생들에게 과제를 주더라도 발췌한 부분을 미리 읽도록 한 다음 그 전문(全文)을 읽도록 하는 것이 효과적이라고 생각한다.

(3) 현장의 다양한 요구 수용

교과서 제작에 현장 교사를 적극 참여시켜야 할 이유를 세 가지로 정리할 수 있다. 첫째, 교사는 현장에 있는 사람들이다. 둘째, 교사들 가운데는 학교 단위로 혹은 개인 단위로 상당한 학습 자료를 보유하고 활용하는 경우가 많다. 교과서 제작에서 어려운 것 중 하나가 실어야 할 글이 마땅치 않은 경우인데 이를 교사들이 보유하고 있는 자료를 통해 해결할 수 있으리라 생각한다. 특히 인터넷과 연계할 경우 동영상을 비롯한 다

른 매체 자료의 제작 등에 교사나 예비 교사를 적극 활용하는 것이 효과
적이다. 마지막으로, 이제는 선택될 수 있는 교과서를 만들어야 한다. 선
택 여부를 판단하는 중심은 국어 교사들이다. 교사들에게 제작 단계부터
참여하도록 함으로써 선택에서 유리한 입장이 될 수 있다. 교과서를 선
택할 때 자신이 혹은 학교가 제작에 참여한 교과서에 우선 관심을 가지
게 될 것이다.

교사 참여는 세 가지 방식으로 이루어질 수 있다. 첫째, 교사들의 의견
을 반영하는 것이다. 예전처럼 교사들의 심의, 검토를 거치는 것이다. 둘
째, 자료로 사용할 만한 글을 공모하는 것이다. 학교 단위로 3~5개의 참
신한 글을 공모하도록 하여 시상하고, 그 자료들을 교과서나 인터넷에서
적극 활용하는 것이다. 셋째, 앞서 지적한 대로, 인터넷에서 사용할 보충
자료를 제작하거나 제공하도록 하는 것이다.

(4) 다양한 언어문화의 수용

지역의 언어문화를 대단원으로 다룰 필요가 있다. 사회 과목에서는 지
역의 지역과 산업 등(?)을 대단원으로 다루고 있는데 이들의 의도를 생각
해볼 필요가 있다. 특히 지방자치와 관련하여 지역에 대한 관심을 고조
시키고 있는 분위기와 내 골목부터 알아야 한다는 일부 연구자들의 주장
을 의미 있게 받아들여야 한다. 실제와는 다르지만 지방에서는 국어 교
과서가 서울 중심이라고 비판을 한다. 서울 중심이란 서울 학생들의 수
준과 서울의 문화를 주로 반영한다는 것이다.

지역의 언어문화는 지역의 문학, 언어, 언어의 사용 현상 등을 포괄할
수 있다. 지역의 언어문화와 그 교육에 대해서는 아직 연구가 제대로 되
어 있지 않은 것은 사실이지만 연구 부재가 중고등학교의 교과서에서 한
단원으로 다룰 수 없다는 변명이 될 수는 없다. 오히려 이를 통해 지역

언어문화에 대한 연구를 활성화시킬 수 있다. 지역 언어문화를 다루어야 한다면 지금이 시기라고 생각한다. 이미 대체 교과서인 『우리말 우리글』에서 대단원으로 방언 문제를 다루었고, 이에 대한 평가도 대체로 좋은 편으로 조사된다.

(5) 과정 중심의 교육과정 운영

잘 하는 국어 교사들은 수업 수준을 학급의 60%(중하 성적 집단) 정도에 맞추는 것을 알 수 있다. 이들 교사들이 수업 시간에 중점을 두는 것은 사고의 결과가 아니라 사고의 과정이다. 어떻게 해서 그러한 답이 나올 수 있었는가에 초점을 둔다. 그러나 대부분의 교사들은 사고의 과정보다 사고의 결과에 초점을 둔다. 극단적으로 이야기하자면 참고서에 사고의 과정에 대한 해설이 없기 때문이다.

학생 면담을 하여 보면 학생들은 국어 시험에 대한 풀이가 애매하거나 모호한 경우가 많다고 한다. 그럴 경우 가장 먼저 공부 잘 하는 친구에게 묻고, 학원 선생에게 묻고, 그리고 교사에게 묻는다. 그런데 교사의 설명은 오히려 듣지 않는 편이 더 나을 때가 많다고 한다. 내용에 대해 충분히 이해할 수 있도록 설명할 수 있는 수업이 필요하다.

학습 활동은 사고의 결과보다 사고의 과정에 초점을 맞추어야 한다. 그런데 사고의 과정이라는 것이 눈에 보이지 않기 때문에 제시하고 다루기 어렵다. 이런 이유 때문에 국어 공부는 해도 60점 안 해도 60점이 되고 만다. 공부를 해도 성적이 늘지 않는다. 수업 시간에 무언가를 하지만 실제로 무엇을 공부했는지 손에 잡히는 것이 없다.

국어 시간에는 학습 목표에 '효과적으로, 적절하게, 분명하게'가 들어가지만 무엇을 어떻게 하는 것이 효과적인지, 적절한지, 분명한지에 대해서는 구체적이고 실질적이지 못하다. 매우 추상적이다. 그러나 언어 능력은 그것을 가시화 할 수 없다는 것과 수업 시간에 가시화하여 가르쳐야 한다는 것을 구분하여야 한다.

다른 측면에서 교사나 학생 모두 국어 능력의 기초가 부족한 것이 피할 수 없는 현실이다. 국어교육과 학생들에게 문단 나누기를 시켜보거나 주제를 파악하도록 해 보면 학생들은 실제 이런 기초 기능이 거의 안 되어 있는 것을 알 수 있다. 지금 학생들은 국어 기초 능력이 없거나 부진하다. 그럼에도 불구하고 우리는 학생들이 초등학교에서부터 충분히 국어 능력을 쌓아왔다는 것을 전제하고 교과서를 만든다. 교사들도 학생들을 충분히 지도할 수 있는 능력을 갖추었다고 전제한다.

국어 교육의 본질 측면에서는 이상해 보일는지 모르지만 우선은 학습 내용과 목표를 구체적이고 실질적으로 만들 수 있도록 교과서를 제작해야 한다. 국어 능력을 단계화하고 각 단계마다 손에 잡히는 수업이 되도록 해야 한다. 구체적이고 실질적으로 되기 위해서는 사고의 과정에 필요한 행동(구체적인 활동) 지침을 제공해야 한다.

예) 메모하며 읽기 / 듣기
　•학습 목표
　　O : 제시된 메모의 내용과 방법을 적용하여 메모하며 읽을
　　　　수 / 들을 수 있다.
　　X : 적절하게 메모하며 읽을 수 / 들을 수 있다.
　•학습 내용
　　메모의 내용 : 중심 내용, 자기 생각과 느낌
　　메모의 방법 : 중심 내용 메모의 규칙 1, 규칙 2……
　　　　　　　　　생각과 느낌 메모의 규칙1, 규칙 2……
　　중심 내용 파악하기 방법 / 지침
　　　　단계1 : 화제가 무엇인지 파악하라.
　　　　단계2 : 화제에 대하여 어떻게 말하는지 정리하라.

다른 측면에서 학생들의 잘못된 사고의 결과를 토대로 비판적인 토론을 하도록 할 수 있다. 가장 올바른 사고의 결과를 제시하는 것이 아니라 잘못된 학생들의 정리(예를 들어, 잘못된 단락 구분, 잘못된 주제 파악, 잘못된 요약 등)를 여러 가지 두고 어떤 부분에서 어떻게 잘못되었지 하는 사고의 과정을 추적하도록 할 수 있다.

(6) 내용과 기능의 통합

현재 교과서는 대략적으로 다음과 같이 세 가지 종류로 나누어 살펴볼 수 있다.

첫째, 기능 중심의 교과서이다. 5, 6차 교육과정의 중학교 국어 교과서를 예로 들 수 있다. 언어 기능을 익히는 것을 주로 하여 체제를 구성하였다. 특히 지금 교과서는 단일 기능만을 독립적으로 익히도록 하고 있다. 국어 수업에서 삶이 빠졌다는 비판을 받을 수 있다.

둘째, 주제 중심의 교과서이다. 전국국어교사모임의 '우리말 우리 글'을 예로 들 수 있다. 특정 주제를 중심으로 읽고 쓰고 토론하도록 되어 있다. 기능보다는 주제(글 내용의 이해)가 중심이다. 삶에 치중하다보니 체계적인 기능 신장이 어렵다는 비판을 받을 수 있다.

셋째, 주제를 중심으로 하되 기능 신장을 위한 훈련을 제공하는 교과서이다. 선진 외국의 교과서들 중에 예를 볼 수 있다. 특정한 주제를 중심으로 읽고, 쓰고, 토론하되 언어 기능 신장 훈련을 체계적으로 제시한다. 교사의 수업 관리가 어려울 수 있다.

'주제+통합 기능 중심의 교과서'를 설명하자면 이런 식이다. 환경에 대한 설명문, 연설문, 논설문, 환경 주제의 시, 소설 등을 한꺼번에 제시하여 이 글들을 상관하여 읽고, 이에 대해 토론하고, 자기주장이나 설명문을 쓰도록 하는 방식이다. 그런데 여기에 '메모하며 읽기, 메모하며 듣기, 주장의 개요 작성하기, 요약문 작성하기, 중심 내용 파악하기' 등 동일한 성격의 기능을 신장시키도록 하는 것이다. 통합 기능이란 읽기, 쓰기, 듣기, 말하기라는 언어활동 기능의 통합과 메모하기, 요약하기, 개요 작성하기, 중심 내용 파악하기 등 관련된 성격을 지닌 기능의 통합을 의미한다. 주제란 개념적인 것과 함께 비슷한 성격(정서가 유사한 작품들 등)을 포함한다.

4. 결론

지금까지 새로운 국어 교과서의 개발을 위한 전략적 문제를 고찰해 보았다. 교과서 자체가 교육의 모든 과정을 보여주는 것은 아니지만, 그 양상을 전형적으로 보여줄 수 있다는 점에서 중요한 의미를 가진다고 본다. 새로운 교육과정의 국어 교과서는 사고의 과정을 체계적으로 제시하여 그 단계를 따르면 올바른 사고가 될 수 있도록 유도할 수 있는 장치를 제공해야 한다는 것이 논의의 핵심이다.

학교 교육은 수요자의 현실적인 요구와 형편을 반영하는 한편 올바른 교육적인 처치를 제공하여야 한다. 대중가요의 언어나 채팅의 언어를 대중성이나 채팅의 특성에 비추어 판단하도록 하는 장치를 제공할 수는 있지만, 국어 교육이 학생들의 현실적인 언어생활을 향상시킨다고 하여, 대중가요를 곧바로 읽을거리로 싣거나 잘못된 채팅 현상을 그대로 옮겨 놓는 것은 문제가 있다. 학생들이 고전 읽기를 싫어한다고 하여 고전의 고전답지 못하게 제시하거나 고전 제시를 꺼리는 것도 문제가 있다. 딱딱하여 싫어하기 때문에 교육에서는 오히려 이를 경험하도록 하고 익숙해지도록 하는 장치를 제공하여야 한다.

  결론으로 말하자면, 교과서는 교과서다운 모습을 가지되 여기에 현재
의 요구를 적극적으로 반영하자는 것이다. 본질적인 진리에서 더 나은
대안으로 사고의 전환이 있어야 한다고 본다. 이번 교과서는 선택되는
교과서가 되어야 하기 때문에도 더욱 그러하다.

참고문헌

곽병선, 『교육과정』, 배영사, 1983.

김억환 외, 『새로운 교육과정 탐구』, 성원사, 1991.

김정환, 『교육철학』, 박영사, 1998.

김창걸, 『교육과정 및 교육평가』, 교육과학사, 1987.

노명완 외, 『창조적 지식 기반 사회와 국어과 교육』, 박이정, 2003.

노명완 외, 『국어교육학의 이론화 탐색』, 일지사, 1995.

노은희, 「대중문화의 국어교육적 의의」, 『국어교육학연구』 15집, 국어교육학회, 2002.

박영목 외, 『제7차 국어과 교육과정에 대한 비판적 검토와 새로운 교육과정의 방향 설정』, 국어교육학회 발표대회 자료집, 2005.

박인기, 「문화적 문식성의 국어교육적 재개념화」, 『국어교육학연구』 15집, 국어교육학회, 2002.

박인기 외, 『국어교육과 미디어 텍스트』, 삼지원, 2000.

박인기, 『문학교육과정의 구조와 이론』, 서울대학교 출판부, 1996.

성기산 역, 맥시 저, 『미래를 위한 교육철학』, 집문당, 1994.

우한용 외, 『문학교육과정론』, 삼지원, 1997.

이삼형 외, 『국어교육학』, 소명, 2000.

이성호, 『교육과정 개발의 원리』, 학지사, 2004.

이종철 외, 『국어교육학사전』, 대교, 1999.

이홍우, 『교육과정 탐구』, 박영사, 1977.

임칠성, 「중등 국어과 교과서 내용 개발 전략 소고」, 『국어문학』 41집, 국어문학회, 2006.

정현선, 『다매체 시대의 국어교육과 문화교육』, 역락, 2004.

정현선, 「디지털 리터러시의 국어교육적 고찰」, 『국어교육학연구』 21집, 국어교육학회, 2004.

최영환, 『국어교육학의 지향』, 삼지원, 2004.

최현섭 외, 『제2증보판 국어교육학개론』, 삼지원, 2005.

함수곤, 『교육과정과 교과서』, 대한교과서, 2000.

Giroux, 『Curriculum and Instruction』, 1981.

Short, 『Forms of Curriculum Inquiry, 1991.

Walker. Soltis, 『Curriculum and Aims』, Teachers College Press, 1986.

▼『국어문학』 40집, 2005

국어 교과서 통합영역 단원 개발의 원리와 실제

1. 통합의 교육 일반적 근거에 대하여

삶과 배움(학습)이 분리되지 않아야 한다는 교육 철학이 통합의 내적 정당성이라 할 수 있다. 이때의 '삶'은 어떤 성분이나 요소로 분절할 수 없는 성질, 즉 온전한 전체, 즉 우리가 사용해 온 익숙한 용어로 말하면, '총체성'을 기반으로 하는 것이다.

통합의 교육 철학은 교육이 실행되는 구도에서 '인간'을 중시하자는 것이다. 이때의 '인간'은 그가 사는 '현상으로서의 삶'에 의해서 그 실체가 드러난다고 본다. 그렇기 때문에 불가피하게 현상으로서의 삶은 '총체성'을 지닐 수밖에 없다. 바로 여기서 '통합'의 내적 근거를 찾을 수 있는 것이다.

학문으로서의 지식(넓은 의미의 지식, 인간의 정신 작용이 빚어내는 인식의 모

---

1) 이 장은 주로 박인기(경인교대) 교수의 의견을 담은 것이다. 필자는 이후 박인기 교수와 같이 (주)두산동아에서 국어 교과서를 같이 집필하고 있는데, 참으로 많은 것을 배우고 있다. 이 자리를 통해 특히 사의를 표한다.

든 과정과 결과)은 그 자질과 속성에 의해서 엄격한 범주와 계열과 분절의 구조를 지향하지만, 인간의 실존적 삶 속에서는 이 모두가 통합되어 있고, 실제의 학습 속에서 함께 녹아 있다.

교육에서 통합을 지향하는 근거는 인간을 실존의 인간으로 전제하는 데서 비롯된다. 이처럼 현실적 인간을 상정한다는 점에서, 통합의 철학은 일종의 현실주의(리얼리즘) 교육 철학, 또는 현상학적 인식에 닿아 있다고 할 수 있다.

2. 통합의 국어교육적 근거

구조로서 설명되는 언어는 분절적이고, 비연속적인 양태를 지니고 있지만, '사용하(되)는 언어'(혹은 '언어사용')는 통합적이고 연속적이다. '사용하(되)는 언어'는 삶을 반영하고, 삶에 작용하는 언어이다. 앞에서 살핀 대로 '삶'이란, 현상으로서의 삶이란, 인간 실존의 역동성과 총체성을 그대로 반영한 것이다.

따라서 '언어 사용'을 가르치는 국어교육의 한 속성에는 통합성이 강조되어야 한다.

국어교육에서 길러주고자 하는 국어사용 기능은 그 기능의 영역(말하기 / 듣기 / 읽기 / 쓰기)끼리 상호 침투하여 상호 작용함으로써, 온전한 국어사용 기능 발달을 도모할 수 있다. 그리고 실제의 국어사용 상황이 이들 기능영역의 통합 상황으로 나타나고, 작용한다.

국어과 교육과정의 내용을 조직하는 국면에서, 국어교육의 학문적 연구 차원과 교육 수행·실천 차원은 달리 인식되어야 한다. 국어교육의 학문적 연구 차원이 보여주는 엄밀한 하위 범주들이 그대로 국어교육의 수행·실천 범주로 고착 고립되는 것은 바람직하지 않다.

국어교육 내용의 종적 계열 측면에서도 통합은 일정 부분 필요하다. 국어교육은 학습자에게 국어의 지식(Know), 국어사용 기능(Do), 국어에 대한 태도(Be) 등을 가르친다. 이들 교육 내용 단위들은 각기 독립적으로, 그리고 그 안에서 다시 엄격한 내적 논리로 분절되게 가르쳐서 효과를 얻는 경우도 있고, 일정한 연속적 프레임으로 통합되어 가르칠 것을 요구받을 때도 있다.

3. 현 단계 국어교육에서의 '통합' 지향의 흐름들

국어교육을 포함하여 우리 교육은 이론이나 실천 양면에서 공학적 모델들에 의한 영향을 너무 오래 그리고 강하게 받아왔다. 반공학적 발상으로 만들어진 교육 방법들에 대해서도 마침내는 공학적 단계 모형으로 설명하고 실천하는 장면이 연출되는 것이다. 교육 내용 조직에서 '통합'을 요청하는 목소리는 이러한 현상에 대한 각성의 의미를 담고 있다. 국어교육의 현상 또한 예외는 아니다.

국어교육을 향하여, 혹은 국어교육 내부에서 통합의 마인드를 요구하는 흐름은 그 자체로 절대적인 선(善)은 아니다. 통합에 의하여 국어교육의 여러 문제들이 일거에 해결되는 것은 아니라는 것이다. 기본적으로 국어교육의 내용 조직에서 '통합적 지향'은 '분석적 지향'과 호응을 이룸으로써, 그 역할을 제대로 할 수 있는 것이다. 이러한 인식은 교육 내용 조직의 균형과 국어교육학 이론의 발전을 위해서 대단히 중요하다.

그러나 우리 국어교육과정의 전통이 학문 중심의 교육과정에 오래 의존해 있었고, 그 영향이 안으로 잠복되어, 분과 분리의 경향이 아직도 강하고, 기능 교육까지도 명제적 지식 중심의 접근이 상존하고 있는 면이 강하다. 여기에 대한 혁신적 대안으로 '통합'의 관점이 어느 정도 유효한 설득력을 지니고 있다.

국어교육과정에 대해서 '통합의 마인드'를 요청하는 일련의 흐름들은 국어교육 바깥의 정신사적 흐름들과 무관하지 않은 면이 있다. 1980년대 처음으로 등장했던 통합 지향이 있었다. 이때의 통합 마인드는 교육과정의 존재와 작용에 대한 민주적, 실용적 각성(우리의 경우는 지배 이데올로기화와 유관한 면도 있지만)으로 설명되는 면이 있었다. 그 이전까지는 기본 지식을 가르치는 데에도 학교의 능력이 벅차기만 했던 것이 현실이었다. 그것은 우리 국가 사회의 정치적 경제적 수준에 연동되는 것이기도 하였다.

마찬가지 논리로 현 단계의 국어교육과정에 가해지는 통합 지향의 요청들은 2000년대 한국 사회를 둘러싼 정신사적이고도 문화적인 흐름들과 연관을 가진다. 그 흐름들은 '통합'이 처음으로 시도되었던 한 세대 전의 그것들에 비해서 훨씬 더 세계화된 것이고 연속성을 지니는 흐름들이라 할 수 있다. 그만큼 교육적 보편성이 강화된 배경을 가지고 있다는 뜻이 될 수 있다. 그러나 이를 받아들이는 국어교육의 내부 또한 학문적으로나 실천적으로나 더 유연하고 탄력적인 토대를 강화해 왔다고 할 수 있다.

여기에 국어과 교육과정과 관련하여 통합 지향의 흐름을 이루는 배경들을 적시해 본다.

① 생태주의 철학의 대두를 들 수 있다. 교육의 철학에서도 생태주의는 학습자와 현실 세계가 연속적 관련을 맺고 있다는 관점에서 교육의 기획과 실천을 요구한다. 국어과는 언어가 소통의 매체이며, 관계의 수단

이라는 점에서 생태론적 가치를 새롭게 조명 받는다. 일부에서 범교과적인 호응을 받는 '홀리스틱교육'의 등장이 그 예이다.

② 국어교육의 내용을 하위 분과 지향의 구도에서 조직하고 개발해 온 것에 대한 반성은 여전히 유효하다. 교육과정 자체를 학문이나 지식의 구조로 보는 관점들이 빠르게 패러다임 변화를 겪고 있다는 것을 유념할 필요가 있다.

③ 그간 국어과 교육과정의 실질적 지식 권력으로 축을 이루었던 문학주의나 기술적 기능주의가 과도한 자기 확신으로 일관했던 것에 대한 반성이 '통합'의 마인드를 불러일으키게 하고 있다. 실제로 문학주의와 기술적 기능주의가 생산적 협응(協應)을 시도하는 데서 우리 국어교육과정은 질적 발전을 이루어 나갈 것으로 본다. 이는 향후 국어과 교육과정 개발에서 통합의 핵심 과제가 될 것이다.

④ 지난 5차 교육과정이래 국어과 교육과정의 핵심을 이루어 온 '사고력 중심 국어교육'은 아직도 미완성의 단계이다. 이 핵심어는 미래형 국어과 교육과정에서도 여전히 중요한 자리를 차지할 것이다. 다만 사고력 교육 내용의 질적인 면모는 달라질 수 있을 것이다.

'사고력 중심 국어교육'은 언어를 통합의 차원에서 다루지 않고서는 성립될 수 없는 개념이다. '사고력 중심 국어교육'은 기능의 통합과 더불어 다른 교과들을 국어과와 통합시키는 데(또는 다른 교과들을 통합시키는 데) 언어가 어떤 매개 역할을 할 수 있을 것이라는 기대를 가지게 한다.

⑤ 논의가 여기에 이르게 되면, 자연스럽게 국어과의 도구 교과 기능과 그 개념에 변화가 오고 있다는 것을 예상해 볼 수 있다. 이른바 도구 교과에 대한 재개념화가 필요하다는 것이다. 국어교과와 타 교과가 지식과 기능과 전략을 통합하는 데, 언어의 역할이 새로운 도구성 개념으로 등장할 수 있는 것이다. 통합은 그 자체가 교육적 도구이며 내용인데, 그

중요한 몫을 국어과(언어)가 담당하기 때문이다.

⑥ ICT의 발달과 그것의 교육적 적용이 모든 교육활동의 통합성을 강화하는 쪽으로 작용하고 있다. ICT는 단순한 도구적 기술이 아니라, 어떤 교육 내용 변인보다도 강한 영향력을 발휘하게 될 것이다. 통합의 방법과 가능성을 확실하게 개선시켜 주기 때문이다. ICT가 국어교육의 1) 내용을 통합하고, 2) 방법을 통합하고, 3) 내용과 방법을 통합하는 경향은 획기적으로 증대될 것이다.

⑦ 구성주의 영향으로 국어과 교육과정에서의 각종 통합 요청은 증대될 것이다. 후기 구성주의는 국어 학습에서 학습자에게 하이퍼텍스트적인 학습 환경을 학습자의 내면에 끊임없이 구성하도록 요구할 것이며, 이는 통합의 마인드를 강화하고자 하는 에너지로 나타날 것이다.

⑧ 문식성(literacy) 개념의 변이와 확장이 국어교육에 요청하는 요소도 통합의 마인드로 나타나게 될 것이다. 이제 국어교육은 기본 문식성의 개념으로 국어교육 내용을 설계하기에는 현실 환경이 허용치 않게 되었다. 비판적 문식성, 문화적 문식성, 멀티리터러시 등의 개념은 통합의 안목으로 국어교육 내용에 접근할 것을 요청한다.

⑨ 언어교육의 실용성 강조 경향은 계속 증대되고 있다. 실용성이란 현실의 삶 자체에 기반을 두고 이루어지는 교육을 말한다. 가치론적 면에서는 정신과 물질이 조화롭게 교섭하는 가치에 기반을 두고 있다. 앎을 위한 앎이 배제되자면, 앎이 삶 안에서 통합되는 양상을 중시하게 된다. 초등학교에서 국어지식교육은 그런 통합성의 기반 위에서 이루어져야 할 것이다.

⑩ 지난 1990년대 후반부터 국어교육 연구 내의 일정한 담론 현상으로 자리 잡은 것 가운데, 미래형 교육과정 개발의 측면에서 주목해야 할 것 중의 하나가 국어교육의 문화교육적 기능이라는 것이다. 문화교육의

국어교육적 함의에 대해서는 더 정교한 논의가 있어야 하겠지만, 리터러시의 확장과 더불어서 국어교육의 역할 개념에 대한 일종의 재개념화 논의라고 볼 수 있다. 국어교육의 문화교육적 기능 증대는 교육내용의 확산적 통합, 타 교과 내용과 국어교육 내용과의 전략적 통합 등을 예상할 수 있다.

⑪ 평가에서의 수행성 강조는 7차 교육과정과 더불어 대대적으로 강조되었다가 실천 현장에서는 재조정의 과정을 거치고 있는 모습을 보인다. 수행평가는 선진형 교육에 추구해야 하는 바람직한 방향이다. 그런데 이 수행평가야말로 교육과정 내용 조직에서의 통합 지향 마인드와 강하게 결부되어 있다. 수행 그 자체가 학습자의 총체적 능력을 통합적으로 드러나게 하는 데서 이루어지는 것이기 때문이다.

문제는 지난 시기의 우리 수행평가가 교육과정 차원에서 '통합'의 준칙과 호응되지 않도록 기획되었다는 데 있기도 하다. 따라서 미래형 국어교육과정(교과서)은 수행평가나 수행적 활동을 통합의 개념을 통하여 접근하는 지혜가 필요하다.

⑫ 교육과정의 지역화는 미래형 교육과정(교과서)에서는 더욱 강화될 것이다. 특히 현 시점에서 우리나라의 경우는 지역화가 정치적 경제적 당면 과업으로 등장하고 있다. 국가 통합의 한 조건처럼 의미를 부여받고 있는 것이 현실이다. 교육과정의 지역화란 달리 말하면, 교육과정 내용의 '지역 현장성(Here & Now ; 지금 여기)'을 중시하자는 것이다. 현장성은 '현상'에 대한 체감적(Here & Now) 이해를 전제로 하는 것이다. 전술한 대로 '현상'이란 총체성의 자질로 실체화가 되는 것이며, 그것은 통합의 메커니즘을 필연적으로 수반하게 된다.

4. 국어과 통합 교재(단원)의 개발 준칙

① 통합을 별개의 새로운 교재 구성법으로 인식할 필요는 없다. 모든 단원은 통합의 기제 위에서 조직된다. 현재의 교과서도 통합을 조직 목표로 하지 않았다 하더라도, 통합의 구도로 조직된 것이다. 단원을 만든다는 것 자체가 통합의 형식을 띠는 것이다.

② 통합의 거시 전략을 마련하고 적재적소에 사용하도록 훈련해 두라. 가설 수준에서 다음과 같은 통합 전략을 설정할 수 있다. 전략 간 다소 중복되는 것이 있을 수 있다. 교재 전체의 디자인 차원에서는 통합 전략 간의 통합도 있을 수 있다.

- **주제의 통합** : 특정 토픽이나 테마를 축으로 다양한 국어교육 내용(언어현상 및 자료) 이 상호 호응되어 조직되는 양태의 통합
- **경험의 통합** : 특정 범주나 목표에 연계되는 경험들을 통합하여 그 자체를 교재의 질료로 삼으려는 양태의 통합. 이때의 경험은 학습 소재론적 수준, 동기론적 수준, 활동론적 수준이 모두 포괄된다.
- **목표의 통합** : 지나치게 분절된 목표분류학이 지니는 한계를 극복하기 위한 전략이다. 목표의 레벨을 조정하는 능력이 있어야 한다. 심미성 자체를 목표로 하는 문학교육에서는 과감한 시도가 가능하다.
- **기능의 통합** : 기능 목표들이 고립적으로 다루어 가르치는 것을 극복하려 할 때 사용할 수 있다. 분류된 기능들 간의 관계를 잘 파악할 때 이러한 전략 사용이 가능하다.
- **가치의 통합** : 언어적 경험이나 언어생활에서 가치의 연속성을 경험하도록 교육 내용을 조직하려 할 때, 사용할 수 있는 전략이다. 가치의 통합은 일상의 삶의 경험이나 문학 경험에서 도출될 수 있다.
- **활동의 통합** : 분절 고립된 활동이 실제의 능력 신장에 적용되지 못하는 경우, 사용할 수 있는 전략이다. 활동 내부의 하위 활동들을 연속성 있게 한 프레임으로 조직해 주는 방식이 있고, 그야말로 이질적으로 보이는 활동을 필요한 연결 상황에 따라 하나의 마당에서 조직해

주는 방식이 있을 수 있다.

- **상황의 통합** : 언어적 학습 활동은 대체로 특정의 언어 상황을 전제로 한다. 그런데 이들 상황이 작위적이고 부분적일 때, 활동 자체도 작위적이 되기 쉽다. 대체로 연극적 기제나 방법을 국어교육에 적용함으로써 상황의 통합을 기할 수 있다.
- **장르의 통합** : 기왕의 장르론에 기대는 국어과 교육 내용 조직이 지나치게 장르의 형식면에 기울어, 교육적인 전이와 활용이 이루어지지 못하였다. 언어 기능 목표나, 주제 목표를 기준으로 다양한 장르(장르 현상)들이 상호 호응되어 조직되는 양태로 통합한다.
- **지식의 통합** : 국어과 교육 내용으로서의 지식을 효과적인 하이퍼텍스트 체제로 접하고 학습하게 해 주려는 의도를 전략화 한 것으로, 지식의 통합 자체는 정보화 시대의 일반적 학습 패턴이 될 것이다.
- **교과의 통합** : 국어과(언어)를 중심으로 다른 교과의 내용을 적절하게 통합 배열 조직하는 방식이다. 저학년 단원에서는 성공적으로 운영한 경험이 있다. 다만, 교과라는 경직된 틀에서 벗어나려는 노력을 국어 쪽에서 시도해 보도록 한다.
  교과와 교과의 틈새에 있는 교육 내용을 언어를 중심으로 새롭게 개발함으로써, 교과의 구도 자체에 변화를 기하는 성과를 기대할 수 있다.
- **계열의 통합** : 모든 교육과정 내용은 영역이나 목표마다 그 나름의 계열을 가지고 있다. 이를 우리는 '단계'라는 이름으로 불러오기도 했다. 이들 단계의 고정역을 해체하거나 변형함으로써 효과를 얻을 수 있도록 조직되는 양태의 통합

③ 통합이 상대적으로 더 가능한 교육 내용과 그렇지 못한 교육 내용을 전체적으로 파악하여 통합의 타당성을 높여라.

④ 기능 영역들을 통합(횡적 통합)할 것인지, 한 기능 영역 내의 내용 계열을 통합(종적 통합)할 것인지를 먼저 결정하라.

⑤ 단원 내에서 기본 원리 학습이 이우어지는 부분과 통합의 전략이 시도되는 부분을 구분하라.

⑥ 평가 활동 부분에서 더 많은 통합적 전략을 구사하도록 하라.

⑦ 통합적인 교육 내용 조직을 시도하고, 그 운용 과정을 임상적으로 반드시 검증하라.

5. 교과서 내용 통합의 방법

이상에서 살핀 바와 같이 구체적으로 통합 영역을 구성하고자 할 때 가장 현실적인 개발은 세 가지 방법으로 이루어질 수 있다.

첫째, 교과서를 이용한 통합교육과정의 개발이다. 교과서는 교육과정을 구현하는 가장 영향력 있는 교수·학습 자료로서, 학교 수준의 통합교육과정 개발에서 가장 첫 출발점은 교과서를 통합적으로 재구성해 보는 것이 된다. 본 논의도 여기에 가장 큰 관심을 보인다.

둘째, 교육과정을 이용한 통합교육과정의 개발이다. 교육과정의 통합적 재구성은 교과서 내용을 다루어야 하는 한계에서 벗어날 수 있다는 이점이 있다. 여기서는 국가 수준 교육과정의 교과별 내용을 분석하여 관련 있는 내용을 찾아서 통합하고, 그에 따라 교수·학습 내용 자료를 새롭게 만들어 보게 된다.

셋째, 학교재량 시간 운영을 위한 통합적인 성격을 지니는 코스/단원의 개발이다. 학교 재량 시간은 교과나 특별 활동의 보충이나 심화에 이용될 수 있으며, 학교의 필요나 학생의 요구를 반영하기 위하여 범교과 학습에 충당할 수도 있다.

여기서는 우선 첫째의 방법에 주목하여 그 내용을 구체적으로 살피고 단원 개발에 원용하고자 한다.

여기서 말하는 교과서 재구성이란 교과서의 내용을 어떤 원칙에 의하여 변경시키는 것을 의미한다. 그러나 교과서에 이미 구체적인 교육내용이 예시되어 있고, 이들은 나름대로의 체계를 가지고 있다. 그러므로 교과서의 내용이나 순서를 변경하는 일은 구체적인 것이 주어져 있지 않을 때와 비교하여 제약이 많을 수밖에 없다. 또한 이러한 재구성을 맡게 될 교사 집단이 교과서 재구성에 필요한 지식과 기술을 모두 갖추고 있다고 볼 수 없으며, 이를 위해 별도의 시간을 할애할 수 있는 것도 아니다. 때문에 본 논의에서는 새로운 교과서 개발에 있어 이러한 통합의 문제가 교과서에 이미 반영되어 있는 형태로 개발하자는 제언을 한다.

교과서를 재구성하는 방식은 다음 두 가지로 구분된다. 첫째, 학생들의 능력차에 따라 교과서 내용의 난이도를 조정하여 재구성하는 방식으로 수준별 교과서 재구성이라 불린다. 이러한 방식은 교과의 구분은 그대로 둔 채, 교과별로 교과서에 제시되는 교육 내용의 예들을 학습자들의 학습 능력에 맞도록 제시하여 학습의 효과를 높이려는 데에 교과서 재구성의 의의를 둔다. 둘째, 두 교과 이상의 교과서 내용을 서로 관련지우는 재구성 방식으로, 통합의 방식에 따른 교과서 재구성이라 불린다. 이러한 재구성 방식은 교과서 내용이 교과별로 전개될 때 이러날 수 있는 문제점을 해소하려는 데에 교과서 재구성의 의의를 둔다.

통합의 방식에 따르는 교과서 재구성은 교과들간의 공통된 소재를 중심으로 단원을 재구성하는 통합 방식을 취한다. 이런 방식ㄷ은 다음과 같은 이점을 갖는 것으로 생각된다. 첫째, 보다 다양한 활동을 포함하므로, 학습자들로 하여금 보다 재미있게 학습하도록 하면서 교과서의 내용을 충실하게 가르칠 수 있다. 둘째, 기존 내용을 중심으로 통합 단원을 구성하므로, 학부모, 학생, 교사에게 심리적 안정감을 줄 수 있다. 셋째, 통합의 대상이 되는 각 교과의 교과서 내용이 교사들에게 익숙해져 있으므로, 통합에 대한 경험이 없는 교사들도 쉽게 접근할 수 있다.

　　이러한 교과서 내용 통합의 절차는 유형에 상관없이 다음과 같이 4단계로 이루어진다.

- 예비단계 : 팀 구성 및 교과별 지도 계획표 작성
- 1단계 : 통합단원의 학습내용 결정
- 2단계 : 통합 단원의 단원 계획
- 3단계 : 학교 교육과정 조정

참고문헌

강현석 외 역, 『통합교육과정의 이론과 실제』, 양서원, 2003.
김대현 외, 『교과의 통합적 운영』, 문음사, 1997.
이성호, 『교육과정 개발의 원리』, 학지사, 2004.
이영만, 『통합교육과정』, 학지사, 2001.

1. 중학교의 경우[1]

단원명 : 정겨운 우리 옛이야기

■학습목표

• 우리 고장의 옛날이야기 속에 담겨진 조상들의 삶의 모습과 언어의
  특징을 이해할 수 있다.
• 우리 고장 옛날이야기의 가치를 알고 즐겨 읽는 태도를 가진다.

■읽기 전에

• 동물과 관련된 옛날이야기 중 알고 있는 것을 다른 친구들에게 이야
  기해 봅시다.
• 애완 동물을 키워 본 경험이 있습니까?
그런 경험이 있다면 다음 내용을 중심으로 그 경험에 대해 이야기해
봅시다.
　-키워본 경험이 있거나 혹은 키우고 싶은 동물에는 어떤 것이 있습니까?
　-나는 그 동물을 어떻게 대했습니까?
　-애완 동물과 함께 있어 즐거웠던 적은 언제입니까?
　-애완 동물 때문에 고생을 한 적은 언제입니까?

■본문

전라북도 임실군 오수면에 사는 중학생 슬기는 학교 특별활동시간에
이야기반에서 활동한다. 오늘은 특별활동시간에 이야기반 친구들과 함께

---

1) 이 부분의 연구는 여지영(섬진중) 선생님의 도움을 받았습니다.

우리 고장에 전해오는 옛날이야기를 직접 듣기 위해 마을 회관으로 가기로 했다. 녹음기와 녹음테이프, 메모지와 필기구, 사진기를 각자 나누어 준비하고, 가는 길에 음료수와 과자를 조금 사가지고 마을 회관으로 향했다.

마을 회관에 계시던 할아버지, 할머니들께서는 모처럼 찾아온 승희와 승희 친구들을 반가운 손님처럼 맞으셨다가 옛날이야기를 해달라는 말에 손을 내저으시면서 난처해 하시고 웃기만 하셨다. 그러던 중 주위분들의 권유로 할아버지 한 분께서 오수 의견 이야기를 들려주셨다. 승희와 친구들은 그 때의 상황을 기록하고 할아버지의 이야기를 녹음하고 구연 장면을 사진으로 찍은 후 학교로 돌아와 할아버지의 이야기를 다시 듣고 정리한 후 느낀 점을 이야기 하였다.

다음은 할아버지의 구연을 다시 듣고 정리한 내용이다.

옛적으 (남원에?) 짐개인[2]이란 사람이 있었다. 이 사람언 개럴 한 마리 키우고 있었넌디 이 개럴 이뻐허고 헝께 개도 늘 쥐인얼 따러댕겼다. 한번언 가을날인디 짐개인언 이웃 동네 친구네 집이 가서 거그서 술얼 많이 먹고 집이로 돌아오넌디 그만 술에 대취히서 질갓이[3] 누어서 잤다. 그런디 들판에 불이 나서 가을풀이라 차꼬[4] 타서 이 사람이 자고 있넌 디로 타 들어오고 있었다. 개넌[5] 불이 타 들어옹께 쥐인얼 깨울라고 짖기도 허고 이 사람 옷얼 물어 잡어댕기기도 히도 쥐인언 일어나지 안힜다. 그렁께 개넌 먼 디 있넌 내깔에[6] 가서 몸에다 물얼 적서가지고 와서 쥐인이 자고 있넌 자리으 사방의 풀에다 물얼 뿌려서 축여 놨다. 이러니라고 내깔꺼지 수십 번얼 왔다갔다허니라고 히서 그만 기진맥진

---

2) 김개인
3) 길가에
4) 자꾸
5) 개는
6) 냇가에

히서 그만 죽고 말었다.

짐개인이넌 실컨 자고 술기운도 깨고 히서 눈얼 떠 봉게 사방언 풀이 타 버렸넌디 지가 누은 자리넌 풀이 타지 않고 축축히 추져[7] 있고 개넌 옆에 죽어 있었다. 짐개인언 이것얼 보고 그렇게 된 것얼 깨달었다. 지가 자고 있넌디 들불이 나서 타 들어옹게 개넌 저럴 살릴라고 물얼 몸에 묻혀다가 풀얼 축여서 못 타게 히서 저럴 살려 놓고 개넌 물 묻혀각고 왔다갔다허니라고 그만 기진맥진히서 죽은 것이라고 깨닫고 개으 쥐인 위하넌 충성심에 그만 감동허고 개럴 잘 묻고 묏얼[8] 써주고 그 옆이다 짚고 댕기던 지팽이럴 꼽아 놨다. 이 지팽이서 싹이 나서 지금언 큰 나무가 됐다. 이 개 무덤이 있고 나무가 있넌 디럴[9] 오수(獒樹)라고 부르고 있다.

―1927년 김제고등보통학교 金明鎬

슬기 : 아! 우리 고장 이름이 그 때부터 '오수'라고 불리었구나.
　　　'오수(獒樹)'가 한자로 '개오'(獒)자에 '나무수'(樹) 자니까 오수의
　　　지명은 김개인이 개무덤에 꽂아둔 나무에서 유래된 거로군.
재민 : 근데 이 이야기가 진짜 있었던 일일까? 오수에서는 매년 오수의
　　　견제를 열어 애견 전시회도 하고 여러 가지 행사를 하잖아. 나도
　　　오수의견제 때 원동산에서하는 백일장 대회에 나갔었는데
민주 : 그런데 할아버지 말씀을 잘 못 알아 듣겠어. 일단 들리는 데로 받
　　　아 적긴 했는데
보라 : 할아버지가 방언을 너무 많이 사용하셔서 그래
　　　그래도 어떤 내용인지는 알겠는데…… 만약에 할아버지께서 표
　　　준어로 이야기를 들려주셨더라면 어땠을가?
민주 : 음 별로 재미가 없고 실감이 덜 났을 것 같아. 우리 고장 이야기
　　　라는 생각도 안들고 난 우리 고장 방언으로 이야기를 들으니까
　　　구수하고 친근한 느낌이 들어서 더 좋았어.
슬기 : 임실군 홈페이지에서 오수 의견 이야기를 찾아보니까 거기에는

---

7) 적셔
8) 묘를
9) 곳을

표준어로 되어 있었어. 할아버지께서 들려주신 이야기하고 대체
로 비슷하지만 아주 똑같지는 않아.

■ 내용학습

1. 이야기반 친구들이 우리 고장의 이야기를 듣기 위해 '듣기 전', '이
   야기를 들으면서', '이야기를 들은 후' 어떤 활동을 하였는지 찾아
   봅시다.

2. 할아버지가 들려주신 오수 의견 이야기를 사건 전개에 따라 간략히
   정리해 봅시다.

   김개인이 개를 데리고 이웃 동네로 놀러 나간다 → 친구들과 술을 마
   시다 몹시 취해 길에 누워서 잠이 들었다. → 들판에 불이 나서 부근에
   번진다. → 개는 가까운 냇가에 달려가 온몸에 물을 흠뻑 묻혀 잔디를
   적시는 것을 반복하다 힘이 빠져 주인 옆에서 죽고 만다. → 사건의 전
   말을 알게 된 김개인은 개를 묻어주고 그 옆에 지팡이를 꽂아 둔다. →
   지팡이가 싹이 돋아 큰 나무가 되어 그 곳의 지명을 오수라 부르게 되
   었다.

■ 목표학습

1. 할아버지께서 들려주신 이야기 중 우리 고장에서는 잘 쓰지 않거나
   이해하기 힘든 단어나 문장 표현이 있으면 찾아봅시다.

   짐개인, 질갓이, 개럴, 형께 ……

2. 다음은 임실군 홈페이지에 있는 오수 의견 이야기입니다. 할아버지
   가 이야기반 학생들에게 들려주신 이야기와 어떻게 다른지 비교해
   봅시다.

義犬碑

所在地 : 任實郡 獒樹面 獒樹里
提報者 : 심병국(男, 任實郡 獒樹面 獒樹里)

　오수의 지명이 전해주듯 이곳은 충심 있는 개의 이야기로 유명하고 이 이야기는 교과서에까지 수록될 정도이다. 지금도 오수리 시장 내 원산동 공원에는 의견비가 서 있어 주인을 위해 죽어간 개의 충혼을 위로하고 있다. 지금부터 1천여 년 전 신라시대 거령헌(오늘날의 지사면 영천리)에 김개인이라는 사람이 살고 있었다. 그는 개 한 마리를 기르고 있었는데 개를 몹시 사랑하였으며 어디를 다닐 때면 항상 데리고 다녔다.

　먹을 때도 같이 먹고 그림자처럼 따라 다니면서 생활하였고 개도 그를 충심으로 따르기 시작하였다. 그러던 어느 해 이른 봄, 그는 개를 데리고 장이 선 오수로 놀러 나갔다. 그런데 그는 너무나 술을 좋아하여 친구들과 어울리다 보니 날이 저물었다. 그는 몹시 취한 채 개를 데리고 집으로 가다가 몸을 가누지 못하고 그만 잔디밭에 쓰러져 깊은 잠에 빠지고 말았다. 김개인의 개는 주인이 잠에서 깨어나기만 기다리며 쪼그리고 앉아 주위를 살피면서 지키고 있었다.

　헌데 때마침 부근에서는 들불이 일어나 가까이까지 번져오고 있었다. 개는 주인을 입으로 물고 밀면서 깨우려고 온갖 지혜를 다 짜냈다. 그러나 이런 안타까운 일이 어디 또 있으랴! 한번 술에 취해 골아떨어진 주인은 주위의 불길도 아랑곳없이 깨어날 줄 몰랐다. 뜨거운 불길이 점점 주인 옆까지 번져오자 개는 불을 끌 수가 없음을 깨닫고 가까운 시냇가로 쏜살같이 달려가 온몸에 물을 흠뻑 적셔 와 잔디 위에 구르기 시작했다. 수십 수백 번을 이렇게 왔다갔다 하여 잔디는 물에 젖고 싸늘함을 느낀 주인은 깊은 잠에서 깨어났다. 그러나 힘이 쑥 빠진 개는 주인의 옆에 쓰러져 죽고 말았다.

　주위를 둘러보고 사건의 전말을 알게 된 김개인은 몸을 바쳐 자기를 구해준 개를 부여안고 크게 슬퍼하였다. 주인은 개를 장사 지낸 뒤 이곳을 잊지 않기 위해 개의 무덤 앞에 평소 자기가 지니고 다니던 지팡

이를 꽂아 두고 이 자리를 떠났다. 얼마 후 지팡이에 싹이 돋기 시작하더니 하늘을 찌를 듯한 느티나무가 되었고 그때부터 그 나무를 이름 지어 오수라 했으며 이 고장의 이름까지 되었다. 그 개의 충정을 길이 기념하기 위해 건립했던 의견비는 문자마저 마멸되어 버렸으며 지금의 의견비는 1955년 4월 8일 다시 세운 것이다. 비록 한낱 미천한 개이지만 불에 타죽기 직전에 주인을 구하고 자기의 생명을 버렸다는 의견 이야기는 교육적인 면에서 그 가치가 높이 평가되어야 하겠고, 오늘날 같이 물질문명의 발달로 도덕적 윤리관념이 타락해가는 세대에서 우리 마을의 개의 이야기를 전국 각지에 알려 그 뜻을 교훈삼아야 할 것이다.

3. 옛날이야기를 조사하는 방법에는 이야기반 친구들처럼 직접 조사하는 방법과 책이나 인터넷 등을 통해 간접적으로 조사하는 방법이 있습니다.

  직접 조사를 할 경우에는 마을의 어른들께 여쭈어 보는 방법이 있고 간접적으로 조사를 할 경우에는 지역에서 발간된 지방지(도지, 시지, 군지 등)와 각 지역의 문화원에서 발간하는 향토 자료, 구비문학 연구자들이 수집한 자료 모음집 등이 있고 각 시, 군의 인터넷 사이트를 방문하여 설화 자료를 조사할 수도 있습니다.[10)]

  적당한 방법을 선택하여 우리 고장에 전해 오는 옛날이야기를 조사하여 봅시다.

4. 우리 고장의 큰 나무나 바위, 산성, 연못 등에는 관련된 이야기가 전해 오는 경우가 많습니다. 다음 이야기를 읽고 도깨비가 보를 쌓은 이유를 찾아보고 이처럼 우리 고장의 지역물 중 관련된 이야기가 있는 것을 더 찾아봅시다.

---

10) 임실군의 경우 http://www.imsil.go.kr에서 '문화관광' → '문화유적' → '우리 고장 전설'에서 임실군 설화를 찾을 수 있고 임실군 홈페이지 첫 화면 우측 하단에서 '오수의 개 이야기' 동영상을 볼 수 있습니다.

- 도깨비가 쌓은 보

　청주에 가면 지게바위 보뜰11)이 있지. 들의 논이 수백 석지기여. 그런디 거기서 그 보를 막으려면은 돈이 숱허게 들어가거든. 그런데 그 한 노인이 들에를 갔다가설랑 무슨 참 도장을, 워디다 쓰는 건지 들에설랑은 주섰는디 하두 이상스러우니께 그 노인이 그걸 가지구 왔어. 가지구 왔는디 하, 그날 저녁에 도깨비들이 그냥 수십면이 와서, 그 도장은 지가 잃어버린 건디 워티게 샌님 달라구 자꾸 그러거든.

　"샌님이 뭐든지 원하는 것이 즈이덜이 해드릴 테니께, 그건 즈이덜이 잃어버린 거니 좀 달라구요."

　그러니께, 노인네가 하는 소리가,

　"내 너희들한테 한 가지 부탁할 것이 있다."

　그래 뭐냐구.

　"이 들, 이 보를, 이걸 막자면 이거 해마두 돈도 많이 들어갈 뿐만 아니라 욕을 많이 보니 그래 너희 재주가 좋다니 이 보 좀 막아준다면 내가 도장을 주마."

　아, 그래 걱정 말라구. 그럼 보 막아놓구서 오면 도장 준다구.

　아, 하루 저녁 가만히 방에서 보니께 불이 번쩍거리구 아, 강변이 야단이 났는디, 아 그 이튿날 다 막았다구 도장을 달라구 하거든.

　"아, 내가 가서 봐야지 보지 않구서야 도장을 맘대루 내줄 수가 있느냐? 가보니께 모래를 슬슬 긁어모아서 애들 장난한 것 같이 했더랴.

　"아, 저거 안 터지냐?"

　"아, 걱정 마슈. 안 터집니다."

　그래 도장을 줬단 말여. 줬는디 그 뒤 아 암만 장마가 져두 장(늘) 그렇다는 얘기가 있어. 그 도깨비 조화루다가서. 도깨비두 그렇게 조화를 부리는 모양여.

■ 적용학습

- 이야기반 친구들이 김 할아버지께 들은 이야기를 요약해 보고 요약한 이야기를 우리 지역 방언으로 바꾸어 다른 친구에게 말해 봅시다.

---

11) 봇물을 이용하여 농사 짓는 들

- 현대 사회에서 오수 의견처럼 자신을 희생하여 남을 구한 이야기를 찾아봅시다.
- 충성심이 많은 개를 소재로 한 다른 이야기를 더 읽어 보고 오수의 의로운 개 이야기와 공통점과 차이점을 찾아봅시다.

	플랜더스의 개	명견 래시	하치 이야기
이야기의 줄거리			
결말			
오수의견 설화와의 공통점			
오수의견 설화와의 차이점			

■ 생각 넓히기

- 누군가를 위해 희생을 하는 것이 반드시 옳은 일일까요?

  내 개인의 행복과 다른 사람의 행복 중 여러분은 어느 것을 선택하는 것이 옳다고 생각합니다.

  다음의 두 가지 기사를 읽고 각자의 의견을 말해 봅시다.

〈기사 1〉

  이수현 3주기, 이수현 3주기, 꺼지지 않는 추모 열기

  [KBS TV, 2004. 01. 27. 10 : 42]

앵커 : 일본에서 지하철 선로에 떨어진 취객을 구하려다 숨진 이수현 씨 기억하실 겁니다.

  벌써 3년이라는 시간이 흘렀지만 일본에서는 그 추모열기가 식지 않고 있습니다.

도쿄에서 김혜례 특파원이 전해 왔습니다.

기자 : 3년 전 오늘 살신성인을 실천한 고 이수현 씨 추모 한일합동행사가 또다시 뜨거운 관심을 모았습니다.

2년을 탈상으로 여기는 일본에서 3주기 추모식은 그만큼 이례적
인 것으로 받아들여지고 있습니다.

홍일식(추모사업실행위원회 한국 측 위원장) : 개인주의, 이기주의로 치
닫고 있는 현대 물질문명 속에서의 일본 국민의 의식을 이수현
군의 희생을 통해서 바꿔보고자 하는 그런……

기자 : 노무현 대통령과 고이즈미 총리도 추모사를 통해 이수현 씨의 숭
고한 뜻을 기렸습니다.

다케우치(일본 측 위원장) : 해마다 이수현 씨의 교훈을 되새김으로써 한
국과 일본이 더욱 가까운 나라가 된다고 생각합니다.

기자 : 한일 양국 예술인들의 추모공연에 이어 이수현 씨 어머니의 영상
편지가 공개되면서 300여 명의 참석자들은 눈시울을 붉히기도 했
습니다.

이수현 씨의 의로운 희생 이후 일본에서는 철로에 떨어진 사람을 구
하는 사례가 늘어나는가 하면 이수현 씨를 기리는 추모콘서트나 책이
발간되기도 했습니다.

야스쿠니참배나 독도문제 등 최근까지도 불거져나오고 있는 한일간
의 여러 가지 문제 속에서도 이수현 씨는 변함없이 한국과 일본의 우호
를 증진하는 가교 역할을 것으로 보입니다.

도쿄에서 KBS뉴스 김혜례입니다.

〈기사 2〉

역무원 '고귀한 희생' 외면 비정한 세태

[경향신문, 2003. 07. 25. 22 : 54]

한 철도공무원이 플랫폼 안전선 밖에서 위태롭게 놀고 있던 어린이
를 구하고 자신은 달려오던 기차에 치여 발목을 절단당하는 살신성인을
했다.

하지만 철도공무원 덕분에 목숨을 구하게 된 어린이와 그 보호자는
사고 기차를 타고 그대로 떠나버렸으며 철도공무원의 안위를 묻는 연락
조차 없어 비정한 세태를 실감케 하고 있다.

25일 오전 9시9분쯤 서울 영등포구 경부선 영등포역에서 열차운용팀

장 김행균 씨(42)는 오전 9시 서울역을 출발해 부산으로 가는 새마을호 제11호 열차가 영등포역에 정차하기 위해 진입하는 순간 하행선 플랫폼 중간 안전선 밖으로 나가 놀던 10살쯤의 어린이를 목격했다.

김씨는 곧장 달려가 이 어린이를 홈 안쪽으로 밀쳐냈다. 하지만 김씨는 이 순간 기우뚱하면서 몸의 중심을 잃고 선로로 떨어졌고 반대편 플랫폼 방향으로 탈출하다 때마침 진입하던 열차를 피하지 못해 사고를 당했다.

목격자 서혜림 씨(45·여)는 "열차가 진입하는 순간 어린이가 안전선 안쪽으로 들어가는 걸 보고 한 역무원이 달려가 아이를 밀쳐낸 뒤 균형을 잃고 선로로 떨어졌다"고 말했다. 김씨는 정신을 잃고 쓰러져 한강성심병원으로 옮겨졌으나 왼쪽 다리 발목과 오른쪽 발가락 일부가 잘리는 중상을 입었으면서도 의식을 회복하자마자 "아이는 어떻게 됐나요"라고 물은 것으로 전해졌다.

김씨는 이어 봉합수술 전문인 신촌 연세병원으로 옮겨져 오후 1시 30분부터 6시간 30분 동안 왼쪽 발목 접합 수술을 받았다. 오른쪽 발가락은 접합이 불가능해 봉합만 했다. 의료진은 "김씨가 왼쪽 다리가 10cm쯤 짧아져 절게 될 것 같다"며 "목발에 의지해 걸을 수 있을지 여부는 2주 가량 지나야 알 수 있고, 신경치료와 오른발 피부이식 등을 위해 1년 이상 치료받아야 한다"고 밝혔다.

철도청은 김씨가 목숨을 구한 어린이와 보호자가 부산행 새마을호 승객일 것으로 보고 사고 열차와 역 구내에서 오후 1시26분 사고기차가 종점 부산역에 도착할 때까지 안내방송을 했지만 문제의 어린이와 부모를 찾지 못했다.

1979년 국립철도고를 졸업한 뒤 부산진역 수송원으로 철도공무원 생활을 시작한 김씨는 지난 4월부터 영등포역 열차운용팀장으로 일해왔다.

철도청은 김씨의 부상정도에 따라 계속 근무하도록 하거나 업무 수행이 불가능할 경우 공상자로 처리, 홍익회 등에서 일하도록 할 계획이다.

김씨 동료들은 "김팀장은 평소 자신이 맡은 일에 대해 남달리 사명감이 투철했다"고 안타까워했다.

— 김중식·허유신 기자, whynot@kyunghyang.com

　다음의 세 작품을 감상한 후 공통적으로 사용된 언어의 특징을 찾아봅시다. 그리고 그러한 언어의 사용이 각 작품 속 화자의 목소리와 관련하여 어떤 문학적 효과를 얻고 있는지 생각해 봅시다.

〈시 1〉
　마당은 비뚤어졌어도 장구는 바로 치자[12]

　환장허겄네 환장허겄어
　아, 농사는 우리가 쎄빠지게 짓고
　쌀금은 저그덜이 편히 앉아 올리고 내리면서
　며루 땜시 농사 망치는 줄 모르고
　나락도 베기 전에 풍년이라고 입맛 다시며
　장구 치고 북 치며
　풍년잔치는 저그덜이 먼저 지랄이니
　우리는 글먼 뭐여
　신작로 내어놓웅게 문뎅이가 먼저 지나간다고
　기가 차고 어안이 벙벙혀서 원
　아, 저 지랄들 헝게 될 일도 안된다고
　올 농사도 진즉 떡 쪄먹고 시루 엎었어
　아, 입은 비뚤어졌어도 말이사 바로 혀서
　풍년만 들면 뭣헐 거여
　안되면 안되어 걱정
　잘되면 잘되어 걱정
　풍년 괴민이 더 큰 괴민이여
　뭣 벼불고 뭣 벼불면 뭣만 남는당게
　재주는 곰이 부리고 돈은 뙤놈이 따먹는 격이여
　아, 그렇잖혀도 환장헐 일은 수두룩허고
　헐 일은 태산 겉고 말여

12) 김용택, 『섬진강』, 창작과비평사, 1985

생각허면 생각헐수록
이갈리고 치떨리능게 전라도 논두렁이라고
(…중략…)

〈민요 2〉
어사용 – 어사랑이[13]
1993. 1. 8. 경상군 와촌면 대동 1리 / 천태함(남, 1914)

나비야 청산 가자
가다가 저물거든
꽃밭에라도 자고 가재이
꽃이 푸대접 하거든
낙엽엔따나[14] 자고 가자
저 건네 저 묵밭은[15]
거년에도 묵던만은[16]
금년에도 또 묵었네
인부직이라[17] 묵었는강
저부직이라[18] 묵었는가
날과 같이 묵었구나
구야

〈소설 3〉
순이삼촌 일부

"조캐, 참말 이럴 수가 이싱가?"
삼촌의 눈에선 눈물마저 글썽거리고 있었다. 무슨 일일까? 나는 영문

---

13) 김헌선, 『한국 구전민요의 세계』, 지식산업사, 1996, 491면.
14) 낙엽에서라도
15) 묵밭 : 갈지 않고 묵혀둔 밭
16) 묵던만은 : 묵더니마는
17) 인부직 : 인부족(人不足)
18) 지부직 : 지부족(地不足)

도 모르고 가슴이 섬찟했다.

"아니, 무슨 일이 있었어요? 여기 앉아서 자초지종을 애기해 보세요."

평소에 순이삼촌 앞에서는 고향말을 써야지 하고 생각하던 터라 무의식중에 툭 튀어나온 서울말이 무척 민망스러웠다.

"동네 사람들이 날 숭보암서라. 새로 온 민기네 집 식모는 밥 하영(많이) 먹는 제주도 할망(할미)이엔 소문나서라."

"아니, 누게가 그런 쓸데없는 소릴 헙디가?"

"허기사 고향서 궂은 일, 상일을 허멍(하면서) 보리밥 한 사발 고봉으로 먹던 버릇 때문에 아명(아무리) 밥을 적게 먹젱 해도 공기밥 먹는 조캐네들보다사 하영 먹어지는 게 사실이쥬. 사실이 그렇댄 해도 밥하영 먹는 식모옌 사방팔방에 놈(남)한티 소문내는 벱이 어디 이시니?"

나는 순간 눈망울이 확 더워지면서 눈물이 핑 돌았다. 삼촌보고 밥 많이 먹는 식모라니. 이런 모욕적인 언사가 도대체 어디 있단 말인가. 나도 분통이 터져 견딜 수 없었다.

"누게가 그런 말을 헙디가? 어디서 들읍디가?"

그러나 삼촌은 치맛귀로 눈물을 찍어낼 뿐 통 대답을 하지 않았다.

"민기 어멍(엄마)이 그런 말을 헙디가? 어디 말해 봅서. 요 아래 희야네 가게서 그런 말을 헙디가? 꼭 밝혀내서 혼을 내사 허쿠다. 혼저(어서) 말해 봅서."

그러나 삼촌은 여전히 대답을 하지 않았다. 그래도 내가 붉으락푸르락 화를 내는 것에 다소 위안을 얻었는지는 몰라도 삼촌은 더 이상 따져 들지 않고 그만 물러갔다.

아내가 그런 말을 했나? 설마 하니 아내가 그런 희떠운 언동을 할 경박한 여자일까? 혹시 민기놈이 희야네 가게에 군것질하러 갔다가 그런 못된 말을 했을지도 모른다. 아니, 다섯 살짜리 숫기도 없는 녀석이 어떻게 그런 당돌한 말을 해? 그러나 '밥 많이 먹는 제주도 식모'라고 말했을 리는 없지만 밥 많이 먹는다는 말을 누가 해도 했을 것이다. 이런 의심이 좀처럼 풀리지 않은 채 저녁 늦게 돌아온 아내를 맞고 보니 자연히 말다툼이 벌어졌다. 내가 전에 없이 치를 떨며 화를 내는 꼴을 보고 놀랐던지 아내는 결혼 후 처음으로 내 앞에서 눈물을 보였다. 나는 격양된 어조로, 시부모 없이 시집살이를 면하더니 시댁 어른을 대하는 게 도무지 버릇없다고 질타했던 것이다. 하여간 아내가 그런 말을 했고 안 했고 간에, 그 날 밤 나는 아내가 순이삼촌 앞에서 어떻게 처신해야 할지를 내딴에는 톡톡히 보여준 셈이었다.

밥을 좀 많이 드신다고 해서, 누구나 건져 내버리는 배추국의 멸치를 잡수신다고 해서, 잘 통하지 않는 사투리를 쓴다고 해서 그게 어째 흉이 된단 말인가. 시골에 혼자 먹고 살 만큼은 농토도 있고 남을 빌려주고 온 오막살이지만 집도 있는 분이었다. 말 그대로 서울 구경할 겸 해서 우리 집 일을 도우러 오신 분을 흉보다니, 아내의 태도가 우선 글러 먹었다. 순이삼촌이 하는 사투리를 아내는 알아듣지 못했다. 이해해 보려고 애쓰는 것 같지도 않았다. 저게 무슨 말이냐는 듯이 고개를 돌려 나를 바라볼 때 나는 나 자신이 무시당한 것처럼 얼굴이 붉어지는 것을 느껴야만 했다. 그건 신혼 초에 아내가 무슨 일로 호적 초본을 뗐다가 제 본적이 남편 본적인 제주도로 올라 있는 당연한 사실을 가지고 무척 놀란 표정을 지었을 때 내가 느낀 수치심과 비슷한 것이었다. 이렇게 사투리를 알아듣지 못하는 아내 앞에서 순이삼촌의 처신은 어떻게 해야 옳은가? 그저 말수를 줄이고 시키는 말만 고분고분 따르는 수동적인 입장을 취할 도리밖에 더 있는가.

그날 이후 나는 여태 막연히 기피증 현상으로만 나타나던 고향에 대한 선입견을 대폭 수정하기로 했다. 삼촌의 존재가 나에게 늘 고향을 의식하게 해 준 셈이었다. 서울 생활 십오 년 동안 한번도 써 보지 못하고 묵혀두었던 사투리도 쓰기 시작했다. 고향말은 주로 삼촌하고 얘기할 때만 썼지만 민기놈에게도 사투리를 꽤나 많이 가르쳐 주었다. 그렇다. 나는 내 아들이 허여멀끔한 아내를 닮아 빈틈없이 서울내기가 되어가는 것이 딱 질색이었다. 에미를 닮아선지, TV를 너무 봐선지, 다섯 살 나이에 벌써 안경을 써야 할 지경으로 눈이 나쁜 녀석, 아내는 피아노를 가르쳐 줄 계획이지만 나는 녀석에게 투박한 고향 사투리를 가르치고 싶었다. 아들놈마저 제 애비의 고향을 외면할 수는 없는 일이었다. 그렇다. 서울말 일변도의 내 언어생활이란 게 얼마나 가식적인 억지춘향식이었다. 그건 어디까지 표절인생이지 나 자신의 인생은 아니었다.

■ 심화학습

다음의 신문기사19)와 행사 포스터를 보고 오수의견 이야기의 사실성과 허구성에 대해 생각해 봅시다.

〈신문기사〉
불속에 잠든 주인 구하고 죽은 忠犬
임실 '오수義犬' 설화는 사실?
2005. 3. 30 동아일보

불 속에서 잠든 주인을 구하기 위해 강물을 몸에 적셔 오가다가 지쳐 죽은 충견(忠犬)에 얽힌 '오수의견(獒樹義犬)' 설화는 사실일까.

전북 임실군 오수면 오수리 원동산(園東山)에는 이 개를 기리기 위해 세운 것으로 추정되는 비(碑)가 있다. 높이 218cm, 상단 폭 98cm, 하단 폭 96cm로 대형 비다. 이 비의 건립 시기와 비문은 밝혀지지 않았으나 주민들은 이 비를 오수의견비로 부르고 있다. 마을 이름 '오수'도 큰 개가 죽은 자리에서 자란 나무라는 뜻이다.

마모된 오수碑 탁본 연구
개문양—시주자 명단 확인

최근 전북역사문화연구소(소장 이동희 예원예술대 교수)는 이 비의 실체를 추정할 수 있는 학문적 연구 결과를 내놓았다. 이 연구소는 전라금석문연구회의 탁본을 토대로 이 비를 연구한 결과 앞에는 개 문양이, 뒤에는 비를 세운 사람들의 명단이 있다고 밝혔다.

이 연구에 참가한 이철량(한국회화) 전북대 교수는 "앞면의 탁본에서 개가 뒤집어져 있는 모양이 보이는데 주민들이 생각한 오수견과 흡사하다"고 말했다. 석공 김옥수 명장은 "비에 개 문양을 새긴 게 아니라 원래 개 문양이 있는 돌로 비를 세운 것"이라고 설명했다.

뒷면에는 대시주 김방질동(大施主 金方叱同), 금물대시주 김여산(金物大施主 金如山) 등 65여 명의 이름이 새겨져 있다. 손환일 한국학중앙연구원 책임연구원은 "이들은 비를 세우는 데 출자한 사람들로 이 정도면 오수 지역민 대부분이 참여한 것"이라고 추정했다.

19)『동아일보』 2005년 3월 30일 기사.

오수의견비의 건립 시기는 대체로 고려시대로 추정된다. 손 연구원은 △통일신라나 고려시대에 사용된 육조체(六朝體) 서체 △고려시대부터 이용된 원수형(圓首形)의 비 모양 등으로 미루어 이같이 밝혔다.

특히 고려 문인 최자(崔滋)가 1254년 펴낸 보한집(補閑集)이 오수의견 설화를 다루고 있어 귀중한 문헌 자료가 되고 있다고 연구소 측은 밝혔다.

전북역사문화연구소는 다음달 22일 임실군 오수면 오수공원에서 오수의견 설화와 비를 주제로 학술대회를 개최한다.

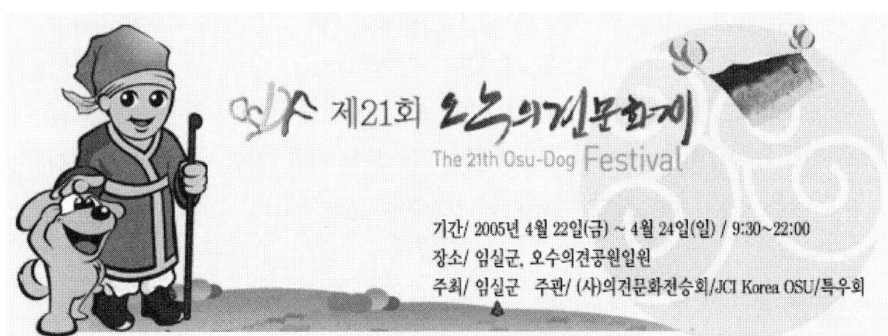

오수의견제 안내 포스터

공식행사	문화행사	공연행사	기획전시부대행사
김개인생가지터울임	명견선발대회	예원대학교특별공연	향토음식 발굴대회
백일장사생대회	수렵견 선발대회	FM 여성시대 공개방송	어린이 체험행사
	경견대회	섬진강가요제. JTV공개방송	페이스 페인팅
	애견 장기자랑	청소년댄스 페스티벌	애견사진 콘테스트
	의견선발대회	임실군특산품 전시관	
•	썰매견 마차	애견산업전시관	
	캐릭터 상품제작		
	애견용품 디자인공모	•	•
	애견 무료 건강센타		

2. 고등학교의 경우[20)]

단원명 : 춘향전의 재창조

국어과의 목표는 '언어활동과 언어와 문학의 본질을 총체적으로 이해하고, 언어활동의 맥락과 목적과 대상과 내용을 종합적으로 고려하면서 국어를 정확하고 효과적으로 사용하며, 국어 문화를 바르게 이해하고, 국어의 발전과 민족의 언어문화 창달에 이바지 할 수 있는 능력과 태도를 기른다'라고 규정하고 있다.

이와 같은 성격과 목표는 문학 교육에서 가장 잘 실현될 수 있다. 문학은 언어를 제재로 한 예술이므로 언어의 조탁이 필수적이다. 이와 같은 문학 작품은 다양한 국어사용 상황에서 활용하는 능력을 길러 주며, 정확성, 적절성, 효율성, 창의성을 갖춘 국어사용 능력을 향상시키는 데 기여한다.

[자료 1] 판소리 〈춘향가〉, 고전소설 완판본 춘향전 〈열녀춘향수절가〉

춘향이 저의 모친 음성을 듣고 깜짝 놀래어

"어머니 어찌 오셨소. 몹쓸 딸자식을 생각하와 천방지방(天方地方) 다니다가 낙상(落傷)하기 쉽소. 일후일랑은 오실라 마옵소서."

"날랑은 염려말고 정신을 차리어라. 왔다."

"오다니 뉘가 와요."

"그저 왔다."

"갑갑하여 나 죽겠소. 일러 주오. 꿈 가운데 님을 만나 만단정회하였더니 혹시 서방님께서 기별 왔소. 언제 오신단 소식 왔소. 벼슬 띠고 내려온단 노문(路文) 왔소. 답답하여라."

"너의 서방인지 남방인지 걸인 하나가 내려왔다."

"허허. 이게 왠 말인가. 서방님이 오시다니 몽중에 보던 님을 생시에

---

20) 이 부분의 연구는 임희종(전주 신흥고) 선생님의 도움을 받았습니다.

본단말(인)가."

문틈으로 손을 잡고 말 못하고 기색하며

"애고 이게 누구시오. 아마도 꿈이로다. 상사불견(相思不見) 그린 님을 이리 수이 만날손가. 이제 죽어 한이 없네. 어찌 그리 무정한가. 박명하다 나의 모녀. 서방님 이별 후에 자나 누(우)나 님 그리워 일구월심 한이더니 내 신세 이리 되어 매에 감겨 죽게 되는 날 살리려 와 세시오."

한참 이리 반기다가 님의 형상 자세 보니 어찌 아니 한심하랴.

"여보 서방님. 내 몸 하나 죽는 것은 설운 마음 없소마는 서방님 이 지경이 왠 일이오."

"오냐 춘향아. 설워 마라. 인명이 재천인데 설만들 죽을소냐."

춘향이 저의 모친 불러

"한양성 서방님을 칠년대한(七年大旱) 가문 날에 갈민대우(渴民待雨) 기다린 들 나와 같이 자진(自盡)턴가. 심은 나무(가) 꺾어지고 공든 탑이 무너졌네. 가련하다 이내 신세 하릴없이 되었구나. 어머님 나 죽은 후에라도 원이나 없게 하여 주옵소서. 나 입던 비단 장옷 봉장 안에 들었으니 그 옷 내어 팔아다가 한산세저(韓山細苧) 바꾸어서 물색 곱게 도포 짓고 백방사주 긴 치마를 되는대로 팔아다가 관, 망, 신발 사드리고 절병, 천은비녀, 밀화장도, 옥지환이 함 속에 들었으니 그것도 팔아다가 한삼(汗衫), 고의(袴衣) 불초(不肖)찮게 하여 주오. 금명간 죽을 년이 세간 두어 무엇할까. 용장, 봉장, 빼닫이를 되는대로 팔아다가 별찬(別饌) 진지 대접하오. 나 죽은 후에라도 나 없다 말으시고 날 본 듯이 섬기소서. 서방님 내 말씀 들으시오. 내일이 본관 사또 생신이라. 취중에 주망(酒妄) 나면 나를 올려 칠 것이니 형문 맞은 다리 장독(杖毒)이 났으니 수족인들 놀릴손가. 만수운환(漫垂雲환) 흐트러진 머리 이렁저렁 걷어 얹고 이리 비틀 저리 비틀 들어가서 장폐(杖斃)하여 죽거들랑 삯군인 체 달려들어 둘러업고 우리 둘이 처음 만나 놀던 부용당(芙蓉堂)의 적막하고 요적(寥寂)한 데 뉘어 놓고 서방님 손수 염습(殮襲)하되 나의 혼백 위로하여 입은 옷 벗기지 말고 양지 끝에 묻었다가 서방님 귀히 되어 청운에 오르거든 일시도 둘라 말고 육진장포(六鎭長布) 개렴(改殮)하여 조촐한 상여 위에 덩그렇게 실은 후에 북망산천(北邙山川) 찾아갈 제 앞 남산 뒷 남산 다 버리고 한양성으로 올려다가 선산 발치에 묻어주고 비문에 새기기를 수절원사춘향지묘(守節寃死春香之墓)라 여덟자만 새겨 주오. 망부석(望夫石)이 아니 될까. 서산에 지는 해는 내일 다시 오련마는 불쌍한 춘향이는 한 번 가면 어느 때 다시 올까. 신원(伸寃)이나 하여주오. 애고 애고 내 신세야. 불쌍한 나의 모친 나를 잃고 가산을 탕진하면 하릴없이 걸인 되어 이집 저집 걸식타가 언덕 밑에 조속조속 졸면서 자진하여 죽게 되면 지리산 갈가마귀 두 날개를 떡 벌리고 둥 덩실 날아 들어 까옥까옥 두 눈을 다 파먹은들 어느 자식 있어 후여 하고 날려 주리.”

애고 애고 설이 울 제

어사또

“울지 마라. 하늘이 무너져도 솟아날 구멍이 있느니라. 네가 나를 어찌 알고 이렇듯이 설워하느냐.”

작별하고 춘향 집에 돌아왔지.

춘향이는 어둠침침 야삼경에 서방님을 번개같이 얼른 보고 옥방에 홀로 앉아 탄식하는 말이

“명천(明天)은 사람을 낼 제 별로 후박(厚薄)이 없건마는 나의 신세 무슨 죄로 이팔청춘에 님 보내고 모진 목숨 살아 이 형문 이 형장 무슨 일 (인)고. 옥중고생 삼사삭에 밤낮없이 님 오시기만 바라더니 이제는 님의 얼굴 보았으니 광채없이 되었구나. 죽어 황천(黃泉)에 돌아간들 제왕전 (諸王前)에 무슨 말을 자랑하리.”

애고 애고 설이 울 제 자진하여 반생반사(半生半死)하는구나.

어사또 춘향 집에 나와서 그날 밤을 새려 하고 문안 문밖 염문할 새 길청에 가 들으니 이방 승발(承發) 불러 하는 말이

“여보소. 들으니 수의도(繡衣道)가 새문 밖 이씨라더니 아까 삼경에 등롱불 켜 들고 춘향모 앞세우고 폐의파관(弊衣破冠)한 손님이 아마도 수상하니 내일 본관 잔치 끝에 일습(一襲)을 구별하여 생탈없이 십분 조심하소.”

어사 그 말 듣고

“그놈들 알기는 아는데.”

하고 또 장청(杖廳)에 가 들으니 행수, 군관 거동 보소.

“여러 군관님네 아까 옥거리(獄巨里) 바장이는 걸인 실로 괴이하데. 아마도 분명 어사(인)듯하니 용모파기(容貌把記) 내어 놓고 자세히 보소”

어사또 듣고

"그놈들 개개여신(箇箇如神)이로다."

하고 현사(縣司)에 가 들으니 호장 역시 그러하다. 육방(六房) 염문 다 한 후에 춘향집 돌아와서 그 밤을 샌 연후에 이튿날 조사(朝仕) 끝에 근읍(近邑) 수령이 모여든다. 운봉영장(雲峰營將) : , 구례, 곡성, 순창, 옥과, 진안, 장수 원님이 차례로 모여든다. 좌편에 행수, 군관 우편에 청령, 사령 한가운데 본관은 주인이 되어 하인 불러 분부하되

"관청색(官廳色) 불러 다담(茶啖)을 올리라. 육고자(肉庫子) 불러 큰 소를 잡고, 예방(禮房) 불러 고인(鼓人)을 대령하고, 승발 불러 차일을 대령하라. 사령 불러 잡인을 금하라."

이렇듯 요란할 제 기치, 군물(軍物)이며 육각풍류(六角風流) 반공에 떠 있고 홍의홍상(紅衣紅裳) 기생들은 백수(白手) 나삼(羅衫) 높이 들어 춤을 추고 지화자 둥덩실 하는 소리 어사또 마음이 심란하구나.

"여봐라 사령들아. 너의 원 전에 여쭈어라. 먼 데 있는 걸인이 좋은 잔치에 당하였으니 주효(酒肴) 좀 얻어 먹자고 여쭈어라."

저 사령 거동 보소.

"어느 양반이건데, 우리 안전님 걸인 혼금(혼禁)하니 그런 말은 내도 마오."

등 밀쳐내니 어찌 아니 명관(名官)인가. 운봉이 그 거동을 보고 본관에게 청하는 말이

"저 걸인의 의관은 남루하나 양반의 후예인 듯하니 말석에 앉히고 술잔이나 먹여 보냄이 어떠하뇨."

본관 하는 말이

"운봉 소견대로 하오마는."

하니, 마는 소리 후 입맛이 사납겠다. 어사 속으로

"오냐. 도적질은 내가 하마. 오라는 네가 져라."

운봉이 분부하여

"저 양반 듭시래라."

어사또 들어가 단좌하여 좌우를 살펴보니 당상의 모든 수령 다담을 앞에 놓고 진양조가 양양할 제 어사또 상을 보니 어찌 아니 통분하랴. 모 떨어진 개상판에 닥채 젓가락, 콩나물, 깍두기, 막걸리 한 사발 놓았구나. 상을 발길로 탁 차 던지며 운봉의 갈비를 직신

"갈비 한대 먹고지고."

"다라도 잡수시오."

하고 운봉이 하는 말이

"이러한 잔치에 풍류로만 놀아서는 맛이 적사오니 차운(次韻) 한 수씩 하여 보면 어떠하오."

"그 말이 옳다."

하니 운봉이 운을 낼 제 높을 고(高)자, 기름 고(膏)자 두 자를 내어 놓고 차례로 운을 달 제 어사또 하는 말이

"걸인이 어려서 추구권(抽句卷)이나 읽었더니 좋은 잔치 당하여서 주효를 포식하고 그저 가기 무렴하니 차운 한 수 하사이다."

운봉이 반겨 듣고 필연(筆硯)을 내어주니 좌중이 다 못하여 글 두귀를 지었으되 민정(民情)을 생각하고 본관 정체(政體)를 생각하여 지었것다.

금준미주(金樽美酒)는 천인혈(千人血)이요
옥반가효(玉盤佳肴)는 만성고(萬姓膏)라
촉루낙시(燭淚落時) 민루낙(民淚落)이요
가성고처(歌聲高處) 원성고(怨聲高)라

이 글 뜻은

금동이의 아름다운 술은 일만 백성의 피요, 옥소반의 아름다운 안주는 일만 백성의 기름이라. 촛불 눈물 떨어질 때 백성 눈물 떨어지고 노랫소리 높은 곳에 원망소리 높았더라.

이렇듯이 지었으되 본관은 몰라 보고 운봉이 글을 보며 내념(內念)에

"아뿔싸. 일이 났다."

이때 어사또 하직하고 간 연후에 공형(公兄) 불러 분부하되

"야야. 일이 났다."

공방 불러 포진(鋪陳) 단속, 병방 불러 역마(驛馬) 단속, 관청색 불러 다담 단속, 옥 형방 불러 죄인 단속, 집사 불러 형구(刑具) 단속, 형방 불러 문부(文簿) 단속, 사령 불러 합번(合番) 단속, 한참 이리 요란할 제 물색없는 저 본관이

"여보 운봉은 어디를 다니시오."

"소피하고 들어오오."

본관이 분부하되

"춘향을 급히 올리라."

고 주광(酒狂)이 난다.

이때에 어사또 군호(軍號)할 제 서리 보고 눈을 주니 서리, 중방 거동 보소. 역졸 불러 단속할 제 이리 가며 수군 저리 가며 수군수군. 서리, 역졸 거동 보소. 외올 망건 공단(貢緞) 쓰개 새 평립(平笠) 눌러 쓰고 석 자 감발 새 짚신에 한삼(汗衫) 고의 산뜻 입고 육모 방망이 녹피(鹿皮) 끈을 손목에 걸어 쥐고 예서 번뜻 제서 번뜻 남원읍이 우꾼우꾼. 청파 역졸 거동 보소. 달같은 마패(馬牌)를 햇빛같이 번뜻 들어

"암행어사 출또(出頭)야."

외(치)는 소리 강산이 무너지고 천지가 뒤눕는 듯 초목금수(草木禽獸) 인들 아니 떨랴. 남문에서

"출또야."

북문에서

"출또야."

동 서문 출또 소리 청천(靑天)에 진동하고

"공형(公兄) 들라."

외(치)는 소리 육방(六房)이 넋을 잃어

"공형이오."

등채로 휘닥딱

"애고 중다."

"공방 공방."

공방이 포진 들고 들어오며

"안하려던 공방을 하라더니 저 불 속에 어찌 들랴."

등채로 휘닥딱

"애고 박 터졌네."

좌수(座首) 별감(別監) 넋을 잃고 이방 호장 실혼(失魂)하고 삼색나졸 (三色邏卒) 분주하네. 모든 수령 도망할 제 거동 보소. 인궤(印櫃) 잃고 과 줄 들고 병부(兵符) 잃고 송편 들고 탕건 잃고 용수 쓰고 갓 잃고 소반 쓰고 칼집 쥐고 오줌누기. 부서지(느)니 거문고요 깨지느니 북 장고라. 본관이 똥을 싸고 멍석구멍 새앙쥐 눈 뜨듯 하고 내아(內衙)로 들어가서

"어 추워라. 문 들어온다 바람 닫아라. 물 마르다 목 들여라."

관청색(官廳色)은 상을 잃고 문짝 이고 내달으니 서리 역졸 달려들어 후닥딱

"애고 나 죽네."

이때 수의사또 분부하되

"이 골은 대감이 좌정하시던 골이라. 훤화(喧話)를 금(禁)하고 객사(客舍)로 도처(徒處)하라."

좌정 후에

"본관은 봉고파직(封庫罷職)하라."

분부하니

"본관은 봉고파직이오."

사대문(四大門)에 방(榜) 붙이고 옥 형리 불러 분부하되

"네 골 옥수(獄囚)를 다 올리라."

호령하니 죄인을 올리거늘 다 각각 문죄(問罪) 후에 무죄자(無罪者) 방송(放送)할 새

"저 계집은 무엇인고."

형리 여쭈오되

"기생 월매 딸이온데 관정(官庭)에 포악한 죄로 옥중에 있삽내다."

"무슨 죄인고."

형리 아뢰되

"본관 사또 수청으로 불렀더니 수절이 정절이라 수청 아니 들려 하고 관전(官前)에 포악한 춘향이로소이다."

어사또 분부하되

"너만 년이 수절한다고 관정 포악하였으니 살기를 바랄소냐. 죽어 마땅하되 내 수청도 거역할까."

춘향이 기가 막혀

"내려오는 관장(官長)마다 개개이 명관(名官)이로구나. 수의사또 듣조시오. 층암절벽 높은 바위 바람 분들 무너지며 청송녹죽 푸른 나무가 눈이 온들 변하리까. 그런 분부 마옵시고 어서 바삐 죽여주오."

하며

"향단아 서방님 어디 계신가 보아라. 어젯밤에 옥 문간에 와 계실 제 천만 당부하였더니 어디를 가셨는지 나 죽는 줄 모르는가."

어사또 분부하되

"얼굴 들어 나를 보라."

하시니 춘향이 고개 들어 대상(臺上)을 살펴보니 걸객(乞客)으로 왔던 낭군 어사또로 뚜렷이 앉았구나. 반 웃음 반 울음에

"얼씨구나 좋을씨고 어사낭군 좋을씨고. 남원읍내 추절(秋節) 들어 떨어지게 되었더니 객사에 봄이 들어 이화춘풍(李花春風) 날 살린다. 꿈이냐 생시냐 꿈을 깰까 염려로다."

한참 이리 즐길 적에 춘향모 들어와서 가없이 즐거하는 말을 어찌 다 설화(說話)하랴. 춘향의 높은 절개 광채 있게 되었으니 어찌 아니 좋을손가. 어사또 남원 공사(公事) 닦은 후에 춘향 모녀와 향단이를 서울로 치행(治行)할 제 위의(威儀) 찬란하니 세상 사람들이 누가 아니 칭찬하랴. 이때 춘향이 남원을 하직할 새 영귀(榮貴)하게 되었건만 고향을 이별하니 일희일비(一喜一悲)가 아니 되랴.

놀고 자던 부용당(芙蓉堂)아. 너 부디 잘 있거라. 광한루 오작교며 영주각(瀛州閣)도 잘 있거라. 춘초는 연년록(春草年年綠)하되 왕손은 귀불귀(王孫歸不歸)라 날로 두고 이름이라. 다 각기 이별할 제 만세무량(萬歲無量)하옵소서. 다시 보기 망연(茫然)이라.

이때 어사또는 좌 우도 순읍(巡邑)하여 민정을 살핀 후에 서울로 올라가 어전(御前)에 숙배하니 삼당상(三堂上) 입시(入侍)하사 문부(文簿)를 사정(査定) 후에 상(上)이 대찬(大讚)하시고 즉시 이조참의(吏曹參議) 대사성(大司成)을 봉하시고 춘향으로 정렬부인(貞烈夫人)을 봉하시니 사은숙배(謝恩肅拜)하고 물러나와 부모 전에 뵈온대 성은(聖恩)을 축수(祝壽)하시더라. 이때 이판(吏判) 호판(戶判) 좌 우 영상 다 지내고 퇴사(退仕) 후에 정렬부인으로 더불어 백년동락(百年同樂)할 새 정렬부인에게 삼남삼녀(三男三女)를 두었으니 개개이 총명하여 그 부친을 압두(壓頭)하고 계계승승(繼繼承承)하여 직거일품(職居一品)으로 만세유전(萬世流傳)하더라.

— 완판본 〈열녀춘향수절가〉에서

[자료 2] 심청가

(중모리)

그 부인이 허는 말이,

"소녀는 안가이요, 나도 맹인으로 부모 일찍 기세허고, 어려서 복술

을 배와 평생을 아자지라. 이십오 세으 길연이 있난디, 금년 이십오세일 뿐더러, 간밤에 꿈을 꾸니 하날의 일월이 떨어져 물에 잠겨 보이기로 심씨 맹인인 줄 짐작허고, 또한 소첩이 품어 안어 보였으니 인연인가 허옵니다.”

(아니리)
“무치하나 저바리지 마옵소서.”
심봉사는 속으로는 좋으나,
“어디 그럴 수가 있소?”
어찌 되얏든지간에 그날 밤 동방화촉의 호접몽을 꾸었구나. 심봉사 아침 일찍 일어나 수심 계워 허는 말이,
“여보시오, 안씨 맹인. 내 간밤에 이상한 꿈을 꾸었소. 내가 불 속에 들어가 보이고, 나뭇잎이 떨어져 뿌리를 덮어 보이고, 또 가죽을 벳겨 북을 매어 보이니 이 아니 흉몽이오?”
안씨 맹인 해몽을 허는디,
“신입화허니 화락이요, 계피작고허니 고성이요, 낙엽이 귀근하니 자녀를 가봉이라. 그 꿈 창히 좋소. 오늘 궐내에 들어가면 좋은 증험이 있으리다.”
“아니, 자녀를 가봉이라니? 자녀를 가봉이란 말은 천부당 만부당이제. 그건 참 천부당 만부당이여.”
“아니올시다. 하여튼 궐내에 들어가시면 좋은 증험이 있으리다.”
때마침,

(중중모리)
어전 사령이 나온다. 어전사령이 나온다.
“각도 각읍 맹인님네! 오늘 잔치 망종이니, 바삐 나와 참례허오!”
골목골목 다니며, 이렇듯 외는 소리 원근산천이 떵그렇게 들린다.

(아니리)
그 때여 심황후께서는 아무리 기달러도 부친이 오시지 안니허니, 슬피 통곡을 허는구나.

(진양조)

"이 잔치를 배설시키는 부친을 위함인디, 어찌 이리 못 오신고 단년 칠십 노환으로 병이 들어서 못 오신그나. 내가 정녕 죽은 줄을 아시옵고 애통허시다 이 세상을 떠나셨나. 부처님의 영검으로 완연히 눈을 떠서 맹인 층으 빠지셨나. 어찌 이리 못오신고. 아이고 이 일을 어쩔이거나. 이 일을 장차 어찌를 헐끄나"

자전복통 울음을 우는구나

(아니리)

이렇듯 탄식허다 옙상서를 또다시 부르시더니

"네 여봐라. 오늘도 거주 성명을 명백히 기록하야 차차 호송허되, 만일 도화동 심맹인 계시거든 별궁으로 모셔들여라"

봉사를 차례로 점고해 내려올 적에 제일 말석에 앉은 봉사한테 당도하면,

"여보시오. 단신 성명이 무엇이오?"

"예. 내 성명은 심학규요."

"심맹인 계신다.!"

하더니마는,

"어서 별궁으로 들어갑시다."

"아니, 어쩔라고 이러시오?"

"우에서 상을 내리실지 벌을 내리실 줄은 모르나, 심맹인을 모셔오라 허셨으니 어서 별궁으로 들어갑시다."

"내가 공연한 잔치에 왔제. <u>내가 딸 팔아먹은 죄가 있는디, 이 잔치를 배설시키는 나를 잡을 양으로 배설을 헌 것이로고나.</u> 아, 내가 살어서 무엇하리. 내 지팽이나 좀 잡으시오."

별궁레 들어가더니,

"심맹인 대령하셨소!"

심황후 부친을 살펴보니 백수풍신 늙은 형용 슬픈 근심 가득한 게 부친 얼굴이 은은하나 심봉사가 딸을 보내놓고 3년 동안 어찌 울었던지 눈갓이 희어지고, 또한 피골이 상접이라. 산호 주혐이 가리어 자세히 보이지 아니하니, 심황후 또다시 분부허시되,

"네 여봐라. 그 봉사 거주를 묻고, 처자가 있나 물어보아라."

<u>심봉사 처자 말을 듣더니마는, 먼 눈에서 눈물이 뚝뚝뚝뚝 떨어지더</u>

니마는,

"예, 소맹이 아뢰리다. 예, 소맹이 아뢰리다. 소맹이 사옵기는 황주
도화동이 고토 옵고, 성명은 심학규요, 을축년 삼월 달으 산후 탈로 상
처허고, 어미 잃은 딸자식을 강보에다 싸서 안고, 이 집 저 집을 다니면
서 동냥젓을 얻어멕여 계우계우 길러낼 제, 효성이 출천하야 애비 눈을
띄운다고 십오 세 때 남경 장사 선인들게 삼백 석에 몸이 팔려, 인당수
제수로 죽은 지가 삼년이오, 눈도 뜨지 못하고 자식만 팔아먹었으니, 자
식 팔아먹은 놈을 살려주어 쓸 데 있소? 단단으 목숨을 끊어주오."

(아니리)
이때으 심황후가 이 말을 다 듣고 있을 이치가 있으리오마는, 소리를
허니 일이 늦게 되었겄다.

(자진모리)
심황후 기가 막혀 산호 주렴을 걷혀버리고 버선발로 우루루루루루루
루루루. 부친의 목을 안고,
"아이고, 아부지!"
심봉사 깜짝 놀래,
"아니, 누가 날다려 아버지여? 에이? 나보고 아버리라니? 이 말이 웬
말이여! 무남독녀 의딸 하나 물에 빠져 죽은지가 우금 삼년이 되얏는디,
누가 날다려 아버지여?"
"아이고, 아부지! 여태 눈을 못 뜨셨소? 불효여식 심청이가 살어서 여
기왔소. 아버지, 눈을 떠서 저를 급히 보옵소서. 아이고, 아부지."
심봉사가 이 말을 듣더니 어쩔 줄을 모르는구나.
"에? 아니, 심청이라니, 청이라니? 이게 웬 말이여? 에이? 이게 웬 말
이여? 내가 지금 죽어 수궁을 들어왔느냐? 내가 지금 꿈을 꾸느냐? 죽고
없난 내 딸 청이, 이 곳이 어디라고 살어 오다니 웬 말이냐? 내 딸이면
어디 보자. 어디 내 딸 좀 보자! 아이고, 내가 눈이 있어야 내 딸을 보지.
아이고, 답답하여라! 어디 내 딸 좀 보자!"
심봉사가 두 눈을 끔쩍끔쩍허더니마는, 부처님의 도술로 눈을 번쩍
떴구나.

(아니리)

심봉사 눈 뜬 훈짐에 잔치에 참례한 봉사모도 따라서 눈을 뜨는디,

(잦은모리) 만좌 맹인이 눈을 뜬다. 전라도 순창 담양 세갈모 띠는 소리라. '쫙 쫙' 허더니마는 그저 눈을 떠버리는구나. 석 달 동안 큰 잔체리 먼저 와서 참례하고 내려간 맹인들도 저의 집에서 눈을 뜨고, 미처 당도 목 한 맹인 중도에서 눈을 뜨고, 가다 뜨고, 오다 뜨고, 서서 뜨고, 앉아 뜨고, 실없이 뜨고, 어이 없이 뜨고, 홰 내다 뜨고, 울다 뜨고, 웃다 뜨고, 떠보느라고 뜨고, 시원히 뜨고, 일허다 뜨고, 앉어 놀다 뜨고, 자다 깨다 뜨고, 졸다 번뜻 뜨고, 눈을 끔쩍거리다 뜨고, 눈을 비벼보다 뜨고, 지어비금주수까지 일시으 눈을 떠서 광명 천지가 되었구나

(아니리)

심봉사 정신을 차려 궁 안을 살펴보니, 백수풍신 늙은 형용 슬픔 거득헌 것은 심봉사의 설움이요, 궁 안을 살펴보니, 침모금관 황홀하야 딸이라니 딸인 줄 알제, 전후불견 초면이구로나 찬찬히 살펴보더니마는 한 기억이 나는디,

(중모리)

"옳제, 인제 알겄구나. 내가 인제야 알겄구나. 갑자 사월 초파일야 꿈속으 보든 얼굴 분명한 내 딸이라. 잃었든 딸을 다시 만났으니 내가 죽어 수궁을 들어왔나, 내가 죽어서 황천을 왔느냐? 이것이 꿈인거냐? 이거 생시냐? 꿈과 생이 분별을 못 허겄네. 나도 어제까지 맹인으로 지팽이를 짚고 나서면은 어드로 갈 줄을 나느냐, 올 줄을 알았느냐? 세상 분병 못 했더니, 이제 나도 눈을 떠 천지 만물을 다시 보게 되니, <u>지팽이너도 고생 많이 허였다.</u> 이제 너도 너 갈 데로 잘 가거가!"

'피르르르르르르르' 내던지며,

"얼씨구나! 얼씨구나, 좋구나. 기화자 자자자 좋을시고"

(중중모리)

"얼씨구나 절씨구. 기화자자자 절씨구. 궁안을 살펴보니, 창해 만 리 먼 먼 길으 인당수으 죽은 몸이 한 세상 황후되기 천천만만 뜻밖이라. 얼

씨구나 절씨고. 어둑 침침 빈 방 안으 불 켠 듯이 반갑고, 신양수 큰 싸움으 자룡 본 듯이 반갑네. 홍진비래 고진감래 날로 두고 이름인가? 얼씨구나, 절씨구. 기화자자 절씨구. 얼씨구 절씨구 기화자 좋네. 이런 경사가 어데가 있나? 얼씨구나, 절씨구. 부중생남중생녀 날로 두고 이름이로다. 얼씨구나 절씨구."

— 정응민, 〈심청가〉

■주의 사항

1. 기존의 교과 체제는 전체내용을 구조화하여 주제를 중심으로 연구하였으나, 본 기획안은 한 작품이 갖는 각각의 요소들을 나누어 분석하고 그 특성을 통합적으로 접근하여 텍스트의 다양한 의미를 산출하고자 한다.

1. 듣기 활동
   • 다양한 멀티미디어 자료 적극적 활용
     —지역 박물관, 도서관, 교육용 사이트 등 이용
   (1) 테이프, CD, 인터넷 사이트 찾아 듣기
     —판소리 <춘향가> 옥중 상봉 및 암행어사 출도 장면 듣기.
   (2) 영상 자료로 보여주기
     —영화 <서편제>, 창극 <춘향전>
   ※ 듣기 활동을 통하여 우리의 전통문화를 새롭게 인식하고 세계문화유산으로서 가치를 확인하며 민족적 자부심 및 문화 역량을 제고한다.

2. 읽기
   1단계 : 상상하며 읽기
   • 인물의 성격, 장면이나 분위기를 상상하기
   • 작품 내용을 자신의 경험과 지식을 근거로 상상해보기
   • '왜', '어떻게', '만약', '그와 반대라면' 등 숨겨진 상황을 상상해보고 다른 각도에서 생각해보기
   • 생략된 부분이나 다음 내용을 상상해보기

2단계 : 추론하며 읽기
- 글의 제목을 보고, 내용의 전체적인 윤곽 짐작해보기
- 작자의 입장이 되어 글 속에 숨겨진 행간의 뜻(between the lines) 찾아내기
- 문장의 연결 관계를 통하여 생략된 정보 추론해보기
- 글에 제시되어 있는 내용을 바탕으로 필자의 글을 쓴 동기나 목적, 중심 내용 찾아내기
- 글의 조직 및 전개 방식을 통해 글 전체의 구조 파악하기

3단계 : 비판하며 읽기
- 사실 진술과 의견 진술 구분하기
- 글에 제시된 사실이 정확한지 판단해보기
- 글쓴이가 문제의 성격을 올바르게 파악하고 있는지 판단하기
- 글쓴이가 어떤 관점과 의도로 그 문제를 분석하였는지 파악해보기
- 글쓴이의 견해가 자신의 견해가 다를 경우에는 타당한 근거를 들어 나름대로 비판해 보기
※ 판소리나 판소리계 소설이 지닌 적층문학적 성격을 이해하고, 민중이 선택한 가장 세련된 부분만 전승된다는 점을 고려하여 학습자로 하여금 적극적인 읽기가 되도록 한다.

3. 말하기 활동
- 작중인물에 대하여 이야기하기
- 작품 줄거리에 대해 이야기해보기
- 작품에 대해 토론하기 또는 명상하기
- 판소리 한 대목 배우기
  - 임방울의 더늠 "쑥대머리" 따라 해 보기
- 희곡으로 각색하기
  - 배역을 정하여 연기해보기
※ 판소리에 들어있는 다양한 국문학 장르들을 살펴보고, 작품의 특성 중 방언사용의 효과인 지방색과 현장성에 유의하여 감상하고 한 대목 배워보며 판소리만이 지닌 묘미를 음미해 본다.

4. 쓰기 활동
   • 옥중에 있는 춘향의 위치에서 이도령에게 e-메일로 편지 써 보기
     ─확장적 사고 : 옥중서신과의 관련성(김대중의 옥중서신, 신영복
       교수의 『감옥으로부터의 사색』 등)
   • 작품 주인공이 되어 일기 써보기
   • 춘향과 이도령의 역할 바꾸어 다시 써보기
   ※ 춘향전의 이본이 120여 종이나 되는 것은 우리 민족의 창의성을
     알게 해주는 단서가 된다. 경판 <춘향전>이나 <열녀춘향수절가>
     를 오늘날 젊은이들의 감각에 맞게 창의적 방법으로 바꿔쓰기를
     해 본다.

5. 문학지식 확인 적용활동
   • 춘향전의 구조와 배경 설화
   • 판소리의 민족음악적 특징
   • 판소리의 종류, 구성요소, 빠르기, 성조 및 유파
   • 판소리계 소설로 정착하는 과정
   • 판소리가 지닌 한민족의 전통문화적 성격
   • 개작 판소리와 단가 만들어 보기
   ※ 판소리나 판소리계 소설이 지닌 전통문화적 성격을 정확하게 숙지
     하여 현재에도 민중이 향유하는 문화유산임을 알고, 계승의 중요
     성을 새롭게 인식하는 계기를 삼는다.

6. 국어지식 확인 적용활동
   • 판소리의 언어적 특징 : 어휘의 이중성
   • 민족어 : 구술언어의 음악적 특징
   • 민속지로서의 판소리
   • 각종 장르가 통합된 판소리(한시, 시조, 민요 등)
   ※ 판소리가 지닌 음악적 성격과 언어적 특성의 관계망을 알고, 민중
     의 언어와 양반 사대부의 어휘가 공존하게 된 이유를 알아보고 구
     술언어가 지닌 특장들을 살펴본다.

7. 시야 넓히기

  (1) 춘향전의 재창조

  1) 현대시 : 김영랑의 <춘향전> : 전 7연의 자유시

            서정주의 <춘향유문>

            서정주의 <추천사>

  2) 신소설로의 개작 : 이해조의 <옥중화>

  3) 영화 : 임권택 감독의 <춘향뎐>

  (2) 개작 판소리 들어보기

    예) 금수궁가, 오적, 오월 광주 등

  (3) 문학 문화로서의 가치

- 문학을 중심으로 생활 속에서의 국어 활동과 문학의 관계, 다른 예술과 문학의 관계, 다양한 매체와 문학의 관계 등을 이해하고, 그 상호 관계와 작용을 적극적으로 활용하고 그것에 동참하는 태도를 기르고자 함.
- 학문의 흐름이 '문화 연구(Culture Study)'로 이행되고 있음을 고려

☞『차기 중등국어 교과서 개발 연구』, 2007

고시조 문화정보 시스템 개발의 가능성과 전망*

1. 서론

　지식정보사회에 접어들면서 제 학문분야에서 정보화가 급속도록 진전되고 이에 대규모 데이터베이스가 속속 구축되고 있다. 한국학 분야의 경우만 해도 최근 여러 기관에서 대규모의 한국학 관련 정보의 데이터베이스를 추진하고 있다. 이미 『국역본 조선왕조실록』이 전산화되어 널리 보급되어 한국학 연구에 기여한 바 있다. 또한 『원본 조선왕조실록』, 『한국역사정보통합시스템』 등이 구축되고 있으며, 『한국민속대관』, 『한국민요대전』 등의 연구와 자료가 전산화되어 보급중이다. 그리고 개별 연구자 수준에서도 적지 않은 한국학 관련 데이터들이 데이터베이스로 구축

　＊ 본 논문에서 다루는 내용 중에서 고시조 데이터베이스에 관한 내용은 필자의 석박사 과정 시절(1991~2001년) 김흥규(고려대) 교수 연구실에서 이루어진 연구 내용의 일부를 소개하는 형태로 이루어진다. 세부 연구는 지금도 계속되고 있으며, (미천하지만) 필자의 지식과 경험도 이 시기, 우응순, 정홍모(대진대), 정우봉(고려대), 고미숙, 이형대(고려대), 이상원(조선대), 김용찬(순천대), 고은지 등의 공동 연구 작업에서 이루어졌다. 특히, 권순회(교원대) 교수의 도움이 컸음을 밝힌다. 물론 그럼에도 불구하고 논문에 오류가 있다면, 이는 전적으로 필자의 책임이다.

되고 있다. 이러한 추세라면 몇 년 후에는 한국학 분야에서도 여타 분야에 못지않은 대규모 데이터베이스가 구축될 전망이다.

한국 고전문학의 중요한 유산의 하나인 시조의 경우, 고시조 5,180수에 이르는 작품 데이터베이스가 김흥규(고려대) 교수의 선도하에 비교적 일찍부터 구축되어 왔다. 그는 1990년 무렵부터 고시조 데이터베이스 작업에 착수하여, 검색 프로그램의 개발과 확대 등 현재까지도 수정 보완 작업을 계속하고 있다. 이처럼 다른 문학 갈래보다 데이터베이스 구축이 빨랐던 것은 갈래 자체의 형식적 특징에도 그 원인이 있지만, 초기 카드 작업 등을 통해 집대성된, 정병욱의 『시조문학사전』(신구문화사, 1966), 심재완의 『역대시조전서』(세종문화사, 1977), 박을수의 『한국시조대사전』(아세아문화사, 1991) 등의 눈부신 실증적 작업이 전제되었음을 우리는 기억해야 한다.

본 논문에서는 시조를 중심으로 하여, 그것의 데이터베이스 구축 현황, 검색 프로그램 등 데이터베이스의 활용 가능성을 탐색하고, 나아가 문화콘텐츠로서 시조가 가질 수 있는 무한한 가능성을 확인하고 시조문화 정보 시스템 개발의 전망을 모색해 본다. 그리고 여기서 시조문화 정보 시스템의 예상 가능한 주 수요자를 각급 학교 학생들을 중심으로 한 학습자로 상정하고, 그것의 교육 활용 가능성에 오늘 논의의 중심을 두고자 한다.

2. 언어 자료로서의 시조문화 정보 시스템 개발

언어 자료로서 고전문학을 살필 때에는, 우선적으로 국어 교육을 언어 사용 기능을 향상시키는 교육만으로 보는 시각을 탈피하여야 한다. 이는 고전문학 교육만의 문제가 아니며, 국어지식 영역에서 빼놓을 수 없는 고어 교육, 한자·한문 교육 등에도 공통적으로 적용되는 문제이다(김광해, 1996). 언어가 '도구적 성격'을 가지고 있음은 물론이지만 동시에 '방법적 성격'도 가지고 있음을 명심해야 한다. 도구는 하나의 기능적 수단에 불과하고 방법은 수단들을 조직하여 목적을 실현케 하는 원리이다. 언어는 그것이 사용되는 온갖 맥락과 더불어 인간의 다양한 경험적 차원과 상황에 관련되어 있고, 그것이 사용되는 구체적 상황과 더불어 우리의 생각과 욕구와 행동을 표현하고 조직하는 도구로서, 그리고 우리의 행동과 삶을 이끌어 가는 방법으로서의 기능을 한다.

교육을 통해 언어를 경험한다는 것은 객관적으로 존재하는 의미의 구조에 적응하는 것만이 아니라, 그것을 수용하여 성장의 내용으로 삼으며, 또한 그것으로 인하여 스스로 성장할 수 있게 하는 힘을 생산하는 것이다(이돈희, 1993). 따라서 지금 일상적으로 사용하지 않는 고어라 하더라도, 학습자가 그 속에서 작동하는 원리를 찾아내어 자신이 성장하는 자양분으로 삼을 수 있도록 해야 한다. 고어를 학습자들이 경험하고 이해할 수 있도록 교육해 주어야 한다는 말이다. 그런데 이상의 논의를 인정한다 하더라도, 효과적인 결실을 맺기 위해서 필요한 우리의 교육 환경은 그리 좋은 상태가 아니며, 고어의 경우 그 개선의 전망도 어두운 편이라 우려되는 점이 많다. 현재 고등학교까지의 교육과정에서 고어 문법에 대한 교육은 아예 실종되어 있다는 사실이 이를 뒷받침 한다. 때문에 우선적으로 필요한 일은, 고전문학 작품을 중심으로 하여 이해 가능한 고어 텍스트를 학습자들이 자주 접할 수 있도록 환경을 조성하는 것이다. 고어를 이해하는데 문학 텍스트가 중요한 기능을 하는 이유는, 작품이 어휘나 문장을 이해하는데 필요한 문맥(컨텍스트)을 제시할 수 있기 때문이다.

언어 자료로서의 고전문학은 원래 지금과는 구분되는 활자(목판이나 석판 등)나 필사된 텍스트의 형태로 존재한다. 그런데 이런 고전문학 텍스트가 생성된 시대와는 많은 시간적 격차를 가지고 있는 우리들에게 수용될 때에는, 현대문학 텍스트 수용에서는 생략되거나 별로 중요하지 않게 되는, 다음과 같은 과정을 거친다고 볼 수 있다.[1]

① 텍스트에 관한 書誌的 이해·판단
② 텍스트 언어의 해독
③ 갈래적 관습·장치·특성의 이해
④ 작품과 관련된 사회적·문화적 요인, 환경 및 작자에 관한 이해

여기서 언어 자료에 관심을 가지는 본 절에서 주목되는 것은 ①와 ②의 경우이다. ③와 ④의 경우는 예술 자료에 관심을 가지는 다음 절에서 좀 더 자세히 논하게 될 것이다. ①의 경우는 문학 혹은 문학교육 연구자의 몫이며, 이들에 의해 만들어진 정확한 정보가 교사를 통해 학습자들에게 전달되어야 한다는 점에서 일종의 지식이라 할 수 있다. ②의 경우도 궁극적으로는 학습자의 몫이긴 하나, 현재 사용하고 있는 언어와 시대적으로 동떨어져 있는 언어 자료를 학습자들이 바르게 해석하는 데에는, 교사를 포함해서 문학 연구자와 문학교육 연구자의 도움이 절실히 필요하다.

그런데 문학 혹은 문학교육 연구자와 학습자의 직접적인 만남이 현실적으로 불가능한 지금까지의 교육 현장에서는, 두 경우 모두 전문적인 연구 논문이나 『고어사전』 등을 교사가 참고해서 지도안을 만들고 전달하는 방법밖에는 없었다고 보인다. 그러나 사실 이러한 과정도 문학 연구에 특별한 관심을 가진 일부 교사에게만 기대할 수 있는 일로서, 실제

---

1) 이는 물론 설명의 편의를 위해 나누어 본 것이므로 절대적 성격을 가지지는 않는다. 실제 작품 이해에서 이들 단계가 가지는 비중도 가변적일 수 있다.

교육 현장에서는 시중에 나와 있는 학습 참고서에 절대적으로 의존하지 않았나 생각된다. 따라서 시중에 나와 있는 학습 참고서들이 학계에서 이루어지는 정보를 제대로 받아들이지 못하고 잘못된 정보를 전달할 경우, 우리의 고전문학 교육 전체가 잘못된 지식을 전달하고 전달받게 되는 상황이 쉽게 발생되고 만다. 또 설사 잘못된 정보가 지적되더라도, 현재의 학습 참고서들의 제작과 유통과정을 고려할 때, 신속하고 책임 있는 수정과 보완을 기대하기도 어려운 형편이다.

여기서 필자는 이런 난점을 해결하기 위한 방법으로서, 최근 일반인들에게까지 급속도로 보급되고 있는 컴퓨터와, 통신망을 통해 비교적 쉽고 빠르게 상호 전달될 수 있는 데이터베이스와의 네트워크 체계의 가능성에 주목한다.[2] 이는 고전문학 자료와 관련 자료를 대규모 데이터베이스로 구축하여, 이것과 개인의 컴퓨터를 통신망으로 상호 연결시켜 사용자가 필요한 정보를 자유롭게 이용할 수 있도록 하는 것이다. 전통적으로 활자 매체와 언어 전달로 이루어지는 고전문학 교육에 대하여 논하면서 이런 논의를 펴면, 시류적인 발상이라는 비난과 함께 문학교육에 종사하는 많은 이들에게 거부감을 들게 하는 경우가 많으리라는 점도 이해는 된다. 그러나 다시 생각해 보면 이러한 거부감이 꼭 옳은 것만은 아니다. 언어 자료로서의 고전문학 데이터베이스의 교육적 효과와 구축에 기반이 되는 사항들에 대해서, 현실적인 문제를 중심으로 하여 살펴보기로 한다.

---

[2] 최근 이 분야에 대한 사회적 관심이 고조되고 있는 것은 명백한 사실이다. 필자가 컴퓨터 보급을 중심으로 전개되는 현대 사회의 이런 급격한 변화에 대해, 무조건적인 긍정적 시각을 가지고 있는 것은 아니다. 그러나 전세계적으로 보편화 추세를 보이는 이런 변화가 어차피 거스릴 수 없는 것이라면, 이를 효율적으로 활용할 수 있는 준비를 하루라도 일찍 시작하는 것이 옳다고 생각한다. 국어교육 관련 학회에서도 이러한 문제를 중심으로 학술대회를 개최하기도 했는데, 구체적 성과 여부를 떠나서 의의 있는 시도였다고 생각한다. 자세한 내용은 한국국어교육연구회 학술발표대회, 『다매체 시대의 국어교육』(중앙대 국제회의실, 1998. 4. 25)에서 발표된 논문들을 참고할 것.

먼저 소위 활자 매체라는 것에 대해 생각해 보자. 교육 현장에서 가장 많이 사용되는 종이책으로서의 활자 매체가 원래의 고전문학 자료의 모습을 그대로 재현해 보여주지는 못한다. 고전문학을 공부하다 보면, 많은 경우 소위 原本이라고 불리는 텍스트를 보아야 할 필요성을 느끼게 되는데, 실제 原本 텍스트를 대하면 다른 활자로 전환된 텍스트를 보는 것과는 다른 체험을 하게 되는 것이 보통이다. 교사나 학습자라고 해서 연구자와 별개의 색다른 체험을 하리라 생각되지는 않는다. 교과서 형태를 통해서 原本의 분위기를 그대로 전달하는 것은 불가능하지만, 原本을 스캔한 이미지 데이터가 축적된 대규모 데이터베이스가 있다면 가능하다. 따라서 책임 있는 서지적 연구를 통해서 기준이 될 原本 텍스트와 참고할 異本 텍스트가 결정된다면, 이를 우선 이미지 데이터화 할 필요가 있다. 기술의 발전으로 原本을 디지털화하기도 용이해졌다. 전에는 복사할 때처럼 책을 스캔해야 했으나, 디지털 카메라의 등장으로 原本에 손상을 주지 않으면서 이미지 데이터화 할 수 있는 길이 열렸다. 이 자료는 문학 및 문학교육 연구자에게는 다시없이 편리하고 생생한 언어 자료가 될 것이고, 일반 교사와 학습자에게는 고전문학 자료의 원래 모습에 대한 정보 제공과 함께 그 자체의 문화적 감흥을 불러일으키는 데 도움이 될 것이다.

그러나 이미지 데이터가 확보된다고 하더라도, 더불어 작품 자료의 문자 입력도 필요하다. 단 책을 만들면 생명이 끝나는 활자화가 아니라, 지속적으로 자료 가공이 가능한 컴퓨터 입력이 필요하다. 전문적인 연구자도 판독하기 힘든 原本 자료를 바로 교육 자료로 활용할 수는 없기 때문이다. 이를 위해서는 한글 고어 및 상당수 한자의 입출력이 가능해야 하는데, 아직 완전 실용 단계에까지는 이르지 못했으나, 그동안의 연구[3]에 의해 많은 어려움이 극복되었다. 현재 가장 보편적으로 쓰이는 방법은

'훈글' 소프트웨어의 고어 및 한자 코드를 이용해서 입력하는 것이다. 사실 그동안 정보화의 바람을 타고, 고전문학을 포함한 언어 자료들의 기초적 입력은 상당히 많이 진척되어 있는 것도 사실이다.[4] 현 시점에서 볼 때, 더 중요한 작업 단계는 여기저기 흩어져 있는 자료들을 한곳에 모으고 이를 효과적으로 통제할 수 있는 분류 체계를 구성하는 것이라 할 수 있다.

그러면 이렇게 입력된 고전문학 자료들을 어떻게 활용할 것인가가 다시 문제로 제기된다. 우선 이들 자료들을 활용해 어휘 용례 색인을 만들 수 있으며, 송강 정철(1536~1593)의 시가 작품의 경우, 실제 작업이 되어 있기도 하다.[5] 이를 통해 우리는 정철 시가의 특정한 어휘가 그들의 작품 어디에 얼마만큼 쓰였으며, 어떤 시적 맥락과 더불어 출현하는지를 쉽게 확인할 수 있다. 텍스트는 그것을 둘러싼 사회, 문화의 맥락 속에서 온전한 의미를 획득한다. 이와 마찬가지로, 어휘와 구절들은 그것들을 포함한 텍스트의 통사적, 의미론적 연관 속에서 구체적인 의미의 질량을 갖추게 된다. 텍스트를 정밀하게 읽기 위해서는 이 여러 차원의 컨텍스트를 고려하면서 한 작가의 작품 세계와 시편, 시행, 이미지 및 어휘들을 이해할 필요가 있다. 용례 색인이란 이러한 작업의 가장 기본적인 층위

---

3) 특히 한글 고어의 경우 김흥규(고려대 국문학과) · 홍윤표(연세대 국문학과) 교수의 연구가, 한자의 경우 허성도(서울대 중문학과) 교수의 연구가 대표적이다.

4) 예를 들어, 필자는 1996년에서 1997년에 걸쳐 국립국어연구원에서 주관한 문헌자료 입력 용역에 고전시가 부문 실무자로 참가한 일이 있다. 이때, 상당히 많은 양의 고전시가 자료가 입력되어 국립국어연구원에 제출되었으며, 여타 부문에서도 비슷하거나 더 많은 양의 자료들이 제출되었을 것이다. 현대어에 비해 미미하긴 하지만, 고려대학교와 연세대학교에 구축된 코퍼스에서 고어가 차지하는 분량도 예상보다 상당한 수준에 이른 것으로 보인다.

5) 김흥규(1993). 현대시인 김소월, 한용운의 경우도 작업이 되어 있으나, 이는 순수하게 수작업에 의존하였기 때문에 출판된 책의 내용을 벗어난 새로운 작업을 설계하기가 곤란하다. 이상섭(1984), 김병선 · 전정구(1990) 참조.

를 수행하는 데 필요한 특수 목적의 사전이라 할 수 있다. 검증된 텍스트에 대한 믿을 만한 입력 자료가 있다면, 이러한 용례 사전은 큰 시행착오를 거치지 않고 그 범위를 확장해 나갈 수 있을 것이다.

송강 정철의 시가 작품은 5,547 어절에 1,535 어휘로 이루어져 있는데, 출현 빈도가 높은 어휘들을 열거해보면 다음과 같이 나타난다. 흥다 (+, 113)·흥다(93)·가다(54)·님(43)·보다(38)·두다(32)·일(31)·둧(29)·말다(29)·다(27)·잇다(27)·오다(26)·내다(23)·모르다(23) … 희다(4)(김흥규, 1993 : 294~297). 여기서 의미를 파악하는 데 유용하지 않은 복합어의 하위 구성부와 접미사 등의 표제어를 제외하고 보면, 정철의 의식 세계가 오는 것보다는 가고자 하는 의지가 강하며, 기존의 논의에서처럼 님에 대한 그리움으로 가득 차 있으며, 그 그리움의 의지가 보다·두다 등의 어휘로 자주 표현되고 있음을 짐작할 수 있다.

더불어, 최근 들어 그 중요성이 부각되고 활발히 연구되고 있는, **TEI**(Text Encoding Initiative : 텍스트 부호화 주도기구) 표준안에 의거한 부호화 작업의 고전문학 자료에의 확장 가능성도 주목된다(강범모, 1997). 이것은 주로 인문학 문헌의 전산 자료화에 권고되는 것으로, 글자 이상의 여러 가지 문헌적 정보들을 컴퓨터에 어떻게 표시하여 입력하는가 하는 사안에 대한 것이다. 고전문학 자료의 原本은 글자체의 모양이나 크기, 그리고 인쇄 상태 등 외형적인 정보와 아울러 자료의 어떤 부분이 제목인지, 주석인지 또는 본문인지 등 구조적인 정보를 함께 가지고 있다. 그러나 전산화된 텍스트는 이러한 정보를 효율적으로 나타낼 수 없는데, 이를 효과적으로 처리하는 방법의 하나가 바로 **TEI** 표준안에 근거한 부호화 작업이다. 이것이 고전문학 자료와 직접적으로 관련을 맺고 있는 부분은 헤더, 기본요소, 기본문서구조, 산문, 운문, 드라마, 연결, 분석, 확실성, 필사본, 주석, 이름, 날짜 등이다. 이런 작업이 구체화 되면, 고전시가의 경우만 생각하더라도 행이나 연, 운율 등과 같은 형식적 정보의 제공은 물론 기본적인 내용 정보까지 쉽게 전달할 수 있게 된다. 더구나 이보다 수준을 한 단계 높여, 입력된 자료의 내용을 분석하여, 각각의 경우에 해당하는 형식적인 혹은 내용적인 색인을 붙이고, 이를 활용하여 텍스트의 문학적 성격을 통계적으로 계측하고 분석하는 방법도 가능하다.

오늘날 정보 과학기술과 컴퓨터의 급격한 발전에 따라 언어 자료는 학문 연구와 교육의 효율성과 정보·문화 산업의 생산성에 직결된 가치를 띠게 되었다. 특히 대규모로 축적된 데이터베이스는 여러 가지 데이터를 저장하여 효율적으로 관리하고 간편하게 활용할 수 있도록 도와주는 프로그램으로, 일단 언어 자료가 잘 구축되기만 하면 여러모의 쓰임새에 따라 프로그램을 조정하면서 사용할 수 있다. 현재 각종 한국어 정보 처리 기술이 실용화되면서, 현재 사용하는 언어는 물론 고전문학 등에 쓰인 언어 자원에 대한 관심도 더욱 증대되고 있다.

문제는 이러한 언어 자료로서의 고전문학 데이터의 축적과 그 활용 방안의 모색은 특정한 개인의 힘만으로는 이루기가 힘들다는 데에 있다. 현대어에 비해 전문적 지식을 더 요구하는 고어 처리의 경우에는 더욱 그러하다. 국내에서는 주로 대학이나 연구소를 중심으로 해서 여러 코퍼스 구축이 이루어져 왔으며, 최근 들어 각 기관이 독자적으로 구축해 온 코퍼스 자료를 공유하려는 시도가 활발히 이루어지고 있다.[6] 따라서 언어자료로서의 고전문학 연구를 통해, 문학 자체의 이해는 물론이고 이를 교육적 차원에서 활용하고자 한다면, 학회나 기관 차원의 노력이 필요하다고 볼 수 있다. 먼저 책임 있는 기관이 주도해 검증된 고전문학자료를 모으고, 문학 및 문학교육 연구자에 의해 신빙성 있는

---

6) 현재까지 학계에 알려진 코퍼스에 대한 정보는 홍윤표(1998 : 318) 참조.

주석과 참고 자료가 보충되어 데이터 형태로 축적되어야 한다. 여기에 필요한 프로그램 처리를 가한 다음, 학회나 기관의 이름으로 개설된 홈페이지 등을 통해 자료를 자유롭게 제공하는 것이, 아마 현단계에서 언어 자료로서의 고전문학과 그 교육적 활용을 모색하는 최선의 방안이 되지 않을까 생각한다.[7]

그러나 시조의 경우, 그 전산 언어 데이터베이스는 일단 구축되었으나, 아직 일반에 완전히 공개되지 않았고, 검색 프로그램의 개발 등 보완 작업이 계속되고 있다. 김흥규·권순회(고려대) 교수는 대규모 데이터베이스로 구축된 고시조 5,180수 작품에 '내용소'라는 내용 요소 정보 표지를 부여하고, 시대·형식·직가(군)·작품군의 변이에 따른 특성의 변화를 거시적으로 계측하고 해석하는 방법론을 수립하고, 그것과 기초 통계 자료를 수록한 자료집을 내놓았다(김흥규·권순회, 2002). '내용소'란 음소, 형태소, 화소와 같은 술어와 비슷하게 시조라는 개체들의 군집을 분석적으로 검증하기 위한 하위 구성 요소에 해당한다. 시조에 나타나는 제재, 시간적·공간적 상황, 인물, 관심사, 의식, 감정, 표현 등에 걸친 주요 내용과 특질들이 모두 내용소 변별의 대상이 된다.

이러한 작업은 물론 '전통적 문학 연구의 방법과 시각을 부정하거나 컴퓨터 연산으로 이를 대체하고자 하지 않는다. 이는 문학 연구의 여러 가지 전통적 방법 및 해석을 돕는 예비적 탐사 지도의 작성과 기초적 분석'(김흥규·권순회, 2002 : 3)에 있다. 따라서 객관적인 판단의 근거를 확보할 수 있는 방법론의 개발 모색으로서 '명료한 수치로의 객관화'는 일부 인문학자들의 우려와는 달리, 문학 연구 특히 대단위의 군집적 문학 현

---

7) 이상의 내용을 1999년 5월 15일 연세대학교에서 열렸던 한국문학교육학회 주최 제15회 학술대회에서 발표했으나, 호의적인 논평 이외의 그 어떤 실질적인 작업도 이후에 이루어지지 않았다.

상의 특질들을 구명하는 연구에서 긴요한 역할을 수행할 수 있을 것이다.

그런데 관련 데이터베이스를 구축하는 일 못지않게 중요한 사항은 구축된 데이터베이스의 효율적 처리와 검색 방법이라 할 것이다. 사실 데이터베이스의 가치는 구축된 정보의 質과 함께, 효율적이고 정확한 정보 검색 방법의 지원에 의해 결정된다고 할 수 있다. 아무리 良質의 데이터가 구축되었다 해도 효율적인 검색 방법이 지원되지 않는다면, 그 데이터의 가치는 반감된다. 반면에 효율적이면서도 정확한 정보 검색 방법은 데이터의 가치를 배가한다.

효율적인 정보 검색을 지원하기 위해서는 반드시 시소러스가 구축되어야 한다.8) 시소러스에 의한 정확한 정보 검색은 데이터베이스의 가치를 극대화한다고 할 수 있다. 예컨대 그동안 시조 연구에서 가장 관심 있게 연구되었던 '江湖의 의미를 내포하는 동의어로는 江湖, 江山, 江亭, 田園, 田家, 田廬, 溪山, 溪澗, 溪邊, 山林, 陋巷, 園林, 洞天 등이 확인되는 바, 별도의 검색 조건 없이 江湖라는 색인어 검색만 한다면 찾고자 하는 정보의 절반에도 미치지 못하는 자료들이 검색될 것이다. 따라서 이들 어휘가 포함된 정보를 모두 찾기 위해서는 어휘 사이의 관계를 정의하여 구조화한 어휘 데이터베이스, 즉 시소러스가 반드시 필요하다. 이처럼 시소러스를 통한 정보검색은 목적하는 정보에 신속하고 효율적으로 접근할 수 있는 핵심기술이라 할만하다.

더구나 시조의 경우 가창된 연행 갈래이었기 때문에, 같은 작품이라도 수록된 가집에 따라 표기 형태나 어휘의 변모가 매우 심하다. 예컨대 종장 첫 구에 흔하게 쓰이는 '아희야'라는 어휘의 경우에도 수록된 문헌에 따라 아희, 아히, 兒孺, 兒戲, 兒嬉, 아휫, 아히놈 등으로 표기되어 있어

---

8) 고시조 시소러스에 대한 자세한 논의는 우응순·권순회·한창훈(2002)를 참고할 것.

정보 검색이 용이하지 않다. 때문에 이들 모두 등가어 관계 표시를 하여 이 가운데 어느 하나를 선택하더라도 나머지 어휘가 포함된 작품을 모두 검색할 수 있는 시소러스 구축이 필요하다.

한편 학술적 측면에서 시조의 시어적 특성이나 패턴, 주요 이미지를 형성하는 어휘 군집에 대한 체계적 연구를 위해서도 시소러스 개발은 필요하다. 이를 통해 시조 어휘의 다양한 특질은 물론, 이를 통한 작품의 시공간적 배경, 감성 특성, 주제 및 소재 등의 미학적 연구의 기반이 되는 유용한 자료들을 산출할 수 있을 것이다. 때문에 시소러스의 적용 범위는 원문 텍스트뿐만 아니라 여기에 부수된 서지, 작가, 서발, 음악 정보를 망라한다. 음악 정보의 경우 그 범위를 가집에 나온 음악 용어로 한정한다. 또한 원문 텍스트에는 발견되지 않지만 고시조 연구에서 학술 용어로 쓰이고 있는 어휘도 대상에 포함한다. 언어는 현대한글, 옛한글, 한자어까지 포괄한다. 따라서 고시조 시소러스는 원문 텍스트에서 시어의 특성을 검색할 수 있을 뿐만 아니라 부가 정보 검색, 나아가 복합 검색이 용이하도록 설계되어야 한다.

사실 시소러스 구축은 해당 분야의 학문적 관심과 연구 성과가 집적된 바탕 위에서 가능하다. 시소러스를 정보 검색에서 활용하는 외에 우리가 주목해야 할 것은 시소러스가 단순히 정보 검색을 위한 색인어 군집에서 나아가 해당 학문 분야의 개념 지도(Topic Map)를 구축하는 기초 작업이라는 사실이다. 이제 우리는 단순히 정보를 집적하고 검색하는 단계를 거쳐, 정보 검색의 효율화, 더 나아가 이를 통한 새로운 개념과 학문적 지형도의 창출을 모색해야 하는 단계에 와 있다.

3. 예술 자료로서의 시조문화 정보 시스템 개발

일반적으로 생각할 때, 문학은 인간의 언어 사용이 예술적으로 승화된 형태를 가리키는 것으로 상정된다. 그러나 이러한 문학이 지닌 예술성은 일상의 언어와 동떨어져 있는 것이 아니라 일상어가 지닌 다양한 요소들이 예술적으로 결정된 것이라는 점을 이해하는 것이 중요하다. 어느 시대에 어떤 문학 양식이 생겨나든지 그것은 일상어가 지닌 다양한 요소들에 내재한 자질을 예술화한 것이며, 그것을 어떻게 예술화하는가는 그 당대의 예술이 지향하는 문화적 성향에 관계된다. 이런 점에서 고전문학은 언어의 문화 원리뿐만이 아니라 사용 원리까지도 보여 주는 귀중한 자료가 된다.

예술 자료로서 고전문학을 다룰 때, 특히 고려해야 될 텍스트 수용 과정은 앞 절에서 제시한 내용 중에서 ③과 ④의 경우라 할 수 있다. ③에서 제시된 것은 사실 문학에 관한 지식의 문제이다. 특히 '장치'에 대한 이해는 예술의 측면에서 매우 중요하다. '언어 예술'이라는 문학을 이해함에 있어서, 그 형식과 표현 방법을 문제삼는 것이 중요하다는 사실은 자명한 문제가 아닐까? 따라서, 이는 표현론의 영역에서 고찰할 수 있을 것으로 여겨진다. ④에서 제시하는 내용도 사실 고전문학 이해에 있어 전통적으로 중시되었던 문제라 할 수 있다. 사회 문화적 배경과 작자에 대한 이해는 작품의 올바른 이해를 위해 필요할 뿐만 아니라, 작품이 가지는 예술성이 어떤 구조적 기반을 가지고 있는가를 이해하는 데에도 유용하다. 이는 앞의 내용과 대비하여, 이해론의 영역에서 고찰할 수 있을 것이다.

실로 모든 가치의 경우가 그러하지만, 예술적 가치는 감상의 주체와 대상의 관계에서 결정된다. 무엇이 가치 있다고 하는 것은 부분적으로는 그것이 지닌 특징으로 인한 것이고 부분적으로는 그것을 지각하거나 소유하거나 취급하는 주체가 있기 때문이고, 전체적으로는 그 가치 있는 대상과 그것에 대하는 주체의 관계로서 성립된다.9) 이렇게 보면, 심미적 경험의 교육은 우리의 지각의 힘을 증대시키고 우리가 살았던 그리고 살고 있는 세계를 직접적으로 아는 민감성을 계발할 수 있게 한다. 어느 시대의 것이든지 간에 위대한 예술적 유산과 교섭함으로써 탁월한 심미적 태도와 통찰, 달리 표현될 길 없는 삶의 심층적 부분, 그리고 고도의 정교한 민감성을 발휘한 인간의 경험을 공유하게 할 필요가 있다(이돈희, 1993 ; 김광명 역, 1987). 이를 고전문학 교육의 이해론이라 할 수 있겠다.

그러나 지금까지의 내용만을 중심으로 이루어지는 데이터베이스는 실제 고전문학이나 고전문학 교육 연구자가 실제 연구를 진행하는 데에는 유용할지 모르나, 고전문학에만 힘을 쏟을 수 없는 교사나 학습자에게는 너무 전문적이고 복잡한 방식으로 작용할 우려도 없지 않다. 따라서 교육용 고전문학 데이터베이스는 언어 자료로서의 고전문학 작품에 대한 참고 자료의 구성과 그들의 연결에 중점을 두어야 한다. 이를 위해서는 작품에 사용된 언어의 해독을 위한 뜻풀이와 주석, 용례는 물론이고, 작품 해석에 직간접적으로 필요한 모든 정보들이 망라되고 이들 정보 사이를 연결하는 고리가 명확해야 한다.

고전문학 자료와 관련한 구체적인 데이터베이스의 모델은, 미국 브라운 대학에서 개발되어 주로 영문학 강좌에 이용되는 '인터 미디어'라는 하이퍼미디어 시스템을 참고할 수 있다(강인애, 1997 : 52~55). 이 시스템은 방대한 양의 멀티미디어 데이터베이스를 포함하고 있는데, 각 고전문

---

9) 가령 김대행(1999 ; 1995) 교수는 시조 형식의 구조 원리로 '대상－의미－관계'라는 인식론적 구조를 지닌 원리를 주장하고, 문학 감상에 개입하는 인식의 틀을 관점과 대상의 관계와 대상의 본질에 대한 성찰로 나누어 살피기도 한다. 박인기(1996 : 196)도 유사하다.

학 작품에 관련된 문학비평 논문과 작자에 대한 역사적 전기적 자료는 물론이고, 작품의 시대적 배경을 알 수 있는 자료들도 구축되어 있다. 이 프로그램의 가장 큰 특징은 전자적으로 여러 자료들을 원하는 대로 제한 없이 서로 연결시켜 볼 수 있다는 것이다. 학습 지도안, 각 작품에 대한 생각할 문제, 작자 정보, 작품 용어에 대한 주석, 문학용어 해설 등이 문자는 물론 그림 형태로도 수록되어 서로 연결되어 있다. 전반적으로 이 프로그램을 통해 사용자는 고전문학 자료에 접근하면서 어떤 생각과 상황, 문맥을 서로 연결 지어 생각하는 습관을 기를 수도 있다.

그런데, 필자가 보기에 이런 모델의 문제는 그 대상을 너무 문학화하고 있다는 점에 있다고 생각한다. 시조의 경우, 조선조 당시에는 지금의 독서물과는 달리 가창되던 연행물이었다. 때문에 실제 가창 연행의 음향 정보도 제공될 필요가 있다. 발표자는 지금도 가끔 (주)킹레코드에서 나온 김호성 시조·가사 시디롬을 듣곤 하는데, 이를 원텍스트인 시조 작품과 관련시켜 들으려고 하면, 작품을 찾아 컴퓨터 앞에 펴 놓고 시디롬을 작동시키는 등 복잡한 준비 절차가 필요하다. 하이퍼미디어 시스템에 작품 자료와 음향 자료를 결합시킨다면 더욱 쉽고 즐겁게 작품과 만날 수 있지 않을까?

이미지 자료도 마찬가지라고 생각한다. 실제 작품 예를 보면서 논의를 진행해보자.

> 엊그제 겨을 지나 새 봄이 도라 오니
> 桃花 杏花는 夕陽裏예 퓌여 잇고 綠楊 芳草는 細雨中에 프르도다
> 칼로 몰아낸가 붓으로 그려 낸가
> 造化 神功이 물물마다 헌수롭다
>
> —〈賞春曲〉 일부

전북대학교 교과교육연구총서 ❺

겨울이 지나고 봄이 돌아오므로, 모든 만물이 새롭게 된다. 이때 시적 화자의 눈에 포착되는 사물이 '桃花 杏花'와 '綠楊 芳草'이다. 작가는 이를 '夕陽'과 '細雨'에 연결시켜 표현함으로써, '밝음과 어둠' 혹은 '흐릿함과 도드라짐'이라는 시적 대비를 통해 표현의 효과를 높이고 있다. 즉 꽃이 봄을 맞아 피어난다는 밝음의 이미지가 석양이라는 어둠의 이미지와 대비되며, 비가 부슬부슬 내리는 흐릿함 속에 녹색의 꽃이 피어나는 도드라짐의 색채 대비가 그것이다. 그러나 이 표현에서의 대비는 단순한 '밝음과 어두움' 또는 '흐릿함과 도드라짐'의 대비가 아니라 나름의 균형과 조화를 이루고 있음에 주목해야 한다. 단순한 대비를 넘어서 대비를 통해 색채들을 모아 봄빛의 생동하는 모습을 보여주는 것으로 해석할 수 있다는 것이다. 매개체로서 등장하는 '造化 神功'이란 표현이 이를 말해 주고 있다.

고전시가에 나타나는 대비적 표현은 주목되어야 하며, 이와 같은 대비를 통해 나타나는 이미지의 표출이라든가, 또는 시적 표현의 묘미는 '범시대적인 문예적 가치'를 보여주는 하나의 예로써, 고전문학 표현론의 중요한 탐구 과제가 된다. 다음의 구절에서 나타나는 색채 대비와 그 표현법을, 조선조의 뛰어난 이미지스트 시인인 윤선도의 시조에 나타난 표현법과 비교해 보자.

和風이 건듯 부러 綠水롤 건너 오니
淸香은 잔에 지고 落紅은 옷새 진다.

— 〈賞春曲〉 일부

어와 져므러 간다 宴息이 맏당토다
ᄀᆞᄂᆞᆫ 눈 ᄲᅳ린 길 불근 곳 훗터딘 딕 홍치며 거러 가셔
雪月이 西峯의 넘도록 松窓을 비겨 잇쟈.

— 〈고산유고 66〉 [尹善道]= / 고유 / 해일 / 해정 / 해주

'落紅'이라는 어휘를 통해 저녁이라는 시간을 알 수 있다. 그런데 여기서 필자가 주목하는 것은 落照라는 붉은 색 이미지와 대비되는 '綠水'와 '淸香'이라는 녹색의 이미지 사용이다. 이 대비되는 색채의 이미지는 서로를 자극하며, 우리에게 강렬한 시각적 이미지를 형성케 한다. 윤선도 시조의 시간적 배경도 저녁 무렵 落照가 비치는 때이다. 여기서는 흰 바탕의 길 위에 붉은 꽃잎들이 점점이 흩어져 있는 광경으로 표현되었다. 하루가 저물어 가는 무렵 붉은 색과 흰색의 강렬한 색채의 구도에서 시적 화자의 고양된 興趣가 선명하게 視覺化되는 것이다.

이런 작품의 언어 학습을 통해 학습자의 머릿속에 이미지를 떠올리게 하는 활동 자체가 시교육적 가치를 갖는다는 것은 당연하다. 그러나 일반적으로 고전을 싫어하는, 문자 언어보다 이미지 언어에 익숙해 있는 요즘의 학습자를 위해 작품에 관련 이미지나 동영상을 링크 시켜 활용하는 방법은 작품에 친숙하게 다가갈 수 있는 기회를 제공한다는 측면에서 교육적 가치를 가지는 것이 아닐까?

> 보리밥 풋ᄂ물을 알마초 머근 후에
> 바횟 긋 믉ᄀ의 슬ᄏ지 노니노라
> 그 나믄 녀나믄 일이야 부롤 줄이 이시랴.
> —〈고산유고 2〉 [尹善道]= / 고유 / 고첩 / 해일 / 해정 / 해주

> 브람 분다 지게 다다라 밤 들거다 블 아사라
> 벼개예 히즈려 슬ᄏ지 쉬여 보쟈
> 아히야 새야 오거든 내 줌 와 ᄭ와스라.
> —〈고산유고 11〉 [尹善道]= / 고유 / 고첩

위의 작품들에서 보듯이, 江湖 自然에서 시적 화자는 한가하고 여유로운 생활에서 느낄 수 있는 감수성을 유감없이 표현하고 있다. 사실 이들

작품이 보여주는 시적 의미는 질박하기 그지없다. 보리밥과 풋나물을 알맞게 먹고, 특별한 일 없이 바위 끝 물가에서 실컷 노는 화자의 모습과 바람이 부니 지게문을 닫고, 밤이 되니 불을 끄고 쉬다가 날이 새면 일어나려는 화자의 심경에서, 우리는 혼탁한 政治 現實을 잠시나마 잊고 江湖 自然의 평화로움에 젖어 드려는 尹善道의 모습을 그려낼 수 있다.

보길도의 부용동10)에서 지어진, 그 유명한 <漁父四時詞> 40수가 尹善道 時調의 審美的 性格을 가장 잘 드러내는 작품이라는 사실에 대해, 많은 사람들이 동의하고 있는 듯하다. <漁父四時詞>는 글자 그대로 漁父의 네 계절 동안의 생활을 노래한 것이다. 그리고 각 계절을 다시 하루의 출어 과정으로 압축하는 면밀한 배려를 통해 작품을 구성하였다.

> 압개예 안개 것고 뒫뫼희 히 비췬다
> 밤믈은 거의 디고 낟믈이 미러 온다
> 江村 온갓 고지 먼 빗치 더옥 됴타.
> 　　　　　　—〈고산유고 27〉 [尹善道]= / 고유 / 병가 / 해박 / 해일 / 해정 / 해주

> 水國의 ᄀᆞ올히 드니 고기마다 술져 읻다
> 萬頃 澄波의 슬크지 容與ᄒᆞ쟈
> 人間을 도라보니 머도록 더옥 됴타.
> 　　　　　　—〈고산유고 48〉 [尹善道]= / 고유 / 병가 / 해박 / 해일 / 해정 / 해주

위의 작품들에 담긴 詩的 志向은 '江湖 自然과 政治 現實의 二分法的 世界像'을 인정하는 性理學的 사유틀 위에 구축되어 있다. '먼 빛이 더욱 좋다'거나 '인간 세계가 멀수록 좋다'는 표현은 '청정한 자연'과 '타락한 현실' 사이에서 전자의 가치를 드높이고자 하는 의지의 표상이다. 그러나

---

10) 이 시적 공간의 모습을 사진으로 찍어 책으로 공간한 자료가 있어, 그의 작품을 좀 더 선명하게 이해하는 데 많은 도움을 주고 있기도 하다(정재훈, 1990). 필자는 이런 사진 자료도 이미지화되어 데이터베이스화 및 하이퍼링크화되어야 한다고 생각한다.

이런 표현들에는 尹善道의 강한 政治 志向性이 역으로 투영되어 있다. 尹善道의 政治的 志向은 그의 생애에서 가장 중요한 지점에 위치하고 있었고, 이는 <漁父四時詞> 산출되는 시점에서도 변하지 않았다. 그러므로 그가 政治 現實과의 거리를 강조하면 할수록, 그 이면에는 그것에 의해 강하게 견인되고 있음을 스스로 드러내는 것이라 해석해도 무방하다. 그러나 <漁父四時詞>의 성격은 그리 간단하지가 않다. <漁父四時詞>에는 '즉물적 서경시의 성격이 짙게 드러나는 작품'이나, '興이라는 詩語의 詩的 構圖와 관련된 작품'들, 그리고 '自然과의 감흥을 현실과의 갈등에서 벗어나 느끼는 자아의 내면의 흥겨움을 표현한 작품'들이 다양하게 뒤엉켜 있는 것이다.

> 우는 거시 벅구기가 프른 거시 버들숩가
> 漁村 두어 집이 넛 속의 나락 들락
> 말가훈 기픈 소희 온갇 고기 뛰노ᄂ다.
> ─〈고산유고 30〉 [尹善道]= / 고유 / 병가

> 낙시줄 거더 노코 蓬窓의 돌을 보쟈
> ᄒᄆ 밤 들거냐 子規 소리 묽게 난다
> 나믄 興이 無窮ᄒ니 갈 길흘 니젓땃다.
> ─〈고산유고 35〉 [尹善道]= / 고유 / 병가 / 해박 / 해정

> 丹崖 翠壁이 畵屛 ᄀ티 둘럿ᄂ터
> 巨口 細鱗을 낟그나 못 낟그나
> 孤舟 簑笠에 興 계워 안잣노라.
> ─〈고산유고 63〉 [尹善道]= / 고유

위의 작품들에는 自然의 아름다움과 그에 몰입하고 있는 시적 화자의 興趣가 생생하게 포착되어 있다. '우는 뻐꾸기 푸른 버들숲', '봉창의 달

과 자규소리’, ‘화병같은 단애취벽’, ‘가는 눈이 뿌린 겨울 봉우리’ 등의 언어적 형상이 보여주는 시각적 청각적 이미지에 주목해 보라.

첫째 작품에서는 뻐꾸기·버들숲·어촌 두어 집·온갖 고기 등 모든 시적 소재가 끊임없이 움직이며 다채로운 이미지를 보여준다. 이런 이미지의 다양한 변주는 아마도 시적 화자의 시선이 고정되지 않고 배와 함께 계속 움직이고 있기 때문에 가능한 것이리라. 둘째와 셋째 작품에서는 이와 다르게 정적인 이미지가 강하다. 찬연한 달빛 아래에서 혹은 그림 같은 절벽 아래에서, 시적 화자는 갈 길을 잊고 흥겨워 앉아 있는 것이다. 이러한 작품들에 나타나는 自然美는, 自然을 性理學的 道의 공간으로 파악하고 그것을 통해 심신을 수양해 간다는 기존의 것과는, 분명히 다르다. 즉 이념적 휘장은 엷어지고, 審美的 高揚의 영역이 그 자리를 차지하고 있는 것이다.

필자는 이런 작품들을 감상하거나 연구할 때마다 한국화·동양화 화첩을 꺼내어 천천히 감상한다. 그러다 보면, 시조를 그대로 그림으로 옮긴 것 같은 작품도 눈에 뜨이고, 마치 그림을 보고 시를 썼을 것 같은 이미지를 주는 작품도 만나게 된다. 이런 느낌을 가지고 있다가, 본 논문처럼 시조 문화 정보 시스템의 문제를 생각하게 되면, 이런 회화 작품과 문학 작품을 결합시키고 싶은 강한 열망을 갖게 된다. 앞서도 이야기한 바 있지만, 시조는 문학이기 이전에 음악과 이미지를 동반하고 있는 문화 예술이다. 때문에 이를 보다 입체적으로 구현할 필요가 있으며, 우리가 개발해야 할 시조 문화 정보 시스템의 핵심은 입체화, 총체화, 조직화, 효율화에 있다고 생각한다.

필자가 고려대 민족문화연구원에 근무하다가 떠난 후, 연구원에서는 한국학술진흥재단의 후원을 받아 『조선시대 전자문화지도 개발』[11]에 착수하였다. 2002년 3월부터 근무하게 된 전북대학교에서도 전남대학교와

컨소시엄을 구성하여, 역시 한국학술진흥재단의 후원을 받아 『호남문화 자료조사와 문화 정보 시스템 개발』12)에 들어갔는데, 우선 눈에 띄는 표제가 「호남문화 정보 시스템 구축을 위한 DB구조 설계와 문화지도 작성」13)이었다.

전자문화지도는 멀티미디어의 복합적 텍스트이기 때문에 지도에 설정된 링크를 따라가다 보면 원작품의 이미지나 음성 및 음향자료를 만날 수 있다. 오늘날 문화의 한 영역으로 취급되는 인간의 심미활동의 결과, 즉 예술작품들을 안내하는 문화지도, 예컨대 『실경산수화 문화지도』에서는 정선의 「인왕제색도」나 최북의 「표훈사도」를 이미지 자료로 확인하고, 『민요문화지도』에서는 예산지방의 「타맥요」나 칠곡지방의 「댕기노래」 등의 음향 자료를 들을 수도 있다. 뿐만 아니라 『무속문화지도』에서는 충무 지역 무당이 남해안 별신굿에서 행하는 무속의 춤이나 무당소리, 무가 등을 동화상으로 감상할 수 있을 것이다.

문화연구, 특히 전통문화에 대한 탐구에서는 무엇보다도 전통시대에 존재했던 문화현상에 대한 실체적 접근 및 인식이 중요할 터인데, 잘 구축된 다매체의 전자문화지도는 이에 대한 생생한 자료를 제공할 것이다. 한편 삶의 양식으로서나 심미적 활동의 결과로서의 문화의 어떤 측면은 이성적, 논리적 접근만으로는 해명이 곤란한 부분도 있다. 예술처럼 인간의 직관이나 감성에서 출발하는 경우도 있기 때문이다. 이러한 이유로 멀티미디어의 디지털 문화지도는 문화탐구의 새로운 영역을 열러줄지도 모른다. 정신이나 이성의 절대적 권위에 대한 믿음의 약화와 함께 상대적으로 신체적 인식의 소중함이 강조되어 가는 요즈음에 이르러서는 더욱 그러하다.14)

---

11) 그 사업의 중간 발표회가 2003년 5월 2일 고려대에서 열렸으며, 중간 발표문들이 『시간·공간과 문화』라는 표제로 공간되었다.
12) 이 사업의 중간 발표회는 2003년 4월 26일, 27일 양일간에 걸쳐 전북 장수군 산림문화관에서 열렸다.
13) 발표자는 양해근(전남대 호남문화연구소) 교수로 기조 발표였다.
14) 이형대, 「디지털 정보 시대의 문화지도 그리기」, 고려대학교에서 인용함.

본 연구는 호남 지역 문인들과 작품들에 대한 정보를 수집(현장조사와 연구 집적물에 대한 자료 조사 동시 병행)하여 데이터베이스를 구축하고, 정보적 기능에 충실한 문학지도를 만들어낸 뒤, 이를 바탕으로 호남문학 특징을 총체적으로 밝혀내는 것을 목적으로 한다.

시조 작가 : 김응정, 나위소, 나철, 남극엽, 남석하, 노병선, 이세보, 유도관, 윤선도, 윤이후, 윤효관, 이덕일, 이방익, 이중전, 정철, 학명15)

지금은 개발 중이라 무어라 논평하기 곤란하지만, 시조를 포함하여 한국학 연구와 교육, 그리고 보급 전반에 걸쳐 꼭 필요한 작업이 시행되고 있다고 본다. 물론 간과해서는 안 될 것은 자료의 전산화나 정보화는 목표가 아니라 도구라는 사실이다. 다시 말해 자료의 축적과 검색을 돕는 도구일 뿐 그것 자체가 인문학 연구의 결과물은 아니다. 그러나 그럼에도 불구하고, 시조를 중심으로 하는 문화 정보 시스템의 개발은 작품과 자료에 대한 전문가와 일반인의 접근을 용이하게 하고, 입체적 감상을 통해 문화 감수성을 신장시키는 긍정적 효과를 불러올 수 있다고 본다. 본 논문에서 특히, 문화 정보 시스템의 주 수요층을 학습자로 잡은 이유도 이에 연유한다.

4. 결론

지금까지의 논의 과정에서 어느 정도 드러났듯이, 고전문학 작품의 훈고와 주석을 포함한 언어 자료로서의 성격 규명은 문학이나 문학교육 연구자에 의해 이루어져서, 교사를 거쳐 학습자에게 제시되어야 한다.

---

15) 정경운, 「호남문학 자료조사와 문학 정보 시스템 구축 방식 연구」, 전남대학교에서 인용함.

물론 훈고나 주석을 찾거나 달아보는 과정 자체도 하나의 교육 활동일수 있음은 사실이나, 우리의 교육 현실을 고려할 때, 특히 중등 교육에서는 이러한 과정을 될 수 있는 데로 간편하게 줄이는 것이 효율적이라 생각된다.

매체언어의 급격한 발달에 힘입어 시간이 갈수록 활자 매체와 멀어지며, 전문 연구자 수준의 도서관을 갖출 수도 없으며 아예 충실한 도서관 자체가 없는 현재 우리나라 학습자들의 상황을 고려한다면, 언어 자료로서의 고전문학 교육은 대규모 데이터베이스와 컴퓨터 사이의 네트워크를 효율적으로 조직하여 이루어지는 것이 타당한 방법이라 생각하였다. 시조는 문학이기 이전에 음악과 이미지를 동반하고 있는 문화 예술이다. 때문에 이를 보다 입체적으로 구현할 필요가 있으며, 우리가 개발해야 할 시조 문화 정보 시스템의 핵심은 입체화, 총체화, 조직화, 효율화에 있다고 보았다.

마지막으로 소위 '교육 정보화'의 방향과 관련하여 한마디 덧붙일 내용이 있다. '정보화 시대'를 맞아, 우리의 교육 현장에도 컴퓨터 보급, 파워 포인터 등의 기기 도입에 따른 멀티미디어 수업의 시행 등 많은 변화의 물결이 일고 있는 것으로 보인다. 사회 전체의 대세적 흐름을 통해 볼 때, 변화의 방향 그 자체가 부정적일 수는 없겠지만, 정보화에 있어 중요한 것은 내용의 충실함이지 기기의 세련화가 아니라는 인식이 특히 중요한 시점인 것 같다. 그리고 내용의 충실함이라 하는 것은 곧 교사들의 '마인드', '인프라'와 동일하다는 점이 지적되어야 하겠다. '열린 교육', '수행 평가', '구성주의' 등 교육 문제와 관련하여 최근 유행하는 담론들은 얼핏 보아 교육에 있어 교사의 중요성을 심각하게 고려하지 않는 것 같다는 인상을 준다. '교육 정보화'의 궁극적인 방향이 학습자를 위한 것이 되어야 한다는 것은 당연한 전제이지만, 그 과정에서 교사가 제자리를 찾지 못하는 것은 바람직하지 않다. 본 논문에서 언급한 시조문화 정보 시스템 개발의 문제도 마찬가지이다. 기존의 데이터베이스의 설계의 많은 부분은 전문 연구자를 위한 것이거나, 아니면 학습자를 위한 것이 많은 것 같다. 고전문학 자료에 관해 데이터베이스를 구축하고 학습자들이 컴퓨터 앞에 앉아 이를 활용하기만 하면, 곧 고전문학 교육이 이루어진다는 사고방식은 곤란하다. 필자가 생각하기에 바람직한 고전문학 교육은, 고전문학 자료의 특성과 그 교육적 가치를 제대로 인식하는 교사들에 의해 이루어 질 수 있다고 생각한다. 때문에 여기서 생각하는 고전문학 데이터베이스의 첫 번째 이용자는, 학습자가 아니라 학습자들에게 고전문학 교육의 중요성을 일깨워 주어야 하는 국어과 교사들이 된다.

참고문헌

강범모·장효현·윤재민, 「한국학 문헌의 전산화를 위한 TEI 표준안 응용 및 확장 방안 연구」, 『한국어전산학』 2집, 한국어전산학회, 1998.

강범모 역, 스퍼버그머퀸·버나드 저, 『전자 텍스트 부호화 개설 : TEI 라이트』, 고려대 민족문화연구소, 1997.

강인애, 『왜 구성주의인가? : 정보화 시대와 학습자 중심의 교육 환경』, 문음사, 1997, 52~55면.

김광명 역, 멜빈 레이더·버트람 제섭, 『예술과 인간 가치』, 이론과 실천, 1987.

김광해, 「국어지식 교육의 위상」, 『국어교육연구』 3집, 서울대 국어교육연구소, 1996.

김대행, 「시조 형식이 주는 교육론적 계시」, 『한국시조작가론』, 국학자료원, 1999.

김대행, 「손가락과 달 : 시조 형식을 통해 본 문학교육의 지표론」, 『운당 구인환 교수 정년퇴임 기념 논문집』, 동간행위원회, 1995.

김병선·전정구, 『소월의 시어와 그 활용』 전3권, 한국문화사, 1990.

김흥규·권순회, 『고시조 데이터베이스의 계량적 분석과 시조사의 지형도』, 고려대 민족문화연구원, 2002.

김흥규, 『송강시의 언어 : 컴퓨터 처리에 의한 시가 용례 색인 연구』, 고려대학교 출판부, 1993.

박인기, 『문학교육과정의 구조와 이론』, 서울대학교 출판부, 1996, 196면.

우응순·권순회·한창훈, 「고시조 시어 시소러스 개발」, 『민족문화연구』 37집, 고려대 민족문화연구원, 2002.

이돈희, 『교육적 경험의 이해』, 교육과학사, 1993.

이상섭, 『<님의 침묵>의 어휘와 그 활용 구조』, 탐구당, 1984.

정재훈, 『보길도 부용동 원림』, 열화당, 1990.

홍윤표, 「국어학 자료의 전산화 방법과 그 학문적 의의」, 『국어국문학』 121호, 국어국문학회, 1998, 318면.

▼『시조학 논총』 19집, 2003

제4부 지역학의 이론과 실제

1. 서론

한국학술진흥재단에 의해 학술지 평가가 제도화되어 시행된 지도 10여 년을 훌쩍 뛰어 넘었다. 이 제도의 공과 과에 대한 토론은 계속해서 이어져 왔지만, 나름대로 제도적 정비를 끝내고 굳건하게 자리잡고 있음도 또한 부인할 수 없다. 이런 점에서 우선 이번 제주대학교 탐라문화연구소 기관지 『탐라문화』의 한국학술진흥재단 등재후보지 선정은 제주학 정립이라는 측면에서 매우 의미 있는 사건임에 틀림없다. 제도적 뒷받침이 그대로 학술적 성과를 보장하는 것은 아니지만, 현 시점에서 『탐라문화』의 등재 후보지 선정은 앞으로의 제주학 연구에 큰 기틀이 될 것으로 믿어 의심치 않는다. 그럼에도 중요한 것은 역시 수록 논문의 수준을 높이는 일일 것이다.

제주학의 정립 문제는 이미 (사)제주학회에서 많이 논의되었던 것으로 기억한다.[1] 특히 명칭을 제주도연구회에서 제주학회로 개칭하면서, 이것이 '제주학'회인지 '제주'학회인지 하는 등의 논의가 있었다. 이 문제에 대해서는 사실 아직까지도 정답을 제출하기 힘들어 보인다. 그러나 한 가지 분명하게 말할 수 있는 것은, 학적인 체계를 세울 정도의 질적 수준을 보장하는 논문이 집적되어야 구체적인 논의가 가능한 것이지, 선언적으로 '제주학'을 정립하더라도 실질 연구가 없으면 그 생명은 오래 가지 않는다는 명백한 경험적 인식이 존재한다는 것이다.

소위 제주를 소재적으로 다루는 연구나, 학제적 성격의 연구도 마찬가지이다. 다루는 수준이 높다면 소재적 차원이나 학제적 성격의 연구도 제주학의 정립에 결정적 도움이 될 것이며, 반대로 그렇지 않다면 아무리 제주학을 앞에 내세우더라도 별 의미를 가질 수 없으며, 오히려 학문 분야의 성립에 방해가 될 것이다. 생각해보라. 제주학을 내세우며 정기적으로 발행되는 잡지에 읽을 만한 논문이 없다는 상황을. 잡지 편집자와 발행자, 독자 모두의 부담으로 작용할 가능성이 클 것이다. 여기서는 『탐라문화』의 등재후보지 선정을 계기로 하여, 향후 제주학 정립의 과제와 방향에 대해, 필자의 한정된 경험과 생각을 중심으로 조금은 자유로운 방식으로 논의해 보고자 한다.

2. '특수성'과 '보편성'의 문제

제주 사람으로서 소위 방언의 문제를 겪어보지 않은 사람은 없을 것이다. 초등학교 3학년부터 중학교 2학년까지 부산에서 학교를 다니다, 중학교 3학년 때 다시 제주로 전학 온 나에게 당시 사회과 선생님이 공식적으로 처음 질문한 사항이 '철마는 달리고 싶다'를 제주 방언으로 말해 보

---

1) 논문 형태로 구체화된 것은 『제주도 연구』 14집에 실린 전경수, 현길언, 신행철의 논문과 『제주도 연구』 15집에 실린 전경수, 이상철, 박찬식의 논문을 들 수 있다.

라는 것이었다. 대답하지 못한 나는 반의 웃음거리가 되었고, 이후 학교 생활 적응에 큰 장애가 되었다. 그런데 나중에 알고 보니 문제는 반 친구들 중에서 정답을 아는 이가 극히 드물었다는 것이다.

서울에 가면 제주 사람들은 어설프지만 곧바로 표준어에 적응한다. 영남 사람과는 사뭇 대조적이다. 그런데 학교에 가면 사람들은 모두 제주 방언을 궁금해 한다. 호기심 차원이 대부분이지만, 의외로 상황이 심각하게 번지는 때도 있다. 가령 국문학과 대학원생이 국어학을 전공하면 대개 제주 방언을 대상으로 논문을 쓰라는 권유를 많이 받는다. 특이해 보이기도 하고 자료 상황에 대해 심사위원들이 잘 모르는 경우도 많고 하니 심사 대상자는 유혹을 많이 받는다. 마치 영어학을 전공하러 미국에 갔다가 한국어를 대상으로 논문을 쓰는 많은 유학생들의 경우와 흡사하다. 문제는 단지 제주 사람이기 때문에 제주 방언으로 논문을 쓰면 좋은 논문이 나오냐는 것인데, 거기에 대한 필자의 관찰은 결코 그렇지 않다는 것이다.

고전시나 민속학을 전공하면 제일 먼저 나오는 것이 민요나 무가 등이 제주가 특이하니 이를 가지고 논문을 써보라는 주문이다. 현대문학에서 최근 강조되고 있는 지역 문학의 경우도 상황은 비슷하다. 사회과학도 마찬가지이다. 상황이 이러니 제주에 관련된 연구물을 필요로 할 때 많은 이들의 우선 관심이 제주대학교에 쏠리게 된다. 사실 그 지역에 대한 학술적 관심이 그 지역대학에 쏠리는 것은 너무나 당연하다. 문제는 그 실질적인 내용이 무엇이어야 하느냐 하는 것이다. 이 문제를 해결하지 않고 바로 연구에 들어가면 어떻게 보면 당연하게도 제주의 특이성을 드러내는데 집중할 수밖에 없게 된다.

다시 개인적 체험으로 돌아가자. 필자가 제주도에 관한 책으로 제일 먼저 산 책이 무엇인고 하니, 제주대학교 탐라문화연구소에서 발행한 총서 2권으로『제주설화집성』이라는 두꺼운 책이다.[2] 검은색 하드 커버의 그 책을 필자는 꽤 열심히 읽었으나 읽어내기가 버거웠다. 제주 방언이 그대로 표기되었던 탓이다. 물론 그 때의 독서 경험은 이후 제주대학교 국어교육과에서 정기적으로 실시하는 학술조사와『백록어문』에 실리는 조사 보고서 등의 작성에 많은 도움을 주었다. 필자가 알고 있는 제주어 표기법도 대부분 그 책에 의거한 것이다. 가장 최근의 학술 논의를 보더라도 중요한 위치를 차지하고 있는 것으로 파악된다(강영봉 외, 2008).

세월이 흐르면서 자연히 그 책은 뒷전에 밀리게 되었는데, 결국 필자가 전주에 정착하면서 더 열심히 공부하게 되었다. 전북대학교 국어교육과의 최전승(존칭 생략, 이하 같음)은 대를 이어 한국 방언을 공부하시는 분인데, 제주 방언을 구체적으로 알지 못하시는 그는 내가 부임하자마자 그동안의 궁금증을 털어놓으셨다. 한 예로『제주설화집성』을 거의 통독하신 그는 곳곳에 이해가 안 되는 부분에 빨간 줄을 쳐놓고 계시다 나한테 자문을 구한 것이다. 거의 20여 년 동안 그어진 곳곳의 빨간 밑줄은 결국 나도 잘 이해가 안 되는 부분이었다. 결국 열심히 방언 공부를 할 수밖에 없었다. 여기서 필자가 이야기하고자 하는 것은 제주 방언을 모르는 사람들이 접근할 수 없는 자료 조사는 학술적으로 별 의미가 없다는 것이다.

물론 작업의 단계상 처음에는 원래의 모습을 그대로 전사할 경우가 있다. 그러나 모든 자료가 원어로만 표기되어서는 극소수의 전문가 집단이 아니고서는 자료로 활용하기 곤란하다. 필자는 현용준·현승환 역주,『제주도 무가』(고려대 민족문화연구소, 1997)에 대한 서평을 쓴 적이 있는데(한창훈, 1997), 그 이유는 필자가 그 기관의 연구원이었거나 제주 사람이어서

---

2) 1권은 결국 발간되지 않은 것으로 아는데, 몇 년 후 결국 제주도에서『제주어사전』으로 발간되었다.

그런 것이 아니고, 바로 이런 요구를 그 책이 잘 수용하고 있기 때문이
다. 실제 필자도 몇 번 참가했지만, 가령 『백록어문』에 실리는 학술 답사
보고서의 문제는 자료가 그대로 전사되어 있어서, 사정을 잘 모르는 사
람은 접근하기 어렵고, 사정을 잘 아는 사람은 다시 확인 조사를 해야 하
는 번거로움이 따라 다닌다는 것이다. 제주도에서 산출되는 제주 관련
자료는 제주와 아무 관련이 없는 사람이라도 파악할 수 있게 가공되어야
한다.[3] 비교적 대중적으로 널리 알려진 현기영, 현길언 소설에도 가끔 대
화에 표준어 역이 실리는 것을 볼 수 있는데, 같은 이치라 할 수 있다.

　연구의 문제로 들어가면, 대상에 대한 직관적 인식이 곧 그 연구의 질
을 보장하지는 않는다는 사실을 명심할 필요가 있다. 제주에 관한 인문
학 연구 논문의 문제점을 육지사람(?)이 지적했을 때, 제주 사람이 직관적
인식을 들이대며 '너 제주에 대해서 잘 알어'라고 나오면 그 다음 대화가
막힌다. 일반인도 참석한 학술대회에서 곧잘 등장하는 것인데, 육지의 사
회과학자가 이렇게 저렇게 이야기하면, 손들고 하는 말이, '내가 그 동네
사는데……'이다. 이렇게 전제하면 그 다음 할 말이 없다.

　그런데 솔직히 말해서 필자가 접하는 지역 관련 논문들은 이런 것이
많다. 제주의 경우도 예외라 하기 어렵다. 좀 어렵게 이야기하면 직관이
라는 특수성을 과도하게 적용한 논문들이 많다는 것이다. 필자의 경험상
이런 논문들은 구체적 기여도가 굉장히 낮다. 우려스러운 것은 지역 문
제의 경우, 이런 논문들이 압도적으로 많이 보인다는 점이다. 시야를 넓
히면 한국학의 경우도 마찬가지이다. 민족문제이든 경제문제이든 문화문

---

3) 기존 제주학의 연구 중에서 자료적 가치를 높게 인정받는 대표적 업적인 현용준(1980)
　　의 3분의 1 가량이 주석임을 다시 생각해보자. 제주 사람이 아니고 때문에 제주 방언을
　　잘 모르는 이수자의 이화여대 박사학위논문은 이 책의 주석으로 가능하게 된 것이라 할
　　수 있다. 이 논문은 이후 『제주도 무속을 통해서 본 큰굿 열두거리의 구조적 원형과 신
　　화』(집문당, 2004)로 출간되었다.

제이든 한국의 특수성을 직관적으로 과도하게 밀어부치는 논문 치고 좋은 논문 찾기 힘들다.

제주도는 굉장히 특이하다. 그래서 좋은 것이다라는 전제는 논리적 귀결을 맺기 어렵다. 여기서 내가 이야기하고자 하는 것은 '특수성'과 '보편성'에 대한 것이다. 지역 연구의 경우, 특수성을 그 기반으로 하는 것은 분명하지만 그것이 직관적 특수성으로 끝나서는 곤란하며, 보편적 인식이 균형을 이루어야 하는 것이다. 가령 제주 방언이 아무리 특이해도 그것이 일본어나 중국어는 아니지 않는가? 필자가 조동일(1997)의 작업을 높게 평가하는 것은, 육지 출신의 서울대 교수가 제주도 무가를 높게 평가해서가 아니라, 제주도 무가를 거시적 시각에서 일관되게 해석하려는 자세 때문이다.4) 지역 문제에 대한 조동일의 미시적 인식 오류를 찾아내기는 쉽다. 그러나 그걸로 논리적 공격 논리를 세우기에는 조동일 교수의 보편적 인식에 대한 신뢰가 더 깊다. 김헌선(경기대)의 일련의 연구도 그러한데, 육지 사람이 제주에 대해 가지는 애정과 관심에 대한 고마움보다는 그 보편적 인식 태도가 더 소중하다고, 적어도 필자는 그렇게 생각한다.

3. 인식의 '방법론' 문제

제주학의 경우, 그것의 정립이 분명해지려면 연구 방법론에 대해 숙고할 필요가 있다. 대상이 제주라는 지역으로 비교적 분명하기 때문이다. 한국학술진흥재단에 학회지 등록 신청을 할 때, 『탐라문화』의 경우, 그

---

4) 최근 출간이 완료된 조동일의 제4판 『한국문학통사』 1권의 전체 서문을 보라. 구체적으로 탐라(제주)에 대한 그의 인식이 잘 나타나 있다.

분야를 지역 연구로 한 것으로 알고 있다. 지역이라는 말에 대한 연구자들의 인식이 모두 같지는 않지만, 이 점은 대략 합의가 이루어질 수 있는 것으로 본다. 물론 반론도 없지 않다.

그러나 '연구에 임하면서 구태여 제주학의 성립 여부에 대해서 마음 쓸 필요는 없다. 제주학의 정립 여부는 연구의 종합적 결과이지, 그것을 전제로 한 연구는 오히려 연구의 범위나 방법에서 한계를 자초할 위험성도 있다. 그래도 제주학의 정립에 대한 기대나 그 가능성을 갖는 것은 필요하다. 연구의 진지성이 유지될 수 있기'(현길언, 2001 : 188) 때문이다.

그래서 지역 연구로서 제주학을 일단, '제주라는 지역을 대상으로 하여 그것의 장소나 문화에 관한 총체적 접근을 기반으로 하여 이해를 증진하는 학문 분야' 정도로 정의할 수 있을 듯하다. 최근의 지역 연구 경향에 따르면(김경일 편, 1998 : 24), '지역은 지식의 체계적 축적을 위한 맥락을 제공하며, 이를 위해서는 언어와 인문학 및 사회과학의 분석을 결합하는 것이 필요하다'는 것이다. 이처럼 최근 지역 연구에서는 방법론적으로 학제적 접근을 강조하고 있음을 쉽게 확인할 수 있다. 그간 모색되어 온 제주학 연구의 방법론에 대해서는 전경수(1999)의 정리가 아직도 유효하다고 본다. 그 내용을 핵심적으로 다시 정리하면,

- 넓히면 산다 : 광역화의 구도
- 밝히면 산다 : 정보화의 실천
- 뭉치면 산다 : 통합과학의 지향
- 사람을 생각하면 산다 : 주민 중심의 정신

이 될 것이다. 전경수는 인류학자이므로, 자연스럽게 인류학의 방법론이 많이 참고된 것으로 평가되지만, 사실 그 저변에 있는 것은 지역 연구의 방법론이라 할 수 있다. 방법론적으로 보면, '연구 대상으로서의 지역은

한편에서는 특정 국가내의 국지적 지역에서부터 다른 한편에서는 다수의 국가들을 포괄하는 지역에 이르기까지 다양한 차원을 포괄'하는 것으로 이해되어 왔다. 이에 '지역 연구는 사회과학은 말할 것도 없고 인문학 전체와 일부 자연과학의 참여를 요구'하는 것이다(김경일 편, 1998 : 19~21).

여러 분야를 망라하는 총체적 연구를 위해서 제안된 학제적 연구의 필요에 대해서는 많은 이들이 동감하지만, 그 결과에 대해서는 반신반의하는 현상이 실제로 존재하고 있는 것 같다. 필자가 보기에 문제는 크게 두 가지 점에 있다고 생각한다. 하나는 전공 이기주의라고 할 수 있고, 다른 하나는 전체 연구를 총괄하는 기획력의 부재라 하겠다. 제주학의 경우, 전공 이기주의를 불식시킬 수 있는 아주 좋은 대상으로 판단되므로, 결국 중요한 것은 연구 기획력을 누가 어떻게 하느냐 하는 것이다. 이때 중요한 준거가 되는 것이 바로 '비교' 연구라 할 수 있다.

앞서 '특수성'과 '보편성' 이야기를 했는데, 이를 구체화하기 위한 방법론으로도 '비교' 연구만한 것이 없다. 물론 제주라는 대상을 한정하고 그것의 모습을 그리는 데에도 다양한 방법론이 있을 수 있다. 인문학적, 사회과학적, 자연과학적 혹은 통합적 접근이 있을 것이다. 그러나 거기에 그친다면, 우리는 제주라는 학문적 대상이 구체적으로 어떤 위상을 가지고 있는지 객관적으로 드러내 보여줄 수 없다. 하여 무한한 예찬론 아니면 의도적인 외면에 이를 수 있다. 그러나 적절한 '비교' 연구는, 그 대상의 특성을 또렷하게 보여줄 수 있을 뿐 아니라 비교 대상과의 상대적 거리를 통해 그것이 가지고 있는 위상을 잘 드러낼 수 있는 것이다.

일반적으로 비교는 '본질적으로 어떠한 현상이나 현상의 집합을 보다 더 잘 이해하고, 설명하고, 예측하기 위하여 그들 사이의 유사점과 상이점을 찾아내는 것'이라고 정의하지만, 실질은 상당히 복잡한 양상을 띤다.5) 주체와 객체의 문제도 있고, 비교의 준거 설정이라는 문제도 있다.

필자는 인식의 '방법론'으로서의 비교 문제를 말하고 있지만, 인식과 방법론을 구별해서 논하는 이들도 있고, 이들의 논의가 더 정치하다. 여기서는 이를 다 다룰 여유가 없기에, 제주의 특성을 드러내는 유력한 방법론의 하나로 '비교'의 문제를 들고 있는 것이다.

제주 문학을 중심으로 꾸준한 연구를 지속해 온 현길언(2001)은 '주변성'을 중심 특징으로 들었고, 김영화(2000)는 '변방인'이라는 말을 표제로 내세웠다. 용어 및 그 개념에 대해서는 찬반 논란이 있을 수 있다. 여기서 주목하는 것은 이들의 이런 개념화가 주로 서울 중앙 중심의 한국 문학과 제주 문학을 비교한 결과 나온 것이라는 점이다. 타자와의 비교가 전제될 때 주체의 모습이 더 선명해 진다는 것은, 적어도 이제는 상식적인 수준의 동감을 얻을 수 있다. 하여 비교 집단의 설정에 따라 또 다른 개념화는 얼마든지 가능하게 된다.

이때의 비교 대상은 국내의 다른 지역도 될 수 있고, 국내를 벗어날 수도 있으며, 같은 지역의 시간적 비교도 있을 수 있다. 가령 섬이라는 지리적 측면에 주목해 서해안이나 남해안의 지역과 비교 연구가 가능하다고 생각한다.6) 이미 주목이 되고 있듯이, 일본의 오키나와 지역이나 기타 적절한 지역과의 비교 연구도 제주학을 정립하는 데 큰 도움이 될 것이다.7) 제주의 같은 지역을 시차를 두고 조사해 그간의 변화를 살피는 것도 지역을 이해하는데 큰 도움을 줄 수 있을 것이다. 문제는 이런 문제 의식을 갖는 것과 그것을 적절하게 적용할 수 있는 연구 계획을 세우는

---

5) 연구과정으로서의 '비교'에 대해서는 『비교문화연구』 창간호(서울대 비교문화연구소, 1993)에 실린 논문들이 우선적으로 참고된다.
6) 필자가 과문한 탓인지 이런 업적을 많이 접해보지 못했다. 물론 섬 문화 축제 등 지방자치단체가 주관하는 행사는 많이 있었고, 지금도 그 명맥을 이어오고 있는 것으로 안다.
7) 오키나와와의 비교 연구는 이미 상당 부분 이루어져 『비교문화연구』 6, 7집(서울대 비교문화연구소)에 관련 논문들이 발표되었다.

것이다. 지역의 비교 연구는 시간과 인력 등이 많이 들어가므로 개인이 감당해 낼 수 없다. 지금 형편으로는 대학의 유력 연구소 등이 이런 일을 맡는 적임자가 아닐까 한다.

이외에도 앞으로의 과제로는 여러 가지가 있을 수 있지만, 국문학을 연구하는 필자의 입장에서, 제주학 정립을 위한 학문적 과제를 생각해 보면, 다음과 같이 정리할 수 있다.

① 인문학이라는 관점에서 보면 역시 문헌 자료의 수합 및 정리 사업이 긴요하다고 생각한다. 아마 제주대학교 탐라문화연구소를 중심으로 이루어져야 할 과제로 생각한다. 대학이나 학회, 제주도나 제주시 등 지방자치단체를 통해 이미 많은 사업이 있어 왔다. 지속적으로 이루어져야 할 것이다. 아주 오래전부터 전경수는 서울대 규장각 소재 제주 관련 자료 목록 조사를 해왔다. 그동안의 노력과 전산 기술의 발전으로 논문 목록이라거나 고려사, 실록 소재 제주 관련 기사 번역 등은 이루어져 왔으나, 아직도 많은 자료들이 학자들의 발굴을 기다리고 있다. 연구 인력의 분포를 보면, (그동안의 변화를 내가 모를 수도 있으나) 제주대학교의 경우 구비문학 관련 연구 인력에 비해 한문학 관련 연구 인력이 턱없이 부족한 것으로 파악한다.

필자의 짐작에 제주학의 연구 방향을 바꿀만 한 인문학적 자료의 출현은 구비 자료나 현대 사회과학 자료보다는 한적 자료에서 나올 확률이 크다. 이미 영인 출간된 대정현 호적 자료에 대한 은기수(한국학중앙연구원 시절 이루어졌다. 은기수는 이후 서울대로 자리를 옮겼다) 팀의 공동 연구에서 보듯,8) 좋은 자료가 나오면 좋은 연구가 이어지는 것은 시간의 문제이지 지역이나 자원의 문제가 아니다. 이를 실질적으로 구현하기에 제일 좋은

---

8) 『제주도 연구』 23집에 권오정, 정수환, 손문금, 허원영의 논문이 실려 있다.

방안은 BK, 누리, HK 등의 정부 사업을 활용하는 것이다. 제주대학교 탐라문화연구소가 있고, 목포대에도 도서문화연구소가 있고, 전북대학교 전라문화연구소도 있고, 서울대 비교문화연구소도 있고, 하여튼 독자적 작업이 힘들면 전략적 제휴를 통한 방안도 있을 수 있으므로, 이에 대한 관심과 구체적인 기획 추진이 필요하다. 핵심은 연구 인력을 모으고 연구 방향을 집결 시키는 것이다. 내가 보기에 여기서는 대학 연구 기관이 제일 유리한 위치에 있다.

② 사회과학의 경우, 필자가 이러쿵저러쿵 할 위치에 있지 않다. 그러나 관찰자의 입장에서 보면, 다른 연구 영역을 선도한다고 평가할 만큼 활발한 활동이 있는 것으로 보인다. 특히, 인문학과 결부되어 있는 4·3의 경우 그 성과는 아주 괄목할만하다고 평가된다. 최근에는 제주 국제자유도시 문제, 평화의 섬 문제 등이 사회과학 연구를 요구하고 있는 것으로 판단된다. 필자가 말하고 싶은 것은 역시 이런 문제에도 적절한 비교 연구가 굉장히 중요하다는 점이다. 실제 많은 비교 연구가 이루어지고 있기도 하다. 특히 4·3과 관련하여, 전남대학교 5·18 연구소와의 협동 및 비교 연구는 특기할 만하다고 생각한다.

③ 자연과학의 문제도 있다. 역시 이 분야에 무지한 필자는 지금까지의 연구 상황과 앞으로의 전망을 제시할 수 있는 입장이 되지 못한다. 여러 전문가들에게 들은 귀동냥으로 짐작 하건대 한 가지 분명한 것은, 제주가 굉장히 매력적인 과학 연구의 대상이고 실제 많은 업적이 있다는 것이다. 만약 그렇다면 우선 착수할 수 있는 작업은 그동안의 연구 결과를 정리하고, 이를 고등학교 이상 독자들이 쉽게 이해할 수 있게 서술하여 출간하는 일이 될 것이다. 과학의 대중화에 대해서는 최근 사회적으로도 많은 관심을 보이고 있는데, 제주학의 경우도 그런 움직임이 있었으면 한다.

4. 결론

제주학 정립의 방향과 과제라는 거창한 주제를 들었으나, 그 내용이 소략하다. 그러나 할 말이 없기 때문에 그런 것은 아니다. 오히려 할 말이 많다 보니, 정리도 잘 안 되고 미처 글로 표현되지 못한 문제도 많다. 이번 기회에 많은 이들과 대화하고, 필자의 생각도 넓히고자 하는 욕심으로 다소 무리를 해서 글을 쓰게 되었다.9)

제주학 정립을 위해서는 우선 제주에 관한 연구 논문의 수준을 높이는 것이 제일 중요하다는 것이 필자의 기본 인식이다. 이를 위해서는 기존의 자료를 잘 정리하는 일, 새로운 자료를 찾아내는 일이 급선무로 이루어져야 하겠다. 그러나 자료에만 매달린다고 연구 성과가 쌓이는 것은 아니다. 그에 못지않게 연구의 전략을 잘 세우는 일 또한 매우 중요하다고 생각한다. 이를 위해 최근 활발하게 논의되고 있는 지역 연구의 현황을 검토하여 시사점을 찾아보고자 했다. 이에 연구 관점에서 '특수성'과 '보편성'의 문제를 고려할 필요가 있으며, '비교' 연구 등 특히 인식의 '연구 방법론' 정립에 유의해야 함을 지적하였다.

필자는 제주학의 미래가 밝다고 생각한다. 사실 그동안 제주학은 많은 발전을 이루어왔다. 연구자의 수도 늘었고, 학위논문을 포함하여 많은 연구 업적이 쌓이고 있다. 이를 받아주는 학회도 있고, 지방 자치단체의 지원도 적지 않다. 연구 업적에 대한 제도적 인정이 잘 이루어지지 않아 내심 불만이었는데, 이제는 이 문제도 해결의 단초를 잡고 있는 것으로 보인다. 이처럼 제주학 연구의 단계를 업그레이드 할 수 있는 계기가 된 『탐

---

9) 특히, 논문 심사를 맡아 주신 익명의 세 분 심사위원께는 고마움과 미안함의 마음을 함께 전한다. 그 분들의 적절한 지적을 모두 수용하지는 못했지만, 최대한으로 반영하려 노력하였다.

라문화』의 학술 등재후보지 선정을 다시 한 번 축하하며, 항상 고생이 많
으신 관계자 여러분들의 노고에 심심한 사의를 표하는 바이다.

참고문헌

서울대학교 비교문화연구소, 『비교문화연구』 1·6·7집.

제주대학교 탐라문화연구소, 『탐라문화』 1~32집.

제주학회, 『제주도 연구』, 14·15·23집.

김경일 편, 『지역 연구의 역사와 이론』, 문화과학사, 1998.

김영화, 『변방인의 세계 : 제주문학론』, 제주대학교 출판부, 2000.

박찬식, 「제주학 연구의 성과와 과제 : 인문학적 측면에서」, 『제주도 연구』 15집, 제주
　　　학회, 1998.

야노 토루 편, 『지역 연구의 방법』, 전예원, 1997.

이상철, 「제주 연구의 성과와 과제 : 사회과학을 중심으로」, 『제주도 연구』 15집, 제주
　　　학회, 1998.

이수자, 『제주도 무속을 통해서 본 큰 굿 열두거리의 구조적 원형과 신화』, 집문당,
　　　2004.

전경수, 『지역연구, 어떻게 하나』, 서울대학교 출판부, 1999.

전경수, 「제주학 : 왜 어떻게 할 것인가」, 『제주도 연구』 14집, 제주학회, 1997.

조동일, 『동아시아 구비서사시의 양상과 변천』, 문학과 지성사, 1997.

최협 편, 『인류학과 지역 연구』, 나남, 1997.

현길언, 『제주문화론』, 탐라목석원, 2001.

현용준, 『제주도무속자료사전』(1980), 신구문화사 : (새판) 각, 2008.

『탐라문화』 33집, 2008

제주도 무가 연구의 검토와 전망(2)

1. 서론

필자는 기존에 주로 주요 연구자의 저작을 중심으로 제주도 무가 연구의 현황을 검토한 바 있다(한창훈, 2000). 그 이후 적지 않은 시간이 흘렀는데, 최근 들어 주목할 만한 박사학위논문들이 몇 가지 출현하였으므로, 이를 중심으로 하여 제주도 무가 연구의 현황을 검토하고, 연구사적 전망을 하고자 한다.

전체적으로 고려해 보았을 때, 현재 구비문학이나 민속학은 학문 위기 상황에 빠져들고 있는 것으로 진단한다. 무엇보다도 학문 후속 세대의 수적 부족 문제에 부딪친 것으로 보인다. 더구나 1세대 학자들의 퇴임이나 은퇴 문제와 겹쳐 있으므로 앞으로가 더 심각할 수 있다. 제주도 무속과 무가 연구도 비슷한 상황으로 보인다.

여러 차례 지적되었듯이, 우리의 연구 자산이 되는 자료 자체의 수집 정리는 이미 한계점에 도달하고 있는 것으로 생각된다.[1] 그렇다면 다음의 과제는 이러한 자료의 분석을 통하여 의미 있는 이론적 연구 성과를 내놓아야 하는 문제가 된다. 이를 효율적으로 수행하려면, 실제 자료 조사 경력도 있으면서 이론적 작업 수행 능력이 뒷받침되는 연구자군의 출현이 있어야 하는데, 여기에서 검토하고자 하는 연구자 세 분은 이런 조건을 갖추고 있는 것으로 보인다.

우선 석사학위논문을 시작으로 꾸준하게 제주도 무속이나 무가를 연구하여 박사학위논문에 이르렀다.[2] 출신지와 성장지가 제주도로 환경에 익숙하고, 방언을 포함해 연구 대상에 접근하기가 용이하다. 기초 자료 수집 조사를 출발로 하여 이후 이론화를 지향하는 연구에 전념했고, 지금도 이 분야 연구의 최전선에 있다.

현재 박사 과정에 재학 중이거나 수료하여 박사학위논문을 준비 중인 제주도 무속이나 무가 연구자가 많이 있다. 이 세 분의 연구는 일반인들은 물론 이들 후속 세대들에게 많은 참고 자료를 제공해 줄 것이다. 여기서 굳이 이 세 분의 박사학위논문을 중심으로 제주도 무가 연구의 현황과 전망을 논의하는 이유의 하나가 여기에 있다.

2. 문무병의 『제주도 당 신앙 연구』

문무병은 1984년 제주도 굿을 다룬 석사학위논문을 전후하여, 제주도 무속과 무가 연구에 뛰어 들어, 1993년 제주대학교에서 박사 학위를 취

---

1) 물론, 지금도 특히 제주대학교 탐라문화연구소나 기타 제주도 기관들을 중심으로 좋은 자료집들이 나오고 있기는 하다. 그러나 자료 자체의 성격이나 제보자들의 상황을 고려했을 경우, 의미 있는 새로운 자료 발굴은 앞으로 쉽지 않다는 전망이 자연스럽게 도출된다.

2) 이런 점 때문에 유달선(1994), 김영숙(2002) 등을 본 검토에서는 제외하였다. 때문에 본 논의의 검토에서의 제외와 이들 논문들이 가지고 있는 성취도와는 아무 관련이 없다. 이들 논의에 대해서는 이후 보충 검토를 기약한다.

득했다.3) 연구 목록이나 실제 내용을 검토해 보면, 주로 신앙이라는 측면
에 주목하고 충실한 자료 조사를 기반으로 연구를 진행해 왔음을 알 수
있다.

박사학위논문인 『제주도 당 신앙 연구』도 이런 연구 여정 안에 위치한
다. 제출 학과는 국어국문학과이지만, 민속학 논문이라 할 수 있다. 연구
목적은 '제주도 각 마을에 분포되어 있는 본향당과 그 밖의 가지당들을
조사하고, 여기에서 얻어낸 자료를 토대로 제주도 당 신앙의 체계를 밝
히'(1면)고, '당 본풀이를 통하여 제주 사회의 과거와 현재, 역사와 문화,
당굿으로 계승되고 있는 당 신앙의 사회 통합 기능을 밝히'(3면)는데 있다.

이를 위해, 연구자는 '신앙 공동체로서의 한 마을, 한 사회 집단의 신
앙 체계를 고찰하고, 전체로서 제주도 무속 신앙의 전모를 밝히는 방향
으로 논의를 전개'(7면)한다. 연구 대상은 광범위하여 조사 당 숫자만 250
개에 이르고(25~28면 목록 참조), 연구 방법은 해석 신화학과 구조·기능
주의 관점을 든다. 크게 보아 인류학적 접근 방법을 활용한 연구라 할 수
있다.

구체적으로 보면, 연구자는 250개의 개별 당을 조사한 후, 제주도의
당신을 산신계, 농경·치병신계, 사신계, 도깨비신계, 해신계로 분류하고,
이러한 신당을 대상으로 한 당 신앙을 산신신앙, 농경·치병신신앙, 사신
신앙, 도깨비신앙, 해신신앙으로 나누어 세부적으로 고찰한다. 문학이라
는 측면에 너무 한정되었던 기존의 국어국문학과 논문들과 비교해 보면,
신앙이라는 본래의 측면에 좀 더 염두에 두고, 구체적인 실증적 자료를
토대로 연구를 이끌어 나갔다는 장점이 인정된다.

문제는, 이런 장점에도 불구하고 논의가 너무 방만하게 흘러, 논문 전

---

3) 이 논문은 이후 출간 되었는데, 서문을 보면 최근 건강이 많이 안 좋다고 한다. 안타까
　　운 일이다. 문무병(2008) 서문 참조.

체가 민속학적 보고서적 성격을 짙게 풍긴다는 데 있다. 때문에 각 장의 소결을 보면, 자연스럽게 받아들일 수 있는 다소 상투화된 결론 이외에 다른 변별적이거나 논의의 핵심적인 결론이 도출되지 않는다. 연구 대상에의 접근이 너무 공시적인 측면에 치우쳐 역사적인 접근이나 해석이 미비한 점도 문제가 될 수 있다.

이렇게 놓고 보면, 분류 자체의 기준도 통일적이지 않고 각 당의 특성들을 모아 분류했다는 점도 문제가 될 수 있다. 사신신앙과 도깨비신앙이 신격이라는 측면에서 어떤 변별점을 갖고 있는지 의문이 들고, 산신신앙과 해신신앙이 농경·치병신신앙과 어떻게 일목요연하게 구분되어 서술될 수 있는지도 선뜻 동의하기 어렵다. 아마 연구자는 자료의 실상이 그렇다고 항변할 것 같은데, 자료의 모든 면을 늘어놓고 보여주는 것이 꼭 좋은 연구를 뜻한다고 볼 수는 없다.

필자의 시각으로 볼 때, 이 논문의 핵심은 8장 '당 신앙의 유기적 상관성'이 되어야 할 것으로 본다. 그런데 아쉽게도 이 부분의 서술은 총설적이며 종합적이고, 구체적이고 분석적이지 못하다. 예를 들면, 연구자는 산신신앙과 해신신앙을 원초적 신앙 형태로 보고, '산신신앙은 한라산에서 솟아나 한라산을 떠돌아다니며 사냥하던 조상을 모시는 신앙으로 토착문화를 표현한다. 그러나 외래신이 가지고 온 농경문화, 즉 유입문화의 영향으로 농경·목축신앙으로 바뀌면서 본향당 신앙을 완성하였다'(233~234면)고 했는데, 이런 분석은 을나신화[4] 분석을 비롯해 익히 들어오던 것인데 본 논문에서는 별다른 논거 없이 다시 되풀이되고 있다.

유교식 제사를 남성신앙으로, 무속적 당굿을 여성신앙으로 나누는 것

---

4) 종래의 삼성신화를 여기서는 을나신화라고 쓴다. 그 이유에 대해서는 전경수(1999, 1994)에 잘 나와 있다. 뒤에 다룰 정진희도 이 용어를 사용한다. 필자도 박사 과정 시절 (1997) 유영대(고려대) 교수 지도 무가·민요 세미나에서 이 문제를 자세하게 검토한 후, 줄곧 이 용어를 사용하고 있다.

도 너무 도식적이라는 혐의가 든다. 연구자가 지적하다시피, 원초적 굿은 이 모두를 아우르는 것인데, 이후 분화 과정을 겪었다면 무엇인가 연유가 있을 것이다. 그것을 밝히고 분화의 결과를 설명하는 것이 순리로 보이는데,5) 겉으로 드러나는 현재적 특징을 너무 강하게 드러낸 것으로 보인다. 본향당 신앙을 중심신앙으로, 기타 사신신앙 등을 주변신앙으로 구분하는 것도 비슷한 문제를 갖고 있다고 본다.

구조·기능주의 관점의 설명 체계는 기존에 존재하는 틀을 긍정적으로 바라보는 다소 보수적이고 일반적인 논의로 흐를 수 있는 위험성을 항상 안고 있다. 때문에 제주도 당 신앙이 가지고 있는 중층적인 구조적 성격을 세밀하게 드러내지 않으면, '당신과 신앙민과의 관계는 영구적 관계이든 일시적 관계이든 마을 공동체를 유지 강화하는 수단이 되고 있다'(256면)는 결론이 도출될 수밖에 없다고 본다.

몇 가지 문제를 지적했지만, 본 논문은 대단히 성실하게 쓰인 노작임에 분명하다. 본풀이 분석을 위주로 하는 문학 연구의 틀을 넘어서, 신앙의 문제를 집중적으로 다룬 점도 다시금 주목된다. 최근 일반인들도 쉽게 구할 수 있도록 출판까지 되었으니, 많은 이들이 읽고 그 성과를 공유했으면 하는 심정 간절하다.

3. 강정식의 『제주도 당신 본풀이의 전승과 변이 연구』

강정식은 1988년 제주 무가의 구비서사시적 성격 연구를 시작으로, 꾸준하게 이 분야 연구를 지속해 온 중견 학자이다. 여럿이 관련 연구서를

---

5) 이후 검토하는 정진희는 이런 문제를 '권력' 혹은 권력분화라는 개념으로 설명하고자 한다. 현상 모두를 설명하지는 못하더라도 설명 틀을 다듬는 노력은 필요하다 하겠다.

쓰기도 하고,[6] 많은 자료집을 만들기도 했다. 2002년에 제출된 박사학위 논문은 그 동안의 연구를 총체적으로 정리하는 중간 보고서의 성격을 띠고 있는 것으로 보인다.

이 논문은 '제주도 당신본풀이의 전승과 변이에 대하여 다룬다.'(1면) 특히 '당 신앙과 본풀이의 관련성에 주목하여 전승과 변이를 다루고, 본풀이에 누적된 적층의 면모를 들춰내기 위하여 노력'(3면)한다. 앞서 살펴본 문무병의 논문과 비교해서 보면, 본풀이라는 문학 텍스트 자료에 좀 더 초점을 맞추고, 역사적 변이 양상에 유의한다는 차별점을 쉽게 인지할 수 있다.

연구 결과, '신당이 분리될 때는 기존 신당의 본풀이를 모델로 삼아 이본이라고 할 수 있는 수준의 본풀이가 형성된다. 당이 통합될 때에는 개별적으로 전승되던 본풀이가 결합되는 변이가 이루어진다. 이러한 신앙의 변화에 따라 신들의 관계가 재설정되고 계보화되기도 한다. 이러한 계보화의 전통은 특정한 지역을 중심으로 설정된 신앙권 내에서 더욱 뚜렷하게 드러난다'(231면)고 보았다.

이에 근거하여 연구자는 기존 자료집과 본인의 답사 자료를 바탕으로 하여, 계보를 비교적 뚜렷하게 전승하고 있는 당신본풀이를, 다음의 네 유형으로 압축하였다. 그리고 '이들의 발원처를 지역별로 다시 정리하면, 제주도 전 지역을 크게 넷으로 나눈 것과 일치'(49면)한다고 했다.

① 송당계 당신본풀이
② 한라산계 당신본풀이
③ 예래계 당신본풀이
④ 금악계 당신본풀이

---

6) 김헌선·현용준·강정식(2006) 등이 그것이다.

이의 관련 양상을 검토한 결과, '본래 한라산계가 중심을 이루며, 여기에서 송당계와 일뤳당계의 계보가 형성된 것으로 파악'한다. '오늘날에는 송당계가 우월한 위치에 놓여 있어서 전체의 계보를 통합하는 기능을 수행하고 있다. 계보는 당신본풀이의 전승력을 확보하는 데 크게 기여하였다. 위의 주요 계보는 지역적인 변이 양상을 반영하고 있을 뿐 아니라, 동일 계보에 속하는 당신본풀이의 변이 방향을 규정하는 구실도 하였다.'(232면)

구비문학이나 민속학 연구에서 제일 힘든 부분의 하나가 역사적 연구 즉 통시적 연구라 할 수 있다. 역사적 변모를 보여주는 자료 자체가 극히 영세할뿐더러, 남아 있는 자료가 마치 지층처럼 중층화되어 있으므로, 그 소종래를 밝히는 작업이 쉽지 않기 때문이다. 하여 본 논문의 작업 과정과 결론은 우선 연구사적 의의가 인정된다고 볼 수 있다. 이 연구는 이런 계보화 작업을 바탕으로 하여, 연구의 본문이라 할 수 있는 본풀이 분석에 이른다.

당신본풀이는 신화에 속한다고 볼 수 있으므로, 본풀이 분석의 틀이 '신격'과 그것의 변모 양상에 주목하게 되는 것은 자연스럽게 보인다. '남성신 본풀이로서는 산신 본풀이, 여성신 본풀이로서는 해신 본풀이가 원형으로 파악'되는데, 이를 통해 '남성신의 성격은 수렵신에서 장수신으로, 여성신의 성격은 농경신에서 치병신으로 바뀌었으며, 이러한 변모는 중심 신앙의 교체와 맞물려 있는'(232면)것으로 보인다.

간단하게 요약했는데, 이를 통해서도 우리는 본 연구가 이전 문무병 연구에서 보이던 미비점을 상당 부분 보완하고 있는 것이라는 사실을 알 수 있다. 연구라는 것이 기존 연구의 미비점을 보완하는 측면을 가지는 것은 매우 소중한 덕목이 된다고 생각하는데, 본 연구는 이런 점에서도 큰 미덕을 가지고 있다.

필자가 특히 유의하고 검토한 장은 '제4장 당신본풀이의 구비전승적 의의'(155~230면)이다. 일찍이 장주근은 제주도의 을나신화의 근원이 무가이었음을 제기하였다.7) 연구자는 본 논문에서 이러한 구비신화의 문헌신화화 과정도 검토하고 있으며, 굿판이 아닌 일반 이야기판에서 본풀이는 어떠한 영향을 미치고 어떻게 수용되는가 등에 대한 문제를 검토한다. 이에 구전설화, 고소설 등의 자료와 비교 검토가 이루어졌다.

특히 <세경본풀이>의 문제를 논하면서, 권태효, 최원오 등의 연구자가 비슷한 작업을 하고 있음도 밝히고 있는데(166면, 각주 218번), 이는 연구자의 접근 시각이 보편성을 가지고 있음을 보여주는 사례라 할 수 있다. 결국 '<세경본풀이>는 당신본풀이가 일반신본풀이의 형성과정에 어떠한 영향을 미쳤는지 구체적으로 보여주는 사례로 지목된다. 같은 방식으로 설명하면, 을나신화는 송당계의 백주또본풀이와 문국성본풀이의 결합형을 중점적으로 수용하되 한라산계의 화소들을 추가하여 완성한 것'(233면)이라 할 수 있다.

인용이 부족한 듯도 하지만, 결국 이상의 내용들은 본풀이의 구조적 분석을 통해 그것의 계통을 규명하고자 하는 연구라 할 수 있다. 박경신(1991)의 연구 이후, 무가 사설의 작시 원리에 대해서는 어느 정도 연구자들간의 의견 합의가 이루어진 것으로 보인다. 문제는 그것의 구체적 양상을 현장에 즉해 밝혀내는 것인데, 제주도 무가의 경우, 강정식의 연구 특히 제4장의 내용 분석이 그 전범을 잘 보여주는 것으로 보인다.

사족이지만, 이 연구는 문체가 상당히 깔끔하다. 연구 논문은 우선 내용이 중요하다는 점이야 모두가 동의하겠지만, 그에 못지않게 글쓰기의 문제도 대단히 중요하다고 생각한다. 그런 점에서 이 논문은 그 장점이

---

7) 1989년부터 발표되기 시작한 장주근의 일련의 연구에 대해서는 요약적으로나마 필자가 검토한 바 있다(한창훈, 2000 : 290~293).

단연 돋보인다.

그런데 연구자의 인지도에 비해 볼 때, 학위논문을 포함해서 논문들을 구해서 읽어 보기가 쉽지 않다. 이미 출판되었거나 출판 예정인 다른 연구자들 논문과 비교했을 때, 아쉬움이 더하다. 멀지 않은 장래에 박사 학위논문을 포함한 강정식의 논문들을 서점에서 쉽게 구할 수 있게 되기를 기대한다.[8]

4. 정진희의 『제주도와 미야코지마 신화의 비교 연구』

정진희(1999)는 제주도 무가에 관한 첫 연구인 석사학위논문에서 '제주도 당신 본풀이의 통시적 변천 양상을 단위담과 시대적인 특성을 관련'지어 고찰하였다. 하여 '제향경위담 확대형 본풀이는 탐라국 이전 공동체의 병존 상태이던 시기에 형성되었고, 공동체 간의 세력 확대가 발생하면서 갈등 위주의 당신내력담이 생겼으며, 제주도의 주변부화가 진행됨에 따라 영험담 확대형 당신본풀이가 형성되고 중앙지배 체제가 확고해진 시기에 이르러 마을 영웅 당신내력담 중심의 당신내력담 확대형 당신본풀이가 이루어진 것'으로 보았다.

석사학위논문임에도 불구하고, 공시적이면서도 통시적 접근을 지향하고 나름의 이론적 틀을 가지고 설명 체계를 세우려고 노력한 점에 의의가 있다고 보인다. 물론 논의 전개상의 무리와 성급한 일반화의 조급함이 보이기도 하는데, 그 연구의 의의와 한계점에 대해서는 같은 대상을 논의한 강정식의 앞의 논문에 잘 나와 있다.

---

8) 중요한 제주도 무가 연구자인 이수자의 경우도 예전에는 주요 연구를 학위논문 형태로 밖에 볼 수 없어 불편했으나, 이후 출판되어 연구자들의 수고를 크게 줄여 주었다.

가장 최근에 제출된 박사학위논문9)에서 정진희는 제주도와 미야코지마의 신화에 대한 비교 연구를 수행하였다. 부제는 '외부 권력의 간섭과 신화의 재편 양상을 중심으로'로 되어 있어, 신화의 변천 양상을 추적하는데 권력 관계를 중심축으로 살피고, 양 지역의 신화를 비교하는 방법을 쓰고 있음을 알 수 있다.

이 자리에서 굳이 조동일(1997)의 선행 연구를 언급하지 않더라도, 제주도 무가 연구에서 비교 연구의 의의와 필요성에 대해서는 관련 학자 대다수가 동의할 것이다. 한반도 본토 무가와의 비교도 하나의 과제로 남아 있는 상황에서, 우리와 비슷한 여건을 가지고 있는 일본 그 중에서도 류쿠 지역 무가와의 비교 연구는 그 자체로 연구사적 의미가 있다.

그러나 미야코지마[宮古島]는 일본의 최남단 현인 오키나와 현에 속한 작은 섬이다. 때문에 이곳에 전승되는 신화가 제주도 신화와의 비교 대상으로 적절한 것인가 하는 문제가 우선 생긴다. 이 문제를 해결하려면, 연구자도 지적하고 있다시피, 먼저 류쿠에 대한 우리의 인식이 새롭게 정립되어야 한다고 본다.

최근 한국의 경우, 인류학을 중심으로 제주도와 류쿠에 대한 비교 연구가 나름대로 활발하게 이루어져 왔다.10) 이 중에서 문학 연구자는 김헌선, 좌혜경 정도인데, 여기에 정진희가 가세한 것이다. 정진희의 경우, 원래부터 제주도 무가를 중심으로 공부했고, 박사학위논문을 쓰기 전에 일본 류쿠 대학에 체류하며 현지 조사에 임했으므로, 비교 연구를 위한 사전 준비는 나름대로 이루어진 편이라 볼 수 있다.

---

9) 이 연구는 최근 서남학술재단의 지원으로 곧 출판될 예정으로 알고 있다.

10) 연구 결과가 주로 서울대 비교문화연구소에서 펴내는 『비교문화연구』 6~7집(2000~2001)을 중심으로 발표되었다. 참여한 연구자를 대략 들면 다음과 같다. 한국 측 발표자는 대부분 제주학회원들이다. 김동전, 김헌선, 유철인, 이문웅, 이청규, 전경수, 정광중, 좌혜경, 한상복, 다까미야 히로에이, 우에하라 시즈카 등.

일반적으로 비교는 '본질적으로 어떠한 현상이나 현상의 집합을 보다 더 잘 이해하고, 설명하고, 예측하기 위하여 그들 사이의 유사점과 상이점을 찾아내는 것'이라고 정의하지만, 실질은 상당히 복잡한 양상을 띤다. 주체와 객체의 문제도 있고, 비교의 준거 설정이라는 문제도 있다. 이때의 비교 대상은 국내의 다른 지역이 될 수도 있고, 국내를 벗어날 수도 있으며, 같은 지역의 시간적 비교도 있을 수 있다.11)

강정식의 앞의 연구가 같은 지역의 시간적 비교에 많은 지면을 할애했다면, 정진희의 본 논문은 국내를 벗어난 비교 연구라 할 수 있다. 비교의 준거는 '외부 권력'의 간섭이다. 즉, '제주도와 미야코지마는 각기 독자적 문화와 지배 체제를 갖추고 있다가 바다 멀리에서 건너온 발전한 정치 체제인 국가에 의해 그 일부로 복속되었다는 공통의 역사적 경험을 지니고 있는데'(8면), 이러한 조건을 '외부 권력'의 간섭이라 규정한 것이다.

문학과 권력, 특히 신화와 권력의 상관관계는 주요 연구 주제의 하나가 되어 왔다. 역사적으로 보더라도 문학과 권력이라는 주제는 의식적이든 혹은 무의식적이든, 명시적이든 혹은 묵시적이든 간에 문학영역에서 중추적 기능을 담당해왔다. 따지고 보면, 문학이란 초월적이고 보편적인 것이라는 생각 자체가 역사적이고 정치적인 맥락에서 형성된 것이라고 할 수 있다. 또는 한 시대가 사회가 필요에 따라 만들어낸 신화라고 할 수 있을 것이다(한창훈, 2008 : 276~301).

본 논문에서는 외부 권력에 대한 신화적 대응이 분명하게 드러나는 것은 호족 집단의 신화로 본다. 조선 초 제주도 호족 가문의 일원으로 중앙 관직에까지 진출하였던 고득종이 남긴 「서세문」의 을나신화와, 미야코지

---

11) 제주학에서의 비교 연구에 대한 문제점은 한창훈(2008 : 40~43), 전경수(1999)를 참고할 것.

마가 류쿠에 복속될 무렵 주도적 역할을 했던 나카소네 토요미야를 주인공으로 하는 일련의 신화가 바로 그것이다. 두 지역의 호족 신화는 외부 권력의 간섭이라는 역사적 조건에 처했을 때 집단의 정체성을 구성하는 담론으로 기능한 것이다.

제주도에 대한 조선의 직접 지배가 확립되면서, 제주도의 고씨 가문은 제주 내부에서 구현되는 정치권력에서도 소외되어 갔다. 이에 비해 미야코지마의 호족 집단은 내부에 대한 정치적 영향력을 지속시킬 수 있었다. 류큐 왕조는 미야코지마에 대한 호족 가문의 영향력을 인정하였고, 구라모토라는 지방 행정청이 설치된 이후에도 그 주요 직책을 호족 가문에 맡겼다.

두 지역의 호족 신화는 이러한 권력 구도의 재편과 그에 따른 호족 집단의 정치적 지위의 차이로 인해 서로 다른 모습을 드러내었다. 제주도 호족이 기록한 신화와 조선이 기록한 신화는 그 신화적 의미가 같지 않다. 반면 미야코지마의 호족 신화는 류큐 왕조측에서 기록한 호족 신화와 그 신화적 의미가 거의 일치한다.

이런 분석 과정을 통해, 본 논문은 '결국 두 지역 신화가 하나의 삶의 현실에서 야기되는 문제를 해결해가는 하나의 '담론'으로 기능'했음을 (180면) 지적하고, '신화는 집단적 문제제기에 따른 합의를 도출하고, 그를 통해 주어진 현실을 재조정하는 기능을 담당해 온 것'(181면)이라 결론을 내린다. 이처럼 신화는 권력과의 상관관계 분석을 통해 더욱 의미 있는 해석의 대상이 될 수 있음을 보여주는 것이다.

필자의 입장에서 말하자면, 본 논문의 이러한 논의 전개 방식과 그 결론에 대해 대체로 공감하는 바이다. 일본에 대한 지식이 일천한 필자의 입장에서는, 미야코지마 신화에 대한 구체적 분석이나 설명에 대해서는 비판적 검토를 할 입장에 있지 않으나, 문면에 드러난 서술상의 모순점이나 무리한 해석을 발견할 수는 없었다. 오히려 제주 신화와의 비교와 대조를 통한 논의 과정에서 새로운 지식과 흥미 있는 논점을 많이 찾을 수 있었다.

필자는 논문 말미에 드러나는 '주변부' 논의에 주목한다. 아쉽게도 본 논문에서는 이에 대해 자세한 논의를 하지 않았다. 그 동안에도 제주 문학을 중심으로 꾸준히 연구를 지속해 온 현길언은 '주변성'을 중심 특징으로 들었고,[12] 김영화(2000)는 '변방인'이라는 말을 표제로 내세웠다. 이후 이런 용어나 그 개념에 대해 (학술적으로든 감정적으로든) 많은 찬반 논란이 있었음은 주지하는 바다. 연구자의 언급처럼, 제주도 무속과 무가 연구에 있어서도 '비교의 대상을 확장하고, 기존 연구 결론의 타당성을 확인하고, 더 나아가 일반 이론으로 만들어야 하는'(181면) 과제가 우리 앞에 놓여 있는 것이다.

5. 결론

본문의 논의 과정에서 자연스럽게 드러났지만, 문무병, 강정식, 정진희의 논의는 그 시간의 흐름과 함께 연구의 대상이나 방법이 보완되고 확장되는 모습을 보인다. 토마스 쿤은 『과학 혁명의 구조』에서 유명한 '패러다임' 논의를 통해 과학 연구의 점층성보다는 혁명성을 강조했지만, 연구라는 것은 그 본질상 중층성을 가진다는 점을 전적으로 외면할 수는 없다. 특히 인문학에 속하는 연구에서 이런 보완과 확장의 모습을 찾을 수 있었다는 것은 매우 소중한 의의를 갖는다고 본다.

---

12) 그의 연구는 다음의 단행본에 집대성되어 있다. 현길언(2001) 참조.

전북대학교 교과교육연구총서 ❺

제주도 무속과 무가 연구가 지금처럼 활성화되는데, 1세대 학자들의 기여를 빼놓을 수는 없다. 김열규, 서대석, 장주근, 현용준 등의 이름이 자연스럽게 떠오르는데, 특히 현용준의 기여와 영향력은 여기서 새삼 강조할 필요가 없을 듯도 하다. 거의 평생을 바쳐 이 분야의 자료 수집과 해석에 심혈을 기울여 왔던 그는, 2005년 그동안의 자신의 연구를 정리하면서 풀지 못했던 의문점만을 모아 출간했다(현용준, 2005).

이 책에는 한 분야의 전문가가 평생 의문을 품었으면서도 풀지 못했던 내용들이 수수께끼의 형식으로 제시되어 있는데, 필자는 이 책에 나타난 의문이 후속 연구자들에게 좋은 지침이 될 수 있을 것으로 여긴다. 사실 연구를 처음 시작하려면 문제의식을 갖는 것부터가 쉽지 않은 일이 되는데, 제주도 무속과 무가 연구에는 이런 짐이 상당 부분 덜어졌다고 생각한다.

학문 연구에서 새로운 영역이나 방법을 개척하는 것은 매우 의미 있고 소중한 일이다. 그러나 이에 못지않게 기존에 풀지 못하고 제기된 문제를 해결하거나, 확장 등의 방식으로 문제의식을 더욱 다듬어가는 작업도 필요할뿐더러 오히려 더 중요하다고 판단한다. 제주도 민속과 무가 연구도 더욱 넓어지고 축적되어, 세 번째 검토 논문을 쓰게 될 때는 이 점이 더욱 뚜렷하게 부각되기를 기대한다.

참고문헌

강정식, 『제주도 당신본풀이의 전승과 변이 연구』, 한국정신문화연구원 박사학위논문, 2002.

강정식, 『제주무가 이공본의 구비서사시적 성격』, 한국정신문화연구원 석사학위논문, 1988.

김영숙, 『제주도 일반신 본풀이의 신격화 연구』, 전북대 박사학위논문, 2002.

김영화, 『변방인의 세계 : 제주문학론』, 제주대학교 출판부, 2000.

김헌선·현용준·강정식, 『제주도 조상신 본풀이 연구』, 보고사, 2006.

문무병, 『제주도 당 신앙 연구』, 제주대 박사학위논문, 1993 : 『제주도 본향당 신앙과 본풀이』, 민속원, 2008.

문무병, 『제주도 굿의 연극성에 관한 연구』, 제주대 석사학위논문, 1984.

박경신, 『한국 무가의 역사와 작시 방법』, 울산대학교 출판부, 2008.

박경신, 『무가의 작시 원리에 대한 현장론적 연구』, 서울대 박사학위논문, 1991.

유달선, 『제주도 당신 본풀이 연구』, 대구대 박사학위논문, 1994.

이수자, 『제주도 무속을 통해서 본 큰굿 열두거리의 구조적 원형과 신화』, 집문당, 2004.

전경수, 「제주학 : 새로운 지역 연구의 실험장」, 『지역연구, 어떻게 하나』, 서울대학교 출판부, 1999.

전경수, 『한국문화론－전통편』, 일지사, 1999.

전경수, 『한국문화론－상고편』, 일지사, 1994.

정진희, 『제주도와 미야코지마 신화의 비교 연구』, 서울대 박사학위논문, 2008.

정진희, 『제주도 당본풀이의 유형과 변천 양상 연구』, 서울대 석사학위논문, 1999.

조동일, 『동아시아 구비서사시의 양상과 변천』, 문학과지성사, 1997.

한창훈, 「문학과 권력」, 『문예연구』 56집, 문예연구사, 2008년 봄, 276~301면.

한창훈, 「제주학 정립의 방향과 과제」, 『탐라문화』 33집, 제주대학교 탐라문화연구소, 2008.

한창훈, 「제주도 무가 연구의 검토와 전망」, 『백록어문』 17집, 백록어문학회, 2000 : 『시가와 시가교육의 탐구』, 월인, 2000.

현길언, 『제주문화론』, 탐라목석원, 2001.

현용준, 『제주도 신화의 수수께끼』, 집문당, 2005.

제주 국제자유도시와 고전문학 교육의 상관성*

1. 서론

제주대학교 사범대학 국어교육과가 만들어진지 이제 30년이 되었다. 10년이면 강산도 변한다고 하고, 30년이면 한 세대가 교체된다고들 한다. 숫자 자체가 큰 뜻을 가지는 것이 아님은 모두가 알지만, 무언가 거기에 의미를 부여하고자 하는 것도 모두가 느끼는 일반적인 감정인 듯하다. 1991년 가을에 헌법 재판소의 위헌 판결로 국립 사범대학 위주의 국가 발령 체제가 기본적으로 무너져 왔지만, 가산점 등의 보완책으로 그런대로 각 지역의 교사는 각 지역의 국립 사범대학 출신이 많은 비중을 차지하여 왔음이 사실이다. 그러나 모두가 느끼듯이 지금 그러한 체제는 빠르게 무너져 가고 있다. 2004년 또 헌법 재판소의 위헌 판결로 이제는 지역, 사범대학 가산점까지 없어지는 추세가 되었다.

더불어 이제는 국어교육과나 국문학과 교직 이수자, 혹은 교육대학원

---

* 발표되었던 원래의 논문에서 '지역'이라는 점에 초점을 맞추어 논의를 간략화했다. 때문에 상세한 논의는 발표 원문을 참조하여야 한다.

국어교육 전공 졸업생만이 국어 교사가 될 수 있는 것도 아니다. 실제로 전북의 경우, 2005학년도에 4명, 2004학년도에 3명의 복수 전공 교육학과 학생들이 국어 교사가 되었고, 몇 년 전에는 미술학과에서 온 복수 전공자가 국어 교사가 되기도 했다. 현재 필자는 공대, 자연대, 농대, 사회대 등 거의 전 과에서 국어와 교직을 복수 전공하고 국어 교사를 지망하는 수많은 학생들의 상담을 받는다. 이런 상황에서 사범대학의 한 학과의 전통을 지켜나가는 것은 쉬운 일이 아니다.

2. 제주 국제자유도시의 성격과 교육의 위상

이번 논문 작성을 위해 많은 관련 자료를 읽고 검토했지만, 아직 명확하게 잡히는 내용들이 별로 없다. 특히 교육 관련 자료는 상대적으로 적은 편이다. 교육이라는 타이틀은 많으나, 그 내용이라는 것이 앞으로 많은 외국인을 상대할 제주 주민 혹은 시민들을 어떻게 교육 시켜야 하겠는가 등이다. 때문에 결론은 거의 공통적으로 나타난다. 국제적인 감각을 기르게 해야 된다. 그를 위해 사고방식도 바꾸고, 외국어 교육도 시키고 하자는 것이다. 더불어 이런 것은 교육청에서 나서서 학생 때부터 시켜야 한다는 등의 내용이다. 좀 구체적으로 들어가서, 이상의 내용이 접근하기 쉽게 정리된 문건으로 제주국제협의회에서 만든 책 두 권이 있다. 우선 편의상 이것부터 검토해보자.

『제주 국제자유도시와 세계시민교육』(오름, 2003)
『국제화 시대의 제주 교육』(한울, 1995)

이 책들에 실린 발표문, 토론문, 토론 지상 중계등을 읽다 보면, 묘한 공통점을 찾아낼 수 있다. 요약하면,

① 세계는 급격하게 변하고 있다. 국제화, 개방화, 투명화 등으로.
② 이 추세를 따라가지 못한다면 망하게 된다(특히, 경제적으로).
③ 때문에, 오히려 위기를 기회로 돌리려는 노력이 필요하다. 이를 위해, 따라가는 정도가 아니라 앞서서 선도해야 한다.
④ 이를 위해서는 행동만이 아니라 정신적인 변화도 중요하므로 교육이라는 것은 이를 구체적으로 실현 시키는 방도의 하나가 된다.

그런데, 이런 내용은 주로 발제자에 의해 발표된다. 발표 내용들이 거의 다 비슷비슷하다. 그러면 토론자가 토론에 나선다. 요약하면,

① 발표자의 말은 다 맞는 것으로 인정한다.
② 현재 그렇게 변하고 있고, 다소 반발은 있지만, 제주도는 우리나라 다른 어떤 지역보다도 모범적으로 국제화되고 개방화되고 있다.
③ 그런데, 특히 제주도의 경우 전통적인 문화 양식도 좋은 점을 가지고 있다. 구체적인 예로, 자연 환경, 생활 풍습, 사투리, 조냥 정신, 三無 정신, 최근 몇 몇 분에 의해 해민정신 등이 언급된다.
④ 결론적으로 개방화, 국제화도 좋지만, 거기에는 항상 정체성이 우선되어야 한다. 가장 제주적인 것이 세계적인 것이다.
⑤ 때문에 교육도 우선 정체성 교육이 우선이고 이를 바탕으로 비판적으로 세계화 교육을 해야 한다.

이렇게 되면, 사회자는 다음과 같이 중용의 도를 발휘한다.

"각종 영화제 같은 걸 보면 가장 지방색을 잘 드러낸 작품들이 대상을 받습니다. 결국 가장 지방적인 것이 가장 세계적인 것이라는 얘기인데요."
"세계시민 안목이 없는 정체성은 우물안 개구리의 배타적 고립이며,

정치 의식이 없는 세계시민의식은 밑둥 잘린 해초의 방향감 없는 표류다.”

“물밀 듯이 밀려오는 다양한 문화의 조류 속에서 이제 제주인은 보존해야 할 고유의 문화는 보존하면서 이질 문화에 대한 선택적 수용으로 제주의 밝은 미래를 열어가는 성숙한 자세가 필요하다.” 바로 이어서, “지금 우리는 국제화와 태평양 시대의 요지로서 그 대응 전략을 마련해야 할 것이며, 현실 안주에 급급하기보다는 변화에 능동적으로 대처해 나갈 수 있는 준비가 필요하다.”

그런데 재미있는 것은 시간의 흐름에 따른 결론의 강조점 변화다. 예를 들면,

“결국 우리 제주도는 제주인들이 잘 살기 위한 교육, 제주인다운 교육을 해야 되고 한국인은 한국인다운 교육을 해야 한다. 이런 것들을 바탕으로 해서 국제화, 세계화, 개방화에 대처해야 된다.”(1995)

“제주도민의 자립 정신과 근면성을 강점으로 생각합니다. 그러나 외지인에 대한 배타 의식이 강하고 협동 정신이 부족하다는 점을 느껴 왔습니다. 따라서 국제 자유도시가 되기 위해서는 그 도시민의 세계화가 필요한데 이에 도민 의식의 전환 교육이 중요하다. 이에 세계화에 부응할 외국어 능력 향상과 글로벌 스탠더드 교육이 요구되며, 아울러 지방화의 특색을 살리기 위해 전통문화를 이해하고 사랑하는 정신이 고양되어야 할 것으로 생각됩니다.”(2003)

다 맞는 말이고 좋은 이야기긴 한데, 그 강조점이 다르다. 시간이 흐르면 흐를수록 보편성을 강조하는 쪽으로 바뀌어 간다. 자신의 정체성도 분명하고, 대외 개방성도 강하고 하면 얼마나 좋겠는가. 제주 사투리도 잘 쓰면서, 표준어도 잘 구사하고, 영어도 잘하고 일본어, 중국어도 잘하면 얼마나 좋겠는가. 하지만 문제는 그리 단순하지 않다. 자립정신도 강하고 협동 정신도 강하면 좋겠지만, 우리는 인간이다. 때문에 교육은 그

렇게 해도, 자립정신이 강하면 일반적으로 협동 정신은 약하고, 국어를
특별히 잘하면 일반적으로 영어는 좀 떨어지게 마련이다.

그래서 교육 목적 설정이 중요하다. 모든 것을 한꺼번에 잘할 수 없으
니, 우선 시급하고 중요한 것에 우선순위를 두고 추진해야 한다. 필자가
보기에 제주 국제자유도시로 기본 목적을 잡은 제주도의 교육 우선점은,
제주의 특수성이 아니라 세계와의 보편성이다. 그런데 문제는 이 경우,
그 경계를 칼로 두부를 자르듯이 명확하게 나눌 수 없다는데 있다. 이처
럼 특수성과 보편성이 섞여 있는 교육을 수행하는데 유용하다고 판단되
는 것이 바로 문학이다.

3. 특수성 속의 보편성 교육

필자는 본 논의를 통해 보편성과 개별 특수성 교육과 고전문학 교육을
접합하려는 시도를 하고 있다. 제주 국제자유도시를 굳이 들먹이지 않더
라도, 현 교육 추세상 보편성 교육은 매우 중요하며, 갈수록 중요하리라
생각한다. 그런데 보편성을 지나치게 강조하다 보면(즉 윤리성 교육을 너무
강조하면), 굳이 고전이라는 역사적 구체물을 가지고 하는 문학교육의 필
요를 설명해 낼 수 없다. 그렇다고 지나치게 정체성 등 개별 특수성을 강
조한다면 시대에 뒤떨어지는 국지적인 교육에서 벗어나지 못할 것이다.

제주 방언이나 무가, 전설, 민요 등을 생각해 보자. 우리는 흔히 여기
서 발견되는 제주만의 특수성을 강조하고 거기서 역사적 정체성을 찾아
내려 하고, 이를 교육에 적용하려고 한다(특히 향토 교육이라는 이름 밑에 행
해지는 교육들이 이런 협의가 강하다). 그러나 이는 위험한 방향이다. 한국 사
람으로서 이해나 공감이 되지 않는 제주 방언, 무가, 설화, 민요가 무슨

전북대학교 교과교육연구총서 ❺

의미를 가질 수 있는가. 이들이 그동안 한국 문학의 중요한 자료로 주목받았던 것은, 한국인의 보편적 심성을 설명할 수 있는데다 덧붙여 플러스알파가 있기 때문이다.

그 알파를 우리는 흔히 제주의 고유성이라 생각하지만, 필자는 생각을 달리한다. 제주만의 것이라고 생각되는 그 알파에 인간이 가질 수 있고 공감할 수 있는 보편적인 요소가 없다면 그것들이 그런 장구한 생명력을 가질 수 없었을 것이다. 더구나 교육을 생각한다면, 우리는 그러한 문학의 제작자만이 아니라 이 시대 그것을 읽는 수용자들까지 고려하지 않을 수 없다. 마치 김우창의 '심미적 이성'이라는 말처럼, '특수성 속의 보편성'이야말로 고전문학이 가질 수 있는 교육적 가치가 아닐까 생각한다.

참고문헌

김종철, 「고전문학 교육의 방향과 교과서」, 『민족문학사연구』 12호, 민족문학사연구소, 1998.
김중신, 『소설 감상 방법론 연구』, 서울대학교 출판부, 1995.
김풍기, 『한국 고전시가 교육의 역사적 지평』, 월인, 2001.
김흥규, 「최재서 연구」, 『문학과 역사적 인간』, 창작과 비평사, 1980.
문학교육학회, 『문학교육의 민족성과 세계성』, 태학사, 2000.
염은열, 『고전문학과 표현교육론』, 역락, 1999.
이돈희 편역, 『죤 듀이 : 교육론』, 서울대학교 출판부, 1992.
이돈희, 『교육철학 개론』, 교육과학사, 1983, 124~139면.
이홍우 역, 피터스, 『윤리학과 교육』, 교육과학사, 1980, 137면.
정기철, 『한국 기행가사의 새로운 조명』, 역락, 2001.
제주국제협의회, 『제주 국제자유도시와 세계시민교육』, 오름, 2003.
제주국제협의회, 『국제화 시대의 제주 교육』, 한울, 1995.
최재서, 『문학원론』, 춘조사, 1964, 11면.
한창훈, 「고전문학 감상 교육에 있어서 역사적 상상력의 역할에 관한 試論」, 『문학교육학』 9집, 한국문학교육학회, 2002.
한창훈, 『시가교육의 가치론』, 월인, 2001.
힐러리 퍼트남, 김효명 역, 『이성, 진리, 그리고 역사』, 민음사, 2001.
화이트, 이지헌.김희봉 역, 『교육목적론』, 학지사, 2002.
화이트헤드, 오영환 역, 『교육의 목적』, 궁리, 2004.

［┳］『백록어문』 20·21집, 2005

제5부 고전문학과 현대문학의 관련 양상

문학과 권력의 상관관계

낯선 '춘향'의 현대시적 변용

詩人과 詩 : 김지하의 「詩」에 대하여

1. 문학 예술과 정치권력

어느 시대에 있어서도 확고한 자리를 차지한 예술가란 그 시대의 지배 계급에 의하여 뒷받침되고, 그들의 이익이나 이상을 표현해 주는 사람이다.

—업턴 싱클레어, 「힘의 예술」 중에서

사실 싱클레어의 말이 항상 진리를 말하는 것은 아니다. 오히려 당대의 지배 계급을 누구보다도 실란하게 공격함으로써 위대한 예술가의 지위에 오르는 이들도 많이 있다. 여기서 중요한 사실은 문학을 포함한 예술이라는 것이, 당대 사회와 독립하여 개별적으로 존재할 수도 있지만, 어떤 측면에서는 다른 어떤 것들보다도 사회 구조와 밀접한 연관성을 가지고 있다는 점이다. 예술에 대한 수많은 생각 중에서 주로 칼 마르크스로 대표되는 다음의 언급은 옳고 그름을 떠나 우리에게 많은 생각을 하게 한다.

아름다움의 예술은 지배 계급이 만든다. 지배 계급들이 확고히 서서

전북대학교 교과교육연구총서 ❺

안정을 얻었을 때, 또는 즐기려고 할 때, 또는 그들의 가정과 환경을 일반 대중으로부터 따로 떼어놓으려고 할 때 그것을 만들어 낸다. 이 말은 단순하고도 소박한 사람들이 부드럽고 아름다운 예술을 만들어내지 않는다는 뜻이 아니다. 다만 이러한 예술이 발전하고 성숙하게 되면, 그 예술을 특권 계급들이 주워 올려서는 예술가를 후원해주고 용기를 불어넣어주어서, 마침내는 그의 작품을 계급 차별의 형태로 만든다는 사실을 말하는 것뿐이다.

예를 들어 판소리를 생각해보자. 우리 고전의 대표적 갈래인 판소리는 영화 『서편제』의 히트에 의해 일반인들에도 더 이상 낯선 갈래가 아니다. 그런 판소리가 구체적으로 언제 어디서 누구에 의해 발생하게 되었는지는 아직까지도 학계의 숙제로 남아 있다. 그러나 판소리라는 훌륭한 예술 갈래를 창안한 사람들은 철저한 신분 사회였던 조선 사회에서 피지배 계층에 속했던 이들이라는 점은 분명한 사실이다. 그런 것이 19세기에 이르러 당대 지배 계급이었던 양반 사대부들에 의해 발견되고 육성 되면서, 마침내 오늘에 이르기까지 우리나라를 대표하는 전통 예술로 자리 잡을 수 있었던 것이다.

이는 예술이라는 갈래에 권력이라는 것이 어떻게 작동하는지, 그리고 그 결과가 어떻게 나타날 수 있는지를 극명하게 보여주는 실례라 할 수 있다. 거꾸로 예술이 공감자를 많이 얻으면서 그 자체로 권력을 갖는 경우도 많이 있다. 조정래의 『태백산맥』은 국가 보안법에 저촉되어 법정에서도 문제가 되었던 작품이지만, 천만 이상이 읽은 우리 시대 최대의 베스트셀러로서 그 자체가 하나의 문학권력을 이룬다. 이처럼 예술과 권력의 문제는 간단한 것 같지만 내부적으로는 아주 복잡한 관계망을 이루고 있는 관계로 쉽게 정의 내릴 수 있는 문제는 결코 아니다.

문학 예술과 정치권력, 이것은 문학사, 문학이론, 문학비평을 오랫동안 지배해온 끈질긴 생명력을 지닌 주제다. 역사적으로 보더라도 문학과 권력이라는 주제는 의식적이든 혹은 무의식적이든, 명시적이든 혹은 묵시적이든 간에 문학영역에서 중추기능을 담당해왔던 것이다. 따지고 보면, 문학이란 초월적이고 보편적인 것이라는 생각 자체가 역사적이고 정치적인 맥락에서 형성된 것이라고 할 수 있다. 또는 한 시대나 사회가 필요에 따라 만들어낸 신화라고 할 수 있을 것이다.

그러나 모든 신화가 거의 그렇듯이 일단 하나의 신화가 꾸며지고 그 신화가 사람들 사이에서 일반화되는 가운데, 신화는 자체의 신화적 성격을 은폐하고 진실인양 행세하게 된다. 신화가 일종의 가면을 쓰는 셈이 되는데, 그 가면으로 인해 예기치 않은 권위를 얻게 된다. 이처럼 문학작품들은 알게 모르게 사회적인 이데올로기를 거론하며 권력의 관계를 은연중에 담아내고 있는 것이다. 사회상이란 어차피 정치권력의 문제와 연관되어 있으므로, 인간의 삶을 그린다는 것이 곧 정치와 권력의 관계에서 자유로울 수 없다. 정치권력의 문제는 문학작품 속에서 때로는 이데올로기의 문제로, 때로는 은유를 빌려 비판적으로 드러난다.

우리의 평범한 일상 생활은 대체로 정치와 무관하다. 평화로운 시절이란 우리가 그리워하면서 추억하곤 하는 소년 시절이 그런 것처럼 정치를 몰랐던 시절이다. 민주주의가 발달한 나라에서의 정치는 조용한 정치다. 때문에 문학에서도 이런 경우 정치권력은 일상성의 모습을 띠고 조용히 혹은 은밀하게 드러난다. 그러나 식민지, 전쟁, 쿠데타 등은 갑자기 우리를 긴장시킨다. 때문에 문학에서도 이런 문제는 정열적으로 나타나게 된다. 복잡다단한 근현대사가 잘 보여주듯, 우리에게 이런 모습은 낯설지 않은 풍경이다. 정치적 인간 관계는 정치 투쟁이 그렇듯이 극단으로 가는 경향이 있다. 그런 극단적 경향은 누구나 두려워하고 회피하려고 한다. 작가가 정치적 인간 관계를 경원시하고 피하는 것도 그 취급이 어려워서도 그렇지만, 그런 극단적 상황이나 사건이 두렵기 때문이다. 그렇다고 하여 언제나 정치를 피하여, 멀찌감치 불구경하듯이 하면서 살 수만도 없다. 그것은 우리가 원하든 원하지 않든 우리에게 강요될 수 있기 때문이다. 정치의 악마성이란 강요되는 악마성이다. 따라서 어느 시대이든 정치 문제와 정치적 인간관계의 주체적인 취급을 위해서는 도덕적 통찰과 용기가 필요하다(이보영, 2007 : 5~9).

이 분야의 대표적인 학자 푸코뿐만 아니라 서구의 사회학자(베버, 하버마스, 루만)들이 지적하고 있듯이 서구의 경우 문학과 정치권력은 18세기 이후 차이 있는 분리된 범주로 사용되었고, 그러한 차이와 분리를 전제로 양자간의 소통이 모색되어왔다면, 우리의 경우 정치권력는 언제나 문학의 모태처럼 간주되어왔거나 혹은 마치 문학적 경험과 인식을 가능케 하는 '선험적인 범주'로서 수용되어 왔다.

이처럼 양자가 분명 분리된 범주임에도 불구하고 분리되지 않는 것으로 여겨지는 까닭은 무엇일까? 더욱이 하나가 다른 하나를 거의 지배하는 식으로 전개되는 까닭은 무엇일까? 물론 그 원인은 비민주적이고 불안정한 정치상황, 그리고 문학이 그 불안정한 정치권력을 의식하지 않을 수 없었던 상황에서 찾을 수 있을 것이다.

그러나 적어도 문학과 정치권력이라는 개념이 서로 분리되어 사용되는 순간 사실 권력 자체도 보편성을 가질 수 없는, 다른 영역들과 마찬가지로 사회의 부분영역에 지나지 않는다는 점은 너무나 자명하다. 그런데도 왜 정치권력은 문학뿐만 아니라 종교, 경제 등 여타의 영역 위에 군림하여 관장하는 듯한 절대적인 위상을 갖는 것인지 의문이다. 과연 정치권력은 문학영역을 포함한 전체 사회적 삶에서 절대적이고 필연적일 수밖에 없는 것인지 의심이 간다는 것이다.

또한 다른 한편으로 문학을 바라보는 시각에 자칫 일종의 정치권력 중심주의적 시각만이 관철되거나 혹은 문학적 상상력의 고유 특성이 간과된 채 정치권력적 가치평가만이 횡행하는 결과를 낳을 수도 있다. 후자의 경향이 과도할 때, 문학이 정치권력을 위한 도구로 전락되는 경향에 대응하여 양자의 분리 내지는 차이를 강조할 경우 그것은 가차없이 '현실 도피적', '역사 의식의 결여', '비정치권력성'으로 위장된 현실 옹호적 정치성으로 치부되고 만다.

문학과 정치권력의 차이는 주관적 상상력과 객관적 정신의 차이로도 설명될 수 있다. 객관적 정신은 실현가능성 투명성 합리성을 추구하는 정신과 맞물려 있으며, 그러한 정신은 현실적인 차원에서 '집단적', '구속력 있는 결정', '권력투입'과 결합될 수 있다. 그러나 그러한 정신이 문학에 요청될 경우 문학은 메마르고 왜소한 모습을 띨 것이다.

주관적 상상력을 근원으로 하는 문학은 객관적 정신에 철저히 대척해야 하는데, 주관적 상상력과 객관적 이성 간의 차이는 이미 독일 낭만주의 미학에서도 선명하게 제시된 바 있다. "상상력은 사물, 즉 객관적인 세계의 법칙에 얽매이지 않으며 이성과 극단적으로 대치한다. 형식에 있어서도 이성과 상상력은 다르다. 이와 반대로 형상적인 것을 추구하고 추상적인 것을 피한다(슐레겔)." 무법칙성, 형상성, 비개념적 상상력을 바탕으로 문학은 이성에 종사하는 도구성이나 이성을 교정해주는 기능성에 구속되지 않으면서 자신의 공간을 확보해나간다고 볼 수 있다. 여기서 주관적 상상력은 그 자체만을 위한 것일 뿐 결코 다른 영역으로 확대될 수는 없다. 정치와 과학 같은 여타 영역에 주관적 상상력만이 관철될 경우 그 사회는 아마도 합의가 불가능한 공황상태를 야기할지도 모른다.

진리, 이성, 정당성, 희망, 책임 같은 완화된 언술 형태를 띤 정치권력적 도덕주의는, 그것이 문학과 예술에 미치는 영향에 대해서는 차치하더라도 적지 않은 문제점을 갖고 있는데, 특히 권력이론을 내세운 후기 구조주의적(니체, 푸코, 들뢰즈) 시각은 그러한 도덕주의가 현실적으로 매우 공허하다는 점을 지적한 바 있다. 정치권력적 도덕주의를 주장하는 근대성 이념의 수호자들이 희망, 책임, 진정한 의사소통적 행위, "선을 향한 의지"를 통해서 권력에의 욕망을 극복대상으로 파악하고 있다면, 후기구조주의를 대변하는 이들은 희망, 책임, 의사소통이란 허구나 환상일 뿐 그 이면에는 권력 추구의 욕망만이 자리 잡고 있다는 식으로 급진화되어 있다.

'권력'에 대한 푸코의 시각에 의하면, 권력은 '생산성'과 '편재성'을 특징으로 삼는바, 즉 억압적 권력이 아니라 생산적 권력이 도처에 편재해 있는 것이다. '권력은 언제나 이미 거기에' 존재하며, 그 누구도 '밖'에 존재하지 못한다는 시각은 권력에서 벗어난 자유로운 상태를 부정하고 있다. 세계와 삶을 해석하는 행위를 인식과 통찰력의 표출이 아닌 또 다른 기호의 생산으로 파악하는 해체론적 사유와 마찬가지로 권력 이론도 특정 권력에 저항하는 상대방을 권력에서 자유로운 이들로 파악하는 것이 아니라 또 다른 권력 생산으로 보고 있는데, 결국 그 누구도 권력의 숙명론에서 벗어날 수 없게 된다(진덕규, 2002).

그러한 시각에서 보면 글쓰기 / 글 읽기로서의 문학도 권력문제로부터 결코 자유롭지 못한 듯이 보인다. 특히 담론은 권력과 분리될 수 없을 정도로 유착관계를 맺고 있기에 창작이나 비평을 포함한 모든 문학적 글쓰기는 생산, 유통, 소비과정과 관련된 '권력' 문제로 환원되고 만다.

2. 문학과 권력의 관련 양상

우리나라는 전통적으로 정치가 다른 사회 부분을 압도하는 경향이 짙었다. 때문에 알게 모르게 우리나라 사람은 (정도에 따라 약간씩 다르기는 하지만) 기본적으로 정치 지향적 속성을 띠고 있다. 진덕규(2002)는 이를 '집요한 저류'라는 말로 표현한다.

정치는 사회 구성원들 사이의 영향력 관계, 특히 권력 관계의 표현이다. 권력 관계는 일정한 연계망을 형성하며 그것이 지속적인 제도로 발전한 것이 국가라고 볼 수 있다. 국가는 구성원들 사이의 권력 관계의 제도적 결집체로, 이것을 중심으로 구성원들 사이의 정치적 영향력이 만들어지고 작동하게 된다. 정치와 국가 사이의 관계는 역사적으로 발전되어 왔기 때문에 고정적인 것은 아니다. 국가 체제나 지배-복종의 권력 관계는 시간에 따라 변화하게 된다. 다시 말하면 과거의 정치와 현재의 정치는 본질 면에서는 같아도 표현이나 제도에서는 다른 면도 보여준다. 시간적인 차원에서 국가와 정치는 변화의 과정을 거쳐 온 셈이다.

여기서 문학의 변화 양상을 더불어 살펴보면, 문학은 항상 정치와 깊은 관련 양상을 갖고 변화해 왔음을 알 수 있다. 최초의 본격 문인이라 할 수 있는 최치원도 신라 골품제라는 정치 체제 앞에서 문학을 통해 온몸으로 저항했다. 고려 시대 대표적 문인 김부식, 정지상도 정치권력과 무관하지 않았다. 고려 후기에 일어나 조선조 전 기간을 통해 지배 계급으로 군림했던 양반 사대부들은 그야말로 문학과 정치권력을 공유하는 대표적인 존재들이었다.

현대 문학가들도 예전에 비할 바는 아니나, 어떤 식으로든 정치권력의 문제와 관련되어 있음을 쉽게 알 수 있다. 최근 한국 문단을 뜨겁게 달군 이슈 가운데 하나가 바로 문학 권력이었었다. 어떤 특정 집단이나 조직 또는 개인이 문단에서 일종의 권력으로 기능을 하고 있다거나, 이로 인해 불합리한 문학적 관행과 파벌의식이 문학 마당을 어지럽히게 되었다는 논리가 문학권력에 대한 일련의 논쟁을 주도 했었던 것이다.[1]

　문학 특히 비평이 이념을 반영하는 정치적인 것임은 무엇보다도 문학 작품뿐만 아니라 문학작품에 대한 비평이든 비평에 대한 비평이든 모든 비평이 언어 텍스트로 존재한다는 데에서 찾을 수 있다. 세계는 곧 언어적 심상(心象)으로 인식된다는 점일 것이다. 요컨대, 세계는 언어로 존재한다. 폴 드만이 <이론에의 저항>에서 말한 바에 의하면, "우리가 이념이라고 부르는 것은 엄밀하게 말해 언지적 현실과 실제의 현실을 혼동하거나 또는 지시작용과 현상을 혼동하는 데에서 나오는 것이다."

　요컨대, 언어는 본질적으로 이념을 떠나서 존재할 수 없는 것이다. 그럼에도 불구하고 이념은 좀처럼 드러나지 않기 마련인데, 이는 물론 언어의 신비화 때문이다. 즉 언어는 스스로에 대한 신비화를 통해 이념을 자기 안에 철저히 감추기 때문이다. 이런 연유로 사람들은 언어를 사용하면서 자신의 언어 행위가 이념적이고 따라서 정치적이라는 사실을 의식하지 못하게 된다. 그러나 의식하지 않는다고 해서 그 이념이 없어지는 것은 아니다. 마치 시력이 나쁜 사람이 항상 착용하다보니 안경을 의식하지 않게 되었다고 해서 그 안경을 착용하지 않은 것이 아니듯이. 이처럼 보이지 않으면서도 존재하는 이념의 정체를 밝혀내는 것이 다름 아닌 비평가의 몫이다.

　문학비평의 정치적 성격이나 이념적 성격은 언어의 차원에서뿐만 아니라 담론 또는 의미생산의 차원에서도 제기될 수 있다. 이와 관련하여 우리는 무엇보다도 푸코의 논의에 주목할 수 있는데, "담론 또는 의미"의 생산 주체 또는 "담론 또는 의미"의 근원은 바로 "권력"이다. 이때 "권력"이란 물론 명시적 의미에서의 정치적 권력뿐만 아니라 암시적 의미에서 사회를 지배하는 신념 체계나 이념을 총체적으로 가리키는 것이

---

1) 권성우(2001) 참조. 저간의 사정을 이 책을 통해 상세히 알 수 있다.

다. 푸코가 말하는 권력은 반드시 부정적 함의만을 갖는 것은 아니라는 데 있다. 따라서 푸코의 용어는 '권력'보다는 중립적인 용어인 '힘'으로 번역될 수도 있을 것이다(푸코, 1991).

요컨대, 권력이라는 개념을 도입함으로써 푸코는 대상에 의미를 부여하는 행위 자체에 우리의 시선을 집중케 하고 있으며, 또한 대상에 부여된 의미(기의)와 대상(지시대상) 자체를 구분하여 논의할 수 있도록 한다. 바로 이 같은 맥락에서 우리는 인간의 역사적, 정치적 현실을 논의의 핵심부로 끌어들일 수 있다. 역사적, 정치적 현실에 의미를 부여하는 행위가 곧 권력을 행사하는 행위이며, 그 권력의 소재에 따라 현실의 의미가 다르게 제시될 수 있다면, 텍스트란 입장에 따라 시대에 따라 다르게 해석될 수 있는 것이라는 논리가 설득력을 갖게 된다. 문제는 이때의 의미란 무엇인가이다. 말할 것도 없이, 이때의 의미란 주관적 지식(주관적이지만 객관적인 것으로 받아들이도록 강요되는 지식)인 것이다. 물론 이를 우리에게 강요하는 것은 권력이다. 권력이 새로운 지식을 창출한다는 푸코의 논리는 이런 맥락에서 이해할 수 있을 것이다.

결국 문학과 역사와 정치는 필연적 관계망을 이룬다. 문학은 초월적인 것으로, 우발적인 것인 역사나 단순히 전략적인 것인 정치와 아예 그 차원이 다른 것이라는 생각이 사람들의 일반적인 의식일 수 있다. 말하자면, 영원성과 보편성을 추구하는 문학은, 일종의 지속적 현재일 뿐인 역사라든가 천박한 정치와는 결코 동일한 자리에서 논의될 수 없다는 투의 고정관념이 사람들의 마음속에 자리 잡고 있다는 것이다. 그러나 이것은 우리의 잘못된 선입관에 불과하다.

문학 작품을 통해 권력 관계가 드러나든, 권력 관계의 의해 문학이 산출되거나 수용되든지간에 하여튼 문학과 권력은 깊은 관련을 가지고 있었고, 앞으로도 있을 것이다. 때문에 우리가 여기서 문학과 권력의 관련 양상을 모두 드러내 보여 줄 수는 없다. 하여, 여기서는 문학 담당 층이 곧 정치 담당 층이었던 조선 시대 사대부들의 문학과, 때에 따라 은밀하게 아니면 대담하게 권력의 문제를 그리고 있는 현대 소설 몇 작품을 추려 살펴보고자 한다.

3. 강호 자연과 정치 현실

조선 시대 양반 士大夫의 江湖詩歌는 自然을 소재로 한 文學이되, 여타 自然 소재 문학과는 구분된다. 이렇게 된 데에는 여러 가지 이유가 있을 수 있으나, 가장 중요한 이유로 우리는 이 작품군의 작자층이 '士大夫'라고 하는 특수 집단임에 주목하지 않을 수 없다. 우리나라에 있어 士大夫라고 하면, 주로 고려 후기에 형성되어 조선조 전 시기를 거쳐 정치적·사회적 지배층이 되어 온 소위 '양반'을 가리키고 있음은 재언을 요하지 않는다. 그러나 사대부의 구성은 단순치 않으며, 그 존재 양태도 시기에 따라 한결같지 않아서 그 실체가 쉽게 잡히지 않는 것도 사실이다.

원래 士大夫라는 말은 중국에서 나온 것이며, 중국에 있어서는 시대에 따라 그 지칭이 달랐다. 漢代의 초기에는 훈련된 군사를, 후기에는 지방 호족을 士大夫라 했다. 이후에 宋代에 이르러 비로소 搢紳之士 내지 讀書人이란 뜻으로 통용되었다. 우리나라의 士大夫는 바로 이 宋代의 그것과 유사한 개념이다.2) 이에 대해서는, 비록 후대의 문헌이긴 하지만, 연암 박지원의 유명한 소설 <양반전>에 나와 있는, 다음의 언급이 참고된다.

---

2) 이우성(1982 : 214) 참조. 이외에도, 미야지마 히로시(1996)를 통해서도 개략적인 지식을 쉽게 얻을 수 있다.

　　讀書하는 사람을 士라 하고 行政에 종사하는 사람을 大夫라 하며, 道
德을 지닌 사람을 君子라 하는데, 武班이 되면 서쪽에 열지어 서고 文班
이 되면 동쪽에 차례대로 선다. 이것을 兩班이라고 부른다.[3]

　이 말은 우리나라 士大夫를 가장 간명하게 표현한 것이라 하겠다. 그
러나 특히 조선 시대를 걸쳐 한 특권층으로 존재하였던 兩班 즉 士大夫
에 대하여, 그 개념을 명확하게 규정한다는 것은 매우 어려운 일이다.
그러나 한 가지 분명한 것은, '그것이 법제적인 절차를 통해서 제정된
계층이 아니라 사회 관습을 통해서 형성된 계층이요, 따라서 士大夫와
非士大夫를 구분하는 한계 기준이 매우 상대적이요 주관적인 것'(송준호,
1987)이었다는 사실이다. 때문에 현직 벼슬에 있었건 있지 아니했건 상
관없이 士大夫라는 신분 집단에 속해 있으면, 그대로 士大夫의 자격이
있었던 것이다.

　중국 송나라에서 성리학과 중소 지주와의 연계 관계에 대해서는 이미
잘 알려져 있다. 우리나라에서는, 고려 후기 재지 중소 지주인 鄕吏層 속
에서 진출한 新興 士大夫들에 의해 성리학이 수용, 보급되었다는 사실도
이와 긴밀한 연관을 가진다. 이우성(1964)에 의해 처음으로 지적된 소위
新興 士大夫의 가장 큰 특징은 그 세력 기반을 향촌에 두고, 과거를 통해
중앙 정계에 입문하는 것이다. 이들은 농민과 가까운 관계를 가지며, 행
정 실무를 담당하는 기능인이어서 사물이나 사실을 중요시했다. 문학적
인 교양과 학식을 갖추어 중앙 정계로 진출했을 때에는 그러한 사고방식
을 살려 '能文能吏' 임을 자랑하고, 고려 전기의 門閥貴族이나 당시의 權
門勢族과 맞서는 거점을 마련했다고 하겠다.

---

3) 박지원, 『燕巖集』 권8, "讀書曰士, 從政爲大夫, 有德爲君子. 武階列西, 文秩敍東, 是爲
　　兩班."

이처럼 성리학과의 접촉을 체험한 士大夫들은 麗末 鮮初의 왕조 교체기에 입장을 달리 하면서 두 계열로 갈린 것도 주지의 사실이다. 하나는 조선 건국을 지지 내지 주도함으로써 공신가문 또는 구래의 전통 가문으로 인정되고, 그들과 그 자손들은 중앙 정계에서 주도적 정치 세력으로 등장한 이른바 勳舊派 士大夫의 계열이고, 다른 하나는 전왕조에 대한 충성을 고집하면서 향촌 사회에 숨어 학문 연구에 전념한 士林派 士大夫란 계열이다(이병휴, 1984 : 10~14).

그리고 士林들의 중앙 정계 진출이 본격화 되었던 16세기 이후, 이들 士林派 士大夫도 그들의 志向點에 따라서 성격이 다소나마 변별적으로 파악되는 것으로 생각된다. 이들을 크게 處士的 삶을 지향한 在地 士林과 관료 지향 士林으로 이분할 수 있다. 그리고 이들 新興 士大夫·勳舊派 士大夫·在地 士林派 士大夫·관료 지향 士林派 士大夫들이, 麗末 鮮初 江湖詩歌의 주요 작자층이었으며, 이들 작자층의 변모에 따라 作品의 성향도 일정한 변화를 가져왔다.

때문에 江湖詩歌 읽기에서 인간의 문제는, 士大夫와 현대의 독자간의 문학적 관계 맺음으로 나타나게 되는 것이다. 그런데 여기서 중요한 것은, 士大夫의 세계관과 현대 독자간의 세계관과의 거리는, 현실적으로 우리의 일반적이고 관념적 어림짐작보다는 상당히 크게 나타난다는 점이다.

[歸田錄 3, 生日歌]
功名이 그지 이실가 壽夭도 天定이라
金犀 띄 구븐 허리예 八十逢春 긔 몇 히오
年年에 오놋 나리 亦君恩ㅣ샷다.

―李賢輔

아희야 粥早飯 다오 南畝에 일 만해라
서투론 짜부를 눌 마조 자부려뇨

두어라 聖世 躬耕도 亦君恩이시니라.

— 趙存性

功名이 긔 무엇고 헌신짝 버스니로다
田園에 도라오니 麋鹿이 벗이로다
百年을 이리 지냄도 亦君恩이로다.

— 申欽

江山風月 거놀이고 내 百年을 다 누리면
岳陽樓 上의 李太白이 사라 오다
浩蕩 情懷야 이에서 더홀소냐.
이 몸이 이렁굼도 亦君恩 이샷다.

— 면앙정가 結辭

맹사성의 <강호사시가>에서 주목되었던 '亦君恩'의 시적 정서는, 이처럼 시조·가사 등 江湖詩歌 전 갈래를 거쳐 다양하게 나타난다. 자신의 존재 근거를 임금에게서 찾는 이러한 중세적 사고방식은, 그 시대와 士大夫에 대한 이해가 전제되지 않고서는 현대 독자에게 이해되지 않는다. 江湖詩歌는 원래 정치 현실을 벗어나 江湖 自然에서 유유자적하는 이들의 생활과 사고를 노래한 것인데, 그들은 조선 시대 士大夫라는 특정한 역사적 사회적 계층이기에, '君恩'과 자신의 생활을 동떨어지게 사고할 수 없는 것이다. 정철의 <관동별곡> 서사는 이런 점에서 아주 특징적이다.

江湖에 病이 깁퍼 竹林에 누엇더니
關東 八百里에 方面을 맛디시니
어와 聖恩이야 가디록 罔極하다.

— 관동별곡 序詞

여기서 작자는 江湖와 關東을 별개의 공간으로 인식하고 있는 것이다. 그 사이에 갈등상은 이 문면만으로 파악하기는 곤란하나, 정철에게 있어

‘關東’이라는 공간은 자신의 정치적 포부를 펼칠 수 있는 정치 현실로서
존재한다는 사실은 명백하다. 여기서 작자로 여겨지는 작자는, 스스로가
江湖를 사랑하는 것이 깊은 병이라 하였으나, 왕명으로 부를 때에는 언제
그러한 말을 하였으랴 하리만치 아무런 주저나 미련 없이 江湖를 떠난다
(정재호, 1998 : 307~330).

때문에 여기서 현대 독자가 모순되게 느낄 수 있는 사실을, 작자로 상
정되는 士大夫들은 모순으로 느끼지 않는다는 사실을 이해하는 것이 중
요할 수 있다. 이러한 이해는 士大夫들의 정신세계를 지배하고 있었던 儒
學 특히 그 중에서도 性理學에 대한 전제적 지식이 필요하다. 때문에 江
湖詩歌의 효과적 읽기는 작자층인 士大夫들에 대한 철학적 이해가 전제
되거나, 작품 이해 과정을 통해서 작자와 작품에 드러난 사대부적 인간
상의 이해가 동반되어야 한다는 생각이 타당하게 된다.

이러한 士大夫들의 이상적 인간상은 대체로 규범적인 모습을 띠는 경
우가 많다. 현대 독자가 江湖詩歌의 읽기를 통해 士大夫의 사고와 생활을
이해함에도 불구하고 어떤 교훈적 의도를 읽어내지 못한다면, 이는 이
규범적인 인간상이 현대의 이상적 인간상과는 거리가 있다는 인식을 보
여주는 것으로 이해할 수도 있다. 그러나 성리학에서 탐구했던 ‘철학적
인간학’의 수준은 어느 시대 어느 곳에서 이루어진 것보다 심도 있는 것
으로 널리 알려져 왔다. 더구나 성리학의 인간학은, 우리가 원하든지 원
하지 않든 간에, 우리의 전통에서 중요한 위치를 차지하고 있는 것이다.

주지하다시피, 조선 시대의 사대부 문학은 일반적으로 정치적인 성향
을 농후하게 지니고 있다. 사대부는 벼슬을 해서 정치권력에 참여하는
것을 삶의 목표로 삼고 있다는 점에서 모두 정치인이었다. 벼슬을 해서
정권에 참여할 수 있는 기회가 실제로 제한되어 있어서 정치인으로 성공
할 수 있었던 사람은 많지 않았지만, 진출을 할 수 없어서 江湖로 물러난

사대부라 해도 정치에 대한 관심을 버리지 않았다.

재야 士林의 상소문이나 시 작품이 무시할 수 없을 정도의 비중을 가지고 정권 담당자에게 큰 충격을 줄 수 있었던 것도, 사대부라면 누구나 예비 정치인이기 때문에 그럴 수 있었다. 사대부는 모두 정치인이면서 또한 문인이었다. 정권에 참여할 기회를 갖기 위해서는 과거를 보아야 했고, 사대부로서 행세하기 위해서는 글을 지어서 文集을 남겨야 했다. 정치적인 능력은 문학적인 능력을 통해서 이루어진다고 생각했던 것이다(조동일, 1980).

때문에 사대부의 문학 활동은 곧 정치 활동 바로 그것이었다. 작품 표면에 정치권력의 모습이 보이지 않는다 하여, 일반적인 작품으로 이해하고 말 수는 없다. 오히려 현실에 초연한 모습을 보이는 작품일수록 그 이면에는 정치권력에로의 강렬한 추구를 담지하고 있는 법이다. 아무리 눈 뜨고 찾아보아도 임금이라는 표지는 보이지 않고, 사랑하는 임만 나타나는 작품에 대하여, 우리가 '충신연주지사(忠臣戀主之詞)'라고 이름붙이는 이유가 여기에 있다. 때문에 조선 시대 양반 사대부의 문학은, 곧 문학과 권력의 상동성을 아주 잘 보여주는 대표적인 지표가 된다.

4. 현대 소설에서의 권력 탐구

근대 이후 우리의 삶을 이야기하는 대표적인 문학 갈래는 소설이었다. 최근에는 드라마나 영화가 우리의 일상 이야기의 많은 부분을 차지하고 있기는 하지만, 그 본류로서의 소설의 위상은 달라지지 않았다. 근대 이후 현대는 시민의 시대임으로, 예전과 달리 소설가나 소설이 정치적인 입장을 노골적으로 내세우는 경향은 찾아보기 힘들게 되었다. 그러나 정

치가 특정 계급의 전유물이던 시대가 지나갔으므로, 우리의 일상을 다루
는 소설에서 정치권력을 문제를 찾는 일은 오히려 더욱 쉽게 되었다. 여
기서는 문학과 권력의 관계가 비교적 뚜렷하게 보인다고 판단되는 작품
네 편을 골라서 살펴보기로 한다.

(1) 이문열, 『우리들의 일그러진 영웅』

이 소설은 자신만만한 합리주의자인 나(한병태)와 권력을 휘두르는 독
재자 엄석대의 만남으로 시작한다. 나는 자유당 정권이 기승을 부리던
때, 공무원인 아버지가 된서리를 맞게 되어 서울 명문 국민학교에서 볼
품없는 시골 국민학교에 전학을 오게 된다. 반장이요 독재자로 군림하고
있는 엄석대와 합리적인 사고방식을 가진 나는 첫날부터 불편한 관계를
갖는다. 그는 일년 동안 거의 아무에게도 저항 받지 않고 학급을 지배해
왔으며, 주먹 싸움, 성적 등에서도 남보다 월등하여 학급을 완전히 장악
하고 있었다. 이것이 생리에 맞지 않은 나는 그에게 도전하기 시작했고,
이기기 위해 가능한 모든 방법을 동원했다. 그 결과 나에게 돌아온 몫은
'불량한 아이'와 '외톨이'라는 것이었다. 결국 나는 엄석대에게 복종을
하게 되고 그의 보호를 받아 편안하게 지낸다. 그러나 새 학년이 되고 새
로운 담임 선생님으로 바뀌게 되자, 보다 절대적이고 철저한 교육방식에
의해 엄석대의 굳건한 성은 붕괴되기 시작한다. 자신의 시험지를 우등생
들로 하여금 작성하게 한 조작 사실이 밝혀지고, 마침내 엄석대는 몰락
하고 만다. 일류 학교에 진학하기 위해 시험과 경쟁 속에서 지내던 나는
그에 관한 기억들을 묻어버리고 만다. 그 후 나는 대기업을 떠나 대리점
경영을 하다가 망해서 실업자로 전락했을 때 석대가 이루었던 그 질서로
다스려지는 가혹한 왕국에 내던져졌음을 느낀다. 우연히 나는 피서길에
서 수갑을 차고 끌려가는 석대와 마주치고 그에게서 어린 시절 우리들의

영웅이었던 석대의 모습이 아닌, 바로 그에게 복종하고 무력하기만 했던 그 때의 우리들의 모습을 보게 된다. 나는 그 날 밤늦게까지 술잔을 기울이며 눈물을 떨군다.

유명한 이 소설은 이미 영화화되기도 했다. '엄석대'라는 급장으로 전형화(典型化)된 권력, 그리고 그의 주변에서 쉽게 달아오르고 무섭게 변절하는 반 아이들의 기회주의 근성을 그려 나가면서, 권력의 무상함과 거기에 기생(寄生)하는 변절적 순응주의를 동시에 비판하고 있다. 이 작품은 권력의 형성과 몰락 과정을 국민학교 교실이라는 축소되고 집약된 공간을 통해 조명하였다. 절대 권력이 지닐 수밖에 없는 허구성, 그리고 그 허구성의 형성 배경은 주변의 방조와 묵인에 있다는 사실을 제시하면서, 그렇게 하여 형성된 권력이 제도와 질서라는 미명하에 군림한다는 비극적인 현실을 보여 준다. 바로 '엄석대 왕국'의 세계이다.

여기에서는 민주적 사고방식이 철저히 외면당한다. '나'의 체제 저항과 도전은 결국 좌절하게 되고, 절대 권력 '엄석대' 주변에는 곡학아세하는 어용과 굳어진 대세를 추인하는 무능한 담임, 그리고 사회 의식이 결여된 학급 아이들, 곧 즉자적 인물들이 있을 뿐이다. 민주 체제로의 가능성이 없었던 환경은 새 담임에 의해 변혁을 겪는다. '엄석대' 체제의 붕괴이다. 그러나 '엄석대'의 권위와 횡포는 다수의 아이들 자신의 힘에 의해서 물러간 것이 아니라는 사실을 '나'는 정확히 인식한다. 즉, 새 담임의 등장이 아니었다면 반 아이들의 반성과 자각은 생기지 않았을 것이고, '나' 역시 복종의 달콤함에 안주하고 말았을 것이다.

이 소설은 이러한 과거의 사건을 성장한 '나'(한병태)가 회상하는 형식인데, '나'는 엄석대에게 도전했던 유일한 인물이었지만 '나' 역시 자신의 힘으로 권력의 횡포를 막지 못한 한계를 절감하고 있다. 따라서, 이 소설에는 지식인적 허무주의도 짙게 깔려 있다.

(2) 전상국, 『우상의 눈물』

　새 학년이 시작된 고등학교 2학년 학급. 자율이란 말로 학생들을 묶으면서 군림하고 싶어하는 담임. '나'(이유대)는 임시 반장을 맡게 된다. 이것이 최기표에게 '메스껍게' 보여 린치를 당한다. 대부분의 아이들은 선량하지만 한쪽에는 이른바 재수파가 있다. 한 학년씩 유급을 당한 아이들인데 그들의 중심에 최기표가 있다. 담임은 '나'에게 반장을 계속 맡아달라고 했지만 '나'는 임형우를 추천한다. 담임이 학급을 위한 조언(고자질)을 부탁하나 '나'는 부당함을 인식하고 말하지 않는다. '형우'가 반장이 되고, 그와 담임의 노력으로 학급은 일사불란한 항해를 계속한다. '기표'는 학생들을 폭력으로 장악한다. 그러나 의욕에 찬 담임 교사가 '기표'를 길들여 나가기 시작한다. 우선 '기표'를 재수파들로부터 고립시킬 계획을 세운다. 담임의 묵인 아래 모범생들이 '기표'의 시험을 돕기로 한다. 컨닝 쪽지가 그에게 전달된다. 이것이 '기표'의 비위를 상하게 하여 '형우'는 그에게 린치를 당하고 병원에 입원하지만, 가해자를 끝내 숨겨줌으로써 의리의 영웅이 된다. 매혈한 돈으로 '기표'의 생활비를 보태었던 재수파들이 '형우'에게 용서를 빈다. '기표'의 어려운 가정 사정과 재수파들의 미담이 담임에 의해서 과장되고 미화되어 알려진다. '기표'는 효자로, 재수파들은 희생적이고도 의리가 깊은 친구로 둔갑한다. 월요일 조회 때마다 사회 각계에서 보내온 성금과 위문편지가 '기표'에게 전달된다. '기표'의 이야기는 영화화될 단계에까지 이른다. 그럴수록 '기표'는 부끄러움을 잘 타는 아이로 변하고, 아이들은 그를 더 이상 무서워하지 않는다. 가출해 버린 '기표'가 여동생에게 남긴 편지에 "나는 무서워서 살수가 없다."라고 쓰여 있었고, 담임은 영화사 사람들을 만나기로 했는데 자신의 계획을 '기표'가 무산시켰다며 신경질을 부린다.

이 소설은 합리적이고 날카로운 판단력을 가진 '나' 이유대가 폭력을 휘두르는 문제아 기표와 정당치 못한 방법으로 그를 제압하려는 담임과 실장(형우)을 관찰하는 이야기이다. 표면적으로 보면, 교사와 학생들의 문제를 다룬 것으로, 불량학생이 담임의 치밀한 계획과 조작에 의해서 선도되는 과정을 통해 위선적인 지도의 한계를 노출시키면서 참다운 인간성에 대한 아쉬움을 표출시키고 있다.

참 인간성에 대한 목마름으로 등장인물은 하나같이 부정적인 면을 지니고 있으며, 그런 점들을 부각시킴으로써 참다운 인간성에 대한 목마름을 제시하려는 의도가 엿보인다. 여기서 인간사회의 질서가 어떻게 형성되고 유지되어 가는가 하는 문제를 교실이라는 자그마한 공간으로 축소하여 보여 준다. 이 공간에서 각기 다른 세계관과 인격을 가진 자들이 모여 지배와 예속이라는 정치적 현상을 보여주는 것이다. 그 정치 투쟁의 가운데 원초적인 악의 소유자(기표)와 제도권 내에 있으면서 기득권을 가진 자(담임)와의 힘겨룸이 드러나는 것이다. 이 작품의 풍자성은 악에 대항하는 자의 또 다른 악에 대한 풍자에서 돋보이게 된다. 최기표의 초라한 몰락에서, '나'는 합법적 권력을 가진 담임과 형우의 교묘하고 위선적 술책이 기표의 물리적 폭력보다 더 무서운 것이라는 것을 깨닫는다.

(3) 조세희, 『난장이가 쏘아올린 작은 공』

모두 열두 편으로 이루어진 연작 소설 『난장이가 쏘아 올린 작은 공』(1978)은 유신 독재의 말기였던 당시에 산업 현장의 노사 문제를 다룸으로써 70년대 불멸의 문학사의 가치를 가지게 되었다. 당시에는 이러한 문제가 금기의 영역이었기 때문이다. 작가는 이 작품에서부터 줄곧 우리 사회의 경제적 불평등에 관심을 가져 왔다. 그리하여 작품들의 문제의식을 유지하면서 시선을 한국 근현대사의 전체로 넓혀 왔던 것이다. 특히

『당대비평』 초기 주간을 역임하면서, 사회 참여의 영역을 넓히기도 하였다.

프롤로그와 에필로그를 합쳐 열두 개의 이야기들로 이루어진 이 작품의 주인공은 사십대 후반의 난쟁이와 그 부인, 영수, 영호, 영희 세 남매로 구성된 일가이다. 이들에게 철거라는 위기가 닥친다. 그렇게 해서 경제적 근거가 전무한 그들이 '딱지'라는 재개발 지역의 아파트 입주권을 헐값에 팔아넘기고 거리에 나앉는 과정이 연작의 표제작에 담겨 있다. <뫼비우스 띠>의 곱추와 앉은뱅이 역시 난쟁이 일가와 같은 처지를 당한다. 도시 빈민의 자식들은 노동자로 편입된다. <기계도시>, <은강 노동 가족의 생계비>, <잘못은 신에게도 있다>, <클라인 씨의 병> 같은 작품들은 모두 은강의 노동 현장을 무대로 하고 있다.

이 작품에 등장하는 인물들은 난쟁이 일가로 대변되는 가난한 소외계층과 공장 노동자들이다. 작가는 비상하게 날카로운 촉수로 이들의 삶의 조건과 양상을 파헤침으로써 70년대 한국 사회의 가장 핵심적인 문제로 제기된 노동 현실의 심층을 해부하였다. 난쟁이와 그의 가난한 아들과 딸, 앉은뱅이, 꼽추 등으로 대변되는 소외 계층과 공장 노동자들이 권력과 자본의 횡포에 저항하는 열두 편의 이야기는 노동 문학의 미학을 제시하야 70~80년대 문단은 물론 문화계 전반에 영향을 미쳤다. 이 작품은 70년대 노동 운동의 성장과 더불어 80년대의 노동 문학의 밑거름이 된 작품이다.

(4) 최일남, 『하얀 손』

『하얀 손』은 지금 전국구 의원인 대학의 정치학 교수 최수달의 출세담으로 시작한다. 그것은 군사 정권에서 권해온 의원직을 수락할 것을 이복동생인 거리의 폭력배 수택이 권장하는 장면으로 뚜렷이 드러난다. 전대학총장인 송학주 원로가 '도의실천협의회' 회장을 맡는 영리한 처세술도 여기에 속한다. 이 작품에 등장하는 '하얀 손'에 비유된 지식인들에는 그 밖에도 야당적 신문사의 부국장이었던 나동탁 의원도 포함되며, 야당이었다가 여당의 의원으로 변신하는 서길달이 있다. 그리고 이들 지식인 출신의 국회의원이나 송 회장을 보이지 않는 손으로 조정하는 군인 실세가 쿠데타 주도 세력인 현진도 국회상임위원과 이필기 수석 비서관이다. 이들 어용 지식인과 대립되는 지식인은 모 신문사의 신지호 차장을 비롯한 몇 사람에 불과하다.

『하얀 손』의 주제는 5·16 쿠데타로 집권한 박정희 전 대통령이 통치하는 한국 사회의 주로 '하얀 손들' 및 그들이 추종한 군사정권 실세의 타락상에 대한 풍자적 고발이다. 그 타락의 양상은 세 가지로 나타난다. 먼저 어용 지식인의 행태요, 다음으로는 정치 공작을 위한 정보 수집이나 신흥 부르조아지의 생활 풍속이요, 세 번째는 가장 중요한 도덕적 타락이다. 이 소설의 제목 『하얀 손』은 육체적 노동을 하지 않는 지식인의 상징이지만, 그 백색은 이기주의적 자만과 잔인성의 표상이기도 하다. 『하얀 손』의 강점은 타락한 사회에 대한 풍자에 있다. 그 풍자는 우의적인 것이다. 그러나 그 주체가 신지호 차장과 박 기자 등 양심적이고 소신을 굽히지 않는 언론인들에 의해 이루어지고 있어, 강한 희망적 전망으로 연결된다. 이런 소설은 불의를 보고서 참을 수 없는 도덕적 용기가 없이는 나올 수 없다. 당대 사회의 타락상을 성실하게 직시하고 반성하는 작가의 정신과 아울러 놀이의 정신을 가지고 타락한 사회를 풍자한 소설이 바로 『하얀 손』이라 할 수 있다.

5. 다시, 문학과 권력에 대하여

오늘날 문학은 어느 한 개인이나 특정 집단의 감정을 해소하거나 이익을 대변하는 수단이 되고 있지 않은가라는 의혹을 제기하기도 하고, 다른 한편에서는 비평가들이 항상 자기 주변의 사람들에 대한 찬사만 일삼고 있다는 식의 불만을 토로하기도 한다. 비판자들이 지적하듯이, 사유화나 권력화는 경우에 따라 전혀 근거가 없는 것처럼 보이지는 않는다.

우리는 알게 모르게 문학과 권력의 관계를 체험하면서 살아가고 있다. 권력은 투쟁이라는 말을 항상 연상 시킨다. 때문에 문학에서도 갈등과 대립을 연상하게 마련이다. 그러나 정치권력이 항상 대립과 투쟁으로만 이루어져 있는 것은 아니다. 아니 그래서도 안 된다. 더구나 문학은 더 그러하다. 문학이야 말로 대립과 갈등보다는 화해와 화합을 더 우선시해야 하는 것이 아닌가? 우리처럼 같은 민족이 상이한 정치권력을 공고히 구축해온 지역에서는 더욱더 이런 물음이 절실하다.

많은 문학인들이 화해와 평화를 이야기한다. 특히 남북한 정치권력의 충돌 속에서 전 국민이 민족의 화합과 안녕을 기원한다. 여기서 최인훈, 황석영, 윤흥길 등의 문학인들의 역할도 무시할 수 없다. 최인훈은 『광장』을 썼다. 광장은 이른바 남북한 분단체제에서 살아 남지 못하는 주인공 이명준의 제3세계 선택을 그리고 있다. 2가지 종류의 정치권력밖에 몰랐던 우리에게 제3의 선택도 있음을 문학을 통해 보여준 것이다. 황석영은 남쪽 문학인으로 북한을 방문해서 보고서 『사람이 살고 있었네』를 썼고, 남북한 화해의 메시지를 강하게 담은 『손님』을 출간했다. 윤흥길은 이제 거의 고전의 반열에 오른 『장마』를 통해 남북한의 화합을 인상적으로 그려내었다. 우리는 이런 문학 작품을 읽으며, 참된 평화세계를 원하는 모든 문학에게 질문하고 또 대답해야 한다.

일반적으로 정치권력은 겉으로는 배척되면서 속으로는 추구된다. 이러한 집단무의식을 기반으로 공유하여 정치권력은 자본주의 사회에서의 돈의 속성을 그대로 닮아간다. 이런 점에서 권력과 돈은 자본주의 사회의 쌍둥이다. 권력의 해체라는 작업의 실천이 자본주의 체제 전체를 뛰어넘으려는 궁극적 목표에 의해 인도되어야 한다는 필요가 제기되는 것은 이 때문이다. 그러나 이념의 상실, 거대담론의 소멸 등과 같은 세계사적인 사건의 후유증으로 이러한 변혁 논리의 틀이 그 실천성을 담보할 수 있는 상태의 것으로 가다듬어지기는 어렵게 되었다는 것 또한 부정할 수 없는 사실이다. 문학과 권력의 관계는 애초 탄생한 그 순간부터 시작되었던 것이다. 그래서 업턴 싱클레어는 다음과 같이 말한다. 그러나 우리는 그의 말에 전적으로 동의하기보다는, 그것의 공고함을 깨뜨리는 방법은 무엇인지 고민해야 한다. 그것이 바로 다름 아니라 문학 예술의 본질적 힘이다.

예술은 본능적인 면에서는 유희이지만, 예술이 성숙하게 되고 의식적이 되면 그것은 선전이다. 예술가란 그가 살고 있는 시대 중에서 우세한 경제적인 여러 힘(권력)의 작용으로 결정되는 그의 심리 및 작품들의 심리에 의하여 생산되는 사회적인 산물이다.

참고문헌

『문학동네』 2001년 겨울호 특집 / 문학과 정치.
『문예연구』 2007년 여름호 특집 / 테러리즘과 문학.
권성우, 『비평과 권력』, 소명, 2001.
송준호, 『한국 사회사 연구』, 일조각, 1987.
이병휴, 『조선 전기 畿湖 士林派 연구』, 일조각, 1984, 10~14면.
이보영, 『역사적 위기와 문학』, 신아출판사, 2007.
이우성, 「이조 사대부의 기본 성격」, 『한국의 역사상』, 창작과 비평사, 1982, 214면.
이우성, 「고려조의 '吏'에 대하여」(1964), 『역사학보』 23집, 역사학회 : 『한국중세사회
    연구』, 일조각, 1991.
정재호, 「조선조 전기 가사에 나타난 인간상」, 『한국 가사문학의 이해』, 고려대학교
    출판부, 1998, 307~330면.
조동일 외, 『문학과 정치』, 민음사, 1980.
진덕규, 『한국 정치의 역사적 기원』, 지식산업사, 2002.
한창훈, 『시가교육의 가치론』, 월인, 2001.
업톤 싱클레어, 『힘의 예술』, 종로서적, 1979.
미야지마 히로시 著 · 노영구 譯, 『양반』, 강, 1996.
바우라, 『시와 정치』, 전예원, 1983.
푸코, 『권력과 지식』, 나남, 1991.

☞『문예연구』 56집, 2008

낯선 '춘향'의 현대시적 변용

1. 문제 제기

이 글의 목적은 우리의 대표적인 고전 <춘향전>의 현대시적 변용 양상을 살피는 것이다. 구체적으로는 인물 춘향의 현대적 해석 문제에 초점을 맞출 것이다. 춘향은 오랜 세월의 흐름에도 불구하고 여전히 우리 앞에 살아 있다. 그 만남에서 춘향은 그 모습을 달리하고, 이의 반복은 우리를 변화시키기도 한다. 변화된 춘향과 마주쳤을 때, 우리는 일순 당혹감을 느낀다. 그러나 이 당혹감의 뒤에는 여전히 친숙감이 자리한다. 춘향이 춘향이인 까닭이다. 따라서 우리에게 춘향은 항상 고여 있는 호수가 아니라 끊임없이 흐르는 강물이 된다.

사실 알고 보면 춘향은 원래의 모습 자체가 단일하지 않은 존재다. <춘향전>은 알려져 있는 이본만 해도 80여 종을 넘으며 작자 및 창작 연대도 미상이다. 성격은 물론이고 이름이나 신분마저도 통일되어 있지 않다. 한시체의 만화본을 보면 춘향은 기생으로 되어 있고, 경판본에는 본읍 기생에다 성이 안씨이며, 완판본에서는 성참판의 서녀로 나온다. 이도령도 경판본에는 이등의 아들 이령, 이고본에는 이한규의 아들 이도령, 완판본에는 남원 부사의 아들 이몽룡으로 각양각색이다(김흥규, 1993).

조선 후기 춘향의 모습이 이 정도인데, 그것의 현대시적 변용을 살피는 우리의 작업이 간단하지 않을 것은 오히려 당연한 일이다. 이규환(2001)의 조사에 의하면, 대체로 파악되는 작품만 해도 시인 50여 명의 80여 편에 이른다. 시간이 흐르면 흐를수록, 더욱 심하게 현대적으로 변용, 심화, 굴절, 성장할 것임을 추측할 수 있다. 이규환은 이 시들을 크게 ① 창조적으로 현재화된 춘향, ② 대표성으로 확대된 춘향, ③ 낯설음으로 전경화된 춘향으로 나누었다. 이 글에서는 ①과 ②의 경우, 그동안 많이 나온 다른 이들의 글(중요한 글의 서지는 말미의 참고문헌을 볼 것)에 미루고, ③의 경우를 독립시켜 상세히 다루기로 하겠다. 우리가 익히 알고 있는 춘향을 다르게 변형시켜 독자들이 낯설게 만드는 작품들을 검토해 보는 것도 시를 읽는 또 다른 재미를 줄 수 있을 것이다.

①은 전통으로서의 <춘향전>을 계승하는 작품군이다. 즉 우리가 일반적으로 알고 있는 <춘향전>의 내용을 색다르게 변형 시키지 않고 비교적 충실히 반영한 작품군을 말한다. 시적 화자가 <춘향전> 등장인물과 동일시되었거나 밀착된 것으로, 변용이라기보다는 '춘향'의 현대적 수용이라 할 만하며, 그동안 비교적 많은 이의 주목을 받기도 하였다. 서정주의 <춘향의 말> 연작, 박재삼의 <춘향이 마음> 연작, 전봉건의 장시 <춘향연가>, 강은교의 <춘향이의 꿈노래>, 임보의 <몽룡의 노래> 등이 이에 속한다.

②는 시인이 춘향과 직접 관련되지 않는, 즉 다른 내용을 다룰 때 <춘향전>을 활용하는 경우다. 이런 작품들에서 고유명사 춘향은 상징성 혹은 전형성을 획득하여 보통명사화된다. 더불어 이도령, 방자, 향단이 등의 등장인물이나, 경우에 따라서는 남원이라는 시적 공간까지 변용과 시

적 활용의 대상이 된다. 최석하의 <竹>, 김춘수의 <타령조>, 신경림의 <춘향전-운봉에서> 등이 이에 속한다.

③은 우리가 익히 알고 있는 <춘향전>의 내용을 뒤집어서 낯설게 만드는 시들을 말한다. 다른 시들과는 다르게 상대적으로 가장 먼 거리를 유지하고 있는 것이다. 전혀 다른 목소리를 가지고 있으며, 굳이 정의하자면 패러디(Parody) 계열의 작품군이라 할 수 있겠다. 이 글에서는 이에 초점을 맞추어 살피기로 한다.

2. 변용된 낯선 '춘향'

앞서 언급했듯이 자세히 뜯어서 보면 <춘향전> 자체도 다양한 모습을 띠고 있지만, 우리들 마음속에 각인된 민족문화의 고전으로서의 <춘향전>은 뚜렷한 이미지를 가지고 있다. 그래서 현대 시인들이 이를 모티브로 새로운 작품을 창조하고자 할 경우에는 어떤 형태로든지간에 거리 조정이 필요하다. 거리가 없다면 새로운 작품이라 할 수 없고, 거리가 너무 멀다면 굳이 춘향의 시적 변용이라는 말을 덧붙일 이유가 없다. 여기서 주목하는 낯설음으로 전경화된 춘향이란 이 거리가 비교적 먼 것을 가리킨다. 그러면 이처럼 텍스트에서 보이는 의미론적 거리는 어떻게 이해할 수 있을까 하는 점이 문제된다.

필자의 소견으로는 텍스트와 텍스트가 서로 관련을 맺는 다양한 양상 중의 하나로 지적되는 페로디(Parody)의 개념으로 불충분하나마 하나의 준거틀을 만들 수 있을 것으로 보인다. 패로디라는 말은 시간의 흐름을 두고 광범한 내포를 지니면서 변화있게 사용되어 왔다. 처음에는 작품을 노래 부르는 대신 구술한다든가 새 텍스트를 오래된 텍스트의 음악에 맞추어 암송하는 것을 뜻하기도 하였다. 그러나 일반적으로 패로디는 '꼭 코믹한 색채를 띠지 않더라도 다른 사람들의 언술을 모방적으로 재현하는 방식'을 말하는데 사용된다. 패로디는 텍스트 한 편 전체가 대상이 된다는 점에서, 기존 작품 한 두 구절을 부분적으로 재현하는 '인용'과는 구분된다. 즉 패로디는 기존의 텍스트를 모방적으로 재현하는 전형적인 방법이다. 패로디의 양상은 매우 다양하며 광범위하다. 타 민족 작품의 패로디, 고전의 현대적 패로디, 기존 소설의 서정시화 등 민족·공간·시간·갈래에 상관 없이 패로디는 새로운 텍스트 형성의 한 기반이 될 수 있다. 어떤 텍스트를 기반으로 하여 새로운 텍스트를 만들어 냈다는 사실에는 일종의 '변형'의 개념이 내포되어 있다. 변형이라는 말에는 동질적 요소의 지속과 변화 요소가 아울러 내포되어 있다. 또 변형의 과정에는 새로운 요소의 첨가, 기존 요소의 생략, 도치, 대치 등의 변형의 장치가 단순적 혹은 복합적으로 수행될 것이다.

그런데 패로디 이론에서 필자가 주목하고자 하는 가장 중요한 것은 모방의 대상으로부터 비평적 거리를 둔다는 것이다. 그 거리가 패로디 작가의 창조성과 작품의 당대를 향한 의도를 명확히 해준다. 이에 패로디는 기호를 부여하는 자의 의도를 추론하는 것이 중요하다. 작가가 요구하는 독자의 반응이 패로디의 인식과 해석에 대한 반응이라면, 텍스트의 생산자는 독자의 이해를 계도하고 통제하는 경향을 보인다(한창훈, 2000 : 19~20).

오늘은 감나무 가지에
땡감이 열렸군요

이제도 저를 아름답다 하실지요
자, 벗을께요 제 몸을 보세요

변학도의 휘두르는 매질에
온 몸은 이렇게 옹이가 박혔어요

고문으로 시달린 가슴은 복수심이 가득한 황량한 들판이 되어
쏟아지는 달빛도 내려앉지 못해요

성폭행,
이것은 저보다 먼저 당신을 해치는 일이어서
죽을 각오로 견뎌내긴 했지만

도련님,
제 몸과 마음이 싸늘한 돌덩이가 되었으니
이제도 저를 아름답다 하실지요

아, 저는 이제 아무도 사랑하고 싶지 않아요
감나무 가지에서 땡감이 떨어져요
도련님 아무말 말고 돌아가셔요

— 문효치, 〈춘향의 말〉

변학도와 도련님이라는 언급에서 〈춘향전〉을 떠올릴 수 있으나, 시적 화자의 이야기는 전혀 〈춘향전〉의 그것이라고는 할 수 없다. 성폭행의 피해자가 그 아픈 모습을 춘향이란 시적 화자를 통해 표현하지만 〈춘향전〉하고는 아무 상관이 없다. 오히려 '고문'이나 '성폭행'이라는 시어로 현대 사회 현실의 반영임을 느끼게 한다. 사랑과 정절의 화신으로 여겨지던 춘향이 여기서는 '싸늘한 돌덩이'가 되었다. '아무 말 없이 도련님을 보내는' 그녀는 감나무 가지에서 땡감이 떨어지는 것을 본다. 덜 익어 떫은 감인 땡감은 아마 덜 익은 사랑일 것이다. 이제 춘향은 이도령뿐만 아니라 그 누구도 사랑할 수 없는 여자가 된다. 낯선 '춘향'의 등장으로 시적 충격을 주기는 하는데, 필자는 왜 이런 시상에 〈춘향전〉이 끼어드

는지 그 이유를 알 수가 없다. 그에 비해 후일담의 형식을 빌고 있는 다음의 작품은, 좀 교훈적이라 시적 재미는 덜해도 춘향의 변용 방식에는 공감이 간다.

감옥에 갇힌
춘향이 마음 한 자락은
한양땅으로 달려가
흐느끼는 한강물이 되었을게다

또 한 자락은
고향집 퇴기 월매한테 날아가
늙은 주름을 타고 흐르는
눈물 한 줄기 되었을게다

감옥에 갇힌 춘향이 마음 한 자락은
긴긴 세월을 타고 내려
오늘 아침 마당에
피맺히듯 피어난 채송화가 되었을게다

그래, 산다는 건 진실로
감옥에 갇히는 일
갇혀서 한없이 그리워하는 일
그리워하다가 죽어가는 일이다
살아서는 강물이 되고
눈물이 되어 흘렀지만
죽어서는 이 아침
꽃이 되고 새가 되어
노래하는 일이다

진실로 산다는 건
인연으로 얽힌 사람들 가슴마다

강처럼 굽이굽이 흘러가는 일이다
흐르다가 때로는
한숨도, 울음도 되는 일이다

그래, 감옥에 갇힌
춘향이 마음 한 자락은
맑은 이 아침 내 가슴에 와
노래가 되어 굽이굽이
청청한 가락으로 흐르고 있을게다
— 신규호, 〈마음 한 자락 가는 곳 – 춘향전 후일담〉

1~2연에서 제시되던 감옥 속의 춘향의 마음이 채송화로 변용되면서 현대인의 가슴속에 '긴긴 세월을 타고 내려와', '청청한 가락으로 흐르고' 있다. 제목에서 보이듯 시적 화자는 〈춘향전 후일담〉이란 형식을 빌려 인생에 대한 문제를 제기한다. 갑자기 변환되는 시상에 조금 어리둥절하다. 이 시에서는 춘향의 시련이 존재론적 차원으로 시공간을 넘어 확장되는데, 왜 굳이 춘향이어야 하는지 조금은 어색하다. '산다는 건'으로 시작하는 선언적인 시구 역시 삶에 대한 보편적 성찰을 이끌어 내기 위한 어법으로 보이는데, 마찬가지로 꼭 춘향을 통해 삶의 성찰을 이루리라는 법은 없다.

그러나 이런 시들이 우리가 익히 알고 있는 〈춘향전〉의 내용을 뒤집어서 낯설게 만들고 있는 점은 분명하다. 이 시의 작자들이 우리들을 익숙한 〈춘향전〉으로부터 일탈하도록 하는 이유는 어디에 있을까. 아마 시인에 의해 새롭게 창조된 인물을 통해 그 동안의 선입견이나 고정관념을 버리고 다른 각도로 현실을 보라는 말을 하고 싶은 것일 것이다. 문효치나 신규호의 시가 둘 다 〈춘향전〉의 밝은 점보다는 비극적인 정서에 주목하고 있다는 점이 이를 잘 말해주고 있다고 본다. 우리가 고전으로서의 <춘향전>을 생각할 때는 대부분 춘향이 겪는 고통의 순간보다는 마지막 결말에서 느낄 수 있는 환희와 희망의 실현 등에 초점을 맞춘다. 그러나 이들 시에서는 춘향의 고통에 주목하고 그 고통을 오버랩하여 우리 현대인들의 생활과 정서를 보여준다. 때문에 이들의 시에 등장하는 춘향은 우리가 잘 알고 있는 춘향이지만 곧바로 우리에게는 너무나 익숙하면서도 낯선 '춘향'이 되는 것이다.

> 지금부터 너의 이름을 바꾼다
> 요즘은 술집 작부들도
> 네 이름자는 쓰지 않는다
>
> 어디 갔었나
> 몇 세기 지난 지금에 와
> 우리에게 정조를 말하는가
>
> 네가 칼 쓰고 갇혔던 자리는
> 이 시대 웃음거리 되어
> 구경꾼만 모인다
>
> 믿기지 않으면 나와 보렴
> 당장 칼 벗고 버선발로,
> 남원에 잠들어 있는 정조가
> 인신매매 되고 있는 것을
>
> 오늘밤에도
> 막달레나에겐 돌을 던지지 않고
> 술잔을 건네는
> 네
> 남편을 보렴

— 장순금, 〈춘향〉

몇몇 구절의 정확한 해석이 되지 않는 점이 있으나, 일단 <춘향전>의 통렬한 패러디 작품임은 분명하다. 춘향은 정절을 지켜 역사에 이름을 남겼으나, 몇 세기가 지난 우리에게는 한낱 웃음거리가 될 뿐이다. 이제는 그녀의 정절이 더 이상 존숭되지 않으며, 실제로도 현재의 독자들이 열녀 춘향에 감동하지 않을 것이라는 암시를 하고 있다. '정조가 인신매매되는' 추악한 현실을 드러내면서, 시적 화자는 현대의 춘향 남편들에게 화살을 돌린다. 나에게 죄가 없는 자만이 돌을 던질 수 있는 법이다. 이 시는 춘향 자체를 비판적으로 보면서 동시에 그것을 바탕으로 현실 사회의 모순을 드러내고 있다. 앞의 두 시에 비해 춘향의 시적 변용이 조금은 자연스러워 보인다.

누가 나를 열녀라고 불러줄까
내 욕심, 내 가문 먼저 챙기기 위해
당신을 처음 만난 바로 그날 밤
그렇게도 쉽게 그것을 바쳤는데
누가 나를 열녀라고 불러줄까

그대 광한루에서
처음 서신을 보내왔을 때
내가 부끄러운 척 얼굴을 붉히면서도
창기보다 진한 눈웃음을 보낸 것은
마음 속으로 계산된 꿈이 있었지
그대가 낭군이 되어 준다면
기생 신분에서 벗어날 수 있다는 꿈
비록 천기의 신분일망정
양반댁 소실이 될 수 있다는 꿈

누가 나를 열녀라고 불러줄까
나의 사랑은 참된 사랑이 아니라

계산된 꿈
우리 어미 후일의 다짐 받고서야
이불을 펴드린 것만 보아도
열여섯 숫처녀의
첫날 밤에 보여준 온갖 교태만 보아도
누가 나를 열녀라고 불러줄까

— 정의홍, 〈춘향이가 이도령에게〉

춘향의 신분 상승 욕구에 대한 논의는 이미 낯설지 않은 것이다. 이 시는 이렇게 〈춘향전〉의 주제를 새롭게(?) 보는 시각에서 출발한다. 춘향이가 고백하는 형식을 취하고 있으면서도, 우리의 보편적인 이해를 뛰어 넘어 새로운 해석을 시도한다. 춘향에 대해 열녀의 모습은 가식적인 것이었고 자신의 야망을 성취하려는 야심적 인물임을 드러내는 시이다. 겉으로 부끄러운 척 얼굴을 붉히며 이도령에게 접근한 것은 기생 신분에서 벗어나기 위한 계산된 꿈이었으며, 춘향의 이도령에 대한 마음은 결코 참된 사랑이 아니었다는 말이다. 전통적인 춘향의 모습을 비속화시켜 변용한 경우이다. 그리하여 기존의 춘향 이미지가 크게 흐려지고 있지만, 어찌보면 현대 사회에서 다시 새롭게 환생한 듯한, 그리고 인간의 욕망을 솔직히 그려내는 춘향의 모습이 그저 낯설게만 느껴지지 않는 것도 부인할 수 없는 사실이다.

앞의 두 작품과는 약간 구별되게, 뒤의 두 작품은 〈춘향전〉이라는 원텍스트에 가까이 다가가 있는 작품들이지만, 원텍스트를 나름대로 새롭게 해석하고 이를 바탕으로 시상을 전개했다는 특징을 가지고 있다. 이제 지금까지의 논의를 바탕으로 하여, '춘향'을 낯설게 변용한 작품들이 가지고 있는 시대성에 대해 살펴보기로 한다.

3. 낯선 '춘향'의 시대성

이규환(2001)의 논의에 기대어 보면, '춘향' 수용의 문학사적 전개는 대충, ① 일제시대 즉 식민지 상황에 대한 문학적 대응, ② 해방 이후 50~60년대 민족시 형성과 전통 바로 세우기, ③ 70~80년대 민중문학, ④ 90년대 이후 탈중심과 패로디의 부각 등으로 나누어진다.

①의 경우, 통제와 검열이 이루어진 식민지 상황에서 이루어진 '춘향'의 변용은 김소월, 김영랑, 노천명 등에 의해 이루어졌다. 이들의 작품은 대체적으로 본받아야 할 모범으로서 아름다운 사랑의 여인, 절개의 여인으로 춘향을 설정하였다. 이때 춘향의 정절이나 절개는 시인 자신을 지켜내는 정신적 지주의 역할을 했음은 쉽게 짐작할 수 있다. 춘향과 이도령의 사랑을 지고의 것으로 위치시키고 주권 상실의 슬픔과 대비시키면서 우회적으로 주권 회복의 염원하거나, 냉혹한 현실에도 불구하고 자신을 굳게 지켜내는 정신적 지주로 춘향을 설정하여 가혹한 시기를 견디려는 의지를 보여준다는 것이다.

②의 경우, 서정주, 박재삼, 전봉건 등이 대표적 시인인데, 이것들은 그 동안 '춘향' 변용 작품들 중에서 가장 많은 이들의 주목을 받은 바 있다. 이들의 작품은 민족시 형성과 전통 바로 세우기라는 문학사적 과제와 엇갈리며 창작되고 수용되었다는 특징이 있다. 민족 전통 문화로서의 '춘향'과 그 수용을 이야기할 때 이야기되는 '춘향'이 바로 이들에 의해 변용된 혹은 수용된 춘향이 된다. 한국적 정서에 대한 탐구가 절실히 요청되던 시기, 이들의 춘향 변용은 그에 값하는 중심 모티브가 되었다. 더불어 이들의 작품은 우리의 전통적 심상과 소재를 시에 접목시켜 우리말의 아름다움을 극적으로 보여주고 있기도 하다.

③의 경우, 사회적 관심의 증폭과 함께, 시의 서정성보다는 시의 사회

전북대학교 교과교육연구총서 ❺

적 대응이 깊게 주목받는 시대의 대응물로서 나타난 경우라 할 수 있다. 이 시대 '춘향' 변용 작품의 핵심적 특징은 민중문학의 상징으로서 춘향을 활용했다는 점이다. 최하림, 송수권, 최석하, 강은교, 김정환, 오봉옥, 신경림 등이 대표적 시인이다. 이들의 작품은 <춘향전>에서 민중적 저항 정신을 추출하고 전개한 것들이 대부분을 차지한다. 때문에 문학적 수준을 고려하면, 당대적 의미로서의 가치가 뚜렷이 부각된다. <춘향전>의 춘향과의 시적 거리가 점점 멀어지고 있는 것이다. 이는 아마 예술적 형상화의 요구보다는 현실 상황에 대한 실천적 요구가 절박했기 때문으로 풀이된다.

④의 경우가, 이 글이 주목한 작품들의 시대라 할 수 있다. 앞서 언급했듯이, '춘향'이 가지고 있는 낯익음이 급격히 '낯설음' 쪽으로 이동하는 시기이다. 이런 경향은 최근에 이르기까지 이어지고 있는 것으로 보인다. 문제는 그 낯설음이 극에 이르게 되면, 굳이 <춘향전>이라고 하는 원텍스트가 필요한 존재인가 하는 물음에 봉착하게 된다는 것이다. <춘향전>의 독자로서 시인들은 춘향을 박제화하지 않고 당대의 기대 지평을 넘어 새로운 지평으로 전환하였다. 이를 통해 '춘향'은 시대를 초월하여 살아남았고, 이러한 현상은 앞으로도 계속 이어질 것으로 보인다. 그러나 어느 순간 그 낯선 '춘향'이 더 이상 '춘향'이 아니게 될 때, 그때 춘향의 현대시적 변용은 새로운 위기를 맞이하게 될 것이다. 이 글에서 구체적으로 살펴본 작품들이 이전 춘향 변용 작품들에 비해 설득력이 떨어지는 것은 바로 이러한 문제점을 보여주고 있는 사례로 평가할 만하다.

전통에 대한 창조적이고 생산적인 접근으로서 패러디(Parody)는 90년대 이후 우리 사회의 상황과 가장 부합할 수 있는 시작 방법으로 보인다. 사실 '춘향'을 변용한 모든 현대시는 패러디(Parody) 작품에 속할 수 있다. 문제는 원텍스트와 텍스트 사이의 의미적 거리가 될 것인데, 시간이 가면 갈수록 춘향이 가지고 있는 낯익음에서 탈피하여 현대사회에서의 문제를 오버랩 시켜 비판, 풍자, 조롱하는 낯설음의 세계로 이동하고 있고, 이는 계속 강화되어 나갈 것으로 예측된다. 이 지점에서 우리는 90년대 이후 출현한 이들 시의 특징은, 한편으로 생각하면 우려할 만한 것이기도 하지만, 다른 한편으로 생각하면 낯선 '춘향'의 시대성을 잘 보여주는 증좌가 되며, 현대시의 다양성을 실증적으로 보여주는 지표가 될 수도 있을 것이다.

4. 또 다른 '춘향'을 기대하며

이상에서 간략하게 고찰해 본 것처럼, '춘향'은 시대에 따라, 시인에 따라 각기 다르게 변용되어 왔다. 한국문학사에서 볼 때, 조선 후기 이래 '춘향'은 최고의 문학적 화두가 되었다. 그리하여 '춘향'은 박제되어 있지 않고 늘 새롭게 태어나고 태어날 수 있는 살아있는 존재가 된다. 일제시대 시인들은 본받아야 할 전범으로 절개를, 광복 이후 50~60년대 시인들은 우리가 계승해야 할 모범으로 전통을, 70~80년대 시인들은 현실 비판의 저항 정신을 형상화했다. 그리고 90년대 이후의 시인들은 시대성을 띠고 있는 패러디 작업을 통해 각각 '춘향'을 낯설게 하였다. 이처럼 '춘향'은 시대를 초월하여 살아남았고 이러한 현상은 앞으로도 계속되리라 예측한다.

"춘향은 이도령에 의해 발견되었을 뿐만 아니라 문학사에서, 나아가 역사에서 거듭 발견되었다. 판소리 <춘향가>는 12마당 중 단연 인기를 끌었고, 소설 <춘향전>은 우리 고전소설 중에서 가장 많은 이본을 파생시켰다. 뿐만 아니라 창극, 영화 등으로 끊임없이 재창작되어온 것이나 해마다 사월초파일이 되면 남원에 춘향제가 열리는 것이 그 명백한 증거가 될 것이다. 서울에서 찍어낸 목판본 중에서는 16장짜리 <춘향전>이 있었으니, 요새로 말하자면 다이제스트판조차 인기가 있었다. 그런가 하면 1910년대 소설 중에서도 근대 <춘향전>의 대표격인 <옥중화>가 가장 많이 팔렸고, 사양길 창극에서도 <춘향전>만은 흥행이 되어 귀신 붙은 작품으로 불렸다. 영화에서도 마찬가지였다. 그래서 <춘향전>은 이제 문화사, 예술사에서 지금의 현실에 이르기까지 커다란 숲을 이루고 있다."(김종철, 1994)

현대시로의 변용도 이에 뒤지지 않을 것이다. 지난 80여 년간의 수많은 '춘향' 변용 작품들이 이를 증좌하고 있다. 더불어 기존에는 전혀 상상할 수 없었던 또 다른 모습으로 '춘향'은 계속 재발견될 것으로 믿어 의심치 않는다. 우리 민족의 영원한 고전 <춘향전>을 새롭게 해석하고 형상화 한 또 다른 '춘향'의 출현을 기대해 본다.

참고문헌

강경화, 「현대시에 나타난 춘향의 수용 양상」, 건국대 석사학위논문, 1987.
김종철, 「봄 향기의 행로를 따라 : <춘향전> 산책」, 『민족문학사 연구』 5집, 민족문학
　　　　사연구소, 1994.
김흥규, 「춘향, 천의 얼굴」, 『춘향전, 어떻게 읽을 것인가』, 춘향문화선양회, 1993.
오세영, 「춘향의 성격 갈등」, 『상상력과 논리』, 민음사, 1991.
이기서 외, 『현대시의 전통과 창조』, 열화당, 1998.
이규환, 「현대시에 수용된 '춘향' 형상 연구」, 고려대 석사학위논문, 2001.
한창훈, 『시가와 시가교육의 탐구』, 월인, 2000.

▼『표현』 49호, 2007

詩人과 詩 : 김지하의 「詩」에 대하여

1.

시인은 어떠한 형태로든지 창작의 고통을 거친다. 시인에게 있어서 이러한 고통이란 시에 대한 인식에 관한 것일 수도 있고, 시적 형상화에 관한 것일 수도 있다. 다시 말한다면 무엇을 쓸 것인가, 그리고 어떻게 쓸 것인가 하는 문제에 대한 고통이라고 할 수 있다. 우리는 이러한 문제가 창작에 있어서 그 어느 것이나 간에 없어서는 안 되는 고통이라는 점에 주목하며, 동시에 이러한 주목은 주어진 작품을 통하여 그 숨겨진 고통을 찾아내려는 노력을 우리에게 요구한다.

흔히 문학작품이란 내용과 형식의 유기적 관련의 긴밀성에 따라 그 가치가 평가되고 결정된다고 한다. 지나친 내용의 강조는 문학의 독자적 영역을 무너뜨릴 수 있고, 지나친 형식의 강조는 알맹이 없는 껍질에 독자들을 몰입시킬 우려가 있다는 지적은 이미 상식화된 것이다. 여기서 말하고 있는 내용과 형식이 앞서 지적한 '무엇을'과 '어떻게'의 문제와 대응될 수 있음은 물론이다.

그러나 이러한 상식은 실제로 창작에 임하는 수많은 시인들을 괴롭혀 왔고 괴롭히고 있다. 즉 시에 대한 인식과 시적 형상화의 관계에 대한 상식적 문제로서의 원칙론은 하나의 원칙으로서의 기능으로 이야기될 뿐이지, 어떤 틀로 유형화된 방법론으로서의 체계를 갖추지는 못하였다는 것이다.

우리는 이런 문제에 대하여 70년대 대표적 저항시인의 한 사람인 김지하의 ‘詩’라는 작품을 통해 그 고민의 단면을 엿볼 수 있다. 74년 옥중에서 집필되어, 82년에 나온 시집 「타는 목마름으로」에 수록된 이 작품은 그간 세인의 주목을 받지 못하였다. 그러나 이 작품은 앞서 이야기된 시에 대한 인식과 시적 형상화의 문제에 대한 시인의 고민과 몸부림을 극명하게 보여주면서 우리에게 많은 공감을 던져주고 있다. 또 이 작품이 발표된 이후 김지하의 작품 활동의 경향은 이러한 문제에 대해 시인 나름의 해답을 보여주는 것으로 여겨져 더욱 흥미롭다.

김지하는 이 작품을 쓰기 전인 70년에 시 작품과 평론에서 주목할 만한 업적을 남겼는데, <오적>과 <비어>라는 익히 알려진 담시와 70년 7월 「시인」 지에 기고한 <풍자냐 자살이냐>가 그것이다. 먼저 김수영의 <누이야 장하고나>라는 시에서 끝싯귀를 딴 평론에서 김지하는 창작가 특히 시인들에게 내용에서의 풍자, 형식에서의 민요정신 계승이라는 명백한 논리의 창작 방법론을 제시하였다. 또 그 자신이 명명한 담시라는 갈래를 창출함으로써 이를 실천하기도 했다.

이러한 일련의 사실은 적어도 당시 김지하에게는 시에 대한 인식, 시적 형상화에 대한 어떤 투철한 의식이 있었음을 추론할 수 있게 하나, 그에게 있어서 가장 어려운 시절에 쓰인 ‘詩’에서 이 문제는 또다시 조금은 심각한 문제로 제시되고 있다. 김지하와 같은 저항시인에게 있어서 시에 대한 인식은 곧 역사 인식이며 현실 인식으로 바꾸어 볼 수 있음은 분명하다 하겠는데, 이런 점이 실질적으로 어떠한 관계를 가지고 있는가 하는 점과 이러한 인식이 나타나는 '詩'가 형식상으로 서정시라는 점이 우선 주목된다.

2.

김지하의 '詩'라는 작품에는 시인에게 있어서의 시에 대한 인식의 중요성과 시적 형상화의 어려움이 서정적 형식과 변증법적 관계에 의해 표현되고 있다. 즉 작품에서 지속적으로 나타나는 詩의 개념은 시에 대한 인식, 더 자세히는 역사 인식과 현실 인식이 동궤에 놓여 있는 것이다.

물론 詩의 개념에는 시적 형상화의 문제도 포함되나 김지하의 경우에는 아무래도 시에 대한 인식의 문제보다는 그 비중이 덜하다고 판단된다. 이런 시에 대한 인식이 형상화 과정에서 성공적으로 구현될 때 그 작품은 당대의 고민과 희노애락에 대한 반영으로 나타나는 것이다. 흔히 김수영의 시적 주제를 자유라고 명명하듯, 김지하의 시에 대한 인식도 자유라고 볼 수 있다. 이러한 자유를 억압하는 현실이 시인에게 '오적'과 '비어'라는 저항시를 낳게 했고 <詩>라는 詩를 낳게 한 것이다.

이 시는 형식상으로 6연으로 구성되어 있으나, 내용상으로는 그 의미 구조에 따라서 시적 자각의 수용과 거부라는 극한 상황이 교체되다가 마지막에는 진정한 인식에의 자각이라는 正・反・合의 변증법적 삼분 구조로 되어 있다.

해석의 다양성을 항상 수반하고 있는 시 작품의 특성을 고려한다면, 이런 단정적 언술은 약간의 위험성을 내포할 수도 있다. 그러나 우리는 겉으로 드러나 있는 시의 표면적 구조보다는 그 속에 담겨있는 시의 내면적 구조에 더 큰 관심을 쏟아야 한다. 또한 이 작품에서 가장 중요하고, 각 연을 통해 거듭 나타나는 '가라지!'라는 시어가 각 연의 상황에 따라 그 의미의 판독이 달라진다는 사실은 '詩'라는 작품 구조를 변증법적으로 볼 수 있는 근거를 제시해주고 있다 하겠다. 그리고 正·反·合으로 나눌 수 있는 각 부분 부분을 또다시 세분하여 관찰하는 시각이 있을 수도 있으나, 작품 전체의 총괄적 이해가 더욱 긴요한 문제로 생각되어 여기서는 그 언급을 피하였다.

의미상 변증법의 구조 중에서 正에 속할 수 있는 1연에서 3연까지의 내용은 다음과 같다.

> 詩가 내게로 올 때
> 나는 침을 뱉었고
> 떠나갈 때
> 붙잡았다 너는 아름답다고
>
> 詩가 저만치서 머뭇거릴 때
> 나는 오만한 낮은 소리로
> 가라지!
>
> 가라지!
> 아직도 그렇다 가까운 친구여!
> 어쩔 수도 없는 일

시인에게 있어서 시란 친구와도 같은 존재이다. 그런데 그 친구는 자기 뜻대로만 움직이지는 않는다. 여기서부터 시인의 고민이 싹트고 어려움이 시작된다. 그러나 아직까지는 詩를 수용하고자 하는 시인의 의지가 드러나고 있음으로 하여, 시에 대한 인식과 형상화에 있어서 긍정적 입장에 있는 正의 과정이라고 할 수 있다.

보통의 경우 시에 대한 인식이 선행되지 않고서는 시적 형상화 과정이 이루어질 수 없다. 즉 시에 대한 인식이란 작품 창작의 기본이 되는 것이며, 시인에게 있어서는 생명과도 같은 것이다. 이러한 기본적 인식이 지금 시인을 괴롭히고 있다. 또 이러한 괴로움은 시적 수용이라는 시인의 기본적 입장이 흔들리게 되는 원인이 되며, 위에 제시된 내용에서도 그런 점이 부분적으로 나타나기 시작한다.

이러한 인식이 거부되어야만 하는 것은 당대의 어려운 현실과 그 어려운 시대의 대변자가 되어야만 하는 시인의 괴로움 때문이다. 현실이 각박할수록 시인에게는 용기가 필요하다. 잘못된 세상을 비웃고 풍자하기 위해서는 시인 자신의 투철한 의식이 필요하기 때문이다. 이런 의식이 없이는 우리 독자들 손에 역사 인식과 현실 인식으로 구조화된 작품을 줄 수 없다.

시인은 詩에게 침을 뱉기도 하고, 가지 말라고 붙잡기도 한다. 詩 또한 머뭇머뭇 확실한 그 자태를 드러내지 않는다. 이에 대한 시인의 불만은 '가라지!'라는 시어에 함축적으로 담겨 있다. 시 전편에 분포되어 각 쓰임에 따라 그 뉘앙스를 달리 풍기는 이 시어는 그 성격도 다양하다.

2연에서는 가버리라는 부정적 성격이 강하다. 그러나 이런 시인의 완강한 자세는 곧 풀어지고 여러 가지 어려움에도 불구하고 詩를 가까운 친구로 재인식하는 단계를 맞게 된다. 3연에서는 가지 말라는, 보낼 수 없다는 뉘앙스를 강하게 풍기고 있다. 이는 '진달래꽃'에 나타나는 김소월의 모습과도 비교될 수 있으며, 표면적 의미와 내면적 의미의 상이함을 보여주는 이중성을 가지고 있다. 작품 전체를 통해 가장 중요한 시어인 '가라지!'는 시의 전개에 따라 점점 다양한 모습을 우리에게 보여주는 것이다.

지금까지의 논의는 여러 가지 어려운 상황에도 불구하고 시를 가까운 친구로 인식하는 즉 시에 대한 인식과 형상화의 작업에 몰두하고 있는 시인의 긍정적 모습을 우리에게 보여준다. 그러나 가끔씩 그 어려움을 보여준 시적 자각의 부정적 모습은 계속하여 시인을 괴롭혀 그 구체적 모습이 의미상 변증법적 구조의 反에 속하는 4연과 5연에 나타난다.

> 詩가 한 번 떠나면
> 다시 오지 않는 걸
> 알기 때문에, 가라지!
>
> 난 그랬어
> 돌아올까봐 행여 올까봐
> 가라지!
> 몇번이고 가라지!
> 가라지!

여기에 이르면 앞에서 보여주었던 긍정적 입장의 자아는 어느덧 사라지고 좌절과 포기에 빠져 울부짖는 자아의 모습이 우리를 안타깝게 한다. 시인의 시적 자각의 거부는 여기에서 그 절정을 이룬다.

'한 번 떠나면 다시 오지 않는 것을' 알면서도 시인은 '가라지!'를 외치고 있다. 여기서도 물론 기저에서는 시적 자각을 포기할 수 없다는 기본적 입장이 완전히 부정된다고는 볼 수 없으나, 자아를 둘러싼 세계는 자아를 점점 극한 상황으로 몰고 있는 것이다. 곧 세계에 대한 자아의 패배의식이 점점 팽배되고 있는 것이다. 이러한 위기의식은 앞서의 의미와는 다른 시어 '가라지!'의 반복적 사용으로 하여 더욱 고조되고 있다. 자아와 어긋나가는 세계의 모습은 자아 즉 시인에게 좌절감과 더불어 詩에 대한 포기라는 극한 상황을 조성하고 있는 것이다.

그러나 그냥 이대로 좌절될 수는 없다. 시인은 물론 우리 독자들도 막연한 패배보다는 무엇인가 극적인 반전을 머릿속에 그려보게 되는데, 의미상 변증법적 구조의 合의 과정에 들 수 있는 마지막 6연에서 그 모습을 찾아낼 수 있다.

새벽까지 눈을 홉떠도
감옥 속에 몸부림쳐도 오지 않는 詩
나는 서른셋
부패할 나이 이젠 진정으로
가까운 친구여!
어쩔 수도 없는 일
가라지!

　작품 해석에 있어서 실질적으로 문제가 되는 부분이 바로 이 마지막 연이다. 여기는 언뜻 보면 시에 대한 인식의 포기라는 부정적 의미로 보기 쉬우나, 여기서는 오히려 진정한 시에 대한 인식, 시적 자각의 성취라는 변증법에 있어서의 合의 과정, 즉 승화의 결정이라 보았다. 이런 관점의 가장 핵심적 이유로는 '이젠 진정으로 가까운 친구여'라는 시어가 상징적으로 보여주고 있다. 친구로서의 재인식은 反의 과정에서 나타난 어려움을 극복하고 원래의 모습으로 돌아가면서 보다 발전되고 진전된 시적 자각에 이르고 있음을 암시하는 것이다.

　'새벽까지 눈을 홉떠도', '감옥 속에 몸부림쳐도' 올듯말듯 하던 詩는 오지 않는다. 여기서 '새벽'과 '감옥'은 실제 시인이 겪었던 생활상이지만, 시간적 공간적으로 극한적 상황에 놓여 있었음을 별다른 상징어를 사용하지 않고도 적절히 표현되었다고 평가할 수 있다. 특별한 장치의 설정없이 직설적 표현으로 소기의 성과를 거둘 수 있었음은 그만큼 시인의 현실이 급박했음을 의미한다 하겠다.

전북대학교 교과교육연구총서 ❺

이런 직설적 어려움은 '서른 셋의 부패할 나이'에서 더욱 절실히 나타난다. 이 시 창작 당시의 시인의 나이가 서른 셋이다. 이처럼 자신을 시적 자아로 하여 자기 생활과 생각과 어려움을 그대로 나타낸다. 여기서 우리는 지금까지의 고통과 그 이야기가 다름 아닌 김지하 자신의 이야기임을 알 수 있으며, 그럼에도 불구하고 이 시를 통해 우리는 개인의 문제가 확장되어 전체의 문제가 되어가는 문제의식의 증폭화 현상을 찾아낼 수 있다.

'서른 셋'에서 시인이 직접 등장하며 여러 가지 어려움으로 약해진 자신을 '부패할 나이' 탓으로 돌리고 있다. 서른 셋이란 나이는 사람마다 그 느낌이 다를 수 있으나 여기서는 부정적이고 긍정적인 이미지를 다같이 포함하고 있다. 즉 자신의 의지가 약해지는 나이임과 좀 더 성숙한 모습을 보여줄 수 있는 나이이기도 한 것이다.

시에 대한 인식, 시적 형상화에 대한 창작의 문제를 시적 자각이란 용어로 통일할 수 있다면 '詩'라는 작품은 김지하 자신의 문제에 대한 극히 주관적이고 서정적인 내용이라 할 수 있다. 그러나 이런 서정적이고 개인적인 문제의식이 시인에게 있어 시적 자각 전반에 걸친 공통의 문제의식으로 증폭되어 있다는 데에 이 시의 중요성이 있다. 사실 김지하 자신도 변증법적 사고 양식과 체험을 통하여 보다 진전된 合의 과정을 도출해 냄으로써 자신의 문제 해결을 포함하여 모든 시인에게 시적 자각에 대한 하나의 모범답안을 제시하고 있는 것이다.

시인은 어려운 상황에서도 詩를 '진정으로 가까운 친구'라는 재인식을 획득해 내었으며 이는 '어쩔 수 없는 일'이다. 이제 완전히 가까운 친구가 되어 버린 '詩'는 아무리 '가라지!'를 외쳐도 가지 않는 절대 대상이 된 것이다.

3.

지금까지 김지하의 '詩'를 의미적으로 크게 세부분으로 나누어, 이를 변증법적 구조로 파악하여 작품 내용을 중심으로 하여 살펴보았다. 이제 이 작품이 우리에게 주는 의미에 대해 생각해 보자.

이 시는 서정시이다. 이는 앞서 언급되었던 김지하의 담시 작품이나 평론과는 어긋나는 갈래 형태이다. 민요 형식의 서정적 면을 무시하는 것은 상식을 벗어나는 것이나, 실질적으로 시인 자신은 판소리 형식을 빌려 서사적 표현을 드러냈었기 때문이다.

여기에서 우리는 작품 내용에 따라 형식이 결정될 수 있다는 하나의 가설을 세울 수 있다. 즉 '詩'에서 다루고 있는 내용은 시에 대한 인식과 시적 형상화에 대한 시인으로서의 고민과 고통을 그 자신 어려운 상황 속에서 표출해 내고자 한 것이었으므로 필연적으로 서정시라는 형식을 취하게 된 것이다. 자아가 세계의 우위에 있어야 풍자가 가능하며, 대중의 교화 등 목적의식이 강하게 나타날 때 서사적 형식이 등장한다는 일련의 논의와 80년대 김지하의 작품 활동이 주로 민요적 서정시로 이루어진 것에 대한 사실의 유용한 하나의 설명이 될 것으로 믿는다.

이처럼 '詩'는 자기 자신의 심정을 별다른 기교적 여과를 거치지 않고 그대로 드러냄으로써 예술적 면에서는 다소의 실패와 무리가 엿보인다. 그럼에도 불구하고 우리가 이 시를 주목하는 것은 시 자체와 함께 시인의 고민에 주목하기 때문이다. 즉 김지하의 시적 자각에 대한 고민은 개인의 사변적인 고민으로 그치는 것은 아니고, 문학에 관계하는 우리 모두의 고민으로 번져 나오기 때문이다. 특히 김지하 같은 저항 시인에게 있어서 형식적 기교보다는 내용적 충실도가 우선시됨은 쉽게 짐작된다.

시인에게 있어서 시라는 존재는 가장 가까운 친구이자 바로 삶의 모습을 가지고 있다. 김지하에게 있어서의 시의 의미는 삶이 가지는 의미와 등가적인 것이라 할 수 있다. 앞서 논의된 시에 대한 인식과 시적 형상화의 문제는 우리들 자신의 삶의 문제와 바꾸어 보아도 좋을 것이다. 삶이 우리들 마음대로 되는 것은 아니다. 여기서 고민이 싹트고 이런 고민의 공유속에서 '새벽까지 눈을 흡뜨고', 감옥 속에서 몸부림치는 '부패할 나이 서른 셋'의 시인의 마음은 바로 우리 마음이 되는 것이다. 그래서 세계의 억압에 체념하는 시인에게 분노와 연민을 느끼고, 변증법적 구조의 체험을 거쳐 진정으로 가까운 친구를 인식하게 되었을 때, 우리는 강한 공감과 감동을 얻게 되는 것이다.

몸으로는 보내지만 마음으로는 보내지 않는다는 한국 특유의 님의 존재가 여기 김지하에게까지 이어지고 있다. 김소월과 한용운 등으로 대표되는 이런 정서의 표현은 김지하의 '가라지!'에서 다시 등장한다. 겉으로 보기에는 그냥 보내겠다는 것처럼 보이는 이 시어의 다각적이고 효율적 구사를 통해서 결코 보낼 수 없다는 시인의 강한 의지를 읽어냈을 때, 그러한 의지는 단순한 시인의 의지를 벗어나 우리 모두가 공유하는 의지로 증폭되는 것이다.

우리는 지금까지 시에 대한 인식으로 표현될 수 있는 내용에 따라 시적 형상화 작업, 즉 형식이 알맞게 선택되고 구성될 수 있음을 김지하의 '詩' 분석을 통해 조심스럽게 검토해 보았다. 이런 검토는 시인들에게 형식과 기교에서의 공교성과 함께 시에 대한 인식의 바른 체득을 위해 노력할 것을 충고하는 기능을 발휘할 수 있을 것으로 본다.

우리에게 삶이 소중하듯, 시인에게는 시가 중요하다. 김지하가 시에 대해 고민했든, 시에 대한 인식으로 고민했든, 그것이 단지 한 시인의 고민으로 그친다면 그 작품의 의미는 그만큼 감소할 것이다. 시인은 삶을 거부하거나 도피해서는 안 되며, 어려운 때일수록 의연히 대처해야 함을

보여주고 있다. '詩'는 바로 이러한 모습을 우리 모두의 모습으로 보여주
는 것이다.

　'돌아 올까봐 행여 돌아 올까봐' 기다려도 삶은 돌아오지 않는다. 삶이
주체가 아니고 그 삶을 살아나가는 시인이 주체이기 때문이다. 시인은
시인의 삶이 '이제는 진정한 친구'임을 깨달아야 하고 몇번이고 외쳐야
한다. '가라지!', '가라지!'. 이때의 '가라지!'는 가지 말라는, 결코 보낼
수 없다는 한국 고유의 님에 대한 정서의 연장이며, 강한 긍정적 의미를
가지고 있음은 물론이다.

▣『제대신문』, 1990

제6부 단상과 서평

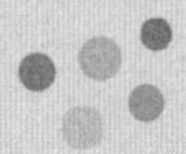

읽기와 읽기 교육의 몇 가지 문제

1.

나는 이 짧은 지면을 통해, 읽기와 읽기 교육의 몇 가지 문제를 다소 포괄적이고 자유로운 방식으로 이야기해 보고자 한다.

최근 극심한 취업난과 정부, 특히 교육인적자원부[1]의 다소 현실 추수적이고 비교육적인 정책이 맞물려, 매해 시행되는 "중등학교 교사임용후보자 선정경쟁시험"에 많은 이들이 몰리고 있다. 과거 고도 성장기와 달리 교직이 평생을 보장받는, 그리고 그런대로 안정된 직업으로 여겨지는 요즘이라, 이런 현상은 당분간 지속되거나 그 사정이 더욱 악화되리라고 생각한다.

이에 국어교육에서도 소위 시험에 출제되는 과목에 대한 관심이 그 어느 때보다도 커지게 되었다. 보통 1990년 이전, 한국의 국어교육 특히, 국립 사범대학을 중심으로 한 중등 국어교육은 기존의 국어국문학(=교과

---

1) 나는 '교육인적자원부'라는 명칭에 거부감을 가지고 있다. 도대체 '인적 자원'이라니? 또 그것이 '교육'이라는 것과 붙어서 명명되다니? 이러한 나의 불평이 단지 명칭의 문제에 국한되는 것이었으면, 정말, 좋겠다.

내용학)의 학문 체계와 교직 과목(=일반 교육학)을 단순 결합한 형태로 이루어졌다. 그러던 것이 1990년 이후에는 말하기 · 듣기 · 읽기 · 쓰기를 그 내용으로 하는 언어 기능 영역에 대한 관심이 커지고, 이의 전공자들이 국어교육 정책을 실질적으로 이끌게 되면서부터 많은 변화가 일어나게 되었다.

우선 임용 시험에 언어 기능 영역(=교과 교육학)이 큰 비중을 차지하게 되었고, 이에 따라 거의 반자동적으로 사범대학의 교육과정 선정에 있어서도 언어 기능 영역에 관한 요구가 거세어지게 되었다. 내가 여기서 특히 관심을 가지고 이야기하려는 읽기와 읽기 교육도 이런 저간의 사정과 현실을 떼어 놓고 객관적인 이야기를 하기는 사실상 불가능하다. 왜냐하면, 읽기와 읽기 교육이라는 현상은 아주 오래전부터 존재하여 왔으나, 이를 학문적으로 체계화한 영역으로서의 읽기와 읽기 교육 이론은 사람마다 그 시각이 다르고, 심지어는 그것의 학문성을 부정하는 이도 많이 있기 때문이다.

2.

"잘 읽는다는 것은 남들이 그것이 잘 읽는 방법이라고 가르친 것을 따라가면서 읽는다는 것 이외에 다른 아무것도 아니다. 그것은 보수적인 독법(讀法)이다. 잘못 읽는다는 것은 다른 원칙에 의해서 그것을 읽는다는 뜻이다. 그것은 오히려 새로운 것을 구축케 하는 독법이다."(김현, 1993) 이러한 언급은 읽기와 읽기 교육에 관한 한 현재도 유효하다.

대체로 한 사회에는 명시적이든 묵시적이든 잘 읽을 수 있는 방법을 이야기 한 읽기 문화가 존재하며, 교육과정화 되었든 그렇지 않든 간에 그 문화를 실현시킬 수 있는 교육 방법에 대한 합의가 있다. 가령 우리나라의 경우, 김현이 이야기하는 보수적인 독법(讀法)은 어떤 형태를 띠고 존재하는가?

"독서백편(讀書百篇) 의자현(意自見)"이라는 말이 극명하게 보여주듯, 우리의 전통 읽기 문화는 반복의 문화였다. 때문에 읽기 교육의 방향도 반복 학습을 통한 '암기' 혹은 '암송'에 있었음은 주지의 사실이다.[2] 물론, 여기에는 중국의 고전을 우리의 고전으로 삼고, 이를 숭배하여 암기로서 마음에, 아니 몸에 새겼던 우리나라 예전의 문화와 '훈민정음'이라는 좋은 표기법을 창안했음에도 한자(漢字)와 한문(漢文)을 나라의 글로 삼았던 문화가 복합적으로 작용한 결과이리라. 그러나 그 이유야 어찌 되었건, 일단 하나의 문화틀로서 정착한 읽기의 이해와 그에 따른 읽기 교육의 방향이 우리의 문화생활에 미친 영향은 엄청난 것이었다.

이처럼 전통적으로 우리나라를 포함한 동양에서는 읽기를 인격을 함양하거나 이치를 탐구하는 방식으로 이해하였다. 책에는 그동안 선인들이 쌓아온 지혜와 경험이 녹아 있고, 읽기는 이들 선인의 지혜와 경험을 만나는 통로가 되는 것이다. 이처럼 책은 당대의 유일한 읽기 자료가 되기 때문에 읽고 또 읽어서 암기하고 암송하여, 이를 통해 선인의 가르침을 수용하고 내면화하고자 한 것이다.

그러나, 지금 현재 사범대학이나 교육대학의 교과목으로 급속히 성장해가고 있는 "독서와 독서 교육론"[3]의 내용은 이전의 전통과는 상당히

---

2) 여기서 우리는 옛날 책이나 옛날을 다룬 영상물에서 떠올릴 수 있는 서당의 모습을 그릴 수 있다. 책에 쓰인 문자를 반복하여 읽고, 그 소리와 뜻을 암기하는 학동의 모습(가령, "하늘 천, 따지 … "를 외치는 낭랑한 목소리). 그리고 나는 여기서 '영문'도 모르고 무조건 외웠던, 명사의 종류로부터 시작하는 "성문 종합영어"를 공부 아니 암송하던 20년 전의 '명사 박사(?)' 내 모습을 떠올린다.

3) 교육 현장의 경우 6차 교육과정부터 고등학교 국어과 선택 과목으로 화법·작문·문법·문학과 함께 독서가 선정되어 개별 검인정 교과서가 출판되고 있다.

다른 방향으로 나아가고 있는 것으로 보인다. 그 내용을 검토해보면, 물론 학교나 학과 그리고 담당 교수에 따라 다소 차이는 있지만, 주로 미국에서 이루어지고 있는 인지 심리학의 연구에 크게 의존하면서 저자 중심보다는 텍스트나 독자 중심으로 그 중심을 옮기고 있는 경향이 있다. 그리고 특히 교육의 경우, 그 방법론의 측면이 중시되기 때문에, 읽기에 대한 개념 규정에 따라, 읽기 교육의 양상은 다양하게 드러난다는 특징도 있다.

이 글의 처음에서 임용 시험에 대해 언급하였는데, 최근 임용 시험에 출제되는 읽기와 읽기 교육의 문제는 대부분 이들 미국에서의 연구 결과나 혹은 이를 상황에 따라 변용한 것들이 된다.[4] 때문에 여기서는 이들의 문제를 중심으로 검토를 계속해 나가고자 한다.

3.

읽기에 대한 전통적인 관점이 "저자의 의도를 파악하는 것"이라고 한다면, 최근의 (서구적) 관점은 "독자가 주어진 글에서 의미를 구성해 나가는 역동적인 과정"(노명완, 1986)으로 보는 것이다. 이처럼 우리가 글을 '읽는다'라고 하는 말에는 다양한 의미가 내포되어 있는 것이다. 현 교육 과정에서는 읽기를 '글에 나타난 정보와 독자가 가지고 있는 지식의 상호 작용에 의하여 의미를 재구성해 나가는 과정'으로 보고 글의 의미와 독자 사고 작용간의 상호 관계를 중요시 한다.

---

4) 최근에 나온 한철우 외(2002)는 이런 점에 초점을 맞추어 정리한 교과서이자 수험서가 된다. 그러나 이외의 대부분의 연구서들도 그 기본적인 관점은 공유하고 있는 것으로 보인다.

현재 읽기를 바라보는 관점은 크게 세 가지로 나누어 볼 수 있는데, 이들 관점은 최근 들어 급성장한 인지 심리학의 연구 결과에 많이 의지하고 있다.5) 첫째, 행동주의 관점이 있다. 이는 읽기를 전체를 형성할 때까지 각 부분을 천천히 더해 가는 첨가 과정으로 본다. 둘째, 정보처리 관점이다. 이는 인간을 일종의 정보처리 기계로 간주하여, 정보처리 이론을 인간의 정신 작용에 유추하여 고등정신 과정을 연구하는 것이다. 셋째, 구성주의 관점이다. 이는 인간 심리의 총체적인 측면을 부각시켜 융통성, 유연성을 강조한다. 이 중에서 특히 주목되는 관점은 구성주의 관점이다. 이는 인간과 환경과의 상호 작용에 특히, 인간의 능동적인 정신 과정에 초점을 둔다. 이런 점을 잘 부각시키는 학술 용어들이, 가령 예를 들면, 사전 지식으로서의 스키마, 읽기 기능, 읽기 전략, 읽기 학습, 초인지 이론 등이 된다.

이렇게 볼 때, 기본적으로 모든 글(책, 텍스트)은 미완성된 것이다. 독자는 글을 읽어 나가는 과정에서 계속해서 미완성된 부분을 채워 넣기도 하고 때로는 그 내용을 확장해 나간다. 여기에는 필연적으로 독자의 경험 전체가 중요하게 작용한다. 결국 글에서 어떤 의미를 구성하느냐 하는 것은 독자의 경험에 달려 있다고도 할 수 있다.

이처럼 읽기에서 독자 측면을 강조하게 되면, 읽기의 과정이 중시된다. 그리고 읽기 교육에서는 독자가 읽은 후에 얻는 결과도 중요하지만 그 과정에서 이루어지는 독자의 행위를 강조할 필요가 있다. 다시 말해 몇 편의 글을 읽었느냐, 그 글의 내용을 얼마만큼 이해했느냐 하는 것보다는, 독자가 이를 통해 어떤 의미를 구성했는가가 중요하기 때문이다. 여

---

5) 재미있는 사실은 쓰기를 바라보는 최근의 관점도 이와 유사하다는 점이다. 이는 읽기와 쓰기의 친연성을 극단적으로 보여주는 것으로, 향후 국어교육의 영역을 새롭게 정하고자 할 때, 반드시 참고되어야 한다.

기서는 독자가 같은 글을 읽더라도 독자마다 의미를 구성한 결과는 각기 다르다는 관점을 취한다.

4.

읽기 교육의 목적은 독자의 읽기 행동을 발전적으로 유도하는 데 있다 (김봉순, 2002). 따라서 독자가 읽는 과정을 잘 처리할 수 있도록 읽기 방법을 가르치는 것을 목표로 삼아야 할 뿐만 아니라, 읽기 결과 또한 유익하고 풍부한 것을 지향해야 한다. 결국 읽기 결과는 독자가 글을 읽고 얻는 지식과 판단이다. 그러나 우선적으로 읽기 교육의 목적을 생각할 때는 책의 내용을 학습 대상으로 하는 읽기와 읽는 방법을 학습 내용으로 하는 읽기를 구별하고, 후자를 중심적으로 하여 교육의 문제를 설계해야 한다.

읽기 과정에 대한 이론 중에서 널리 영향력을 가지고 있으면서 인식론적 관점에서 비교될 수 있는 것으로는 Rumelhart의 상호작용적 관점과 Rosenblatt의 교류적 관점이다.[6]

상호작용적 모형에서 유의미한 지식은 독자의 외부뿐만 아니라 독자의 내부에도 있다. 지식의 덩어리는 그 자체로 보편적인 것이 될 수 있기 때문에 교사들은 예측하기. 추론하기, 중심 내용 찾기 등과 같이 읽기 과정의 특정한 구성 요소들을 선택할 수 있다. 교사들은 이러한 과정이 무엇인지 알고 있고, 학생들에게 그러한 지식을 나누어 주려고 한다.

교류적 관점에서는 학생들이 추론하고 예측하도록 도와주는 것을 중요하게 여기지만, 교사가 그것의 발달을 어떻게 장려하는가 하는 것에서

---

6) 이에 대한 자세한 정리는 정옥년(2001)을 참고할 것.

상호작용적 견해를 가지고 있는 교사와 다르다. 즉 유의미한 지식은 독자나 텍스트 단독으로 존재할 수 없고, 독자와 텍스트간의 호혜적 관계에서 존재하기 때문에 교류적 견해를 가지고 있는 교사는 유의미한 지식이 무엇인지 직접 가르치거나 말해주지 않는다. 교사는 독자들이 교류적 과정을 개발하고, 이미지와 느낌을 생성하고, 그러한 이미지와 느낌을 반응하는 기회를 준다. 따라서 토의를 이끌어 가는 것은 중요한 수업 기법이 된다. 보다 전체적인 상황에서 학생들간에 대화가 이루어지게 하며, 교사는 그 집단의 일원으로 들어갈 수 있다.

3장에서 우리는 읽기의 본질에서 궁극적으로 중요한 것은 독자 요인임을 보았다. 그렇다면, 읽기 교육에서는 교류적 관점이 중요하게 부각된다. 그런데, 여기서 문제는 다시 제기된다.

"그러면 (국어)교사는 불필요하거나, 그 소용이 지금보다는 축소되어야 하는 존재가 아닌가요?"

우리는 이 물음에 심정적인 반발을 보이지만, 이미 지금의 시대는 심정적인 반발이나 논리로 문제가 해결되는 때가 아니다. 이제 어떤 형태로든 사범대학과 교육대학에 인연을 맺고 있는 우리들은 이 물음의 답을 풀어내야 한다. '계몽가로서의 교사(수)'와 '조력자로서의 교사(수)'는 그 위상과 기능이 아주 다르기 때문이다.

읽기 교육이 단순히 방법론의 성찰과 적용에 그치는 것이 아님을 보이는 데에도 이러한 논의는 중요한 의미를 띤다. 조력자로 그치는 교사 양성을 위해서 "독서와 독서 교육론"을 교과목으로 삼아 학점을 부여하고, 독서 교육 전문가를 의미하기도 하는 국어 교사의 양성을 위해 특별히 사범대학이나 교육대학을 설립해 운영하는 것은, 이런 관점에서 (혹은 적어도 나의 관점에서 보면) 엄청난 사회적 낭비가 아닐 수 없다.

5.

읽기와 읽기 교육에 대해서는 많은 이야기를 할 수 있지만, 여기서 그 이야기를 다 할 수도 없고, 할 필요도 느끼지 않는다. 그러나 여기서 우선 강조해 두고 싶은 것은 '읽기'가 문제가 아니라 '읽기를 보는 관점'이 문제라는 것이다. 읽기에 대한 관점에 차이가 있으면, 읽기 교육을 보는 시각도 필연적으로 달라지게 되고, 구체적인 방법론도 달라지게 마련이다.

이 시점에서 이점을 다시 강조하는 것은, 읽기에 대한 관점은 다양하고, 따라서 읽기 교육의 방법도 다양하다는 식의 논법은 우리에게 별로 생산적인 관점을 주지 못한다는 판단 때문이다. 나에게는 모든 것이 가능하다는 진술은 아무 것도 가능하지 않다는 진술로 바뀌어 이해된다. 때문에 다양한 읽기와 읽기 교육의 관점에 대해 문제를 제기하는 것이다. 물론 그 이후에 제기될 수 있는 논의가, 결국 앞으로 내가 학문적으로 해결하기 위해서 싸워야 하는 문제가 된다.

참고문헌

김봉순, 「균형있는 읽기 교육의 가능성」, 『21세기 문식력과 국어과 교육』, 한국국어교육연구학회, 2002.
김 현, 『김현 예술 기행 / 반고비 나그네 길에』, 문학과 지성사, 1993, 101면.
노명완, 『국어교육론』, 한샘출판사, 1986.
정옥년, 「읽기에 대한 인식적 신념이 교수·학습에 주는 시사점」, 『독서연구』 제6호, 한국독서학회, 2001.
한철우 외, 『과정 중심 독서 지도』, 교학사, 2002.

『기린』 18호, 2002

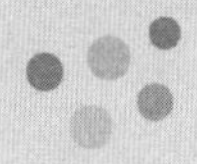

문학에 대한 고민

　어느 날인가 책상 정리를 하다가 고등학교 시절 만들었던 문예지를 뒤적인 적이 있었다. 필사와 복사에 의한 보잘 것 없는 책이었지만, 고등학교 시절의 추억이 되살아나 감회가 새로웠다. 한 장 한 장 걷어 보노라니, 어색하기도 했지만 조금은 자부심에 어깨가 으쓱하기도 했다.

　그런데 이러한 즐거움은 친구 김용혁이 썼던 시 한편[1]을 대하자 조금은 심각한 고민으로 바뀌어 갔다. <네온의 십자가>라 이름 붙여진 길지도 않은 이 시는 당시에도 나에게 강렬한 인상을 남겼었는데, 5년이 지난 지금에도 꿈틀대며 내 머릿속을 휘젓고 있었다.

> 지금
> 예수는
> 전기 고문을 당하고 있다.
> 네온의 십자가에
> 매달려

---

1) 김용혁은 제주제일고등학교, 서울대학교 서양사학과를 졸업했다. 졸업 이후 (주)대우에 입사하여 필리핀으로 갔다는데, 그 이상은 아는 바 없다. 고등학교 시절 文才가 뛰어났음을 기억한다. 이 시는 시화전 행사를 거쳐, 3학년 9반 교실 앞에 걸려 있었는데, 지금은 어떠한지 역시 알지 못한다.

으악
고함을 지르고 있다.

어떻게 보면 매끄럽지 않은 이 시가 왜 나에게는 강렬한 인상을 주는 것인가? 이런 조그마한 물음에서 시작된 한여름의 나의 고민은 유리창에 검은 먹물이 스며들 때까지 멈추지 아니하였다.

시화전을 준비하며 이 시를 처음 읽었던 나는 친구에게 조금은 신선한 충격으로 습작 배경을 물었는데, 심각한 얼굴로 내 질문을 받은 친구는 쑥스러운 듯 "글쎄, 밤이면 수없이 켜지는 교회의 네온 십자가가 이런 글을 쓰게 한 게 아닐까?" 하고 대답했었다.

어쩌면 그냥 넘길 수도 있는 그의 대답이, 나의 고민을 풀 수 있는 열쇠가 될 수 있지 않을까 하는데 미친 나의 발걸음은 자연스럽게 옥상으로 이어졌다. 의식을 가지고 바라본 옥상 아래의 야경은 나에게 해답의 실마리를 주는 듯 했다.

정말 상상 이외로 많은 교회의 십자가가 밤거리를 지켜보고 있었고, 셀 수 없는 네온사인이 이에 보조를 맞추고 있었다.

저 화려하게 번득이는 네온사인 밑의 수많은 사람들은 나와 별개의 사람들이 아니다. 오늘밤이 지나면 나도 저들과 함께 섞여 숨 쉴 것이고, 햇빛에 빛을 잃은 '네온의 십자가'는 우리를 말없이 지켜 볼 것이다. 그리고 또다시 밤이 오면 십자가에 매달린 예수는 우리들의 아픈 사회를 내려다보며 네온의 전기 고문을 당할 것이다.

그래. <네온의 십자가>란 시가 나에게 강렬한 인상을 준 것은 바로 이것이었다. 나는 오늘날 무참히 앓고 있는 우리 사회의 일원이라는 깨달음, 죄인인 우리를 위해 대신 죽어간 예수라는 존재, 이러한 두 가지의 모습이 바로 시를 읽고 나서의 강렬한 인상이었던 것이다.

흔히 우리는 개인과 사회를 구분해 생각하기 쉽다. 그리고 그러한 점은 단지 개인이 사회의 일부분이라는 막연한 관념에 기인하는 부분이 없지 않다. 나 자신도 그러한 관념에서 벗어나지 못했던 것이고, 그러한 막연함에 친구가 쓴 습작 시는 조금은 심각한 문제점을 제기했던 것이다.

우리는 왜 문학을 이야기하는 것인가? 이러한 질문에 대하여 많은 사람들이 답하기 위해 노력하였으나, 모범답안은 아직 작성되지 않은 것 같고 앞으로도 작성되기 어려운 것 같다. 그러나 감히 내 생각을 적어 본다면, 네온의 십자가에 얽힌 경험이 비록 전체적이지는 아닐지라도 문학에 대한 질문에 접근하는 한 방법이 아닐까 한다.

문학은 철저하게 개인의, 사회의 것이어야 한다. 따라서 문학은 우리의 삶에 사회의 현상에 끊임없이 문제를 제기하여야 하며, 우리는 문학을 통해 제기된 문제를 해결하기 위해 끊임없는 몸부림을 쳐야 하지 않을까? 개인과 사회는 다른 것이 아니라는 인식, 문학은 이러한 개인과 사회에 지적 충격을 주는 존재라는 인식이, 아직은 젊은 나의 가슴에 강렬하게 파고드는 것이다. 지금도 우리 사회는 아프게 앓고 있다. 문학은 여기에 끊임없는 문제 제기를 해야 할 것이며 우리는 이러한 문제를 외면해서는 안 될 것이다.

예수는 그의 죽음으로 우리를 구원하고자 십자가에 못 박혔으나, 우리는 구원받지 못하고 예수는 전기고문을 당하고 있다. 이제 우리가 예수를 십자가에서 풀어야 할 때가 아닌가? 지금 이 순간에도 예수는 '네온의 십자가'에 매달려 "으악" 고함을 지르고 있다.

📺 『국어교육월보』 7호, 1989

문학에 대한 고민　345

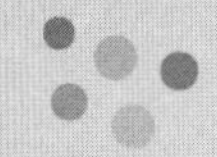

삶의 통합으로서의 문학과 문학교육

김대행, 『통일 이후의 문학교육』(서울대학교출판부, 2008)
김대행, 『웃음으로 눈물 닦기』(서울대학교출판부, 2005)

1.

사실 필자는 김대행 선생님(이하 존칭 생략) 저서에 대한 적절한 서평자
는 아니다. 우선 연륜 면에서 터무니없는 격차를 가진다.[1] 많은 업적을
남기고 올해 명예로운 정년퇴임을 남기고 있는 선생님 말년 주요 업적에
대해, 격차가 클 뿐 더러 직접 배운 바 없는 필자가 이러쿵저러쿵하기가
좋은 의미이든 나쁜 의미이든 남사스럽다. 더구나 2000년 당시 상황에서
다소 모험적이었던 필자의 박사학위 논문 심사위원장으로 많은 격려와
비판을 주시기도 했던 터라 더욱 그러하다.

그러나 상기 두 권의 저서는 (적어도 필자의 시각으로는) 문학교육과
고전문학 연구에서 상당히 주목해야 할 업적임에도 불구하고 아직까지

---

1) 우연의 일치인지 필자는 선생님과 고향이 같은데 (제주도 조천), 향토사학자 박용후의 『조
천읍지』 인물지를 보면, 공직에 있다가 1968년에 한일호 사건으로 순직한 조부 한규택
과 김대행 선생님이 같이 올라있다. 연륜의 격차를 잘 보여주는 사례라 하겠다. 조부 한
규택은 일본 간사이[關西] 대학 무선과 출신으로, 해방 이후 우체국에 근무했다. 제주
우체국 기술과장으로 있을 때, 4・3이 일어났다. 이후 서울 치안국 1기생으로 경찰이
되셨는데, 총경 때 순직했다. 이후 제주 충혼 묘지에 묻혀 있다. 이 영향으로 필자는 제
주 출신이지만, 어린 시절까지는 주로 부산에서 오래 살았다. 지금은 통합되어 사라진
동광초등학교, 경남중학교를 졸업했다.

이렇다 할 후속 논의가 등장하지 않았다고 생각한다. 때문에 이에 대한 서평은 필자의 공부에 도움이 됨은 물론이고, 이후 본격화 될 논의의 기초가 될 수도 있겠다는 판단으로 글을 쓰는 남용을 부리기로 했다.

『통일 이후의 문학교육』은 표제 그대로 '통합'[2] 이후에 해야 할 문학교육의 실천에 주된 관심을 보여준다. 『웃음으로 눈물 닦기』에는 '한국 언어문화의 한 특질'이라는 부제가 붙어 있으며, 말 그대로 한국 언어문화의 비밀 아닌 비밀을 밝히려는 의도를 갖는다. 두 권 다 200면이 채 안 되는 분량에다, 학술서임에도 비교적 잘 읽히는 문체가 겹쳐져, 읽기에 많은 시간을 요하지 않는다. 그러나 두 권이 가지고 있는 문제의식이나 향후 계속적인 연구의 방향이나 위상을 고려하면, 매우 많은 분량의 사고를 해야 하는 점이 문제라면 문제가 된다.

2.

『통일 이후의 문학교육』은 통합이 된 상태에서 초·중·고등학교의 문학교육을 어떻게 할 것인가를 살피는 것이 논의의 중심이 된다. 사실 이 점이 본서가 다른 통일 관계 책과 근본적으로 구분되는 분수령적인 전제가 된다. 그동안 이루어진 많은 통일 논의들은 일반적으로 지난 세월 달라 질대로 달라진 남북의 상황을 파악하고, 이를 어떻게 치유할 것인지를 논하는 것이 통례였다. 그리고 많은 경우 그 기준의 남쪽의 것이 되었던 것이 사실이다. 본서에서는 남한의 문학교육은 예술적인 시각에

---

2) 이 책에서는 통일이라는 용어를 통합으로 사용한다. '이는 통일이 물리적 공간 혹은 분리된 것들의 결합을 의미하는 데 비해, 통합은 둘 이상의 행위자들이 새로운 하나의 행위자로 되는 과정'으로 보기 때문으로 설명된다. 이 의견을 존중하여 본 글에서도 통합이라 칭한다.

전북대학교 교과교육연구총서 ⑤

서 접근하였음을, 북한의 문학교육은 문화론적인 시각의 접근이었음을 지적한다. 그러나 남한에서는 형식주의에 입각한 교육으로, 북한은 도구적 교육관을 표 나게 내세움으로써 둘 다 인간의 본질을 현저하게 훼손하였음을 본다. 이에 통합 일후의 문학교육은 문학·인간·교육의 세 항에 대한 관점을 긴밀하게 결합하여 보아야 한다는 것이 논의의 첫째 전제라 할 수 있다.

이어서 본서에서는 적어도 문학교육에 관한한 남한과 북한이 모두 심각한 결격 사유가 있다고 주장한다. 일리가 있는 주장인데, 이를 전제로서 받아들이면 통합 이후의 문학교육은 새로운 제3의 길을 찾을 필요가 생긴다. 이는 궁극적으로 교육적 인간상을 어떻게 놓아야 할 것인가 하는 문제와 직결된다. 사실 인간의 문제는 교육의 문제만이 아니라 사회적 문제로서도 중요한 의의를 갖는다. 정치·경제·사회·문화의 통합과 오랜 시간에도 불구하고, 아직까지 여러 문제를 일으키고 있는 독일의 경우도, 핵심 문제는 결국 인간의 문제라 할 수 있다(이해영, 2000 ; 하랄트 밀러, 2000).

본서의 3장, '통일 이후 문학교육의 이념'에서 이 점을 집중적으로 다루고 있는데, 아주 중요한 부분이라 할 수 있겠다. 자세한 세부 사항은 일독을 권하거니와, 주요한 내용을 간추리면, '문학이 인간의 소산이며, 인간을 표현하고, 그 결과도 인간을 지향한다는 점', 그리고 '개인의 성장이나 민족문화의 계승과 창조 그리고 인류공동체의 구현을 이념으로 내세우는 것' 등이다. 이에 '통일 이후의 사회가 필요로 하는 것이 통합형 인간이고, 그러한 인간형은 문학을 통해서 기를 수 있다는 점과 교육이 기획이자 성년식이며 사회화의 개념이라는 점을 감안하면 인류 공영에 기여하는 인간형의 개발은 문학교육이 중추적으로 담당해야 할 의무를 가진다고 할 수도 있다'는 결론에 이르게 된다.

　4장은 문학교육의 내용에 관한 것이다. 실질적인 본론 부분이다. 여기서는 내용을 크게 네 범주로 나누고 있는데, 지식·경험·수행·태도가 바로 그것이다. 문학교육의 내용을 바라보는 시각에는 여러 가지가 있으나, 이처럼 체계적으로 분류하고 일목요연하게 정리한 업적인 실질적으로 거의 존재하지 않았다. 때문에 이 부분은 본서에서 가장 독창적으로 꼽히는 부분임과 동시에 많은 논란거리를 낳을 수 있는 부분이기도 한 것이다. 특히 태도가 그러하다. 교육내용으로 태도를 드는 것은 그리 낯설지 않은 것이지만, 그것의 구체적 내용을 파악하려고 하면 이도 결국 쉽지 않은 일이 된다. 본서에서도 지적이 있었지만, 태도와 관련하여 하나의 경향을 파악해본다면 '반응을 강조하는 경향'이 될 것이다. 그러나 반응은 그 결과를 미리 예측하기 힘들다는 점에서 교육내용으로 삼기에는 부적당한 면이 있다.

　본서를 통독하면서 제일 아쉽게 여겼던 점은 구체적인 모형이 나타나지 않는 것이었다. 교육론에서 구체적인 모형의 설정은 매우 중요한 것이라고 생각한다. 지식·경험·수행·태도가 문학교육의 내용으로 적절하다고 십분 인정하더라도 그것이 구체적으로 어떻게 발현될 수 있는지 검토하려면 구체적인 모형이 중요하다. 본서에는 이 구체적인 모형이 존재하지 않기에, 전체적으로 다 동의할만한 내용이기는 하나 너무 일반적인 내용으로 이루어진 것이 아닌가하는 의문을 들게 한다. 5장의 문학교육 방법에서 특별히 언급할 만한 내용을 찾기 힘든 것도 이에 원인이 있지 않은가 생각한다.

　통합 이선도 그러했고, 통합 이후에도 문학교육은 그 중심에 작품이 있을 것이다. 그러면 문학교육의 설계도 몇 몇이라도 주요한 작품을 선정하고, 그것의 교육적 가치나 의의를 따지고, 그 내용은 분석하고, 교육 방법론을 수립하는 과정은 실질적인 논의의 가치를 가지게 될 것이다.

물론 구체적인 논의의 진전이야 필자를 포함한 후학들의 몫일수도 있다. 그러나 필자의 욕심은 이 문제에 대한 노대가의 세련된 칼솜씨를 보고 싶다는 것이다. 예를 들면 <춘향전>의 경우, 통합 이후에도 문학교육의 현장에서 주요한 위상을 잃지 않을 것으로 보이는데, 이를 대상으로 교육 내용이나 방법의 문제를 통합 문학교육의 관점에서 살폈으면 더 좋은 논의가 되지 않았을까 한다.

3.

『웃음으로 눈물 닦기』는 책 이름이자 이론틀이기도 하다. 그에 의하면, 한국의 미의식의 하나로도 거론될 수 있는 '웃음으로 눈물 닦기'는, 웃음이 어울리지 않는 상황에서 유발되는 웃음을 대상으로 한다. 그리고 이를 우선 '웃음과 눈물은 정반대의 상황이나 정서를 의미하는데, 그처럼 상반되는 두 상황을 의도적으로 결합시킴으로써 적극적으로 비애의 상태를 해소'한다는 뜻이 담겨 있다고 했다. 인간은 삶을 통하여 많은 갈등을 겪게 된다. 갈등을 통해 정신적인 성장이 이루어지기도 하고 새로운 사람으로 거듭나기도 한다지만 갈등은 괴로운 것이다. 그래서 갈등은 해결되어야 하지만, 죽음 같은 것은 제거나 해소가 불가능하다. 이처럼 해결할 수 없는 갈등 앞에 처하게 되었을 때 한국인은 그것을 역으로 뒤집어 웃음으로 씻어내는 것으로 삶의 방식을 삼았는데, 이것이 곧 '웃음으로 눈물 닦기'라는 것이다.

필자의 학업 시절에 한 선생님이 석사학위논문 주제 잡기의 중요성에 대해 역설하신 점이 잊히지 않는다. 그 분의 말뜻은 학자의 첫 출발로서 잡은 주제는 거의 평생에 걸쳐 그 사람을 따라다닌다는 요지인데, 나이가 먹어갈수록 남의 일 같지 않다. 김대행의 공식적인 첫 출간 업적물은 1976년의『한국시가구조연구』인데, 그 서문과 본 책의 서문은 상당히 유사하다. '조가비의 아름다움에만 취해 있는 녀석'이라고 친구는 웃었다. 전통이니 시대정신이니 우람하고 현란한 주제가 판을 치는 한켠에서 형해 같은 언어에 매달려 있다고 친구는 나를 마음껏 나무라고 있었다'와 '문학은 언어의 초원에서 자란다.—줄곧 그렇게 생각해 왔다. 문학으로 피어난 꽃은 아름다울뿐더러 때로는 성스럽고 웅대하기까지 하지만, 그 것은 하늘에서 뚝 떨어진 것이 아니라 그 밑바탕을 이루고 있는 일상의 언어생활에서 뽑아 올려진 정화라고 본다.' 사이의 거리는 얼마나 되는 가? 때문에 필자는 본서가 김대행의 문학 연구자로서의 개성을 가장 잘 드러내고 있는 것이라 여긴다.

세상일에 아둔했던 필자는 슬픈 장례식에서 밤새 웃고 떠드는 조문객 들이 그렇게 못마땅할 수 없었다. 생각이 그러했던 탓으로, 추자도라는 공간에서 장례시에 일어나는 산다위라는 민속지 보고는 그야말로 믿을 수 없고 이해되지 않는 풍습이었다. 인류학자 전경수는 산다위를 '死者를 위한 儀禮的 輪姦'으로 제목 짓고 있다. 사람이 죽어 장례를 치르는 와중 에 일을 도맡아 처리한 부녀 계원 집단이 참석자 남성 하나를 대상으로 모의적 성희를 치루는 산다이는 죽음 앞에서 생명의 탄생을 기리는 것임 과 동시에 그야말로 '웃음으로 눈물 닦기'의 하나라 할 수 있겠다(전경수, 1994).

김대행(2008 : 56)도 '판소리는 슬픈 대목에서 웃게 만드는 특징이 있다. 맥락의 일관성이라는 관점에서 보면 일탈이라고까지 말할 수 있는 이런 웃음은 슬픔을 웃음으로 해소하는 삶의 방식이 문학으로 형상화한 것이 다. 이러한 삶의 방식이 오늘날 그대로 살아남아 전해지는 것이 바로 초 상집의 문상에서 상주를 웃기는 것을 최고의 문상으로 치는 전통'이라고 했다.

필자가 보기에 '웃음으로 눈물 닦기'는 단순히 언어나 문학의 한 양상을 보여주는 것으로 그치는 것이 아니다. 이것은 크게 보면 인류학적인 문제이며, 때문에 그것은 인간을 설명하고 이해하는 중요한 코드의 하나가 된다. 그런 의미에서 본서에서 이를 '언어를 통하여 추구되는 문화적 현상임을 확인하기 위하여 생활문화와 예술문화로 나누어 고찰'한 점에 수긍할 수 있다. 하여 '웃음으로 눈물 닦기'는 '우연의 결과가 아니라 노력의 산물이며, 다른 행위가 아니라 언어로 구현되며, 고정된 형태가 아니라 유연하게 활용되는 방식이며, 부분적 현상이 아니라 보편성을 가지고 이는 그 자체가 문화적인 현상이며, 우리 언어문화의 한 특질'이라는 통찰을 얻을 수 있는 것이다.

본서의 논의는 평범한 듯 하지만 그 속에 많은 생각거리를 안고 있으며, 특수한 부분의 문제를 지적하고 있지만 문화 전체의 중요한 속성 하나를 입체적으로 드러내 보여주고 있다는 특징을 가지고 있다. 이런 속성 때문에 앉은 자리에서 쉽게 통독을 끝내고도 쉽게 책을 덮을 수 없는 것이다. 문제는 책에 내재되어 있는 발화점을 찾아내어 거기에 불을 붙이는 것이다. 후학들의 의무도 그 지점에 있는 것이 아닌가 생각한다.

4.

이상으로 간략하게나마 『통일 이후의 문학교육』과 『웃음으로 눈물 닦기』에 대해 살펴보았다. 필자가 보기에 이 두 연구 업적을 관통하는 핵심 키워드는 인간이라는 문제다. 인간을 파악하는 방식은 여러 가지가 있으되, 본서에서는 언어를 포함한 인간의 삶의 문제에 주목하여 그 양상을 드러내고 있는 것이다. 이는 교육이나 표현 문제 등의 세부 사항을 살피는 것이 아니라, 이런 부분의 관찰과 그 드러냄을 통해 삶을 이해하고 드러내는 역할을 가지는 것이다.

두 권 여기저기에 이미 이런 시각들이 펼쳐져 있다. '여기서 말하는 인간 중심의 관점이란 인간을 만물의 중심에 놓고 바라보는 시각을 뜻하며 인간이 삼라만상을 구성한다는 생각까지도 곁들이고 있다.', '문학은 인간이 영위하는 삶의 문제이며 인간 본연의 모습이라 할 수 있는 마음의 문제와 깊이 관련된다.', '웃음으로 눈물 닦기'는 말재간을 넘어서는 삶의 방식이라고 할 수 있다. 민속에서 그리고 판소리에서 이러한 문화가 자리를 잡음으로써 우리 삶의 구체적 모습을 형성한 것도 '웃음으로 눈물 닦기'의 문화적 성격을 보여준다. 문화 가운데서도 언어활동에서 살아 숨 쉬는 언어문화인 것이다.'

전체적으로 아쉬운 점은 이처럼 인간이나 문화 같은 보편적인 문제를 중심으로 사고를 전개하고 있어서, 부분 부분 내용이 일반적으로 흐르는 경향이 있으며 따라서 자연스럽게 구체적인 문제에 대한 세밀한 논의나 역사적 측면의 문제에 대한 고려 등이 눈에 띄지 않는 다는 것이다. 그러나 이런 불만이 어찌 저자에게 일방적으로 돌아갈 문제이겠는가? 같은 방면을 공부하는 우리 후학들이 극복해 내야 할 과제가 될 것으로 생각한다. 많은 이들의 일독을 권한다.

참고문헌

김대행, 『통일 이후의 문학교육』, 서울대학교출판부, 2008.

김대행, 『웃음으로 눈물 닦기』, 서울대학교출판부, 2005.

김대행, 『북한의 시가문학』, 문학과 비평사, 1990.

김대행, 『한국시가구조연구』, 삼영사, 1976.

이해영, 『독일은 통일되지 않았다』, 푸른 숲, 2000.

전경수, 『한국문화론 : 전통편』, 일지사, 1994.

하랄트 뮐러, 이영희 역, 『문명의 공존』, 푸른 숲, 2000.

『선청어문』 36집, 2008

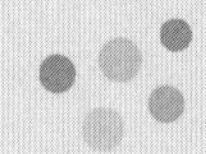

제주 전통문화의 총체적 이해를 위한 초석

현용준·현승환 역주, 『제주도 무가』(고려대 민족문화연구소, 1997)

1.

평생을 제주의 무속과 무가 연구에 바친 현용준 제주대 명예교수의 노작인 『제주도 무가』 자료집이, 현승환 제주대 교수와의 공동 작업을 거쳐, 고려대학교 민족문화연구소에서 발간하는 한국 고전문학 전집의 제29집으로 새롭게 단장되어 나왔다. 서평자는 대학시절 현용준 교수의 강의를 들으며 제주의 무속과 무가에 대한 관심을 키워왔다. 그리고 이제 그 자료집을 발간하는 기관의 연구원으로 있으면서, 옆에서나마 많은 관심과 기대를 가지고 발간 과정을 지켜보았다. 이런 과정이 이 글을 쓰게 된 동기의 하나라 할 수도 있겠다.

사실 현용준 교수의 제주 무가에 대한 자료집 발간이 이번이 처음은 아니다. 그러나 제주 무가 연구사에 있어 하나의 결실로 여겨지는 『제주도 무속자료 사전』(신구문화사, 1980)은 이제 자료집 자체의 구입이 힘들뿐 아니라, 그 내용에 있어서도 전문 연구자를 위한 것이어서 일반인들의 접근이 힘들다. 문고본으로 나온 『제주도 신화』, 『제주도 전설』(서문당, 1976 ; 개정판 1996)도 일반인들의 접근은 용이하나, 원문과 주석이 없어

전북대학교 교과교육연구총서 ❺

전문 연구자들의 의욕을 만족시키기에는 부족하다. 그러나 이번 고려대학교 민족문화연구소에서 나온 『제주도 무가』 자료집은 원문은 물론 주석과 해설이 풍부해서, 위의 자료집들의 단점들을 보강한 제주 무가 관련 자료의 결정판이라 할 만하다.

이에 서평자는 『제주도 연구』의 지면을 빌려, 이 자료집의 특성과 그 공과를 검토하고자 한다. 그리고 이를 기반으로 하여서, 제주 전통문화의 총체적 연구 방향을 같이 모색해 볼 것이다. 근대 산업사회를 넘어서 이제 탈근대 정보화 시대의 논의들이 광범위하게 이루어지는 작금의 현실에서, 제주 전통문화의 논의가 어떤 의미를 갖는 것인지? 한 인류학자의 지적처럼, '전통에 대한 강조를 통해 문화적 정체감이 강화되고, 전통은 제주사람 전체의 통합을 위한 상징으로 그 의미를 갖는 것(유철인, 1986)'인지. 만일 그렇다면, 그 전통의 본질을 올바르게 파악하는 것이야말로 지금 우리에게 주어진 과제가 될 것이다. 이런 시각에서 쓰여 지는 이 서평이 진정한 제주문화의 정체성을 파악하는 데 도움이 되었으면 하는 바람이, 서평자만의 소망이 아니기를 기대해 본다.

2.

『제주도 무가』는 제주도에 분포된 무가를 크게 1. 서사 무가, 2. 희곡 무가, 3. 일반 무가, 이상 셋으로 나누었다. 그리고 1. 서사무가에서는 (1) 일반신 본풀이에서 '천지왕 본풀이' 등 12편, (2) 당신 본풀이에서 '내왓당 본풀이' 등 11편, (3) 조상신 본풀이에서 '나주 기민창조상 본풀이' 등 6편을, 2. 희곡 무가에는 '영감놀이' 등 3편을, 3. 일반무가에는 '초감제' 등 3편을 들었다. 이상 총 35편의 『제주도 무가』는 짝수면에 원문을 제시하고, 홀수면에 현대역을 제시하여 상호 참조하기에 편리하도록 했다. 그리고 한자어는 한자를 병기하고, 제주도 방언이나 이해하기 어려운 부분에는 상세한 주석을 붙여서, 작품 감상에 불편함이 없도록 했다.

제주도의 무가는 여러 가지가 있지만, 특히 '본풀이'라고 불리는 소위 서사무가가 필수적이고 기본적인 갈래를 이루고 있다. 그 가운데 일반 본풀이는 본토에도 있지만, 당 본풀이는 제주에만 있다. 이 중에서 당 본풀이가 일반 본풀이보다 먼저 형성되었다고 할 수 있다. 전승 과정에서 많은 변화가 있었지만, 당 본풀이에서 더욱 오랜 형태의 사유 양식을 찾아 낼 수 있어서, 그 가치가 더욱 소중하다고 할 수 있는 것이다. '당에 매여 있는 심방'이라는 뜻으로 '당 맨 심방' 혹은 당 매인 심방'이라고 하는 무당이, 본향당의 신을 마치 자기의 주재자나 주인처럼 모시고 받들며 본풀이를 구연하고 전승하는 것이다. 이처럼 우리의 전통문화를 밝힐 수 있는 소중한 자료들은, 사실 현용준 교수의 선구적 업적들이 이루어지기 전에는, 일제 강점기 시대 일인 학자들에 의해 이루어진 자료들 (최길성 역, 1987 ; 심우성 역, 1991 · 1993)이 근간이 되어왔었음을 부인하기 어렵다. 그러나 본 자료집에 수록된 작품을 중심으로 하는 자료들은, 그 분석과 연구에 있어 우리의 주체적 시각을 반영하기 적절하다.

이점에서 본 자료집의 구전 자료와 기존의 문헌 자료를 결부시켜 연구할 수 있는 단초들이 주목되는 것은 오히려 당연하다. 고조선 · 부여 · 고구려 · 신라 · 가야 등의 신화에서는 무가와의 관련을 각기 그 현장에서 전승되는 자료를 통해 구체적으로 고찰하지 못하는 난관이 있다. 그러나 제주도는 그 건국신화가 한쪽은 기록으로 한쪽은 구전으로 나란히 전해지고 있어, 둘 사이의 관련 양상을 통해서 흥미로운 결과들(현용준, 1992 ; 장주근, 1995 ; 조동일, 1997)을 찾아낼 수 있다.

제주도 삼성신화는 원래 지금의 제단 자리에 있는 굿당 광양당에서 굿을 하면서 부르는 삼성 본풀이였을 것으로 보인다. 삼성 본풀이는 현재 전하지 않지만, 지금 전승되는 당 본풀이를 삼성신화와 결부시켜 분석하면 삼성 본풀이의 모습을 짐작하게 할 수 있다(조동일, 1997). 여기서 주목되는 당 본풀이는 '괴내깃당 본풀이', '천자또마누라 본풀이', '송당본향당 본풀이' 등이다. 이는 고대 제주의 모습을 살필 수 있는 소중한 자료이다. 무가가 아닌 설화 전승에서도 주인공의 시련과 투쟁의 모습을 포함한 서사가 다수 발견된다. 그러나 당 본풀이와 관련된 내용은 거의 없다. 갈등 세력도 토착 지배 세력이 아니고, 중앙 정부의 정치권력인 경우가 많다(현길언, 1981). 한편 일반 본풀이는 대개 설화로도 전하고 있다.

이외에도 본 자료집에 수록된 많은 작품을 그 시대적 상황을 고려하면서 꼼꼼히 살펴본다면, 기존 자료의 연구를 통해서는 파악할 수 없었던 새롭고 흥미로운 사실들을 구체적으로 규명해낼 수 있을 것이다. 사실 연구자들에게 있어서 해결해야 하는 당면 문제는, 자료가 없거나 부족하다고 한탄하는 것이 아니라, 주어진 자료를 해석해낼 수 있는 능력의 함양에 있는 것이다.

3.

위에서 다소 개략적으로 자료집의 체제와 성격을 살펴보고, 이를 통해 가능한 연구 방향을 대략적으로 고찰하였다. 이제 여기에서는, 서평자가 이 자료집을 대하고 아쉽게 느꼈던 점들에 대해 살펴보기로 한다.

우선 지적할 수 있는 것은, 분류 체계의 문제다. 합리적 분류 체계는 제주의 무가는 물론 한국의 무가를 체계적으로 파악하여, 그 존재의 층위를 쉽게 이해하는 데 도움이 된다. 그런데 분류 체계를 통해 이러한 점을 만족할 만하게 이해할 수 있으려면, 그 기준의 일관성과 체계성이 가장 중요하다고 할 수 있다. 그런데 본 자료집의 서사 무가, 희곡 무가, 일반 무가의 분류는 그 기준의 일관성과 체계성을 적실하게 드러내는 데는 다소 미흡하다. 이 분류의 문제점은 자료의 거의 대부분이 서사 무가에 치중되어 분류된다는 점에서도 감지할 수 있다. 여기에 대한 대안을 모색하는데, 기존의 '주제에 따른 분류'(김태곤, 1988), 혹은 최근의 '서사적 행위의 주인공이 가지는 실제의 모습에 따른 분류'(조동일, 1997) 등이 참고될 수 있다.

다음은 무가의 구연에 따른 현장적 정보의 제공이 다소 미흡하다는 점이 지적될 수 있다. 무가는 그 자체가 훌륭한 문학 자료이지만, 동시에 굿이라는 제의 중에서 생성되는 것이라는 점을 항상 잊어서는 안 된다. 다시 말하면, 무가를 제대로 이해하기 위해서는 그 무가가 생성되는 굿이나 그 굿을 둘러싼 현장의 정보가 필수적으로 부기되어, 독자가 이해할 수 있어야 한다. 물론 본 자료집에서도 이런 점을 충분히 인지하고, 작품의 서두에 현장 정보를 수록하기도 했다. 그러나 서평자가 보기에 지금 정도의 정보로는 독자가 그 현장을 구체적으로 재구해내고 굿이라는 현장과 무가라는 문학을 관련지어 이해하기 어려울 정도로 소략하다. 더구나 현재 예상되는 이 자료집의 독자들은, 굿이라는 양식을 이해할 수 있는 이보다 그렇지 못한 이들이 더 많다는 것도 고려의 대상이 되어야 한다. 따라서 무가 채록 자료집을 구성하는데 있어, 그 현장성을 되살릴 수 있는 체계의 고려는 거듭 강조되어도 오히려 부족하다고 볼 수 있다. 이는 무가만이 아니라, 설화·민요·방언 등 모든 구전 문학 갈래들에 공통적으로 적용되는 문제일 것이다.

그러나 여기서 지적하고 있는 부분적 문제점을 충분히 상쇄할 수 있을 정도로, 본 자료집이 가지고 있는 가치와 성과는 탁월하다고 생각된다.

『제주도 무가』의 자료적 가치는 이미 많은 논자들에 의해 강조되어 왔기 때문에, 여기서 그 사실을 다시 강조한다는 것도 사실 멋쩍은 일이라 할 수 있다. 그러나 자료의 가치는 자료 그 자체보다는, 얼마나 잘 조직화되고, 이후 본격적 연구에 적절하게 활용될 수 있는가하는 점이 더욱 중요하다고 생각한다. 따라서 구태여 일차 자료를 다시 뒤적이지 않아도 찜찜하지 않은, 이런 믿을 만한 자료집 간행은 그 자체만으로도 의의는 크다고 볼 수 있는 것이다.

4.

그러나 앞에서도 말했듯이, 이 노작의 성과가 곧바로 제주 전통문화의 총체적 이해에 상응되는 것은 아니다. 그리고 설사 그 성과가 전문 연구자들과 일반인들에게 전파되고 이해된다고 해도 그 결과는 마찬가지라고 생각된다. 그러면, 여기서 거듭 강조되는 제주 전통문화의 총체적 이해를 위해 선결되어야 할 과제는 무엇인가?

서평자는 제주 전통문화가 총체적으로 이해되고 오늘날에 있어서도 그 뜻을 되살릴 수 있으려면, 먼저 넓은 범위로 산만하게 퍼져 있는 기존 연구 성과를 최대한 하나로 흡수하고, 이를 바탕으로 새로운 시각의 연구가 가능할 수 있는 학제적 연구 기반을 조성해야 한다고 생각한다.

먼저, 기존 연구 성과의 정리가 얼마나 시급한 것인지를 서평자의 경험을 통해 살펴보자. 서평자는 1996년부터 1997년에 걸쳐, 고려대학교 민족문화연구소가 한국통신의 지원을 받아 작업한 공공 데이터베이스인 『한국 전통문화 정보』 구축에 있어, 기획과 실무 작업에 연구원의 일원으로 참여한 바 있다. 주로 한국 민속을 중심으로 하여 광범위하게 진행된 자료 수집에 참여하면서, 서평자가 처음에 가졌던 생각보다 이용 가치가 높은 자료가 의외로 없거나 부족하다는 점에 놀랐다. 특히, 정보화 시대를 맞아 그 활용가치가 뛰어난 사진 같은 이미지 자료, 그래픽 자료, 비디오 자료, 오디오 자료 등 소위 멀티미디어의 기초가 될 수 있는 자료들이 크게 부족하였다. 그리고 설사 자료가 있다고 해도 개인이나 특정 기관에 한정되어 있어, 그 열람과 이용의 기회가 극히 제한되어 있는 것이 현실이다. 이는 특히 문헌 자료보다 구비 전승되는 자료가 상대적으로 더욱 풍부한 제주 지역의 경우에도 예외는 아니다. 이처럼 기본 자료의 이용이 현재처럼 힘든 경우에, 그 이상의 구체적 연구 성과를 기대한다는 것 자체가 애당초 힘든 일일 것이다. 이를 극복하기 위해서는 제주 지역에서 나름의 역량을 가지고 있으며 책임도 질 수 있는 기관이 앞장서서 관련 자료를 한 곳에 모으고, 이를 공공 데이터베이스화하여서, 관심 있는 모든 이에게 개방하여 연구와 교육에 활용될 수 있도록 해야 한다.

다음으로, 이처럼 기존 연구 성과가 제대로 집적되고 정리되어 검색의 편의까지를 도모할 수 있다고 하더라도, 그것으로 모든 문제가 해결되었다고 평가할 수 없다. 사실 그 다음의 진전되고 구체화된 연구 작업이 더 중요하며, 이는 전문 연구자의 우선적 과제라 할 수 있겠다. 그런데 기존의 경우를 검토해보면, 이런 연구 작업들이 주로 개인 연구자들의 관심과 역량에 따라서 개별적으로 이루어졌음을 알 수 있다. 이는 각 개인 연구자들이 거둔 나름의 성과들에도 불구하고, 이를 통해 우리가 제주 전통문화의 총체적 이해를 도모하고자 한다면, 금방 한계에 부딪치는 결과를 빚게 된다. 사실 제주 전통문화의 정체성이 무가의 이해만으로, 혹은 유배문학의 이해만으로, 혹은 민요의 이해만으로, 혹은 방언의 이해만으로 이루어질 수는 없을 것이다. 서평자는 제주 지역의 책임 있는 연구 및 교육 기관이 앞장서서 제주 전통문화의 총체적 연구를 위한 학제적 연구를 추진한다면, 그동안 배출된 제주 지역의 수많은 전문 연구 인력들의 능력으로도 반드시 훌륭한 연구 성과를 낼 수 있으리라 믿는다.

지금까지 살핀 문제는 사실 누가 대신 해줄 수 있는 일이 아니며, 제주를 아끼고 사랑하는 우리 후학들이 짊어진 과제다. 따라서 우리 후학들은 이를 위해 최선을 다해야 할 것이며, 이 글을 쓰고 있는 서평자 역시 여건이 허락하는 데로 최선을 다할 것이다.

끝으로, 이제 대학 강단의 일선에서 물러나신 현용준 교수의 건강을 기원한다. 제주 전통문화를 지키고 연구하는 첫 세대의 한 분인 현용준 교수는, 그 존재만으로도 후학들의 든든한 버팀목이 될 수 있기 때문이다.

참고문헌

김태곤, 「한국 무속신화의 유형」, 『고전문학 연구』 4집, 한국고전문학연구회, 1988, 73~102면.
심우성 역, 秋葉 隆·赤松智城 著, 『조선 무속의 연구』, 동문선, 1991.
심우성 역, 秋葉 隆·赤松智城 著, 『조선민속지』, 동문선, 1993.
유철인, 「제주 사람들의 문화적 정체감」, 『탐라문화』 5집, 제주대학교 탐라문화연구소, 1986, 71~93면.
장주근, 『한국 신화의 민속학적 연구』, 집문당, 1995.
조동일, 『동아시아 구비서사시의 양상과 변천』, 문학과 지성사, 1997.
최길성 역, 秋葉 隆 著, 『조선무속의 현지연구』, 계명대학교 출판부, 1987.
현길언, 『제주도의 장수전설』, 홍성사, 1981.
현용준, 『제주도 신화』, 『제주도 전설』, 서문당, 1976.
현용준, 『제주도 무속자료 사전』, 신구문화사, 1980.
현용준, 『제주도 무속 연구』, 집문당, 1986.
현용준, 『무속 신화와 문헌 신화』, 집문당, 1992.
현용준, 『(개역판) 제주도 신화』, 『(개역판) 제주도 전설』, 서문당, 1996.
현용준·현승환 역주, 『제주도 무가』, 고려대 민족문화연구소, 1997.

▼『제주도연구』 14집, 1998

삶과 노래의 관련 양상을 찾아서

이성훈, 『해녀의 삶과 그 노래』(민속원, 2005)

1.

반농반어(半農半漁)의 성격이 강한 제주도 해안 마을에서 제주 해녀[1]들은 물때에 맞추어서 '물질'을 하며, 계절과 농번·농한기의 구분 없이 어떤 다른 여성들보다 더 많은 농업 노동을 한다. 거친 파도와 깊은 바다 속에서 특별한 장비도 없이 각종 해산물을 채취하며, 특히 입덧과 출산 전후에도 물질을 하는 강인함이 높이 평가되기도 한다. 현재까지 이런 해녀들이 존재하는 곳은 한국과 일본뿐이다(좌혜경 외, 2006). 그런데 일본의 경우 그 수가 급격히 감소하여 최근에는 오히려 희귀한 존재가 되었고, 한국의 경우 그 지역에 상관없이 해녀들은 보편적으로 제주 출신들이므로, 일반적으로 해녀 하면 제주 해녀를 가리키게 되었다.

제주 출신 해녀는 제주도뿐만 아니라 전국의 모든 해안 지대에도 정착해서 살고 있다. 이들은 출가 물질을 나왔다가 출가지에서 남편을 만나

---

1) '해녀'라는 용어는 일반화되어 많이 쓰이고 있지만, 학문적으로는 여러 논란이 있다. 서평자는 이들을 가리키는 용어로 좀수(潛嫂)를 사용한다. 본 서평에서는 필자의 입장을 존중하여 일관되게 '해녀'라고 한다. 여기에 대한 서평자의 입장은 한창훈(2002 : 333)을 참고하기 바란다.

정착하거나 남편과 함께 이주하여 정착한 경우들이 대부분이다. 원래 민요라고 하는 것 자체가 부르는 이들의 삶과 떨어져서 존재할 수 없는 것이므로, 해녀들의 민요에는 출신지로서의 제주 경험은 물론이고 그들이 정착하고 살았던 지역에서의 경험이 오롯이 반영되어 있다.

이성훈 선생의 『해녀의 삶과 그 노래』는 바로 이들 제주를 떠나 살아가는 해녀들의 삶과 노래 특히 <해녀 노 젓는 소리>를 집중적으로 조사하고 연구한 결과물이다. 저자는 본 책에서 문제 삼는 <해녀 노 젓는 소리>는 제주도 출신 해녀들이 뱃사공과 함께 돛배를 타고 본토로 출가하거나 해산물을 채취하기 위해 뱃물질하러 오갈 때, 좌현에서 젓걸이노를 젓는 해녀와 우현에서 젓걸이노를 젓는 해녀 또는 선미에서 하노를 젓는 뱃사공과 좌·우현에서 젓걸이노를 젓는 해녀 등으로 짝을 나누어 되받아 부르기나 메기고 받아 부르기 방식으로 부른 노래'라고 규정하고 연구를 진행하고 있다.

2.

본 책은 크게 2부로 나누어져 있는데, 1부 연구 편에서는 7편의 논문이 실려 있고, 2부 자료 편에서는 강원도 속초시와 경상남도 통영시의 <해녀 노 젓는 소리>와 생애력 조사가 실려 있다. 실린 순서와는 다르게 우선 서평자의 시야를 끄는 것은 2부 자료편이며, 이는 제주도 이외 지역의 조사라는 점과 생애력 조사를 자세하게 첨부한 점이 이유가 된다.

한국 민요 연구의 체계를 올곧게 세웠다는 평가를 받는 고정옥의 『조선민요연구』에서도, 방대하고 체계적인 자료 조사의 표본으로 평가되는 임동권의 『한국민요집』에서도 생애력을 포함한 제보자의 정보 제공에는 인색했다. 나름대로 많이 집적되어 있는 다른 연구서나 자료집도 그 사정은 비슷하다. 심지어 인근 연구 분야인 서사무가나 탈놀이 등의 경우도 그 사정이 크게 다르지 않다. 그러나 구비문학 연구에서 제보자에 대한 자세한 정보는 두 말할 나위 없이 중요한 것이다. 구비문학의 원천이 바로 민중들의 삶이거니와, 민요의 경우 그 관련성은 말할 나위 없이 중요하다.

더구나 책 제목이 『해녀의 삶과 그 노래』라고 되어 있으니, 독자들은 우선 그 관련 양상을 저자가 어떻게 풀고 있나에 관심이 가기 마련이다. 그런데 2부 자료 편에서 보여준 흥미 있는 자료 제공의 경우는 차치하고, 아쉽게도 연구 편에서 이에 직접적으로 관련된 것은 「<해녀 노 젓는 소리> 제보자의 생애와 사설」 정도라 아쉽다. 물론 사설과 현장성, 가락과 노동 행위와의 관계, 창자의 역할과 사설의 특징을 다룬 논문들도 크게 보면 같은 범주에 속한다고 할 수 있으나 직접적인 관련 양상을 보여주지는 못한다.

저자의 언급대로 '민요가 서민 공동의 참여로 이루어져 특정 작가를 알 수 없다고 해도 제보자에 대한 조사 연구를 뒤로 미루어 둘 수는 없다. 제보자에 대한 조사 연구의 토대 위에서 민요 사설에 대한 올바른 분석과 연구가 가능한 것이라면 제보자에 대한 독자적 연구는 지극히 당연한 것'이다.

「<해녀 노 젓는 소리> 제보자의 생애와 사설」에서는 제보자 Y노파의 생애력과 구연한 민요 중 <해녀 노 젓는 소리>를 중심으로 지난날 고난과 역경을 극복하며 살아온 해녀들의 생활이 민요의 사설 속에서 어떻게 투영되고 있는지, 그 실태를 살피고 있다. 구술 자료와 구연 자료를 교직하면서 서술된 내용에서 서평자은 구비문학 연구의 좋은 범례를 볼 수 있었다. 민요의 전승이 기능을 전제로 하여 이루어질 수밖에 없다는 사실을 확인한 점이라든지, 당시의 처첩관계와 상호 갈등, 해녀의 직업의식 등을 엿보는 작업 등도 소중하다. 보다 다양한 제보자와 노래의 관련 양상을 살피고 이를 통한 일반 이론 체계의 구축이 필요할 것으로 생각되는데, 필자의 예상되는 후속 연구를 기대해 본다.

3.

1부 연구 편에 실려 있는 논문들의 특징을 한마디로 요약하면 저자의 꼼꼼함이 잘 드러난 것들이라 할 만하다. <해녀 노 젓는 소리>에 관한 연구사 및 분류 명칭, 자료집 개관 및 해제는 관련 자료들을 광범위하게 조사하고 체계적으로 잘 정리하고 있으며, 저자가 직접 조사한 자료들을 다양하게 인용하고 있으며, 생생한 사진 자료도 풍부하게 제공하고 있다. 저자도 공동 필자로 참여한 연구 업적까지 더한다면(조규익 외, 2005), 우리는 제주도 지역에서 전승되는 해녀 노래는 물론이고 본토에서 전승되는 광범위한 전승 자료를 확보할 수 있게 된 것이다.

욕심을 부린다면, 조사된 자료를 꼼꼼하게 정리하고 미시적으로 살피는 연구도 소중하지만, 탐구의 방법과 시야를 새롭게 열어갈 필요도 있다고 보인다. 가창 방식 연구나 노동 행위와의 관계를 따지는 것, 창자의 역할과 사설을 따지는 연구 등을 통해서 우리는 개별적 자료가 가지고 있는 특징이 세심한 고찰을 통해 잘 드러나고 있는 것을 본다. 그런데 무엇인가 허전하다. 해녀들의 다른 노래를 분석했을 때 예상되는 결과와 어떤 질적 차별성을 보여줄 수 있을지, 노동요의 일반적 분석과 어떤 다른 층위의 설명 체계를 마련할 수 있을지 의문이 든다.

이와 관련하여 서평자의 의도와 비슷한 언급이 관련 연구자의 글에 보여 인용해 본다. '민요의 현장론적 연구는 특정 영역의 민요를 대상으로 그 존재 양상과 원리를 비교적 소상히 드러내었다. 그러나 이런 연구는 민요 연구에서 현장이 중시되어야 한다는 문제의식은 확고히 가졌으면서도, 현장적 문맥에 의해 실제로 자료를 읽는 구체적인 방법을 이론적으로 모색하는 작업에는 충분히 나아가지 못했다. 특히 민요학의 기술에 꼭 필요한 것이면서도 아직 연구가 활성화되어 있지 못한 문화사회학적 연구, 비교연구, 계량적 연구에 보다 큰 관심을 가질 필요가 있다.'(강등학, 2005)

물론 이를 저자에게만 강요하는 것은 무리이며, 오히려 관련 연구자 모두가 힘을 합쳐 풀어야 할 숙제라 할 수 있다. 그런데 서평자가 보기에 해녀 노래는 이런 접근을 하는데 아주 유용한 대상으로 판단된다. 특히 문화사회학적 연구, 비교연구 등을 적용하는데 안성맞춤으로 여긴다. 이를 거시적 접근이라 할 수 있다면, 이미 잘 이루어진 미시적 연구를 바탕으로 향후 균형 잡힌 연구들이 많이 나오기를 기대한다.

4.

이상에서 거칠게나마 책에 나타나 있는 몇 가지 의의와 문제점을 살펴보았다. 이성훈 선생의 『해녀의 삶과 그 노래』를 한마디로 말하자면 저자의 열정과 부지런함의 산물이라 할 수 있겠다. 주지하다시피 민요를 포함한 구비문학의 연구는 그 전제로 철저한 현지 조사 작업을 필요로 한다. 거기다 그 대상이 문화적 상징이라 할 수 있는 해녀이다 보면 필연적으로 민속학 내지 인류학적인 거시적 안목을 필요로 하게 된다.

여러 가지 점으로 볼 때 아직도 계속 진행 중인 연구이기는 하지만,

이처럼 현지 조사를 정점으로 하는 미시적 노력과 문화 상징의 해석이라는 거시적 작업이 필요한 일을, 중간 보고서라고 할 수 있는 본 책에서 이성훈 선생은 큰 무리 없이 해내고 있다. 때문에 예상되는 후속 연구에서도 좋은 결과가 나오리라 짐작된다.

민요를 통해 드러나는 해녀들의 삶은 구체적이고 현실적이다. 그것을 통해 보건대 해녀들의 진취적이고 강인한 정신 이면에는 이루 헤아릴 수 없는 삶의 무게가 자리하고 있다. 고달픈 노동을 묵묵히 감내해내는 해녀들은 그들의 힘겨움을 민요라는 노래를 통해 드러내고 해소한다. 마찬가지로 이들을 탐구하는 연구 과정에도 수많은 어려움이 있기 마련이다. 이성훈 선생의 『해녀의 삶과 그 노래』처럼, 같은 분야를 공부하는 많은 연구자들도 좋은 연구 결과의 출간을 통해, 연구 과정의 어려움과 그 극복을 세상에 드러내고 나름의 결실들을 얻기를 기대해 본다.

참고문헌

강등학,『한국 민요학의 논리와 시각』, 민속원, 2005.
고정옥,『조선민요연구』, 수선사, 1949.
임동권,『한국민요집』전7권, 집문당, 1961~1992.
조규익 외,『제주도 해녀 노 젓는 소리의 본토 전승 양상에 관한 조사 연구』,
        민속원, 2005.
좌혜경 외,『제주 해녀와 일본의 아마』, 민속원, 2006.
한창훈,『시가와 시가교육의 탐구』, 월인, 2000.

『한국문학과 예술』1집, 2008

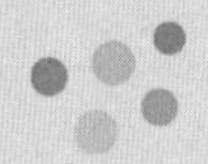

웃음, 현대 사회 삶의 청량제

이석규·한성일, 『웃으면서 성공하기』(글누림, 2008)

1.

이석규·한성일의 『웃으면서 성공하기』는 재미있는 책이다. 그러나 그 재미는 그냥 단순한 것이 아니라, 나름대로의 체계를 가지고 있기에 더욱 주목된다. 서문에 따르면, 공동 저자 중의 하나인 한성일은 「유머 텍스트의 원리와 언어학적 분석」이라는 박사학위논문을 쓰면서 유머에 관심을 갖기 시작했다고 한다. 단순히 웃음을 유발하는 유머집들이 판치는 현대에서, 이들을 보다 과학적으로 고찰하고 그것들의 가치와 원리를 올바르게 소개하고자 하는 이 책은 실제 성공 여부를 떠나 그 시도 자체에 많은 관심이 부여되어야 할 것이다.

이 책은 본문 총 6장과 부록 2장으로 이루어져 있다. 웃음, 유머, 위트, 생활과 유머, 인터넷 속의 유머 문화, 유머를 잘 하고 싶은 사람들에게 주는 7가지 조언이 본문이고, 분야별 베스트 유머, 웃음과 유머에 관한 명언이 부록이다. 다 재미있게 읽을 수 있는 내용들인데, 나는 특히 위트 부분과 인터넷 속의 유머 문화를 주목했다. 문학과 사회의 관계를 잘 보여주는 지표가 된다고 판단한 탓이다.

웃음은 인간의 고유한 특성이다. 동물에게도 웃는 소리와 동작이 있으나 인간의 경우처럼 다양하고 복잡한 양상을 드러내는 경우는 드물다. 인간의 웃음은 본능적인 감정 상태를 알리기도 하지만 그밖에도 다양한 사회, 문화적인 정보들을 전달하는 경우가 많기 때문이다. 이렇게 다양한 정보를 담고 있는 인간의 웃음이기에, 이에 대한 고찰은 곧 인간 및 사회의 고찰과 하나가 된다. 달리 말하면 인간이 웃음을 통해 나타내는 표현에는 그 공동체 안에서 구성원으로 살아가는 사람들이 웃음을 통해 공유하고 있는 다양한 특성들을 반영하고 있다고 볼 수 있는 것이다.

2.

이 책에서는 웃음을 유발하는 언어 표현을 크게 '유머'라는 말로 지칭한다. 유머는 그 용어가 국내에 유입되면서 전통적인 웃음을 가리키던 해학, 익살, 골계 등으로 번역되어 혼용되었고, 그 후 의미가 확대되면서 사전적 정의도 그 경계가 불분명하게 된 것으로 추정된다. 현대에 와서 대중들은 유머를 남을 웃기는 말로 인식하는 것이 일반적이다. 이에 이 책에서는 유머를 '남을 웃기는 말과 그 말과 함께 행해지는 행동의 특징'으로 정의한다. 여기서는 이를 크게 위트와 유머로 구분하여 살피고자 하는 의도를 보여준다.

여기서 나는 이 책의 유머를 해학으로, 위트를 풍자로 바꾸어 인식하고자 한다. 웃음이란 일단 그 대상이 있어야 하는데, 그에 따라 웃음 주체와 객체가 생기게 된다. 그 관계를 볼 때, 나름대로 용인할 수 있는 관계일 경우 해학이 두드러지게 나타나고, 그렇지 않고 대립적이고 적대적인 관계일 때 풍자가 강해진다는 것이 나의 기본적 인식이다.

　이는 웃음 이론의 우월 이론과 대조 이론과 대비된다. 우월 이론은 상대방보다 자신이 우월하다는 인식을 통해, 즉 우리에게 고통이나 해악을 끼치지는 않는 일종의 과오나 추악함을 자신도 모르게 저지르는 인물에 대해 심적인 우위를 점함으로써 웃는다는 것으로 풍자에 해당한다. 대조 이론은 예상과 결과의 불합리한 대조에 의해 웃음이 유발된다는 것으로 해학에 대응되는 것이다.

　일반적으로 해학은 풍자와 함께 골계미를 구성하는 요소이다. 그러나 그 대상을 너그러이 감싸 준다는 점에서 풍자에 비해 인간적인 면모를 더 많이 띠고 있다고 할 것이다. 여기에 가장 깊숙이 관여하는 요소가 바로 솔직함이다. 인간이 가지고 있는 본성의 추구와 그것의 솔직한 표현이 읽는 이로 하여금 웃음 짓게 하는 것이며, 이를 해학적이라 할 수 있다. 여기에 덧붙여 조금은 과장된 비유가 웃음을 주는 작품도 있다.

　이에 비해 풍자는 해학과 대조적인 성격을 지닌다. 우월한 주체가 부조리하고 폐쇄적인 사회에 처할 경우 풍자가 생겨난다. 풍자는 인간과 관계된 모든 것을 대상으로 한다. 이것은 풍자가 표면상으로는 작은 잘못이나 모순을 공격하는 것처럼 이해될 여지가 있지만, 보다 큰 인간에의 정당성으로 모순과 불합리를 시정하고 개혁하는 정신이기 때문이다. 때문에 풍자에는 반드시 객체가 존재한다. 그것과의 갈등이 풍자라는 소위 쓴웃음을 낼 수 있기 때문이다.

　풍자의 기본 원리가 유사상에 있다면 동물세계의 생태와 인간세계 실상간이 유사성을 드러내어 약삭빠르고 어리석은 인간을 경계한 것은 풍자의 두드러진 효과라고 할 수 있다. 이처럼 풍자라는 웃음은 무엇보다도 기존의 잘못을 교정하려는 의도를 담고 있다. 모욕감을 주기 위해 만들어진 웃음은 그 웃음의 대상에게 고통스러운 느낌을 불러일으켜야 한다. 사회는 사회를 대상으로 사람들이 가지고 있었던 자유에 대해 웃음으로써 복수하는 것이다. 이런 대상은 사회적 부조리 그 자체에서 나온다고 할 수 있다. 그것이 기지, 아이러니, 알레고리, 재담, 비유 등의 문학적 장치를 통해 부각된다는 것이다.

따라서 풍자는 강력한 사회성을 가진다. 이 책에서는 위트의 효용성으로 ① 문제를 해결한다, ② 곤경에서 벗어난다, ③ 말싸움에서 승리한다. ④ 분위기를 바꾼다, ⑤ 공격을 할 수도 있다 등을 들고 있는데, 이도 이와 연결되는 것이다. 이를 잘 하려면 갑자기 위험이나 곤경의 상황에 처했을 때 당황하지 않는 것이 중요하다. 상대의 의중을 읽어내야 하고, 자신의 상황과 처지를 대비하여 맞는 말을 찾아내야 한다. 이를 위해서는 여유가 필요하다. 이 책이 우리에게 주는 중요한 메시지로 보이는데 주목된다. 저자의 말처럼, 유머와 위트는 가장 중요한 언어 예술이다. 우리도 이를 글자 그대로 예술의 경지에까지 끌어 올리는 노력이 필요하다고 여긴다.

3.

이제 웃음은 그 자체도 중요하지만, 그것이 실려 전달되는 매체와도 긴밀한 상호 관련을 갖게 된다. 21세기를 맞이한 현재, 우리는 웃음의 상당 부분을 인터넷을 통해 공유한다. 인터넷은 하나의 미디어일 뿐만 아니라 그것으로 가능해진 또 하나의 사회적 공간이자 환경이기도 하다. 인터넷으로 말미암아 현실에 바탕을 두고 있던 시·공간 개념은 가상의 영역으로까지 그 범위를 확장하게 되었다. 이제 우리는 현실과 가상공간을 거침없이 넘나들며 자아의 욕망을 극대화할 수 있게 되었고 소프트웨어라는 가상재를 이용하여 욕망의 가상적 실현, 즉 욕망의 대리만족을 경험할 수 있게까지 되었다. 오늘날 우리 사회의 공동체적 구심력은 한 정된 현실공간이 아니라, 무한확장이 가능한 가상공간으로부터 구동되고 있다. 인터넷은 단지 하나의 테크놀로지로서만이 아니라 우리의 희망과 꿈을 바꾸고 더 나아가 사회 전체를 변화시키는 거대한 동력이 된 것이다.

인터넷 문화는 주로 즉흥적 감수성 중심으로 이루어져 있는 것으로 보인다. 이들의 즉흥성은 특히 언어 사용에서 두드러지게 나타난다. 인터넷 생활에서 상당 부분을 차지하는 채팅이나 게시판, 커뮤니티의 글에서는 맞춤법이나 문법, 논리성 등 이 시대를 지배하는 주류 문화의 형식이나 틀, 혹은 규범에 맞추려는 고심의 흔적을 찾아보기 어렵다. 글쓰기 또한, 즉흥적이고 거친 느낌을 줄뿐, '글다운 글'로 만들어지고 다듬어져 가는 정제 과정이 생략되어 있다.

이 사회를 전반적으로 이끌어가는 주류 문화의 편에서 보면 인터넷 문화는 경박하고 무질서하며 억지를 쓰는 듯한 한 하위문화의 유형에 지나지 않을 수도 있다. 인터넷 문화는 주류 문화가 추구하는 진지성, 신성성, 엄숙성, 조심성과는 극단적인 대조를 이루고 있는 것이다. 이에 여기서 유발되는 웃음은 사회적인 위상에 걸맞은 기대치와 실제 행동하는 모습의 부조화에서 비롯되고 있는 것으로 보인다. 특별한 것과 보편적인 것의 대비, 달리 말해서 고결함과 비속함의 대비는 서로 지나치게 상충되는 불일치 내지 부조화로 인해 웃음을 유발시킨다.

이러한 유형의 웃음 속에는 사회적으로 공인된 공식적인 행동규범에 대한 거부와 일탈에 대한 욕망이 담겨 있는 것으로 보인다. 사회적 요구 사항에 부응하지 않거나 어긋나는 예화를 들어 그간 우리 사회에서 당연하다고 여겨져 왔던 해석에 일침을 가한다. 이로써 웃음은 이미 하나의 공리처럼 굳어져 통용되고 있는 기성사회의 믿음이나 가치 또는 사회적 해석에 대해 의문을 제기하는 한편 또 다른 해석의 가능성을 열어주는 단초로 작용하고 있다.

웃음은 가볍고 즉흥적인 감성적인 무질서를 기본 요소로 삼는다. 웃음의 추구는 기존의 질서나 가치 체계로 영위되는 사회 내부에 혼란을 일으키고자 하는 다분히 불온한 무의식적 욕망이기도 하다. 그러므로 인터넷에 나타나는 웃음의 예화들은 우리 사회의 지배적 가치로부터 일탈함으로써 현 사회체제에 반항하는 저항적 함의를 내포하게 된다. 다시 말하면 인터넷에 나타난 웃음의 요소는 주인공으로 등장하는 인물들이 기성 질서나 가치로부터 벗어나 자신의 본원적 모습을 찾아가는 일탈과 반항의 코드로 작용하고 있는 것이다. 인터넷은 강압적인 현실 세계를 벗어날 수 있는 정신적 해방구의 역할을 하고 있다고 볼 수 있다.

따라서 인터넷에 나타나는 웃음은 현실적인 불만과 욕구를 풀어주는 해갈의 장으로 만들고 있는 핵심 요소라 할 수 있겠다. 웃음은 문화적인 변수와 밀접한 관계가 있다. 웃음은 문화적 환경에 따라 달라지는 감정이기 때문에 동질적인 문화에 대한 특수한 체험이나 감정, 사고 등을 이해하지 못하고는 효과적이 될 수 없다.

나는 현대의 웃음 문화를 이해하는 주요 통로로 인터넷에 주목한다. 이 책에서도 이에 깊은 관심을 갖고 많은 지면을 할애하고 있다. 따라서 이를 통해 많은 것을 배우고 느낄 수 있었다. 그러나 아직도 아쉬움이 강하게 묻어난다. 좀 더 많은 사례나 그것을 통해 끌어낼 수 있는 해석의 지평을 기대해 본다.

4.

책은 재미있게 읽었는데, 서평 쓰기는 쉽지가 않다. 몇 가지 점을 단순하게 지적했으나 나의 좁은 소견에 의한 것일 수 있다. 많은 이들이 이 책을 일독했으면 한다. 부담 없이 읽히나, 읽고 나서 잘 되새겨 본다면 많은 깨달음을 얻을 수 있을 것이다. 장기 베스트셀러 중에서 스티븐 코비의 『성공하는 사람의 일곱 가지 습관』이라는 책이 있다. 이 책 이후에 일곱 가지, 열 가지 등등의 책 이름이 유행한 것으로 알고 있다. 내가 보기에 중요한 것은 숫자가 아니라, 광범위한 경험칙에서 그 주요 요소를 뽑아낸 과정이라 생각한다. 유머에 대해 광범위하게 고찰한 필자들이 우리에게 일곱 가지 조언을 한다. 마지막으로 유머를 잘 하고 싶은 사람들에게 주는 일곱 가지 조언을 소개한다. 내용을 소개하면서, 일곱 가지가 중요한 것이 아니고, 그 내용이 중요하다는 점을 덧붙인다.

① 항상 긍정적으로 생각하라.
② 먼저 웃어라(다른 사람의 유머에 잘 웃어줘라).
③ 자기 자신을 향해 웃음을 터트려라.
④ 공감대를 형성하라.
⑤ 신체적 결점을 소재로 한 유머, 지나친 성적 유머 등은 피하라.
⑥ 유머의 재료를 수집하고, 유머를 모방하라.
⑦ 웃음과 유머를 연습하라.

☉『웃음문화』 5집, 2008

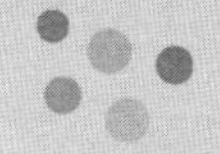

이 시대 아버지들이 한번쯤 해주고 싶은 이야기

이규용, 『아들아, 인생의 큰 그림을 그려라』(조이웍스, 2007)

1.

우리 『문예연구』가 배출한 수필가 이규용 선생이 신간 『아들아, 인생의 큰 그림을 그려라』를 펴냈다. 수학 교사로 재직하다 미국에 건너간 그는 의류업체를 운영하면서도 참된 신앙인의 길을 걸어가고 있으며, 차분하고 정감 있는 문체로 문학적 활동에도 정열을 쏟고 있다. 이민 생활의 애환을 정감어린 문체로 표현한 『맨허튼의 호박넝쿨』(1996)에 이어, 이번 『아들아, 인생의 큰 그림을 그려라』도 그의 문학적 특장을 여실히 보여주고 있는 것으로 판단된다.

아버지와 이렇다 할 대화 없이 고독하게 성장하고, 뒤늦게 아들을 하나 얻어 3년째 씨름하고 있는 서평자로서는 '사랑하는 마음이 한 아들을 통하여 더욱 많은 자녀들에게 전해지기를 간절히 바라는 한 아버지의 마음을 읽었다'는 추천인의 말에 깊이 공감한다. 아직도 큰 아들과 서먹서먹한 우리 아버지의 마음도, 말문이 아직 트이지 않았으나 아빠, 엄마는 확실하게 발음하며 달려드는 아들을 바라보는 나의 심정도 저자의 글로 드러난 심정과 크게 다르지 않을 것이다.

　이규용 선생은 사랑하는 자녀의 미래를 진심으로 걱정하면서 삶의 지혜와 축복을 전하고 있는데, 그 밑바탕에는 독실한 기독교인으로서의 영적 체험이 기반하고 있는 것으로 보인다. 아직 종교나 신앙생활의 깊이를 알지 못하는 서평자는 저자의 종교적 깨달음에 완전히 몰입할 수는 없으나, 아버지의 따뜻한 마음에 기독교니 가톨릭이니 불교니 하는 구체적인 종교의 거론은 별 의미를 갖지 못할 것이다. 때문에 이 책은 기독교인들에게만이 아니라 모든 아버지들이 한 번쯤 옆에 두고 읽어볼 만한 가치를 가지고 있다고 생각한다.

2.

　전통적 가족 구조가 완전히 해체되었다는 사실을 자주 듣는다. 아닌 게 아니라 주위를 돌아보면, 자녀가 없거나 하나 정도를 키우는 경우가 많이 늘어났음을 쉽게 알 수 있다. 이렇게 되면 아무래도 자식에 대한 과잉 사랑이 일어날 확률이 높다. 그러나 인생은 묘한 것, 부모의 과도한 사랑이 자식에게 항상 좋은 영향만 주는 것 같지는 않다. 그래서 이 시대 아버지, 어머니에게 특히 필요한 덕목이 절제된 사랑이라 할 수 있다. 과도한 사랑이 나 중심적이라면, 절제된 사랑은 우리 중심적이라 하겠다.

　"자기가 세상의 중심인 것처럼 행동하며 저도 모르게 혼자만 행복해지기를 바라는 것이 인간의 본성이다. 교만이란 우리에게 주어진 모든 것이 우리 것인 양 착각하게 할 뿐 아니라, 우리가 소유하지 않은 것까지도 자기 것이라고 생각게 만든다……. 우리가 겸손을 지키려면 의식적으로 나를 훈련 시켜야 한다. 우리 안의 자아는 만족할 줄 모르고 계속 무언가 채우려는 욕구를 갖는다. 그것을 절제시켜야 한다. 그냥 내버려두면 교만이 꿈틀거린다. 인간은 남에게 칭찬받고 알려지고 싶어한다. 칭찬과 인정을 받고픈 이 욕구는 끝이 없다. 그것을 경계해야 한다.”

이런 말은 우리 아들딸들에게뿐만이 아니라 이 땅의 아버지 어머니들에게 해 주고 싶은 말이다. 아니 우리 스스로 항상 명심해 두면서 살아가야 할 문제이다. 자신만을 생각하며 사는 사회는 이미 사회가 아니다. 내 곁에 있는 사람들의 겸손을 배워야 한다. 다른 사람의 행복을 이해할 수 있는 사람만이 자신의 행복을 만끽할 수 있을 것이다. 마찬가지로 다른 이의 자식을 사랑하지 못한다면 자신의 자식도 사랑할 수 없을 것이다. 자기의 자식에 대한 사랑만이 존재한다고 믿는다면 그것은 사랑이 아니라 집착일 것이다.

현재 우리 사회는 너무 성급한 것 같다. 급격한 산업화의 부산물이라고 치부하기에는 그 폐해가 너무 심하다. 문제는 우리의 다음 세대들은 우리 세대보다 더욱 심한 사회적 압박감에서 살 확률이 더욱 높다는데 있다. 이들에게 우리는 무슨 말을 해줄 수 있을까. 저자의 이야기를 잠시 들어보자.

“인생은 장거리 경주에 비유된다. 많은 사람들은 인생을 단거리 경주인양 성급하게 내달려 하루아침에 모든 것이 이루어질 것처럼 살아간다. 그러나 인생길은 단거리 경주가 아니다. 장거리 경주를 잘하려면 강도 높은 훈련과 끈기와 절제가 필요하다. 그래야 오래 달릴수록 더욱 강해지고 결승점까지 최선을 다해 달릴 수 있다. 넓게 보고 꿈과 비전을 가지며 인생의 큰 그림을 그릴 수 있다. 인생의 큰 그림을 그리기 위해서는 인생 전체를 잘 이해하고 경기에서 주도권을 쥐고 그것을 이끌어 나가야겠다는 의지가 있어야 한다.”

우리 자녀들에게 이런 모습을 이야기하고 보여줄 수 있는 이는 누구일까. 바로 아버지가 아닐까. 물론 좋은 선생님도 있을 것이다. 그러나 아버지만큼 훌륭한 인생의 선생님을 서평자는 알지 못한다. 모든 아버지가 인생을 훌륭하게 산다고 할 수는 없을 것이다. 인생의 큰 그림을 그리고 이를 실천한 이도 있을 것이고, 큰 그림은 그렸으되 실천하지 못한 이도 있을 것이고, 그림도 그리지 못하고 회한만 쌓은 이도 있을 것이다. 그러나 자녀들에게 자신의 체험을 바탕으로 이를 이야기하고 권장할 이로 누가 아버지 위에 설 수 있겠는가. 자신의 인생을 한번 돌아보자. 그 수많은 인생 역정 모두가 자녀들에게 줄 수 있는 인생의 지침이 될 것이다.

앞서 이야기했지만, 요즘 가정은 매우 단출하다. 3대가 같이 사는 경우는 극히 드물고, 자녀들도 외톨이들이 많다. 그러다보니 인생에서 이웃과 더불어 같이 화목하게 사는 것이 얼마나 중요한 덕목인가를 잊고 사는 경우가 많다. 시대가 가면 갈수록 더욱 심각해지리라는 것은 유명한 사회학자들의 학설을 들먹이지 않더라도 명약관화하다.

"세상에는 여유 있고 행복하게 살아가는 사람들이 있는 반면에, 외롭고 소외된 사람들도 많다. 가을은 결실의 계절, 풍요로움을 주기도 하지만 쇠락의 계절이기도 하다…… 사람은 누구나 자기 곁에 있어 줄 누군가를 필요로 한다. 기쁘거나 슬프거나 외로울 때나 행복할 때나 한결같이 자신과 더불어 살아갈 상대가 있어야 한다. 소외되고 고통받는 자에게 우리가 나눌 수 있는 것은 우리의 따스한 마음과 사랑이다. 그런데 사람들은 이웃을 생각한다고 하면서 말을 앞세워 먼저 충고하고 가르치려든다. 때로는 성급히 나눠주려고만 한다. 위로한답시고 도리어 탱자나무 가시처럼 상대방의 마음에 아픈 상처를 내기도 한다. 천천히 서두르지 말고 이웃사랑을 실천하는 지혜를 배울 필요가 있다. 여럿이 협력하면 혼자 하는 것보다 훨씬 많은 일들을 해낼 수 있다. 세상은 함께 더불어 살아가는 것이다. 남을 배려하는 마음이 진정한 이웃사랑이며, 그 사랑으로 이 세상이 밝아진다."

이 책『아들아, 인생의 큰 그림을 그려라』에는 이처럼 인생의 금과옥조로 새겨야 할 좋은 말들이 대화체로 푸근하게 수놓아져 있다. 또 저자가 '도움 받은 말씀들'로 새겨 놓은 인용구들은 저자의 목소리와 아름다운 화합을 이루며 의미를 증폭시키고 있다. 이처럼 인생의 지침으로 삼을 만한 좋은 글들을 만나면, 거기에 대한 지루한 해설을 다는 것보다 주위의 이들에게 일독을 권하는 것이 더 바람직한 태도인 것 같다.

3.

책은 내용도 중요하지만, 그 내용을 전달하는 형식적 측면도 무시할 수 없는 것 같다. 특히 요즘처럼 너무 많은 책들이 범람하는 시대에는 더욱 그렇다. 그런 면에서 보면 『아들아, 인생의 큰 그림을 그려라』는 더 많은 미덕을 가지고 있다. 소장하기에 적당한 크기, 깔끔한 표지와 본문 편집 상태가 그렇다. 그러나 이 책을 더욱 돋보이게 하는 것은 역시 김희영 화가에 의해 그려진 삽화들이다. 주로 수채화로 이루어져 있는 그림들은 글의 내용과 멋진 조화를 이루면서 독서의 즐거움을 배가시키고 있다.

이제 무더운 여름이다. 갈수록 격화되는 경쟁 사회의 여파로 많은 아버지들이 피로해 있는 것 같다. 그러나 우리 아버지들에게는 무엇 하고도 바꿀 수 없는 미래의 희망이 있지 아니한가. 그렇다. 우리의 자녀들은 곧 우리의 미래다. 우리의 미래를 위해 우리의 시간을 내어 대화할 수 있다는 것은 조물주의 축복이 아닐 수 없다. 아무쪼록 이 땅의 많은 아버지들이 『아들아, 인생의 큰 그림을 그려라』를 통해 자녀들과 편안하고 차분한 대화를 나눌 수 있기를 기대해 본다. 무더위의 피서로 꼭 온 식구가 차를 타고 산으로 계곡으로 나서는 것만이 능사가 아닐 것이다.

▣ 『문예연구』 54집, 2007

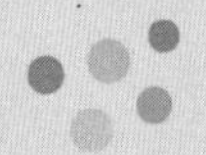

서구 문학이론의 정확한 인식과 비판적 수용

Robert Con Davis, 『Contemporay Literary Criticism : Modernism Through
Post—Structuralism』(Longman New York & London, 1986)

1.

　문학 연구에 있어서 적절한 방법론의 중요성은 더 이상의 재론을 필요
치 않는다. 그런데 우리 국문학의 경우 고전문학, 현대문학을 막론하고
방법론의 많은 부분을 서구 이론에 빚지고 있는 것이 현실적 상황이다.
이런 점에서 우리 문학 나름의 고유하고 독창적인 연구방법의 모색과 함
께, 다양한 서구 이론에 대한 정확한 인식과 비판적이고 적절한 수용이
또한 중요한 문제점으로 부각된다고 하겠다.

　여기서 논의의 대상으로 삼는 『Contemporary literary Criticism』도 이
러한 필요와 관심의 대상이 되는 책이라 하겠다. 그런데 오늘날 우리나
라에서 서구의 예술·문학 이론이 숱하게 소개되고 논의되는 가운데, 또
하나의 책을 덧붙이게 되는 데는 약간의 논변이 필요할 듯싶다.

　이 책은 서구에서 현대적 의미의 본격적 문학 비평이 시작된 19세기 초
이후 최근의 20세기말에 이르는 광범한 기간 중에 출현하여, 아직까지 그
생명력을 유지하고 있는 문학 이론 및 비평 관계 논문들을 모아놓고 있다.
따라서 연구자의 주관이 개입되기 쉬운 연구서의 한계를 극복하고, 그 중요

성이 거듭 인정되는 논의들을 직접적으로 만날 수 있다는 장점을 지니고 있다. 더불어 여기 저기 산만히 흩어져 있고, 그 분량에 있어 쉽게 다가가기 어려울 정도의 많은 분야를 접할 수 있는 편집상의 묘미를 느낄 수 있다.

물론 이 책은 문학 이론과 비평에 관련된 수많은 논의를 한눈에 역사적이고 체계적으로 살펴볼 수 있다는 장점과 함께, 이런 종류의 편집서가 가지는 특정 주제에 대한 깊이 있는 탐구의 어려움이라는 단점을 함께 가지고 있다. 그러나 이 책의 편자인 Robert Con Davis의 언급처럼, 흥미가 생기는 부분의 좀 더 깊은 논의는 이 책에 첨부되어 있는 참고문헌을 적절히 이용하면 될 것이다.

2.

‘Modernism Through Post−Structuralism’이라는 부제가 무색하리만큼 광범위한 영역에서, 편자는 현재까지의 문학 비평의 흐름을 크게 8가지의 범주로 나누고, 그 범주의 대표적 인물과 그 논의를 대체로 시대순에 의거하여 수록하고 있다.

T.E. Hulme의 고전적 논문「Romanticism and Classicism」으로 시작되어 Jacques Derrida의「Structure, Sign, and Play in the Discourse of the Human Sciences」까지, 모두 35편의 논문이 소개되어 있는 이 책에서는, 동양의 고전중의 하나인『詩經』을 공부하면서 볼 수 있는,『毛詩』大序·小序를 연상시키는 짤막 짤막한 편자의 해설이 붙어 있어 독자의 이해를 돕고 있다. 특히『毛詩』大序와 흡사한 편자의 각 영역 범주별에 대한 해설은 그 자체만으로도 우리에게 유용한 이해를 주고 있는 것으로 생각된다.

이제 구조주의적 입장, 역사주의적 입장, 심리주의적 입장, 수용미학적 입장 등으로 그 범주를 통합시켜 대략의 논의를 전개하고, 특히 이러한 논의가 우리 문학연구에 어떻게 이용될 수 있는가 하는 점 등을 유의하면서 살펴보기로 한다.

Davis는 Introduction에서 문학과 비평의 관계에 대한 네 가지 접근 방법에 대하여 언급하고 있는데, 그것은 첫째 문학과 비평의 관계를 주석 혹은 해석상의 관계(exegetical)로, 둘째 해석학적 관계(hermeneutic relationship)로, 마지막으로 기호학적 관계 내지 해체주의적 관점(semiotic an deconstructive)으로 파악하는 것이다.

앞서 언급한 부제에서나 서문의 문학과 비평의 관계에 대한 언급에서나, 이 책의 편자는 작품 자체를 중요시하는 구조주의적 입장에 좀 더 따뜻한 시선을 보내고 있는 것 같다. 넓은 의미에서 기호학과 후기(탈)구조주의의 입장까지를 포함하는 구조주의적 시각은 20세기에 있어 가장 첨예한 이론적 체계를 갖춘 것으로 평가된다. 이 책에서도 총 8개의 범주 중에서 「Modernism ; The call for form」, 「Formalism」, 「The Structuralist Controversy」, 「The Poststuructuralist "TEXT"」의 4개의 범주에서 구조주의 혹은 구조주의와 관련된 논의를 다루고 있다.

주지하다시피 러시아 형식주의로 시발되어 신비평으로 이어지는 구조주의적 관심은 문학연구에 있어 작품 그 자체에 대한 것으로 모아진다. Wimsatt와 Beardsley는 「The Intentional Fallacy」라는 기념비적 논문을 통하여, 시는 더 이상 시인의 것이 아니고 대중의 것이기 때문에 문학 연구 역시 기존의 작가에 대한 연구보다는 문학 작품의 내재적 연구를 통해 그 위미를 파악할 것을 지적했다. 작가의 의도를 포함한 작품의 의미를 작품 자체의 내재적 분석을 통해 밝혀내어야 한다는 시각은 당시로서는 큰 충격이었을 것이며, 지금의 우리에게도 경청할 만한 의미를 던져 주고 있다. 특히, 작품 자체를 존중하는 이런 태도는 문학의 존재 가치를

전북대학교 교과교육연구총서 ⑤

높이는 시각이기도 하여 더욱 환영받고 있기도 하다.

이제 작품 자체의 구조를 강조하게 된다면 그 구조를 어떻게 이해하고 어떤 방식으로 파악하는가 하는 방법론적 문제가 대두되는데, 러시아 민담을 대상으로 하여 실제 분석에 나섰던 Vladimir Propp의 작업과 신화에 대한 구조적 연구를 통해 이 문제에 접근한 Claude Levi-Strauss의 작업은 이제는 거의 고전적 모형이 되어버린 듯한 느낌을 주기도 한다.

Propp의 주저인 「Morphology of the Folktale」(1928)에서 발췌되어 수록된 두 편의 논문을 통해서, 그는 서사물의 구조적 접근에 관하여 선구적인 업적을 보여 준다. 그는 러시아 민담들의 연구를 통해 기본적이고 중요한 31가지의 functions(basic narrative "acts")를 추출해 내었다. 그의 이러한 작업은 진실로 형식주의적이라 할 수 있으며, 최근의 A.J.Gremas의 구조적 연구는 이의 직접적 계승을 보여주는 좋은 예라 할 수 있는데, 아쉽게도 이 책에서는 Gremas에 대한 언급은 없다.

Levi-Stauss의 구조적 분석 방법에 대한 고찰 역시 서사물의 분석에서부터 시작된 것으로, 이들의 분석틀은 우리문학 연구에서도 광범하게 수용되어, 구비문학은 물론 최근에는 소설을 분석하는 틀로서도 적용되기도 한다. 그러나 이러한 작업이 얼마만큼의 일관적 효과를 내고 있는지에 관해서는 별도의 상세한 논의가 필요할 것이다.

이 책은 최근 우리나라에도 물밀 듯이 들어와 풍미되고 있는 포스트모더니즘에 관해서도 대략적인 소개와 관심을 보여주고 있기도 한데, 대체적 소개에 그칠 뿐 여기서 상세한 논의를 펴기에는 미약한 느낌이 든다. 이들에 대해서는 계속적인 소개와 연구가 뒤따를 것으로 생각되나, 이러한 이론을 배태하게 된 현대 서구사회를 잘 이해하고 이를 감안하여 우리의 현실에 적용시키는 노력이 절실히 필요할 것으로 여겨진다.

지금까지 구조주의에 대한 대략적 고찰을 통해서 볼 때 편자가 소개하고 해설하고 있는 역중에서 발생론적 구조주의 이론을 비롯해서 작품의 구조와 사회를 유기적으로 연결시켜 보려는 비교적 최근의 입장이 빠져 있는 것은 필자의 입장에서 볼 때 퍽 유감스러운 일이다.

이처럼 넓은 의미에서의 역사주의에 포함될 수 있는 분야에 대한 편자의 상대적 소홀함은 구조주의와 함께 큰 비중을 형성해 왔던 이들의 소개를 단 4편의 논문으로 그치고 있다는 데에서도 쉽게 간취할 수 있다. 최근 우리나라에서도 점차적으로 이 분야에 대한 관심이 고조되고 있는데, 이에 대한 철저한 고찰은 우리문학의 발전을 위해서도 유익하리라 생각한다.

3.

그 중요성에 비해 상대적으로 소홀히 취급되는 또 하나의 분야가 심리주의 비평이다. Freud와 Jung의 등장 이후, 문학에서뿐만 아니라 거의 모든 학문 영역에 걸쳐 큰 영향을 끼쳤던 심리주의적 분석방법은 우리에게 퍽이나 흥미로운 것이기 때문에 아쉬움이 더하다. 다만 이 책에서는 가장 최근의 논의를 보여줌으로써 아쉬움을 다소나마 달래주고 있기는 하다.

이처럼 구조주의적 입장의 자세한 소개와 역사주의·심리주의적 입장의 상대적 소홀로 대별될 수 있는 이 책은, 이외에도 최근 우리나라에서 관심이 급증하면서도 참고할 만한 논저가 두드러지지 않았던 수용미학적 입장과 페미니즘적 입장에 대해 주목하고 있다.

문학에 있어서 'Work'와 'Text'를 구별하면서 종래의 논의에서는 주목하지 않았던 독자중심의 논의를 전개하면서 문학연구에 큰 전환점을 그은 수용미학적 접근 방법은, 한마디로 가장 최근에 제기된 문학 연구 방법의 한 '도전'이라 하겠다.

이 책에 수록된 4편의 좋은 논문 가운데 특히 Wolfgang Iser의 「The Reading Process ; A Phenomenological Approach」는 주목할 만한 값을 지니는 것으로 생각된다.

주지하다시피 문학을 하나의 기호로 환치하는 기호학적 연구 방법의 극단적 모습은 문학의 존재 가치를 부정하는 데까지 이르게 되는데, Iser는 이에 대하여 80년대 독자층 위기의 양상을 지적하고 문학을 원래의 기능으로 환원시켜 문학의 기능적 구조를 강조한다. 이러한 그의 논의는 작품 독서의 층위적 단계를 분석하는 과정에서 독자의 주체적 인식을 지속시킴과 동시에, 지식인의 역할에 대해서도 일정의 강조점을 둠으로써 우리들을 긴장시키기도 한다.

최근 우리문학의 연구에도 많이 도입되고 있는 일련의 수용미학적 입장과 함께 우리들에게 조금은 낯설게 그리고 흥미롭게 다가서는 것으로 페미니즘적 비평이 있다. 서구화적 의미의 근대화가 이 땅에 이루어지면서 기존의 전통 문화와 새로운 이식 문화간에 필연적 마찰이 생기게 되었는데, 여성 문제도 그 중요한 요소가 될 것이다.

현대 사회에서 일어나는 여성 문제의 형상화, 그리고 전통사회에서의 인습에 눌려 극히 단편적인 일부 모습만을 우리에게 보여주고 있는 고전문학에 있어서의 여성 문제는, 오늘날 새로운 시점에서 재검토가 요청된다. 이런 의미에서 최근 우리 문학계에 산출되고 있는 페미니즘적 저작들은 나름의 한계에도 불구하고 그 가치가 인정되어야 할 것이다.

4.

지금까지 1986년판인 Robert Con Davis 篇의 『Contemporay Literary

Criticism』을 구조주의적 입장, 역사주의적 입장, 심리주의적 입장, 수용미학적 입장 그리고 이들 모두에게 빚지고 있는 페미니즘적 입장을 중심으로 그 내용을 극히 간략하게 소개, 고찰하여 보았다.

한국 고전문학을 전공하고, 학문적 성숙을 이루지 못한 필자로서 더구나 특정 주제의 연구서가 아닌 논문 모음집 성격의 책에 대한 서평을 쓰는 것이, 과연 어느 정도의 의의를 가지는가에 대해 적잖은 우려가 있기는 하다. 그러나 글의 서두에서도 지적하였듯이, 현대문학 비평에 대한 다양한 경로에의 우리들의 관심은, 비평 조류 그 자체에의 관심과 더불어 그를 통해 문학 연구가로서의 방법론적 무장에 기여코자 하는 의도 역시 중요한 것이라 여겨진다. 이 글을 쓰는 필자의 의도 역시 그러하다.

문학 연구와 비평에 있어 큰 산맥을 형성하고 있는 서구 문학이론의 핵심을 요령 있게 모아둔 이 책을 통해, 이들에 대한 정확한 이해와 함께 문학 연구자로서의 나름 철학이라 할 수 있는 방법론의 정립에 다소나마 기여하는 바가 된다면 더 이상의 소득은 없다고도 할 수 있겠다. 이들 다양한 흐름 속에서 자기의 필요에 맞는 것을 수용, 적용 한다든가, 이를 벗어나 새로운 모색의 길로 접어든다든가 하는 모든 여정은 문학 연구가에게 있어 결코 무의미한 시간 낭비가 되지는 않을 것이다.

끝으로 국문학을 연구하는 입장에서 덧붙이고 싶은 것이 있다. 지금까지 많은 이들의 노력이 있어 왔지만, 우리문학 자생의 문학 이론 및 비평의 유산을 찾아내어 정리하는 작업이 절실히 요청된다는 것이다. 이 책 저 책 뒤적거리다, 결국은 서양서를 우선적으로 보게 되는 우리의 현실은, 현실적 당위에 대한 꺼림한 승복보다는 이상적 희구에 대한 갈망으로 한 국문학도의 어깨를 무겁게 만들기 때문이다.

『고대대학원신문』 24호, 1991

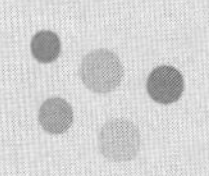

사회주의 리얼리즘의 형식과 내용의 한 유형

잭 런던, 차미례 역, 『강철군화』(한울, 1989)[1]

1.

　문학 작품은 형식과 내용의 적절한 조합으로 이루어진다고 할 수 있다. 형식만 갖추었다면 작가의 진실한 사상과 감정을 독자들에게 전달하지 못할 것이며, 내용에만 지나치게 충실하다면 예술적 형식미를 이루지 못하여 문학작품으로서의 존립 여부가 의심되는 우려가 있기 때문이다.

　최근 차미례에 의해 번역, 소개된 잭 런던의 『강철군화』는 그 형식적, 내용적 면에 있어서 우리에게 새로운 면을 보여주는, 좋은 사회주의 리얼리즘 계열의 작품이라 하겠다. 책의 초판이 1908년에 나왔으니, 우리에게 너무나도 늦게 소개된 이 작품은 사회주의 소설로서의 내용적 충실도와 함께 형식적인 면에서도 이색적 구성을 가지고 있어, 주목의 대상이 된다.

---

1) 최근에 다시 확인해보니, 이 책은 품절되었고, 대신 곽영미 역으로 궁리에서 2009년 다시 출간되었다.

2.

이 소설은 20세기 초 노동자 대중을 위한 투쟁에 목숨을 바친 혁명가 어니스트 에버하드에 관하여, 그의 아내인 애비스 에버하드가 기록한 전기적 기록물이다. 그런데, 잭 런던은 이 기록물을 27세기 가상의 사회주의 국가의 문헌학자에 의하여 발굴되고 연구되어 주석이 달려 공개된 고문서로 설정함으로써, 소설로서는 대단히 이색적인 형태를 띠게 하였다.[2] 즉, 가상의 기록물을 사실의 역사 자료로 승격시켜 놓은 것이다.

이런 형식적 특이성은 소설을 읽는 독자로 하여금 호기심을 유발케 함으로써, 작품과 독자의 괴리를 극복시켜주는 구실을 한다. 그리고 학술서에서나 쓰인다는 고정 관념을 불식시키고 소설 곳곳에 주석 처리를 함으로써, 대중을 각성시킨다는 사회주의 리얼리즘의 본연의 목적을 잘 수행해내고 있다. 문학적 형상화가 어려운 가치 판단, 사회과학적 설명 등을 주석으로 처리함으로써, 본문에 무리를 가하지 않고도 짙은 사상성과 계몽성을 명백한 사실의 입장으로 담고 있는 것이다.

그러나 이 소설의 가장 큰 특징은 강한 사상성과 믿음을 바탕으로 하여 설정된 예언적이고 사실적인 내용에 있다. 이러한 점은 사회주의 작가로서의 잭 런던의 면모를 잘 보여준다.

자본주의의 극히 초기 단계인 20세기 초의 작가로서, 그 후 실제로 일어난 사실과 거의 맞아 떨어지는 예언적 사항들을 문학적으로 형상화해냄으로써, 현대의 독자에게도 무한한 놀라움을 안겨준다. 이러한 형상화

---

2) 이런 구성은 이후, 한때 큰 화제를 일으키며 베스트셀러에 올랐던 이인화의 『영원한 제국』(세계사, 1993)과 대단히 유사하다. 이인화는 여러 측면에서 표절 시비를 일으켰는데, 이는 이후 포스트모더니즘 창작 기법 논쟁으로 번지기도 했다. 예나 지금이나 필자는 이에 대해 확실한 판정을 내릴 수 있는 위치에 있지 않으나, 『강철군화』와 『영원한 제국』의 구성이 오해를 불러일으킬 정도로 매우 유사한 것은 사실이다.

는 잭 런던이 단순한 작가만이 아니라 사상가로서, 사회학자로서의 면모도 가지고 있었음을 시사한다. 치밀한 사회적 분석과 투철한 사상성이 없다면 『강철군화』 같은 작품이 나올 수 없기 때문이다. 이는 작품에 내용을 담고자 하는 작가들에게 좋은 본보기가 되리라 생각한다.

특히 이런 점에 관련 하여 작품의 결말을 주목할 필요가 있다. 『강철군화』는 기존 인식으로서의 완결된 결말을 내리지 않고, 극단적 자본주의 사회에서 기득권을 가진 지배 세력으로 상징화된 '강철군화'에 의하여 죽고 쫓기는 주인공들의 모습을 보여주면서 끝난다. 그러나 작품은 주인공들의 패배를 보여주는 것이 아니다. 이에 대한 명확한 대답은 앞서 살핀 형식의 특성에서 찾을 수 있다. 즉, 이 기록을 발굴해낸 것으로 설정된 문헌학자의 주석과 해설 곳곳에서, 사회주의 건설이라는 작품 주인공들의 목적이 수행되었음을 보여줌과 동시에, 이러한 성취는 에버하드 같은 인물의 노력과 희생 위에서 이루어졌음을 암시하는 것이다.

이런 점들은 우리가 『강철군화』를 사회주의 리얼리즘 소설로 규정하는 핵심적 근거가 되며, 결말 처리 부분은 사회주의 리얼리즘 작품들 중에서도 『강철군화』가 가지고 있는 독특한 특징이라 하겠다. 결국 사회주의 리얼리즘이라는 기본적인 면이 『강철군화』에서는 나름대로의 표현적 특징을 가지고 나타나고 있으며, 이는 보편성에서의 특수성 추구라는 문학 일반의 문제에도 조그만 해답을 주는 것으로도 이해된다.

3.

리얼리즘이란 단순히 일어났던, 혹은 일어나는 사실의 기록일 수만은 없다. 일어날 수 있는 사실을 객관적으로 보여주는 것도 리얼리즘이라 할 수 있으며, 『강철군화』처럼 그 리얼리즘의 목적이 뚜렷하게 드러날 때, 우리는 그 앞에 사회주의라는 관형사를 붙일 수가 있는 것이다.

『강철군화』는 사회주의 리얼리즘이라는 확고한 내용적 바탕위에 나름의 형식을 가지고 쓰임으로써, 문학 작품에서 형식과 내용의 조합이라는 문제에 좋은 본보기가 된 작품이라 할 수 있다. 그러나 이러한 고찰에도 불구하고, 문학에 있어서의 형식과 내용의 문제는 아직도 명확한 모습을 우리에게 드러내지 않고 있다. 아마 그것은 우리에게 계속적인 과제로 남아 있을 것이다.

☎『국어교육월보』 9호, 1989

한창훈 전북대학교 사범대학 국어교육과 부교수

1968년 제주도 조천 출생
제주제일고등학교 졸업
제주대학교 사범대학 국어교육과 졸업
고려대학교 대학원 국어국문학과 석사(고전시가 전공)
고려대학교 대학원 국어국문학과 박사(고전시가 교육 전공)
고려대학교 민족문화연구원 연구 조교수 역임
(계간)『문학과 교육』 기획위원, (계간)『문예연구』 편집위원 역임
새교육과정에 따른 두산동아 국어교과서(대표 우한용) 집필에 참여중
저서 :『시가와 시가교육의 탐구(Ⅱ)』(월인, 2008)
　　　『시가교육의 가치론』(월인, 2001)
　　　『시가와 시가교육의 탐구』(월인, 2000)
관심 영역 : 국어 교과 교육학, 고전시가론・지역 민속학

전북대학교 교과교육연구총서 ❺

고전문학과 교육의 다각적 해석

초판 인쇄 2009년 9월 21일 | 초판 발행 2009년 9월 28일
지은이 한창훈
펴낸이 이대현 | 편집 권분옥
펴낸곳 도서출판 역락 | 등록 제303-2002-000014호(등록일 1999년 4월 19일)
주소 서울시 서초구 반포4동 577-25 문창빌딩 2층
전화 02-3409-2058(영업부), 2060(편집부) | 팩시밀리 02-3409-2059
전자우편 youkrack@hanmail.net
ISBN 978-89-5556-720-5 93370

정가 24,000원
■잘못된 책은 교환해 드립니다.